김/기/웅/목/사/강/해/설/교/④

잠근 동산

옵기, 잠언~말라기

김기웅 목사 지음

보이스사

추천의 글

평소 존경하는 김기웅 감독님께서 신구약 강해 설교집을 출판하게 됨을 기쁘게 생각하며 진심으로 축하드립니다.

김 감독님은 장장 32년 동안 충주남부교회를 섬겨오셨으며, 은혜로운 교회로 소문난 오늘의 충주남부교회로 크게 부흥시키셨습니다. 감독님께서 목회자로부터 존경을 받고 성도들의 지극한 존경과 사랑을 받으시는 것은 전적헌신과 전력투구로 섬김의 목회를 구현하고 계시기 때문으로 여겨집니다.

뿐만 아니라 감독님의 온화하시고 다정다감한 모습은 항상 말씀과 기도로 예수님을 닮아 가려는 끝없는 자기 자신과의 싸움을 통하여 이루어진 것으로 볼 수 있습니다.

김 감독님은 말씀과 기도의 사람입니다. 일찍이 많은 학생들이 선망하는 공주 사대부고를 다니다가 기독교학교인 영명고등학교로 전학하셔서 선생님들의 사랑을 독차지 하셨습니다.

충북연회 초대감독으로 재임 시에도 목회자들에게 말씀을 가까이 하고 기도에 전념하도록 권면하셨으며, 임기를 마치신 후에는 양떼 곁으로 돌아가셔서 목양일념으로 매일 저녁마다 성경을 강론하시며 기도에 전력하시는 것은 하나님께서 제단에 불을 켜서 꺼지지 않게 하라(출27:20~21, 레24:2)고 말씀하신 대로 작은 등불을 밝히고자 하는 이 시대가 찾는 진정한 영적 지도자의 모습입니다.

김 감독님께서 신구약 강해 설교집을 자기 양떼에게 기도의 눈물로 반죽하고, 성령의 불로 익혀서 먹이신 말씀을 정리하여 드디어 세상에 내놓게 되었습니다.

　설교는 말로써 끝나면 생명 없는 설교가 되고 맙니다. 목사는 자기가 설교한대로 살아야 살아있는 말씀이 되며, 말씀에 권위가 주어지는 것입니다. 그런 점에서 이번에 출간되는 강해 설교집은 김기웅 감독님의 신앙고백이며, 삶의 고백서입니다.

　야곱이 사랑하는 라헬을 위하여 칠년을 수일같이(창29:20) 기쁨으로 머슴을 더 산 것처럼, 사랑으로 장장 32년을 충주남부교회와 성도들을 섬기신 감독님께 박수갈채를 보냅니다.

　"어떻게 하면 하나님을 기쁘시게 할까, 어떻게 하면 나를 이토록 사랑하는 성도들에게 보답할까… 나는 남부교회 성도들을 위해서라면 죽어도 좋다"고 감독 취임식에서 하신 말씀은 나의 가슴에 아직도 생생한 목소리로 메아리쳐 들려오고 있습니다.

　바라기는 충북연회 목회자들과 그 외 전국 목회자와 성도들이 본 강해 설교집을 통하여 김 감독님께서 받으신 은혜와 축복을 똑같이 받으실 수 있게 되기를 바라며, 계속하여 은혜로운 말씀을 문자화하여 아름다운 강해 설교집으로 완간되어지기를 기대하며 추천의 글로 대신합니다.

주후 2008년 4월
전 충북연회 감독 **이 돈 하**

소개의 글

　진화생물학자인 옥스퍼드 대학교의 리처드 도킨스(Richard Dawkins) 교수는 앞으로 다가올 50년을 내다보는 전망을 글로 써낸 일이 있습니다. 그 글 속에서 그는 2050년에도 '신학자'라는 직업이 남아있게 될지 의심스럽다고 했습니다. 도킨스의 말에는 진화생물학의 발달로 오늘날과는 엄청나게 다른 생각과 삶을 살게 되기 때문에 신학자들이 다루는 죄, 구원, 신의 섭리 같은 문제에 대한 관심이 희미해 질 것이라는 뜻이 담겨 있습니다.
　그러나 분명한 것은 이런 저런 신학적 이론은 소멸될 것도 있고, 희미해질 것도 있으나 하나님의 말씀은 영원히 살아 있을 것이라는 사실입니다.
　"풀은 마르고, 꽃은 시드나 우리 하나님의 말씀은 영원히 서 있다"(시40:8).
　얼마 전에 나는 김기웅 감독님을 그의 목양실에서 만난 적이 있습니다. 그 때 김 감독님은 지금까지 목회를 하면서 하나님께서 베풀어 주신 크신 은혜와 교우들과 함께 나눈 사랑을 무엇으로 보답할 수 있을까 하고 고심하다가 창세기부터 계시록까지 강해 설교를 펴내기로 작정했노라고 했습니다.
　창세기부터 계시록까지 기록된 말씀을 강해 한다는 것은 만리장성을 쌓는 일과 같은 대역사입니다. 만리장성에 올랐다 내려오는 중국 사람들은 "나는 장성을 정복했노라(我登上了長城)"고 소리치며 내려옵니다.

김 감독님께서 이제 성경이라는 지혜와 생명의 산에 오르는 대장정을 시작했으니 십계명을 받고 내려온 모세의 시내 산 등정처럼 말씀의 석판을 받고 하산하는 등정이 되기를 기도합니다.
　성경을 연구하는 사람은 성경말씀으로부터 행복을 느낍니다. 행복한 삶은 세 가지에 신경을 쓰지 않는다고 합니다. 첫째는 소유에 그다지 신경을 쓰지 않고, 둘째는 광고나 선전에 흔들리지 않으며, 셋째는 권력이나 성취욕에 빠지지 않는답니다. 성경의 처음부터 끝까지를 여행하려는 김 감독님께서는 이 여정이 끝날 때까지 이런 행복감을 누리면서 시련과 고뇌의 사막을 건너가게 되리라 확신합니다.
　한 그루의 나무를 심는 사람은 30년을 내다보면서 한 그루 한 그루를 가꿉니다. 성경말씀을 파고드는 일은 영원의 시간과 신비의 끄나풀을 현실의 세계로 끌어당기는 꿈을 꾸게 합니다. 한 마디로 진리를 탐구하는 학습의 정신이 아니면 이런 일을 해 낼 수가 없습니다.
　김 감독님께서 나에게 추천의 글을 써 달라고 부탁하셨지만 그 보다는 이 외롭고 힘든 길에 참여자가 되고 기도로 후원자가 되고, 함께 가는 길벗이 되고 싶어졌습니다. 이 책을 접하는 독자들이 목회사역이라는 은총의 길을 성경말씀의 골짜기를 따라 동행해 본다는 관점으로 읽어간다면 두레박으로 샘물을 길어 올리는 기쁨을 얻게 될 것입니다.
　아무나 할 수 없는 거룩한 일에 온 정열을 쏟아 부으시며 선한 목자 되신 주님의 발자취를 따라 묵묵히 걸어가시는 목회여정에 아버님과 아드님과 성령님의 도우심으로 하나님께 영광이 되고 김 감독님의 생애가 영광스럽게 빛나시기를 마음속 깊이 기원합니다.

2008년 4월
和江 李起春
(전 감신대 총장서리 / 현재 영성·심리치료센터 원장)

머리말

2003년 정월 초하루부터 매일 저녁 예배시간에 창세기부터 강해설교를 시작한지 벌써 만 5년이 지나서 6년 3개월에 접어들었습니다. 지난 5년 동안 매일 드린 예배와 성서 강해 설교가 며칠 지난 것 같이 가까운 날들의 일로 생각되어집니다. 지난 5년 동안 매일 저녁 예배가 지루하게 여겨지거나 힘들어 못 견디게 느껴지지 아니하고 오히려 행복한 날들로 기억되는 것은 하나님께서 은혜로 축복하여 주셨기 때문입니다.

야곱이 칠년을 수일같이 여겼더라(창29:20)는 말씀이 우리 교회와 저를 두고 하신 말씀 같습니다. 매일 저녁마다 나오셔서 예배에 함께 하여 주신 성도 여러분들께 감사드립니다. 그간 성도들에게 설교하였던 부분들을 정리하여 "잠근 동산"이라는 이름으로 욥기에서(시편 제외) 말라기서까지 구약 제 4권의 책을 출간하게 되었습니다. 잠근 동산은 아가서 4장 12절의 말씀인데 솔로몬이 사랑한 술람미 여인의 사랑스런 모습을 표현한 말입니다. 우리들도 예수님께 사랑의 대상이 되기를 바라는 마음에서 본서의 책명을 "잠근 동산"이라고 정하였습니다.

어떤 독자들께서 많은 부분의 강해가 빠져있음을 문의하여 오신 분들이 계셨습니다. 성서 강해를 한 절도 빠짐없이 전부 다루었으면 좋겠지만 분량이 너무 방대하여 전체를 강해하려면 적어도 10년에서 20년의 세월이 소요되어야 가능할 것 같습니다. 제가 중요하게 여겨진 부분들을 선별하여 강해 설교한 것들을 수록할 수밖에 없었습니다. 그리고 본서가 성서 강해서가 아닌 목회자의 강해 설교임을 이해하여 주시기 바랍니다. 본 강해 설교집이 독자 여러분들에게 조금이나마 도움이 되기를 기도드립니다.

  금번에 출간되는 강해 설교집은 독일에 계신 최혜숙 성도님의 헌금과 그 외 여러 성도들께서 드린 문서선교 헌금으로 출간되었습니다. 헌금해 주신 성도 여러분들께 감사드립니다. 책 표지를 아름답게 꾸며주신 홍성철, 이주희 권사님께 감사드리며 문서선교부장 한연기 장로님과 윤형덕 장로님, 우한구 장로님, 김윤하 목사님, 박순용 전도사님의 수고에 감사드립니다. 또한 제 곁에서 항상 기도해 주고 힘이 되어준 아내 이성자 사모와 아들 김광일 목사, 혜련, 혜진, 혜경 사남매와 자부 난경과 사위 영일, 석규, 기성과 손녀들에게도 고마움을 표하고 싶습니다.

2008년 4월 **김기웅** 목사

차 례

추천의 글 · 5
소개의 글 · 7
머리말 · 9

욥기

생일을 저주하는 욥 (욥2:1~3:26) / 18
세 친구의 변론과 엘리후의 변론 (욥4:1~37:24) / 21
주를 향하여 손을 들 때 (욥11:13~19) / 28
나의 가는 길을 그가 아시나니 (욥23:10~17) / 32
밤중에 노래하게 하시며 (욥35:10~11) / 38
폭풍 가운데 찾아오신 하나님 (욥38:1~42:9) / 43
욥의 신앙 (욥1:1~22, 2:7~10, 23:10, 42:5~6) / 48
욥이 다시 받은 축복 (욥42:10~17) / 55
욥이 받은 은혜 (욥42:10~17) / 60

잠언

여호와를 경외하는 것이 지식의 근본이라 (잠1:1~33) / 66
잠언의 신앙 (잠3:1~34) / 72
마음을 지키라 (잠4:20~27) / 79
여호와께 맡기라 (잠16:1~3) / 85
아이에게 가르치라 (잠22:4~6) / 90
네 부모를 공경하라 (잠23:22~25) / 96
진리를 사고서 팔지 말라 (잠23:22~26) / 100

일곱 번 넘어져도 다시 일어나는 사람 (잠24:16~20) / 103
비 없는 구름 (잠25:13~14) / 107
나의 얼굴을 빛나게 하는 친구 (잠27:17~22) / 111
가난하게도 마옵시고 부하게도 마옵시고 (잠30:7~9) / 115
지혜로운 삶(1) (잠30:24~28) / 119
지혜로운 삶(2) (잠30:24~28) / 124
아들아! (잠31:1~7) / 129

◉ 전도서

모든 것이 헛되도다 (전1:2~11) / 136
영원을 사모하는 마음 (전3:1~15) / 143
이렇게 살아라 (전12:1~14) / 148

◉ 아가

사랑의 노래 (아1:1~8) / 158
사랑의 고백 (아2:1~7) / 163
봄의 교향악 (아2:10~14) / 167
연기 기둥 같은 자 (아3:6~11) / 173
솔로몬의 연(輦) (아3:6~11) / 178
거친 들에서 오는 자 (아3:6~11) / 184
잠근 동산 (아4:12~16) / 188

◉ 이사야

하늘이여 들으라 (사1:1~6, 18~20) / 194
남은 자의 영광 (사4:1~6) / 199
날개 접은 천사 (사6:1~5) / 204
새로운 발견 (사6:1~8) / 209

임마누엘의 위로 (사7:10~14) / 215
천천히 흐르는 실로아 물 (사8:5~8) / 220
흑암의 땅에 빛으로 오실 메시아 (사9:1~7) / 224
감찰하시는 하나님 (사18:1~7) / 230
선견자(先見者)의 기도 (사33:1~6) / 235
여호와를 앙망하라 (사40:27~31) / 239
내가 붙드는 나의 종 (여호와의 종의 노래 I -1)(사42:1~9) / 244
상한 갈대와 꺼져가는 등불 (여호와의 종의 노래 I -2)(사42:1~9) / 251
너는 내 것이라 (사43:1-7) / 256
삼차원의 인생 (사44:1-5) / 261
땅 끝의 모든 백성아 나를 앙망하라 (사45:1~25) / 265
손 그늘에 숨기시며(여호와의 종의 노래II) (사49:1~7) / 269
학자의 혀(여호와의 종의 노래III)(사50:4~9) / 276
타인보다 상한 얼굴 (여호와의 종의 노래IV-1)(사52:13~53:12) / 281
슬픔의 사람 (여호와의 종의 노래IV-2)(사52:13~53:12) / 286
기쁨의 사람 (사53:10, 54:1~17) / 294
하나님의 위대한 초청 (사55:1~5) / 299
성수주일의 복 (사56:1~8) / 305
전사의 모습으로 오시는 하나님 (사59:16~21) / 309
빛으로 오신 메시아 (사62:3) / 313
은혜의 해(年) (사61:1~3) / 316
헵시바와 쁄라 (사62:1~5) / 322

예레미야

터진 웅덩이(렘2:9~13) / 328
유브라데 강변의 썩은 베띠(렘13:1~11) / 332
하나님의 위로(렘15:10~21) / 337

물가에 심기운 나무(렘17:5~8) / 342
토기장이와 진흙(렘18:1~17) / 345
두 광주리의 무화과 환상(렘24:1~7) / 351
투옥되는 예레미야(렘37:11~15) / 356
돌아오는 시온 백성(렘50:1~5) / 360

예레미야 애가
슬픈날의 기도(애1:12~22) / 368

에스겔
두루마리를 먹으라(겔3:1~3) / 376
중보자의 사명(겔4:4~8) / 380
떠나가는 영광(겔8:5~6) / 384
참 목자와 새 영(겔34:23~24, 36:11-38) / 389
골짜기의 부흥(겔37:1~10) / 392
희망의 골짜기(겔37:1~14) / 396
성전 환상(1)(겔40:5~16) / 401
성전 환상(2)(겔41:21~26) / 406
돌아오는 영광(겔43:1~5) / 410
축복의 강물(겔47:1~12) / 415
이상적인 도성(겔48:1~35) / 419

다니엘
뜻을 정한 사람(단1:8~16) / 426
잊혀진 꿈(단2:1~9) / 430
뜨인 돌(단2:31~35) / 436
사랑의 무게(단5:24~28) / 443

기도의 사람 다니엘(단6:10~17) / 448

◉ 호세아
여호와께로 돌아가자(호6:1~3) / 456
뒤집지 않은 전병(호7:8~16) / 461
바람을 먹는 자들(호12:1~6) / 465

◉ 요엘
만민에게 부어주시는 성령(욜2:28~32) / 470
판결 골짜기(욜3:14~17) / 475

◉ 아모스
너희는 나를 찾으라 그리하면 살리라(암5:4~8) / 481
다림줄(암7:1~9) / 487
야곱이 미약하오니 어떻게 서리이까(암7:1~6) / 492

◉ 오바댜
네 형제를 돌아보라(옵1:1~9) / 498

◉ 요나
풍랑 만난 요나(욘1:1~3:10) / 504

◉ 미가
성전에 임하시는 여호와(미1:1~7) / 509
행복이 없는 이 세상(미2:6~10) / 515
길을 여는 자(미2:12~13) / 520

◉ **나훔**
　　네가 어찌 노아몬보다 낫겠느냐(나3:8~10) / 525

◉ **하박국**
　　하박국 선지자의 감사(합3:16~19) / 532

◉ **스바냐**
　　너로 인하여 기뻐하리라(습3:14~17) / 538

◉ **학개**
　　오늘부터 복을 주리라(학2:15~19) / 544

◉ **스가랴**
　　불에서 꺼낸 그슬린 나무(슥3:1~5) / 549

◉ **말라기**
　　내가 너를 사랑하였노라(말1:1~5) / 554

욥기

생일을 저주하는 욥
세 친구의 변론과 엘리후의 변론
주를 향하여 손을 들 때
나의 가는 길을 그가 아시나니
밤중에 노래하게 하시며
폭풍 가운데 찾아오신 하나님
욥의 신앙
욥이 다시 받은 축복
욥이 받은 은혜

생일을 저주하는 욥

욥기 3장 1~7절

"그 후에 욥이 입을 열어 자기의 생일을 저주하니라 욥이 말을 내어 가로되 나의 난 날이 멸망하였었더라면, 남아를 배었다 하던 그 밤도 그러하였었더라면, 그 날이 캄캄하였었더라면, 하나님이 위에서 돌아보지 마셨더라면, 빛도 그 날을 비춰지 말았더라면, 유암(幽暗)과 사망의 그늘이 그날을 자기 것이라 주장하였었더라면, 구름이 그 위에 덮였었더라면, 낮을 캄캄하게 하는 것이 그날을 두렵게 하였었더라면, 그 밤이 심한 어두움에 잡혔었더라면, 해의 날 수 가운데 기쁨이 되지 말았었더라면, 달의 수에 들지 말았더라면, 그 밤이 적막하였었더라면, 그 가운데서 즐거운 소리가 일어나지 말았었더라면"

욥은 첫 번째 시련으로 전 재산을 잃고 십남매를 잃어버리는 환난을 당하였으며(욥1:13~22), 두 번째 시련으로 욥 자신이 병들어 고통을 당할 때 아내마저 욥을 괴롭게 하였습니다(욥2:1~10). 이에 욥이 자기 생일을 저주하기에 이르렀습니다.

1. 하나님을 욕하고 죽으라(욥2:9)

욥기 2:9 "그 아내가 그에게 이르되 당신이 그래도 자기의 순전을 굳게 지키느뇨 하나님을 욕하고 죽으라"

욥의 아내는 재산이 몰락되고 자녀가 몰사하는 시련의 때에 할말을 잃은 채 침묵하였지만 이제 남편마저 악창에 걸려 고통함을 보고는 더 참을 수 없어, 차라리 하나님을 욕하고 죽으라고 폭언을 터뜨렸습니다. 하나님을 욕하고 죽으라고 욥의 처가 한 말은 사단의 말을 그대로 대변한 것입니다(욥2:5).
　첫째는 하나님을 욕하라는 것은 하나님을 배반하라는 것입니다. 둘째는 자살하여 죽으라는 것입니다. 욥의 처는 차라리 하나님을 욕하고 죽는 것이 사는 것보다 낫지 아니하냐는 말로 자살을 충동하고 있습니다. 시련 앞에 찾아오는 것은 자살의 유혹인 것을 보여주고 있습니다. 그러나 욥은 하나님을 배반하고 욕하라는 충동의 말과 자살하여 죽어버리라는 유혹을 모두 물리치고 신앙의 정도(正道)를 벗어나지 아니하였습니다.
　욥은 "주신 자도 여호와시요 취하신 자도 여호와시오니 여호와의 이름이 찬송을 받으실지니이다"(욥1:21)하고, "그대의 말이 어리석은 여자 중 하나의 말 같도다 우리가 하나님께 복을 받았은즉 재앙도 받지 아니하겠느뇨"(욥2:10)라는 말로 시험의 풍랑을 넘어갔습니다.
　하나님을 배반하고 자살하라는 유혹도 하나님의 절대주권을 믿는 경배 찬송의 신앙으로 물리쳐 이기고 하나님께서 주시는 평안과 환난도 모두 수용해야 한다는 인식으로 고난의 시련을 이겨 나갔습니다. 욥기 1장과 2장은 고난을 이겨나가는 욥의 신앙적 자세를 보여주고 있습니다.

2. 자기 생일을 저주하는 욥(욥3:1~9)

> 욥기 3:1~3 "그 후에 욥이 입을 열어 자기의 생일을 저주하니라 욥이 말을 내어 가로되 나의 난 날이 멸망하였더라면, 남아를 배었다 하던 그 밤도 그러하였었더라면,"

　십계명중 셋째 계명은 하나님 여호와의 이름을 망령되이 일컫지 말라 하셨습니다(출20:7). 욥은 입술로 하나님의 이름을 욕되게 하지 않았으며 자살의 유혹에 빠지지 않았습니다. 그러나 오랜 고난으로 자신의 생일을 저주하게 되었습니다.

욥은 하나님을 욕하거나 자살의 유혹을 뿌리치고 난 후에 "나의 난 날이 멸망하였었더라면, 남아를 배었다 하던 그 밤도 그러하였었더라면, 그 날이 캄캄하였었더라면, 하나님이 위에서 돌아보지 마셨더라면, 빛도 그 날을 비취지 말았었더라면, 유암과 사망의 그늘이 그 날을 자기 것이라 주장하였었더라면, 구름이 그 위에 덮였었더라면, 낮을 캄캄하게 하는 것이 그 날을 두렵게 하였었더라면, 그 밤이 심한 어두움에 잡혔었더라면, 해의 날 수 가운데 기쁨이 되지 말았었더라면, 달의 수에 들지 말았었더라면, 그 밤이 적막하였었더라면, 그 가운데서 즐거운 소리가 일어나지 말았었더라면, 날을 저주하는 자 곧 큰 악어를 격동시키기에 익숙한 자가 그 밤을 저주하였었더라면, 그 밤에 새벽 별들이 어두웠었더라면, 그 밤이 광명을 바랄지라도 얻지 못하며 동틈을 보지 못하였었더라면 좋았을 것을, 이는 내 모태의 문을 닫지 아니하였고 내 눈으로 환난을 보지 않도록 하지 아니하였음이로구나 어찌하여 내가 태에서 죽어 나오지 아니하였었던가 어찌하여 내 어미가 낳을 때에 내가 숨지지 아니하였던가 어찌하여 무릎이 나를 받았던가 어찌하여 유방이 나로 빨게 하였던가"(욥 3:3~12)하고 탄식하였고, "어찌하여 곤고한 자에게 빛을 주셨으며 마음이 번뇌한 자에게 생명을 주셨는고 이러한 자는 죽기를 바라도 오지 아니하니 그것을 구하기를 땅을 파고 숨긴 보배를 찾음보다 더 하다가 무덤을 찾아 얻으면 심히 기뻐하고 즐거워하나니 하나님에게 둘러 싸여 길이 아득한 사람에게 어찌하여 빛을 주셨는고 나는 먹기 전에 탄식이 나며 나의 앓는 소리는 물이 쏟아지는것 같구나 나의 두려워하는 그것이 내게 임하고 나의 무서워하는 그것이 내 몸에 미쳤구나 평강도 없고 안온도 없고 안식도 없고 고난만 임하였구나"(욥 3:20~26)라고 탄식하였습니다.

세 친구의 변론과 엘리후의 변론

욥기 4장 1~9절

"데만 사람 엘리바스가 대답하여 가로되 누가 네게 말하면 네가 염증이 나겠느냐 할지라도 누가 참고 말하지 아니하겠느냐 전에 네가 여러 사람을 교훈하였고 손이 늘어진 자면 강하게 하였고 넘어져 가는 자를 말로 붙들어 주었고 무릎이 약한 자를 강하게 하였거늘 이제 이 일이 네게 임하매 네가 답답하여 하고 이 일이 네게 당하매 네가 놀라는 구나 네 의뢰가 경외함에 있지 아니하냐 네 소망이 네 행위를 완전히 함에 있지 아니하냐 생각하여 보라 죄 없이 망한 자가 누구인가 정직한 자의 끊어짐이 어디 있는가 내가 보건대 악을 밭갈고 독을 뿌리는 자는 그대로 거두나니 다 하나님의 입기운에 멸망하고 그 콧김에 사라지느니라"

욥의 세 친구(엘리바스, 빌닷, 소발)가 욥을 찾아왔습니다. 동정하는 마음으로 찾아왔습니다. 욥의 처참한 모습을 보고 소리내어 울며 겉옷을 찢고 티끌을 자기 머리에 뿌리고 칠일 칠야를 욥과 함께 땅에 앉아서 말문을 열지 못하고 있었습니다(욥2:13). 세 친구는 신명기적 사관으로 욥이 무슨 죄로 인하여 이러한 고난을 당하는지에 대하여 변론하기 시작하였습니다.

1. 엘리바스의 변론(욥4:1~5:27, 15:1~35, 22:1~30)

욥기 4:2~5 "누가 네게 말하면 네가 염증이 나겠느냐 날지라도 누가 참고 말하지 아니하겠느냐 전에 네가 여러 사람을 교훈하였고 손이 늘어진 자면 강하게 하였고 넘어져 가는 자를 말로 붙들어 주었고 무릎이 약한 자를 강하게 하였거늘 이제 이 일이 네게 임하매 네가 답답하여하고 이 일이 네게 당하매 네가 놀라는구나"

본문의 엘리바스는 아주 지극히 유대 정통주의 신앙관을 가지고 욥에게 자신의 논지를 피력하고 있습니다. 본문은 욥이 고난을 받을 수밖에 없는 이유를 설명하는 부분과(1~6절), 하나님의 심판은 오직 악인에게 임한다는 엘리바스의 유대 정통주의 신앙관(7~11)으로 구성되어 있습니다.

엘리바스의 특징은 그는 신학적이며 경험적 지식으로 논증하는 것과 그의 논지는 죄를 지으면 고난을 당하고 하나님은 악한 자를 징계하고 선한 자를 복 주시는 의로운 분으로 생각하고 있습니다. '엘리바스'라는 이름의 뜻은 '하나님은 정금이시다', '하나님은 심판자이시다'입니다.

엘리바스의 변론은 방법상에 있어서 보편타당한 진리를 내포하고 있다는 데에 그 특징이 있습니다. 그러나 보편타당한 진리 즉, 악을 저지르면 징벌을 받고 선을 행하면 그에 대한 보응을 받는다는 것을 너무 도식적으로 고집한 나머지 욥의 특수한 상황 즉, 의인의 고난을 그는 이해하지 못하고 있습니다.

욥의 세 친구(엘리바스, 빌닷, 소발) 중에 엘리바스가 고난당하는 욥에게 제일 먼저 입을 연 것은 그가 그들 가운데 최연장자이기 때문일 것으로 추측됩니다(Pope, 박윤선, The Chokmah Commentary vol XIII, p.79).

욥기 4장 8절에 '내가 보건대', 욥기 15장 17절에서도 '내가 본 것을 설명하리라'하며 이야기를 시작합니다. 최연장자이기에 자기의 인생 경험을 바탕으로 해서 이야기를 하고 있는 것입니다. 그러나 그가 꼭 자기의 경험을 가지고 이야기한다고 할 수 없습니다. 왜냐하면 이상 중에 하나님이 그의 귀에 들려주신 세미한 음성까지 공개하고 있습니다(욥4:12~21). 그렇지만 이것은 자신의 논증의 권위와 신빙성을 높이기 위해 본문의 계시를 언급하였다고 보는 견해가 지배적입니다(The Chokmah Commentary vol XIII, p.82).

엘리바스는 종교적 도덕주의자의 모습을 보여주고 있습니다. 욥기 4장 7~8절에 "생각하여 보라 죄 없이 망한 자가 누구인가 정직한 자의 끊어짐이 어디 있는가 내가 보건대 악을 밭 갈고 독을 뿌리는 자는 그대로 거두나니"라는 말씀과, 욥기 4장 12절의 "무슨 말씀이 내게 가만히 임하고 그 가는 소리가 내 귀에 들렸나니"라는 말씀, 욥기 4장 16절의 "그때 내가 조용한 중에 목소리를 들으니 이르기를"이라는 말씀을 보아 엘리바스는 자신의 종교적 체험에서 얻은 지식을 가지고 욥을 정죄하고 있습니다. 그는 이렇게 세 번이나(욥4:1~5:27, 15:1~35, 22:1~30) 욥과 뜨거운 논쟁을 벌였는데 급기야는 자기 눈으로 확인한 일도 아닌데 화가 났는지 "네 악이 크지 아니하냐 네 죄악이 극하니라 까닭없이 형제의 물건을 볼모잡으며 헐벗은 자의 의복을 벗기며 갈한 자에게 물을 마시우지 아니하며 주린 자에게 식물을 주지 아니하였구나"(욥22:5)라고 하였습니다.

2. 빌닷의 변론(욥8:1~22, 18:1~21, 25:1~6)

> 욥기 8:2~6 "네가 어느 때까지 이런 말을 하겠으며 어느 때까지 네 입의 말이 광풍과 같겠는가 하나님이 어찌 심판을 굽게 하시겠으며 전능하신 이가 어찌 공의를 굽게하시겠는가 네 자녀들이 주께 득죄하였으므로 주께서 그들을 그 죄에 붙이셨나니 네가 만일 하나님을 부지런히 구하며 전능하신 이에게 빌고 또 청결하고 정직하면 정녕 너를 돌아보시고 네 의로운 집으로 형통하게 하실 것이라"

'빌닷'이라는 이름은 '논쟁의 아들'이란 뜻입니다. 빌닷은 욥과 세 번에(욥8:1~22, 18:1~21, 25:1~6) 걸친 논쟁을 하였습니다. 그의 논증의 근거는 전통입니다. 전통에 근거해서 욥을 정죄하고 있습니다. 욥기 8장 8절의 "청컨대 너는 옛시대 사람에게 물으며 열조의 터 득한 일을 배울찌어다"라는 말씀과 욥기 8장 15절의 "그 집을 의지할지라도 집이 서지 못하고 굳게 잡아도 집이 보존되지 못하리라"라는 말씀으로 보아 아주 자신 있게 논리를 전개하였고 욥이 당하는 고난과 고통에 대하여 "하나님이 어찌 심판을 굽게 하시겠으며 전능하신 이가 어찌 공의를 굽게 하시겠는가 네 자녀들이 주께 득죄하였으므로 주께서 그들을 그 죄에 붙이셨나니"(욥8:3~4)라고 결론을 내리고 있습니다.

이 얼마나 무서운 말입니까. 빌닷의 논리는 냉엄한 종교적 율법주의자의 입장이라 할 수 있습니다. 마치 함무라비 법전의 법과 같이 이에는 이로, 눈은 눈으로, 피는 피로 갚으시는 하나님의 보수하심에 의해서 욥이 고난과 고통을 당하게 되었다는 것입니다. 역시 엘리바스처럼 빌닷은 욥의 자녀들이 실제로 죄를 범하는 것을 본 일이 없습니다. 그런데 그는 이미 유명을 달리한 그들에게 죄를 뒤집어 씌우는 일을 서슴치 아니하였습니다.

3. 소발의 변론(욥11:1~20, 20:1~29)

> 욥기 11:2~6 "말이 많으니 어찌 대답이 없으랴 입이 부푼 사람이 어찌 의롭다 함을 얻겠느냐 네 자랑하는 말이 어떻게 사람으로 잠잠하게 하겠으며 네가 비웃으면 어찌 너를 부끄럽게 할 사람이 없겠느냐 네 말이 내 도는 정결하고 나는 주의 목전에 깨끗하다 하는구나 하나님은 말씀을 내시며 너를 향하여 입을 여시고 지혜의 오묘로 네게 보이시기를 원하노니 이는 그의 지식이 광대하심이라 너는 알라 하나님의 벌하심이 네 죄보다 경하니라"

'소발'이란 이름의 뜻은 '거친', '지저귀는 자'라는 뜻입니다. 소발은 지적으로나 영적으로 수준이 좀 낮은 사람처럼 보입니다. 소발은 욥과 두 번에(욥11:1~20, 20:1~29) 걸친 논쟁을 하였는데 그의 논증의 근거는 추측입니다.

소발은 자기의 막연한 추측으로 욥을 정죄하고 있습니다. 엘리바스처럼 경험을 통해 배운 것을 말하는 것도 아니며, 빌닷처럼 전통적인 도덕률을 가지고 정죄하는 것도 아닙니다. 욥기 11장 6절에 보면 "… 너는 알라 하나님의 벌하심이 네 죄보다 경하니라"라고 하였는데 이 얼마나 잔인하고 무서운 말입니까. 그는 이처럼 근거도 없는 막연한 추측으로 정죄하고 있습니다.

지금까지 욥의 세 친구가 욥에게 한 말을 살펴보았는데 역시 인간은 별 수 없는 존재라는 것을 실감하게 됩니다. 우리가 사는 이 세상엔 남의 일을 가지고 경험에 의존하거나 지식에 의존해 제멋대로 판단하는 사람들이 많이 있습니다.

욥의 친구들이 한 말은 그대로 보면 하나도 틀린 말이 없습니다. 그들의 말에도 진리가 있습니다. 구약 성서 학자 델리취는 "욥의 세 친구들이 한 말들을 검토해 볼 때 그들에게서 틀린 점을 찾아 낼 수 없다"고 실토했습니다.

그럼에도 불구하고 왜 그들의 말이 잘못되었다고 하며 왜 그들이 한 말에 대하여 하나님께서 노하셨습니까. "데만 사람 엘리바스에게 이르시되 내가 너와 네 두 친구에게 노하노니 이는 너희가 나를 가리켜 말한 것이 내 종 욥의 말같이 정당하지 못함이니라"(욥42:7) 하셨는데 이는 우리가 풀어야 할 과제입니다.

욥의 세 친구들이 첫 번째로 실수한 것은 응보의 법칙을 따른 것입니다. 물론 응보의 법칙은 성경에서 가르치는 진리입니다. 그러나 하나님의 섭리는 단순하지 않고 심오합니다. 죄를 범하면 벌이 따르고 고통이 온다는 것은 하나님이 가르쳐주신 진리이지만 모든 고통이 죄값은 아닙니다.

　욥의 세 친구들이 두 번째로 실수한 것은 욥의 의로운 삶을 인정하려 하지 않고 오히려 티를 잡아서 자기주장만을 펼쳤습니다. 그들은 욥에게 회개하라고 다그쳤고 하나님에게 용서를 받으면 옛날처럼 다시 행복한 날이 돌아올 것이라고 하였습니다. 그런데 이 말이 욥에게는 해당되지 않습니다.

　세 번째로 욥의 친구들이 실수한 것은 고통의 이유를 따지기만 했을 뿐 욥의 고통을 나누려는 마음은 없었습니다. 그들이 진정한 친구였다면 하나님 앞에 나가서 욥을 위해 중보기도를 했어야 마땅한 일인데 욥의 친구들은 그렇게 하지 않았습니다(옥한흠,『나의 고통 누구의 탓인가』pp.125~129).

4. 엘리후의 변론(욥33:1~33, 34:1~37, 35:1~35:16)과 결론 (욥36:1~37:24)

> 욥기 33:29~33 "하나님이 사람에게 이 모든 일을 재삼 행하심은 그 영혼을 구덩이에서 끌어 돌이키고 생명의 빛으로 그에게 비춰려 하심이니라 욥이여 귀를 기울여 내게 들으라 잠잠하라 내가 말하리라 만일 할 말이 있거든 대답하라 내가 너를 의롭게 하려 하노니 말하라 만일 없으면 내 말을 들으라 잠잠하라 내가 지혜로 너를 가르치리라"

　엘리후는 욥의 친구 중에서 가장 나이가 어렸으며(욥32:4, 32:6) 욥과 세 번에(욥33:1~33, 34:1~37, 35:1~16) 걸친 논쟁을 하였습니다. '엘리후'라는 이름의 뜻은 '그는 나의 하나님'이란 뜻입니다.

　욥이 자신의 소행은 의로우나 하나님이 자기의 의를 제하셨다고 한 말에 엘리후는 하나님은 불의를 행치 않으시며 사람의 일에 따라 보응하시는 분이라고 하였습니다(욥34:5, 34:7, 34:10~12). 그는 하나님 앞에서는 어느 누구도 의롭지 못하며 하나님은 자신이 하시는 일을 다 말씀하시지는 않는다고 하였습니다(욥33:12~13). 그리고 고난을 겪게 하시는 것은 죄에 대한 인과응보가 아니라 연단을 통해 욥을 더욱 하나님의 사람으로 훈련시키고 하나님의 진리를 깨우치게 하기 위한 것으로 보았습니다(욥33:29~33). 이 때문에 세 친구가 하나님께 책망을 들었을 때도 그는 책망 받지 않았던 것 같습니다(욥42:7). 이외에도 하나님은 전지전능하시고 아무도 멸시하지 않으시며(욥36:5~7, 36:22~23), 악인을 징계하고 의인과 고난 받는 자를 도우신다고 말했습니다(욥36:6~7). 죄를 지었다면 알게 하셔서 죄에서 벗어나게 하시고 말씀에 순종하는 자에게 복을 주시는 분이라고도 말했습니다(욥36:8~12). 엘리후는 결국 사람은 하나님을 찬양해야 한다고 하였습니다(욥36:24~26).

욥과 세 친구에 대한 엘리후의 논평은 눈여겨 볼 만합니다. 엘리후는 고난에는 목적이 있다고 하였습니다(욥36:15). 그러나 욥기의 저자는 여기에 만족해하지 않습니다. 하나님의 창조세계에는 의미없는 것이라고는 하나도 없습니다. 하나님은 욥에게 세상에는 악마적인 것이 있지만 세상이 악마적이지는 않다는 것을 알려주고 계십니다. 욥은 하나님의 말씀을 듣고 자기의 탄식을 비로소 버립니다(욥42:6). 하나님은 욥이 고난을 당하고 있는 순간에도 창조세계의 질서는 하나님의 계획대로 움직여지고 있음을 깨닫게 하십니다. 곧 욥기의 정의(인과응보)라는 편협한 틀 안에 하나님을 가두어 두려는 유혹으로부터 벗어나야 할 것을 우리는 욥기에서 배우게 됩니다.

주를 향하여 손을 들 때

욥기 11장 13~19절

"만일 네가 마음을 바로 정하고 주를 향하여 손을 들 때에 네 손에 죄악이 있거든 멀리 버리라 불의로 네 장막에 거하지 못하게 하라 그리하면 네가 정녕 흠 없는 얼굴을 들게 되고 굳게 서서 두려움이 없으리니 곧 네 환난을 잊을 것이라 네가 추억할찌라도 물이 흘러감 같을 것이며 네 생명의 날이 대낮보다 밝으리니 어두움이 있다 할찌라도 아침과 같이 될 것이요 네가 소망이 있으므로 든든할찌며 두루 살펴보고 안전히 쉬리니 네가 누워도 두렵게 할 자가 없겠고 많은 사람이 네게 첨(諂)을 드리리라"

본문은 욥의 친구 소발의 말입니다. 소발은 욥이 주를 향하여 손을 들 때 복된 일이 나타날 것이라 말했습니다. 주를 향하여 손을 드는 일은 여러 가지 의미가 있습니다.

① 하나님께 간절한 마음을 표시하는 의미

예레미야애가 3장 41절에 "마음과 손을 아울러 하늘에 계신 하나님께 들자"라고 기록하였습니다.

② 항복하는 의미

욥기 11장 13~14절에서 "만일 네가 마음을 바로 정하고 주를 향하여 손을 들 때에 네 손에 죄악이 있거든 멀리 버리라 불의로 네 장막에 거하지 못하게 하라"라고 기록하였습니다.

③ 하나님의 도우심을 간절히 구하는 의미

시편 28편 2절에 "내가 주의 성소를 향하여 나의 손을 들고 주께 부르짖을 때에 나의 간구하는 소리를 들으소서"라고 기록하였습니다.

④ 하나님께 영광을 돌리는 의미

시편 134편 2절에 "성소를 향하여 너희 손을 들고 여호와를 송축하라", 시편 63편 4절에 "내 평생에 주를 송축하며 주의 이름으로 인하여 내 손을 들리이다"라고 기록하였습니다.

⑤ 마음을 하나님께로 향하는 회개의 자세, 마음을 옳은 방향으로 돌리고 지난 과거의 죄악된 길에서 돌이켜 회개하고 하나님께 도움을 청하는 자세를 의미합니다. 이렇게 주를 향하여 두 손을 들 때 다음과 같은 복된 일이 나타날 것입니다.

1. 두려움이 없으리라(욥11:15)

욥기 11:15 "그리하면 네가 정녕 흠 없는 얼굴을 들게 되고 굳게 서서 두려움이 없으리니"

사람의 얼굴은 마음의 거울입니다. 자기 마음이 얼굴 표정으로 나타나게 됩니다. 창세기 4장 6~7절에 보면 가인이 아우 아벨을 죽여 살인죄를 범한 후 그의 안색이 변하고 낯을 들지 못하였습니다. 이에 "여호와께서 가인에게 이르시되 네가 분하여 함은 어찜이며 안색이 변함은 어찜이뇨 네가 선을 행하면 어찌 낯을 들지 못하겠느냐" 하셨습니다.

사람은 누구나 예수님의 모델이 될 수도 있고 동시에 가룟 유다의 모델이 될 수도 있습니다. 요한계시록 14장의 14만 4천명의 이마에는 하나님 아버지와 어린 양 예수 그리스도의 이름이 기록되어 있다 했습니다.

우리가 죄를 범했을지라도 과거의 모든 죄악된 생활을 청산하고 돌이켜 주를 향하여 손을 들 때 사죄의 은총을 입게 하여 주셔서 흠 없는 얼굴로 주 앞에 서게 하여 주실 것입니다. 왜냐하면 요한일서 1장 9절에 "만일 우리가 우리 죄를 자백하면 저는 미쁘시고 의로우사 우리 죄를 사하시며 모든 불의에서 우리를 깨끗케 하실 것이요"라고 말씀하고 있기 때문입니다.

2. 네 환난을 잊을 것이라(욥11:16)

욥기 11:16 "네 환난을 잊을 것이라 네가 추억할찌라도 물이 흘러감 같을 것이며"

우리가 주를 향하여 손을 들 때에 하나님께서 우리의 과거로 인한 모든 환난의 비극을 잊게 하여 주시리니 이는 추억할지라도 물이 흘러감 같이 그 모든 아픔을 잊어버리게 될 것이라 하셨습니다. 모든 사람에게 아픈 추억이 있어 어떤 사람은 그 아픔을 일생동안 가지고 사는 사람도 있습니다. 하지만 주를 향하여 손을 들면 그 아픔을 치료해 주실 것입니다. 요한계시록 21장 4절에 "모든 눈물을 그 눈에서 씻기시매 다시 사망이 없고 애통하는 것이나 곡하는 것이나 아픈 것이 다시 있지 아니하리니 처음 것들이 다 지나갔음이러라" 하였습니다.

3. 생명의 날이 대낮보다 밝으리라(욥11:17)

욥기 11:17 "네 생명의 날이 대낮보다 밝으리니 어두움이 있다 할찌라도 아침과 같이 될 것이요"

죄를 회개한 자가 경험하게 될 영원한 평화와 기쁨을 표시한 것으로 사람이 죄악을 범할 때 그의 마음이 어둡게 되고 앞길을 캄캄하게 하고 형통하지 못하게 하며, 죄를 회개하면 위로부터 오는 은총과 빛으로 인하여 대낮보다 더욱 빛된 삶을 살 수 있음을 말한 것입니다. 어두움을 향하여 살던 삶의 방향을 돌이켜 주께 향하여 손을 들면 대낮보다 더 밝게 될 것이라고 말한 소발의 진언은 참으로 옳은 말입니다. 다이아몬드는 서로 마주 대할 때 그 빛이 더욱 찬란하게 빛난다고 합니다. 주님께 우리 마음을 향하고 손을 들 때 우리의 생명의 날이 대낮보다 밝게 빛날 것입니다.

4. 쉼을 얻으리라(욥11:18)

욥기 11:18 "네가 소망이 있으므로 든든할찌며 두루 살펴보고 안전히 쉬리니"

소발은 욥에게 회개하고 마음을 돌이켜 주께 손을 들면 인생의 소망되시는 하나님께서 소망을 주심으로 안전하게 근심걱정 없이 평안한 휴식을 누리게 될 것이라 하였습니다. 참된 안식은 소망이 있을 때만 가능한 것입니다.

소망이 없는 자에게는 쉼이 없습니다. 예수께로 돌아가면 참된 안식을 얻게 될 것입니다(마11:28). 하나님께 마음을 향하여 손을 들고 기도하면 흠 없는 얼굴을 들고, 두려움이 없게 될 것이며, 지난날의 환난과 슬픔을 잊어버리고 소망 가운데 생명의 날이 대낮보다 밝은 나날이 될 것입니다.

나의 가는 길을 그가 아시나니

욥기 23장 10~17절

"나의 가는 길을 오직 그가 아시나니 그가 나를 단련하신 후에는 내가 정금 같이 나오리라 내 발이 그의 걸음을 바로 따랐으며 내가 그의 길을 지켜 치우치지 아니하였고 내가 그의 입술의 명령을 어기지 아니하고 일정한 음식보다 그 입의 말씀을 귀히 여겼구나 그는 뜻이 일정하시니 누가 능히 돌이킬까 그 마음에 하고자 하시는 것이면 그것을 행하시나니 그런즉 내게 작정하신 것을 이루실 것이라 이런 일이 그에게 많이 있느니라 그러므로 내가 그의 앞에서 떨며 이를 생각하고 그를 두려워하는구나 하나님이 나로 낙심케 하시며 전능자가 나로 두렵게 하시나니 이는 어두움으로 나를 끊지 아니하셨고 흑암으로 내 얼굴을 가리우지 아니하셨음이니라"

지금부터 사천여년 전에 우스 땅에 욥이라는 사람이 살고 있었습니다. 욥은 연속적으로 다가오는 시련 앞에서 크게 당황하였습니다. 그의 재산과 자녀 십남매와 건강과 명예까지 모두 잃어버렸습니다. 이러한 소식을 듣고 세 친구는 찾아와 욥에게 죄 때문에 당하는 시련이라고 책망하였습니다.

욥은 이러한 상황에서 하나님을 찾아보았으나 하나님을 찾을 수 없었다고 하였습니다. 욥기 23장 8~9절에 "내가 앞으로 가도 그가 아니 계시고 뒤로 가도 보이지 아니하며 그가 왼편에서 일하시나 내가 만날 수 없고 그가 오른편으로 돌이키시나 뵈올 수 없구나" 하였습니다.

시편 73편의 기자도 믿지 아니하는 세상 사람이 모든 일에 잘되고,

경건하게 산다는 자신은 오히려 고난만 임하니 믿음이 헛된 것인가 ··· 하고 실족할 뻔 하였다고 했습니다. 그러나 우리의 날이 손 넓이 만큼 짧은 것이지만 모든 사람에게는 자기가 가야할 길이 있다고 성서는 말씀하고 있습니다.

1. 인생은 각자가 가야할 길이 있습니다(욥23:10)

욥기 23:10 "나의 가는 길을 오직 그가 아시나니 ···"

운명론과 숙명론자가 아닐지라도 모든 사람에게 처지와 형편이 다르지만 자기 앞에 가야하는 정해진 길이 있습니다. 잠언 16장 9절에 보면 "사람이 마음으로 자기의 길을 계획할지라도 그 걸음을 인도하는 자는 여호와시니라" 하였습니다.

이스라엘 백성은 광야에서 사십년을 배회하는 길을 가야했습니다. 그 길은 그들에게 주어진 인생길이었습니다. 이스라엘 백성이 사십년 동안 광야 길을 걷게 된 것을 당시에는 깨닫지 못하였으나 예배하는 거룩한 백성이 되기 위하여 광야의 혹독한 훈련의 과정이 필요하였기 때문이었습니다. 경주장의 출발선에 서있는 운동선수가 자기 앞에 있는 선을 따라 달려가야 하듯 우리 모두에게 각자가 달려가야 하는 길이 있습니다. 예수님은 "자기 십자가를 지고 나를 좇을 것이니라"고 하셨는데(마16:24) 이 말씀이 뜻하는 바는 자기의 길을 열심히 달려갈 것을 말씀하신 것입니다.

인생은 각자에게 주어진 길이 있습니다. 하나님은 예레미야에게 "네가 보행자와 함께 달려도 피곤하면 어찌 능히 말과 경주하겠느냐 네가 평안한 땅에서는 무사하려니와 요단의 창일한 중에서는 어찌하겠느냐"(렘12:5) 하셨습니다. 우리는 우리의 인생길을 묵묵히 걸어가야 할 것입니다. 삶의 현장에서 일어나는 모든 일들을 수용하는 자세로 모든 것을 받아드려야 합니다. 가난한 것도 병약한 것도 늙는 것도 모두 받아드리며 감사함으로 살아가는 법을 배워야 하겠습니다. 성 프랜시스는 감사의 조건이 점점 작아져도 감사드렸습니다. 햇빛 주신 하나님께 감사드리고, 달빛 주심을 감사하고 또 별빛 주심도 감사하였습니다. 그리고 가까이 다가오는 죽음의 어두운 그늘까지도 "그가 오면 맞으리 자매되는 죽음이여" 하며 반겨 맞이하였습니다(정등운 편. 성 프랜시스전, p.183).

우리가 당한 현실이 우리가 가는 인생길입니다. 회피하지 말고 내게 정해진 내 길을 묵묵히 걸어가자 … 하고 자신의 길을 가노라면 비 오는 날도 있고 바람 부는 폭풍우의 날도 있으나 햇빛이 나고 꽃 피고 새가 우는 아름다운 날도 있을 것입니다. 우리가 죄 많은 이 세상을 살아갈 때 행복만 바란다면 지나친 욕심일 것입니다. 그러나 모든 날을 슬픔과 탄식의 날로 생각한다면 이 또한 잘못된 판단일 것입니다.

춘하추동 사계절과 낮과 밤의 흐름 속에 일년이 가고 십년이 가고 세월이 흘러가듯 인간의 일생 또한 희로애락이 교차하면서 인생의 길을 가게 되는 것입니다. 이러한 길이 모든 사람이 가는 길이며 나와 여러분에게 정해진 인생길입니다.

2. 나의 가는 길을 오직 그가 아시나니(욥23:10)

욥기 23:10 "나의 가는 길을 오직 그가 아시나니 …"

우리가 가는 인생길은 험하기도 하고 주저앉고 싶도록 힘든 길입니다. 신앙의 위인 엘리야와 욥이 차라리 살기보다 죽기를 구하였던 것과 같이 괴로움이 많은 고달픈 길입니다. 이스라엘 백성도 광야 길을 가며 불평하였습니다. 불평의 이유는 길이 험하다는 것과 음식이 맛이 없다는 것이었습니다(민21:4~5).

시련의 날에 밤잠을 이루지 못하며 한숨을 거두지 못하고 죽지못해 살아가는 힘든 길이라 하지만 더욱 참담한 것은 아무도 알아주는 이 없고 나만 홀로 광야 길을 걸어가고 있다는 고독감입니다. 그러나 욥은 새로운 진리를 깨달았습니다. 하나님은 나의 가는 길을 알고 계시다는 사실이었습니다(욥23:10).

중세 종교개혁자들의 신앙은 하나님께서 나를 보고 계심을 믿고 하나님 앞에서의 신앙을 추구하였습니다. 즉, '코람데오'(Coram Deo)의 신앙입니다. 독일 베를린시에 있는 어느 교회 천정에는 큰 눈이 그려져 있습니다. 이는 하나님께서 나를 보고 계신다는 의미입니다. 하나님은 나의 가는 길을 언제나 보고 계십니다.

하나님은 우리의 현재 위치와 지나온 여정을 모두 알고 계십니다. 시편 기자는 시편 139편 1~4절에서 "여호와여 주께서 나를 감찰하시고 아셨나이다 주께서 나의 앉고 일어섬을 아시며 멀리서도 나의 생각을 통촉하시오며 나의 길과 눕는 것을 감찰하시며 나의 모든 행위를 익히 아시오니 여호와여 내 혀의 말을 알지 못하시는 것이 하나도 없으시니이다"라고 하였습니다.

수년 전 우리지방에 강사로 오셨던 홍안의 목사님께서 이런 간증을 하셨습니다. 교회를 건축하려고 대지를 물색하다가 기도하기 위하여 철원수도원에 들어가셨습니다. 그는 수도원 앞에 펼쳐진 넓은 밭을 왔다 갔다 하며 땅, 땅을 주소서. 땅 … 땅 하며 소리치다가 기도원 주변에는 군부대가 있는 지역이므로 군인들이 이상하게 여길 것 같아서 땅, 땅이라고 외치던 말을 자이온(Zion) 자이온, 예배당 터를 주시옵소서 하면서 넓은 밭고랑을 왔다 갔다 하며 하루 종일 기도하였습니다. 오후 늦게 숙소에 돌아와 무심코 성경을 읽으려고 책을 폈는데 성경말씀이 눈에 빨려 들어오듯 말씀이 보였습니다. 이 말씀은 하나님께서 욥에게 하신 말씀으로써 네가 암사자를 위하여 식물을 사냥하겠느냐 젊은 사자의 식량을 채우겠느냐 … 라고 말씀하신 후에 "까마귀 새끼가 하나님을 향하여 부르짖으며 먹을 것이 없어서 오락가락할 때에 그것을 위하여 먹을 것을 예비하는 자가 누구냐"(욥 38:41)라는 말씀이었습니다. 그날 홍목사님은 하루 종일 넓은 들판을 왔다 갔다 하며 까마귀 새끼처럼 오락가락하며 땅, 땅 하며 하나님께 부르짖었는데 그의 얼굴이 햇볕에 까맣게 그을려 있었습니다. 논밭을 방황하며 기도하는 자신을 하나님이 보고 계셨다는 것을 깨닫게 될 때 그만 성경책에 얼굴을 묻고 울었다는 말을 들었습니다. 우리가 당황하며 탄식하고 슬퍼하고 방황할 때에도 하나님은 우리의 가는 길을 보고 계십니다.

3. 정금같이 나오리라(욥23:10)

> 욥기 23:10 "나의 가는 길을 오직 그가 아시나니 그가 나를 단련하신 후에는 내가 정금같이 나오리라"

환난과 시련이 우리에게 불행만은 아닙니다. 로마서 5장 3~4절에 "환난은 인내를, 인내는 연단을, 연단은 소망을 이루는 줄 앎이로다" 하였습니다. 요한계시록 7장에 보면 "장로 중에 하나가 응답하여 내게 이르되 이 흰옷 입은 자들이 누구며 또 어디서 왔느뇨"라고 물었습니다(계7:13). 요한 사도는 주여 당신이 알리이다 하니 그가 말하기를 "이는 큰 환난에서 나오는 자들인데 어린양의 피에 그 옷을 씻어 희게 하였느니라"(계7:14) 하였습니다.

진주가 그냥 생기는 것이 아닙니다. 바닷가에 있는 조개 속에 모래나 기타 이물질이 들어가면 조개는 자기 몸에 들어온 모래 때문에 아파서 진액을 계속 내보내어 감싸게 됩니다. 오랜 세월 아픔을 견디어 내며 진액을 발생하여 아름다운 진주가 되는 것입니다. 아픔이 만들어낸 결정체가 진주라는 보석입니다.

 욥은 수많은 시련을 통하여 "나의 가는 길을 오직 그가 아시나니 그가 나를 단련하신 후에는 내가 정금 같이 나오리라"는 고백을 하기에 이르렀습니다(욥23:10).

밤중에 노래하게 하시며

욥기 35장 10~11절
"나를 지으신 하나님 곧 사람으로 밤중에 노래하게 하시며 우리를 교육하시기를 땅의 짐승에게 하심보다 더하게 하시며 우리에게 지혜 주시기를 공중의 새에게 주심보다 더하시는 이가 어디 계신가 말하는 자가 한 사람도 없구나"

　　동방의 의인 욥은 성공한 사람이며 또한 행복한 사람이었습니다. 세상 사람이 갖기 원하는 모든 것을 다 가지고 있는 사람이었습니다. 그러나 하루아침에 무서운 재난이 그의 가정에 닥쳐왔습니다. 소 500겨리와 암나귀 500필을 스바 사람이 탈취하여 갔습니다(욥1:14~15). 하늘에서 불이 내려 양 7,000마리가 불에 타 죽었습니다(욥1:16). 갈대아 사람이 세 떼로 달려들어 약대 3,000마리를 빼앗아 갔습니다(욥1:17). 자녀 10남매(7남 3녀)가 태풍으로 집이 무너져 몰살했습니다(욥1:18~19). 모든 것이 사라지고 남은 것이라고는 목숨 하나밖에 없었습니다. 이런 기막힌 때에 욥의 세 친구인 데만 사람 엘리바스와 수아 사람 빌닷과 나아마 사람 소발이 찾아와서 "왜 욥과 같은 의인에게 고난이 찾아왔는가" 하는 문제를 놓고 장시간 동안 토론을 하였으나 그 문제에 대한 해답을 얻지 못했습니다. 그 때 옆에서 이와 같은 상황을 지켜보던 젊은이 하나가 있었습니다. 그는 엘리후입니다. 계속 듣기만 하던 그는 입을 열어 말을 하기 시작했습니다. 바로 오늘 본문의 말씀입니다.

엘리후는 욥의 세 친구가 발견하지 못한 중요한 문제를 지적해 줍니다. 마치 혼란 속에서 질서를 찾듯이 그는 놀라운 진리를 말했는데 그것은 욥을 위시하여 이 땅 위에 고난당하는 자들이 불행 그 자체만을 놓고 탄식하며 하나님을 찾지 않는다는 것입니다(욥35:9~10). 그러므로 인간의 불행은 더 불행해 보이고 인간의 슬픔은 더 비참하게 보인다는 것이 엘리후가 발견한 진리였습니다. 엘리후가 소개하고 있는 하나님은 밤중에 노래하게 하시는 하나님(욥35:10~11)과 은밀히 교육하시는 하나님(욥35:10~11)이시며 지혜를 깨닫게 하시는 하나님(욥35:10~11) 이십니다.

1. 밤을 주시는 하나님(욥35:10~11)

욥기 35:10~11 "나를 지으신 하나님 곧 사람으로 밤중에 노래하게 하시며 …"

욥기 35장 10~11절의 말씀은 고통 속에서 울부짖고 있는 사람은 많아도 밤중에 노래하게 하시는 하나님을 찾는 자는 하나도 없다는 것이 엘리후의 말입니다. 하나님은 창조주이십니다. 자연계에 밤을 만드신 것은 하나님의 창조지혜입니다. 꽃이 아침에 피어나기 위해서는 준비하는 밤이 필요합니다. 아름다운 꽃봉오리가 이슬을 머금고 입을 벌려 피어나기 위해서는 어두운 밤 동안 준비해야 합니다. 밤이 없다면 꽃도 열매도 있을 수 없습니다. 인생의 밤도 마찬가지입니다. 이 밤 동안에 인간에게 꽃을 피울 준비를 시키십니다. 만일 밤과 같은 고난이 없다면 인생의 꽃은 피우지 못할 것입니다. 밤이 없는 대낮같은 승승장구의 길만 걸어간다면 인간은 교만해질 것이며 타락하게 될 것입니다.

하나님은 전지전능하신 분입니다. 우리가 원치 아니하여도 불행의 밤과 실패의 비탈길을 주시며 사망의 음침한 골짜기를 걸어가게 하시며 어떤 때는 만사가 끝난 것같이 생각되는 최악의 밑바닥까지 떨어지도록 내버려 두실 때도 있습니다. 하나님은 그의 사랑하는 자들에게 밤을 주십니다. 그 밤이 고난일수도 있고 슬픔일수도 있고 실패와 좌절, 또는 두려움에 쫓기는 일이 되고 죄에 빠져 탄식하는 일 일 수도 있습니다. 이사야 45장 7절에 보면 "나는 빛도 짓고 어두움도 창조하며 나는 평안도 짓고 환난도 창조하나니 나는 여호와라 이 모든 일을 행하는 자니라" 하였습니다. 그러므로 사도 바울은 "깊도다 하나님의 지혜와 지식의 부요함이여, 그의 판단은 측량치 못할 것이며 그의 길은 찾지 못할 것이로다"(롬11:33) 하였습니다.

성경 속에서 하나님의 손에 바로 쓰임을 받은 인물치고 인생의 밤을 통과하지 않은 사람이 있습니까. 귀하게 쓰임 받은 사람들은 모두 밤을 지나야 했습니다. 요셉은 종으로 팔려가 감옥에 갇혀서 밤같은 세월을 살았습니다(창37:28). 모세는 미디안 광야에서 40년 동안 숨어살며 왕자가 야인이 되어 밤 같은 세월을 지내야 했습니다(출2:14~15). 다윗도 사울에게 쫓겨 다니고 범죄하여 침상을 눈물로 적셔야 했습니다(사무엘상 19장, 시6:6). 다니엘은 사자 굴에서 사자와 같이 한 밤을 지내었고(단6:16~22), 사드락과 메삭과 아벳느고는 불 가운데 던짐 받았습니다(단3:16~27). 사도 바울은 로마 감옥에 갇히고 수없는 환난을 당하였습니다(고후11:23~27). 이들은 모두 밤을 통과한 사람들입니다. 기적은 대낮에 갑자기 일어나는 것이 아닙니다. 하루아침에 갑자기 성공하고 성자가 되는 것도 아닙니다. 예수님도 십자가에서 죽음의 밤을 통과하여 부활의 새벽을 맞이하셨습니다.

교회 안에서도 성숙한 신앙인들은 대개가 밤을 통과한 분들입니다. 여러분. 우리가 불행이나 고난을 자초할 필요는 없습니다. 그러나 하나님께서 이런 밤과 같은 날을 주실 때는 아멘으로 받아야 할 것입니다.

아가서에서는 예수님의 신부감 되는 성도의 모습을 이렇게 묘사하고 있습니다. "연기 기둥과도 같고 몰약과 유향과 장사의 여러 가지 향품으로 향기롭게도 하고 거친 들에서 오는 자가 누구인고 이는 솔로몬의 연이라 이스라엘 용사중 육십 인이 옹위하였는데 다 칼을 잡고 싸움에 익숙한 사람들이라 밤의 두려움을 인하여 각기 허리에 칼을 찼느니라"(아3:6～8).

2. 밤중에 노래하게 하시는 하나님(욥35:10~11)

욥기 35:10~11 "나를 지으신 하나님 곧 사람으로 밤중에 노래하게 하시며 …"

엘리후가 우리에게 소개해준 하나님은 밤만 주시는 하나님이 아니라 밤중에 노래하게 하시는 하나님입니다. 일반적으로 노래는 기쁠 때 부르게 되어있습니다. 잔칫집에는 춤과 노래가 있으나 초상집에는 눈물과 탄식만이 있을 뿐입니다. 그러나 하나님은 바울과 실라에게 감옥에서 노래하게 하셨습니다(행16:25). 밤과 같은 기막힌 시련의 날에 노래할 수 있는 일은 오직 하나님만이 하실 수 있는 일입니다. 성경에 보면 밤의 노래가 있습니다.

첫째, 하박국 선지자의 노래.

"비록 무화과나무가 무성치 못하며 포도나무에 열매가 없으며 감람나무에 소출이 없으며 밭에 식물이 없으며 우리에 양이 없으며 외양간에 소가 없을지라도 나는 여호와를 인하여 즐거워하며 나의 구원의 하나님을 인하여 기뻐하리로다 주 여호와는 나의 힘이시라 나의 발을 사슴과 같게 하사 나로 나의 높은 곳에 다니게 하시리로다"(합3:17～19) 하였습니다.

둘째, 다윗의 노래.

"주의 성도들아 여호와를 찬송하며 그 거룩한 이름에 감사할지어다 그 노염은 잠간이요 그 은총은 평생이로다 저녁에는 울음이 기숙할지라도 아침에는 기쁨이 오리로다"(시30:4~5) 하였습니다.

셋째, 욥의 노래.

"내가 모태에서 적신(赤身)이 나왔사온즉 또한 적신이 그리로 돌아가올지라 주신 자도 여호와시요 취하신 자도 여호와시오니 여호와의 이름이 찬송을 받으실지니이다"(욥1:21) 하였습니다.

밤을 통과하지 아니하면 하나님이 원하시는 사람이 될 수 없습니다. 인생의 밤이 왔을 때 노래하십시오. 밤은 잠시 후에 지나가고 찬란한 새아침이 올 것입니다. 예수께서 찬미하며 기드론 시내를 건너가신 것같이(요18:1) 시련의 밤에 찬송하므로 승리의 아침을 맞이하는 복된 성도가 되어지기를 축원합니다.

폭풍 가운데 찾아오신 하나님

욥기 38장 1~6절

"때에 여호와께서 폭풍 가운데로서 욥에게 말씀하여 가라사대 무지한 말로 이치를 어둡게 하는 자가 누구냐 너는 대장부처럼 허리를 묶고 내가 네게 묻는 것을 대답할찌니라 내가 땅의 기초를 놓을 때에 네가 어디 있었느냐 네가 깨달아 알았거든 말할찌니라 누가 그 도량을 정하였는지, 누가 그 준승을 그 위에 띄웠는지 네가 아느냐 그 주초는 무엇 위에 세웠으며 그 모퉁이돌은 누가 놓았었느냐 그때에 새벽 별들이 함께 노래하며 하나님의 아들들이 다 기쁘게 소리하였었느니라"

엘리후가 욥이 당하는 고통의 문제에 대해 이야기하고 있을 때 갑자기 하나님께서 폭풍 가운데서 나타나셨습니다. 욥기 23장 3절에 "내가 어찌하면 하나님 발견할 곳을 알꼬" 하며 하나님을 만나 뵙기를 그렇게 소원하던 욥의 심정을 아셨던지 하나님은 폭풍 가운데서 욥을 만나주셨습니다.

1. 폭풍 가운데 찾아오신 하나님 (욥38:1~3)

> 욥기 38:2~3 "무지한 말로 이치를 어둡게 하는 자가 누구냐 너는 대장부처럼 허리를 묶고 내가 네게 묻는 것을 대답할찌니라"

욥은 하루아침에 전 재산과 십남매를 모두 잃었고 몸에는 악창이 발생하여 건강마저 빼앗겼으며 아내마저 그를 저주하며 떠나갔습니다. 상상할 수도 없는 엄청난 고난 앞에 욥은 밤낮 없이 슬픔에 젖어

통곡하고 있었습니다. 욥을 위로하기 위해서 먼 곳에서 세 친구가 찾아왔지만 오히려 욥을 정죄하며 고통을 가중시켰습니다.

욥은 자신을 정죄하며 고난이 죄의 결과임을 주장하는 세 친구의 변론에 대하여 변명하면서 자신이 당한 엄청난 고통에 대해서 그 부당함을 여러 번 언급하였습니다(욥13:3, 18, 22, 욥19:7, 욥23:3~9). 하나님은 이러한 세 친구와 욥의 변론의 과정을 모두 아시고 계셨습니다.

폭풍 가운데 찾아오신 하나님은 욥을 향해 "무지한 말로 이치를 어둡게 하는 자가 누구냐 너는 대장부처럼 허리를 묶고 내가 네게 묻는 것을 대답할찌니라"(욥38:2~3)라고 말씀하셨습니다. 하나님은 욥에게 무지한 말로 이치를 어둡게 하는 자가 누구냐고 하시며 그가 얼마나 무지하고 무력한 존재인가를 말씀하여 주셨습니다. 또한 하나님은 "변박하는 자가 전능자와 다투겠느냐"(욥40:2) 하시면서 아무리 이해할 수 없는 고통을 당한다 할지라도 그것을 가지고 하나님에게 따지는 것은 상상할 수도 없는 일임을 단호하게 말씀하셨습니다.

그러나 하나님의 책망 속에는 욥을 향한 무한하신 사랑도 담겨 있습니다. 창조주 하나님께서 한 줌 흙에 불과한 인간에게 인격적으로 다가오셨고 만나주셨습니다. 더 놀라운 사실은 폭풍 가운데 찾아오신 하나님은 '여호와'라는 이름으로 만나주셨습니다. 하나님께서 연약한 인간과 일 대 일로 말씀하실 때 그 하나님의 이름을 '여호와'라고 말씀하여 주셨습니다(출3:13~14)(옥한흠, 「나의 고통 누구의 탓인가」, p.182). 폭풍 가운데 찾아오신 하나님은 욥을 향한 무한하신 사랑을 가지고 다가오셨습니다. 폭풍 가운데 찾아와 욥을 만나주셨던 사랑 많으신 하나님께서 오늘도 참혹한 고난 속에서 신음하며 아파하는 성도들을 동일하게 만나 주실 것입니다.

2. 깨닫게 하시는 하나님(욥38:4~41:34)

> 욥기 40:8~9 "네가 내 심판을 폐하려느냐 스스로 의롭다 하려 하여 나를 불의하다 하느냐 네가 하나님처럼 팔이 있느냐 하나님처럼 우렁차게 울리는 소리를 내겠느냐"

폭풍 가운데 찾아오신 하나님은 욥기 38장 1절부터 41장 34절까지 무려 71개의 질문을 통해서 욥의 잘못된 변론들을 지적하시면서 깨닫기를 바라셨습니다.

하나님께서 욥에게 던지신 71개의 질문들은 쉽게 이해할 수 없는 말씀입니다. 하나님은 욥이 당한 고난에 대해서는 한마디 언급하지 않으시고 하늘과 바다, 별과 구름, 하마, 노새, 악어 등 … 전혀 상관없는 것처럼 보이는 말씀들로 욥에게 질문하셨습니다.

그러나 욥에게 던지신 하나님의 질문은 욥으로 하여금 창조주 하나님의 깊으신 경륜과 지혜, 그리고 전능하심을 주목하게 하려 하심이었습니다. 또한 고난의 문제를 해결하시기 전에 하나님이 진정으로 원하시는 것이 무엇인지를 가르쳐 주시기 위한 것이었습니다.

하나님은 욥에게 우주 만물의 신비도 다 알지 못하는 한줌의 흙덩이에 불과한 인간이 하나님을 향해 따지고 변론하는 것은 잘못된 것임을 깨닫게 해 주셨습니다. 그리고 엄청난 고난의 현장에서도 창조주 하나님의 무한하심과 전능하심을 바라볼 수 있는 성숙한 신앙의 사람이 되기를 원하셨습니다.

우주와 하늘과 땅 위에 장엄하게 펼쳐진 창조의 기묘함을 바라보며 욥은 겸손히 낮아지게 되었으며 나름대로의 논리와 이론으로 자신의 정당함을 주장했던 잘못을 회개하게 되었습니다(욥42:1~6).

3. 참회하는 욥(욥42:1~6)

욥기 42:5~6 "내가 주께 대하여 귀로 듣기만 하였삽더니 이제는 눈으로 주를 뵈옵나이다 그러므로 내가 스스로 한하고 티끌과 재 가운데서 회개하나이다"

폭풍 가운데 찾아오신 하나님은 무한한 창조 세계의 비밀을 말씀하시면서 욥의 무지와 무능을 자각하게 하셨습니다. 욥은 하나님의 책망과 깨닫게 하시는 은혜를 통해서 자신의 무지와 무능을 철저하게 바라보게 되었습니다.

욥은 "나는 미천하오니 무엇이라 주께 대답하리이까 손으로 내 입을 가릴 뿐이로소이다"(욥40:4)라고 말하며 자신을 미천한 존재, 아무 것도 아닌 존재임을 고백하며 입을 가리며 창조주 하나님 앞에 함부로 변명했던 자신을 부끄럽게 여겼습니다. 또한 그는 "주께서는 무소불능하시오며 무슨 경영이든지 못 이루실 것이 없는 줄 아오니"(욥42:2)라고 하나님을 전지전능하신 분임을 알게 되었습니다.

욥은 창조주 하나님의 질문 앞에 큰 충격을 받았습니다. 그래서 "무지한 말로 이치를 가리우는 자가 누구이니까 내가 스스로 깨달을 수 없는 일을 말하였고 스스로 알 수 없고 헤아리기 어려운 일을 말하였나이다"(욥42:3) 하며 자신의 무지와 무능함을 고백하며 티끌과 재 가운데에서 참회하며 회개하게 되었습니다(욥42:6). 또한 욥은 폭풍 가운데 찾아오신 하나님을 만남으로 "내가 주께 대하여 귀로 듣기만 하였삽더니 이제는 눈으로 주를 뵈옵나이다"(욥42:5) 하며 자신의 무지와 무능을 벗어나 전지전능하신 하나님을 눈으로 뵈옵는 신령한 복을 받게 되었습니다.

욥에게 고난의 문제가 즉시 해결된 것은 아니지만 전지전능하신 하나님을 만남으로 자신의 심령에 충만한 평안함이 넘쳐 남을 알게 되었습니다. 그리고 모든 원망과 좌절감이 눈 녹듯이 사라져 버렸습니다.

스펄전 목사님은 "그리스도를 명상할 때 모든 상처를 위한 진통제가 있습니다. 성부 하나님을 묵상할 때 모든 슬픔이 소멸됩니다. 성령의 감동하심 속에서 모든 쓰라림이 멎습니다. 여러분은 자신의 슬픔을 잊으려 합니까? 여러분은 다른 근심을 헐어 버리려 합니까? 그렇다면 여러분 자신을 하나님의 가장 깊은 바다에 빠뜨리십시오. 그의 무한하심 속에 빠지십시오. 그러면 여러분은 휴식의 침상에서 원기를 되찾고 다시 힘이 넘쳐 일어나게 될 것입니다"라고 설교하였습니다(옥한흠, 「나의 고통 누구의 탓인가」, p.190).

욥기는 수많은 인생의 시련과 고난 속에서 몸부림 칠 때 그 문제의 해결보다 더 중요한 것은 그 고통 속에서도 하나님만 바라보고 하나님만 사랑할 수 있는 변함없는 신앙의 자세를 갖추어야 함을 교훈하고 있습니다. 비록 문제와 고통이 남아 있을지라도 조용히 하나님만 바라보고, 하나님만 의지하는 믿음의 사람이 고난 앞에서 참된 승리자가 될 것입니다. 바로 그런 믿음의 사람에게 때가 되면 모든 고통을 제하시고, 문제를 해결하시고, 회복케 하시는 은총을 베풀어 주십니다. 욥을 치료하시고 회복시켜 주신 것처럼 말입니다.

욥의 신앙

욥기 2장 7~10절

"사단이 이에 여호와 앞에서 물러가서 욥을 쳐서 그 발바닥에서 정수리까지 악창(惡瘡)이 나게 한지라 욥이 재 가운데 앉아서 기와 조각을 가져다가 몸을 긁고 있더니 그 아내가 그에게 이르되 당신이 그래도 자기의 순전을 굳게 지키느뇨 하나님을 욕하고 죽으라 그가 이르되 그대의 말이 어리석은 여자 중 하나의 말 같도다 우리가 하나님께 복을 받았은즉 재앙도 받지 아니하겠느뇨 하고 이 모든 일에 욥이 입술로 범죄치 아니하니라"

우스 땅에 동방에 의인이라 하는 욥이 있었습니다. 그는 평화롭게 살면서 하나님을 경외하며 신앙으로 살았으며 갑자기 닥쳐온 고난의 날에도 변함없는 신앙으로 끝까지 하나님을 떠나지 아니하였습니다. 그러므로 욥은 인내의 신앙인으로 널리 알려지고 있습니다. 욥의 신앙에 대하여 살펴보면서 은혜 받도록 하겠습니다.

1. 까닭 없이 섬기는 신앙(욥1:9)

욥기 1:9 "사단이 여호와께 대답하여 가로되 욥이 어찌 까닭 없이 하나님을 경외하리이까"

욥은 순전하여 흠이 없었고 정직하여 도덕적으로 모든 행위에 완전하였으며 신앙적으로 경건하여 하나님을 경외하는 사람이었습니다. 하나님은 욥에 대하여 "네가 내 종 욥을 유의하여 보았느냐"고 하나님의 아들들이라고 말한 천사들과 사단 앞에서 말씀하셨습니다

(욥1:8). 사단은 이에 대하여 욥이 어찌 까닭 없이 하나님을 경외하리이까 주께서 그 집과 모든 소유물을 산울로 두르심이 아니니이까 주께서 그 손으로 하는 바를 복되게 하사 그 소유물로 땅에 널리게 하셨기 때문이라고 하였습니다(욥1:9~10). 그러므로 욥이 하나님을 경외하며 섬기는 신앙은 하나님께서 욥을 축복해 주셨으므로 신앙을 지키는 것이지 그 모든 것을 취하시면 하나님을 배반할 것이라는 것입니다(욥1:9).

성서는 고난의 광야에서 하나님을 섬길 수 있는가. 그리고 풍요의 땅 가나안에서도 지킬 수 있는가를 질문하고 있습니다. 신앙은 풍요로운 상황에서 지키는 것이 어려울 뿐 아니라 고난의 광야에서 신앙을 지키는 일도 쉽지 아니한 것입니다. 욥기에서는 복된 날이나 고난의 날에도 변함없이 하나님을 경외하는 욥의 진정한 신앙을 보여주고 있습니다.

어느 날 욥에게 재앙이 닥쳐왔습니다. 일생동안 피땀 흘려 쌓아 놓은 재산이 순식간에 날아가 버렸습니다. 양떼가 칠천, 약대가 삼천, 소가 오백겨리, 암나귀 오백 필, 남종과 여종도 많았고 자녀도 십남매를 두었습니다. 그런데 어느 날 이 모든 것을 잃어버렸습니다.

사람의 행복이란 이토록 허무하게 한순간에 무너져버립니다. 천재지변이나 홍수와 화재로, 또는 강풍과 화산폭발로 재난을 당하게 되기도 합니다. 모든 것을 잃어버린 후에 욥은 "내가 모태에서 적신이 나왔사온즉 또한 적신이 그리로 돌아가올찌라 주신 자도 여호와시요 취하신 자도 여호와시오니 여호와의 이름이 찬송을 받으실찌니이다"(욥1:21) 하였습니다. 욥기서는 고난 앞에서 욥의 태도를 통하여 신앙이란 어떤 것인가를 설명하고 있습니다. 신앙은 언제나 이유가 있을 수 없다는 것입니다.

사람이 부모를 섬기는 것은 부모가 우리에게 남겨줄 유산이 있어서라든지 우리를 위해 고생을 많이 하셔서 섬기는 것이 아닙니다. 부모는 부모이시니까 섬기는 것처럼 하나님을 섬기는 신앙의 이유도 하나님이시기에 섬기는 것이 신앙의 본질입니다. 욥의 신앙은 조건 없이 섬기는 신앙이었습니다. 욥은 고난도 하나님의 은혜로 받아드리고 불행도 사랑하는 아버지의 훈계로 받아드렸습니다. 까닭 없는 신앙을 소유한 자들이 욥 외에도 많은 성도가 있습니다. 하박국 선지자는 "비록 무화과나무가 무성치 못하며 포도나무에 열매가 없으며 감람나무에 소출이 없으며 밭에 식물이 없으며 우리에 양이 없으며 외양간에 소가 없을찌라도 나는 여호와를 인하여 즐거워하며 나의 구원의 하나님을 인하여 기뻐하리로다"(합3:17~18) 하였습니다.

아씨시의 성자 성 프랜시스(1182~1226)는 햇빛을 주신 하나님께 감사드렸습니다. 얼마 후 햇빛이 사라지고 달이 떠올랐습니다. 그는 달빛 주신 하나님께 감사하였습니다. 얼마 후 달빛이 사라지고 별빛이 비춰었습니다. 성 프랜시스는 별빛 주신 하나님께 감사하였습니다. 프랜시스의 기도는 이유와 조건을 초월한 신앙을 보여주고 있습니다.

2. 고난을 수용하는 신앙(욥2:10)

욥기 2:10 "그가 이르되 그대의 말이 어리석은 여자 중 하나의 말 같도다 우리가 하나님께 복을 받았은즉 재앙도 받지 아니하겠느뇨 하고 이 모든 일에 욥이 입술로 범죄치 아니하니라"

많은 재산과 십남매와 건강까지 잃어버린 욥을 향하여 차라리 하나님을 욕하고 죽으라고 하는 욥의 아내에게 욥은 "우리가 하나님께 복을 받았은즉 재앙도 받지 아니하겠느뇨"(욥2:10)라고 대답하였습니다.

이사야 45장 7절에 "나는 빛도 짓고 어두움도 창조하며 나는 평안도 짓고 환난도 창조하나니 나는 여호와라 이 모든 일을 행하는 자니라" 하였습니다.

이른 봄에 농부는 전지 칼과 톱을 들고 과수원에 들어가 사과나무 가지를 잘라냅니다. 그리고 비닐봉지에 흙을 담아 나뭇가지에 매달아 놓기도 합니다. 나뭇가지의 방향을 교정하기 위한 것입니다. 사과나무는 아픔과 괴로움을 겪게 됩니다. 당하는 아픔과 시련의 의미를 모른 채 말입니다.

제가 어릴 때 고구마 싹을 뒷방에서 기른 일이 있었습니다. 고운 흙을 방바닥 한편에 쌓아놓고 고구마를 심고 그 위에 왕겨로 덮어둔 다음 가끔 물을 뿌려주었습니다. 얼마 후에 노란색깔의 고구마 싹이 흙을 뚫고 솟아 올라옵니다. 얼마나 아름다운지 모릅니다. 그 싹이 하루가 다르게 자라나서 이젠 노란색의 고구마 순이 진 푸른색이 되고 한 뼘 두 뼘 정도 자라납니다. 어느 날 부모님은 가위를 들고 오셔서 연한 고구마 순을 잘라서 밖에 준비된 밭고랑에 옮겨 심었습니다. 그 고구마와 잘려진 고구마순은 이 아픔을 왜 당하여야 하는지 알지 못하고 밖에서 찬이슬을 맞고 바람 속에 고통을 당하게 됩니다. 우리도 우리가 당하는 수많은 고난을 이해할 수 없습니다. 다만 하나님께 나아갈 때 하나님의 섭리가운데서 받는 고난임을 깨닫고 감사하게 될 것입니다.

바벨론에 포로되어 잡혀간 이스라엘 백성은 그발 강가 버드나무에 수금을 걸고 고국을 생각하며 울었습니다(시137:1～2). 이들은 70년 동안 이렇게 흘러가는 강물에 눈물을 뿌리고 한숨과 탄식을 바람에 날려버렸습니다. 어느 날 환상 중에 예레미야는 두 광주리에 담긴 무화과를 보게 됩니다. 한 광주리는 몹쓸 무화과이고 다른 무화과는 좋은 무화과 광주리였습니다. 하나님은 예레미야에게 포로로 바벨론에 잡혀간 이스라엘 백성은 좋은 무화과처럼 좋게 하여 돌아오는 이스라엘 백성이라고 가르쳐 주셨습니다. 예레미야 24장 1~7절에 "바벨론 왕 느부갓네살이 유다 왕 여호야김의 아들 여고냐와 유다 방백들과 목공들과 철공들을 예루살렘에서 바벨론으로 옮긴 후에 여호와께서 여호와의 전 앞에 놓인 무화과 두 광주리로 내게 보이셨는데 한 광주리에는 처음 익은 듯한 극히 좋은 무화과가 있고 한 광주리에는 악하여 먹을 수 없는 극히 악한 무화과가 있더라 여호와께서 내게 이르시되 예레미야야 네가 무엇을 보느냐 내가 대답하되 무화과이온데 그 좋은 무화과는 극히 좋고 그 악한 것은 극히 악하여 먹을 수 없게 악하니이다 여호와의 말씀이 또 내게 임하니라 가라사대 이스라엘의 하나님 여호와가 이같이 말하노라 내가 이곳에서 옮겨 갈대아 인의 땅에 이르게 한 유다 포로를 이 좋은 무화과같이 보아 좋게 할 것이라 내가 그들을 돌아보아 좋게 하여 다시 이 땅으로 인도하고 세우고 헐지 아니하며 심고 뽑지 아니하겠고 내가 여호와인 줄 아는 마음을 그들에게 주어서 그들로 전심으로 내게 돌아오게 하리니 그들은 내 백성이 되겠고 나는 그들의 하나님이 되리라" 하셨습니다.

3. 연단 받아 정금같이 된 신앙(욥23:10)

> 욥기 23:10 "나의 가는 길을 오직 그가 아시나니 그가 나를 단련하신 후에는 내가 정금같이 나오리라"

바울 사도는 환난 중에도 즐거워하는 이유는 환난은 인내를, 인내는 연단을, 연단은 소망을 이루기 때문이라고(롬5:3~4) 하였습니다. 이사야 48장 10절에 "보라 내가 너를 연단하였으나 은처럼 하지 아니하고 너를 고난의 풀무에서 택하였노라" 하였고, 요한계시록 7장

13~14절에는 "장로 중에 하나가 응답하여 내게 이르되 이 흰옷 입은 자들이 누구며 또 어디서 왔느뇨 내가 가로되 내 주여 당신이 알리이다 하니 그가 나더러 이르되 이는 큰 환난에서 나오는 자들인데 어린양의 피에 그 옷을 씻어 희게 하였느니라" 하였습니다. 라오디게아 교회를 향하신 말씀에서 "내가 너를 권하노니 내게서 불로 연단한 금을 사서 부요하게 하고 흰옷을 사서 입어 벌거벗은 수치를 보이지 않게 하고 안약을 사서 눈에 발라 보게 하라"(계3:18) 하였습니다.

스가랴 선지자는 남은 자들에 대하여 "내가 그 삼분지일을 불 가운데 던져 은같이 연단하며 금같이 시험할 것이라 그들이 내 이름을 부르리니 내가 들을 것이며 나는 말하기를 이는 내 백성이라 할 것이요 그들은 말하기를 여호와는 내 하나님이시라 하리라"(슥13:9) 하였습니다. 욥은 욥기 23장 10절에서 "…그가 나를 단련하신 후에는 내가 정금같이 나오리라"라는 말씀에서 자신에게 닥친 고난의 원인과 목적이 죄의 형벌에 있는 것이 아니라 신앙의 연단에 있음을 밝히 증거하고 있습니다. 욥은 시련이 끝날 때 용광로에서 연단 받은 정금처럼 깨끗하고 순결하게 되어 고난 뒤에 다가오는 영광을 맞이하게 될 것이라는 소망의 신앙을 가지고 있었습니다(The Chokmah Commentary vol XIII, p.364).

4. 하나님을 뵈옵는 신앙(욥42:5~6)

욥기 42:5~6 "내가 주께 대하여 귀로 듣기만 하였삽더니 이제는 눈으로 주를 뵈옵나이다 그러므로 내가 스스로 한하고 티끌과 재 가운데서 회개하나이다"

하나님께서 폭풍가운데 나타나셔서 욥에게 말씀하여 주셨습니다. 욥이 스스로 의롭다 하므로 하나님을 불의하다 하겠느냐고 책망하였습니다(욥38:1~41:34). 욥은 "…내가 스스로 깨달을 수 없는 일을 말하였고 스스로 알 수 없고 헤아리기 어려운 일을 말하였나이다"(욥 42:3)라고 죄를 고백하고 난 후 "내가 주께 대하여 귀로 듣기만 하였삽더니 이제는 눈으로 주를 뵈옵나이다 그러므로 내가 스스로 한하고 티끌과 재 가운데서 회개하나이다"(욥42:5~6) 하였습니다.

하나님께 대한 욥의 신지식(神知識)은 종교 전통이나 조상들의 가르침 등의 외적인 요인으로써만 배우고 들은 것이었으나 고난과 시련의 과정을 통과한 후에 비로소 하나님을 뵈옵는 직접적인 은혜를 받게 되었습니다. 백성의 문제를 안고 시내 산에 올라가 기도하던 모세에게 하나님께서 직접 찾아오신 것처럼 고난과 시련에 직면한 욥에게 하나님께서 찾아오셨습니다. 고난의 문턱을 넘을 때 하나님을 바로 뵈올 수 있는 은혜를 주셨습니다. 고난은 불행이 아니라 고난보다 수만 배 더 큰 최고의 축복인 하나님을 뵈옵는 자리로 이끌어 주었습니다. 계시를 통하여 하나님의 영광과 위엄과 권세가 어떠한 것인지를 영혼 깊숙이 깨닫게 되었습니다. 욥은 자신의 순전성을 주장하여 왔던 자신의 잘못을 회개하기에 이르렀고 세 친구를 용서하였습니다. 하나님은 다시 욥에게 갑절의 축복으로 회복시켜 주셨습니다.

욥이 다시 받은 축복

욥기 42장 12~17절

"여호와께서 욥의 모년에 복을 주사 처음 복보다 더 하게 하시니 그가 양 일만 사천과 약대 육천과 소 일천 겨리와 암나귀 일천을 두었고 또 아들 일곱과 딸 셋을 낳았으며 그가 첫재 딸은 여미마라 이름하였고 둘째 딸은 긋시아라 이름하였고 셋째 딸은 게렌합북이라 이름하였으며 전국 중에 욥의 딸들처럼 아리따운 여자가 없었더라 그 아비가 그들에게 그 오라비처럼 산업을 주었더라 그 후에 욥이 일백 사십 년을 살며 아들과 손자 사 대를 보았고 나이 늙고 기한이 차서 죽었더라"

여러 가지 시련을 견뎌온 욥이 하나님 앞에 회개하고(욥42:6), 제사를 드리고(욥42:8), 친구를 위하여 중보기도를 드리고 난(욥42:10) 후에 회복의 은총을 입게 되었고, 하나님께로부터 다시 갑절의 축복을 받게 되었습니다.

1. 욥이 다시 받은 갑절의 축복(욥42:10~17)

욥기 42:10 "욥이 그 벗들을 위하여 빌매 여호와께서 욥의 곤경을 돌이키시고 욥에게 그전 소유보다 갑절이나 주신지라"

(1) 재산이 갑절로 회복됨(욥42:10, 12)

욥의 모년(暮年)에 복을 주사 처음 복보다 더하게 하시니 양 14,000마리, 약대 6,000마리, 소 1,000마리, 암나귀 1,000마리를 축복해 주심으로 환난이 있기 전보다 배나 더 많게 하여 주셨습니다.

(2) 친지와의 관계 회복(욥42:11)

욥은 세 친구와의 관계도 회복되고(42:9～10), 친지들과의 관계도 회복되었습니다(욥42:11). 욥기 42장 11절에 "이에 그의 모든 형제와 자매와 및 전에 알던 자들이 다 와서 그 집에서 그와 함께 식물을 먹고 여호와께서 그에게 내리신 모든 재앙에 대하여 그를 위하여 슬퍼하며 위로하고 각각 금 한 조각과 금고리 하나씩 주었더라" 하였습니다. 이는 하나님께서 욥을 고난에서 회복시키셨을 때에야 비로소 욥을 멀리하던 사람들이 욥과 다시 예전의 관계를 회복했음을 의미하고 있습니다. 따라서 본 절에서 사람이 하나님과 바른 관계를 갖지 못하면 사람과의 관계도 깨질 수밖에 없음을 밝히 보여 주고 있습니다.

귀고리, 금고리를 주었다는 것은 새로운 유대관계의 회복을 의미하고 있습니다.

(3) 자녀의 회복(욥42:13～15)

아들 일곱, 딸 셋을 낳았으며, 욥에게 재물의 축복을 이전보다 두 배로 주셨는데, 자녀들을 전과 똑같은 숫자로 주셨습니다. 그 이유는 ① 같은 숫자의 자녀를 보고 이전 자녀에 대한 슬픔을 위로 받게 하기 위함이고, ② 죽은 자녀들이 완전히 소멸된 것이 아니기 때문에 욥이 부활 후에는 그들을 다시 만날 수 있으며, 다시 똑같은 수의 자녀를 얻었음은 두 배의 축복을 받은 것이라고 할 수 있습니다.

첫째 딸은 예미마 - 비둘기란 뜻이고, 둘째 딸은 긋시아 - 향기 나는 계수나무, 셋째 딸은 게렌합북 - 화장할 때 쓰는 물감(화장품) 이라고 불렀습니다.

이들은 전국에서 제일가는 아리따운 자들로 당시 여성의 아름다움은 집안의 큰 축복으로 여겼기 때문에 욥이 하나님께로부터 이러한 축복까지 받았다는 사실을 말해주고 있습니다.

(4) 건강과 장수의 축복(욥42:10, 16~17)

욥기 42장 16절에 "그 후에 욥이 일백 사십 년을 살며 …" 욥이 이와 같이 장수를 누렸다는 것은 그가 이 세상에서 하나님의 축복을 충분히 받았다는 것을 입증하고 있습니다. 하나님은 당신을 온전히 섬기는 자에게 날 수를 더하는 축복을 주신다고 분명히 말씀하셨습니다(출23:25~26). 한편 70인역(LXX)에 의하면 욥이 70세에 시련을 겪은 것으로 나타나 있고, 욥이 140년을 더 살았으니 210년을 살았고, 욥은 4대손을 보았습니다(욥42:16)(The Grand Bible Commentary vol Ⅷ, pp.418~419).

2. 욥이 받은 신령한 축복(욥23:10, 욥42:1~6)

욥기 23:10 "나의 가는 길을 오직 그가 아시나니 그가 나를 단련하신 후에는 내가 정금 같이 나오리라"

(1) 정금 같이 빛나는 신앙

"나의 가는 길을 그가 아시나니 …"(욥23:10)

욥이 가는 길, 즉 환난과 풍파, 시련의 험난한 길을 가고 있는 자신의 인생길을 하나님께서 지켜보고 계심을 확신하고 있다는 말입니다. 욥은 항상 하나님의 불꽃같은 눈으로 바라보시는 하나님 앞에 있음을 자각하며 살았음을 확인시켜주는 말입니다. 하나님 앞에서의 삶을 유지한 욥이야말로 중세 기독교인들이 추구하던 하나님 앞에서의(Coram Deo) 신앙의 삶이었음을 알 수 있습니다.

"… 그가 나를 단련하신 후에는 내가 정금 같이 나오리라(욥23:10)"

이 말은 욥의 소망을 보여주는 말인데, 하나님의 시련이 끝날 때에 용광로에서 연단받은 금처럼 내가 깨끗하고 순결하게 될 것이라는 뜻입니다. 환난을 통과하는 날 욥은 정금 같이 빛나는 성화된 인격의 사람으로 나타나게 될 것이라는 소망의 신앙을 피력하였습니다. 성도의 가는 길에는 단련이 있습니다. 하나님은 성도를 단련하신 후에 정금 같이 귀하게 만들어 주십니다. 그러므로 모세를 미디안 광야에서 사십년간 단련시키셨고, 요셉을 단련시키시기 위해 애굽에 팔려가게 하셨습니다. 그리고 이들을 정금 같이 쓰셨습니다.

다윗은 시편 26편 2절에서 "여호와여 나를 살피시고 시험하사 내 뜻과 내 마음을 단련하소서" 하였고, 베드로 사도는 "그리스도의 고난에 참예하는 것을 기뻐하라" 하였습니다(벧전4:12~14). 바울 사도는 로마서 5장 3~4절에서 "환난은 인내를, 인내는 연단을, 연단은 소망을 이루는 줄 앎이로다"라고 했습니다.

요한계시록 7장 13~14절에는 흰옷 입은 수많은 무리는 환난에서 나오는 자들이라 하였습니다.

(2) 눈으로 뵈옵는 복(욥42:1~6)

욥기 42:5 "내가 주께 대하여 귀로 듣기만 하였삽더니 이제는 눈으로 주를 뵈옵나이다"

욥이 지금까지는 종교적 전통이나 조상들의 가르침을 통하여 신(神)지식을 가지고 있었으나, 이제는 하나님의 직접적인 계시를 통하여 그의 영광과 능력과 권세를(욥38:1~41) 깨닫게 되었습니다. 욥의 영안이 열리어 귀로만 들어서 알고 있던 하나님을 직접 눈으로 뵈올 수 있게 되었음을 말하고 있습니다.

욥기 19장 25~27절에서 하나님을 직접 만나볼 것을 소망했던 욥이 이제는 직접 자기에게 말씀하시는 하나님을 체험하게 됨으로 욥의 신앙은 살아있는 신앙이 되었습니다.

모세와 아론과 나답과 아비후와 이스라엘 장로 칠십 인이 산에 올라가서 이스라엘 하나님을 보니 그 발 아래에는 청옥을 편듯하고 하늘 같이 청명하더라(출24:10) 하였습니다.

　요한계시록 4장에 보면 요한 사도가 하나님의 보좌와 네 영물과 둘러선 24장로들과 보좌 위에 앉으신 하나님을 보았다고 증거하고 있습니다. 요한계시록에는 "내가 보니, 또 보니"란 말과 "내가 들으니 … 또 들으니 …"란 말씀이 반복되고 있습니다. 창세기 28장에 야곱이 받은 견신(見神)의 은혜를 말씀하고 있습니다. 욥이 환난을 통하여 받은 은혜와 축복은 하나님을 눈으로 뵈옵는 견신의 축복이었습니다.

욥이 받은 은혜

욥기 42장 10~17절

"욥이 그 벗들을 위하여 빌매 여호와께서 욥의 곤경을 돌이키시고 욥에게 그 전 소유보다 갑절이나 주신지라 이에 그의 모든 형제와 자매와 및 전에 알던 자들이 다 와서 그 집에서 그와 함께 식물을 먹고 여호와께서 그에게 내리신 모든 재앙에 대하여 그를 위하여 슬퍼하며 위로하고 각각 금 한 조각과 금고리 하나씩 주었더라 여호와께서 욥의 모년(暮年)에 복을 주사 처음 복보다 더하게 하시니 그가 양 일만 사천과 약대 육천과 소 일천 겨리와 암나귀 일천을 두었고 또 아들 일곱과 딸 셋을 낳았으며 그가 첫째 딸은 여미마라 이름하였고 둘째 딸은 긋시아라 이름하였고 셋째 딸은 게렌합북이라 이름하였으며 전국 중에 욥의 딸들처럼 아리따운 여자가 없었더라 그 아비가 그들에게 그 오라비처럼 산업을 주었더라 그 후에 욥이 일백사십 년을 살며 아들과 손자 사대를 보았고 나이 늙고 기한이 차서 죽었더라"

욥을 가리켜 동방사람(욥1:3), 우스 땅에 사는 사람(욥1:1)이라고 합니다. 우스는 하란이라고 칭하는 학자도 있고 에돔이라 칭하는 학자도 있으며 에돔에서 시리아까지 포함하는 지역이라 하는 학자도 있습니다. 그러나 그것은 요단 동편을 가리키는 것으로 보여집니다. 성경에서 동방사람이란 용어는 첫째, 아람인, 둘째, 모압, 암몬, 에돔인, 셋째, 아말렉, 미디안인 등을 가리킬 때 다양하게 사용되었습니다. 욥의 고향은 요단 동쪽지역에 거주하였던 것으로 추측할 수 있습니다.

성경인물 가운데 가장 큰 고난 받은 사람이 있다면 욥을 들 수 있으며 가장 큰 은혜 받은 사람도 욥일 것입니다. 욥이 받은 은혜를 생각해 보면서 같이 은혜 받는 시간되기를 바랍니다.

1. 시험 중에도 불변의 신앙을 가진 욥(욥1:21)

욥기 1:21 "가로되 내가 모태에서 적신이 나왔사온즉 또한 적신이 그리로 돌아가올지라 주신 자도 여호와시요 취하신 자도 여호와시오니 여호와의 이름이 찬송을 받으실찌니이다 하고"

인간은 약합니다. 그리고 갈대와 같이 약하며 꺼져가는 심지같이 약하고 인간의 감정은 아침저녁으로 변합니다. 그런데 견디기 힘든 시험 중에도 하나님을 향한 신앙은 변함이 없었으니 이것이 하나님께 받은 은혜의 축복이었습니다. 신앙은 모든 사람의 것이 아니며(살후 3:2) 위에서부터 주시는 은혜입니다. 욥이 받은 시험은 무엇입니까.

첫째, 산업에 대한 시험을 받았습니다.

욥은 동방에 제일가는 부호였습니다. 양 7천, 소 5백, 약대 3천, 다수의 종이 있었습니다. 소와 나귀는 어느 날 스바 사람에게 탈취 당했고 하인들도 그들에게 죽임 당했습니다. 양과 양을 맡아 기르던 종들은 하늘에서 불이 내려 죽었고 약대는 갈대아 사람이 탈취하였고 약대를 맡아 기르던 종들은 그들에게 죽임을 당했습니다.

둘째, 자녀에 대한 시험을 받았습니다.

7남 3녀의 10남매가 건강하게 모두 잘 살고 있었는데 태풍에 누각이 무너져 내려 압사당하여 10남매를 졸지에 잃어버렸습니다.

셋째, 자신의 건강상실의 시험을 당했습니다.

온몸에 악창이 나서 곪아터져 냄새나고 가려워서 기왓장으로 긁어야 했으니 가히 그 고통은 상상키 어려울 정도였습니다.

넷째, 아내로부터 시험을 당했습니다.

욥기 2장 9절에 "당신이 그래도 자기의 순전을 굳게 지키느뇨 하나님을 욕하고 죽으라"고 하였습니다. 성서학자에 의하면 욥의 처는 그 후 병든 남편을 버리고 달아났다고 했습니다. 욥은 이런 아내에게 "우리가 하나님께 복을 받았은즉 재앙도 받지 아니하겠느뇨"(욥2:10)라고 말하였습니다.

다섯째, 친구에게 시험 받았습니다.

데만 사람 엘리바스, 수아 사람 빌닷, 나아마 사람 소발이 위문차 와서 7일 7야를 서로 땅에 앉아 같이 탄식하였습니다. 엘리바스는 욥의 재앙은 죄의 결과라고 했고 빌닷은 전통적인 견해로 잘못을 회개하라고 하였으며 소발은 하나님의 징계는 욥의 죄보다 경하다고 하였습니다.

좋은 친구는 친척보다 낫지만 참 친구는 거의 찾기 힘듭니다. 욥은 이런 시험 중에도 하나님께 대한 신앙이 변치 아니하고 "주신 자도 여호와시요 취하신 자도 여호와시오니 여호와의 이름이 찬송을 받으실찌니이다 하고 이 모든 일에 범죄하지 아니하고 하나님을 향하여 어리석게 원망하지 아니하니라"(욥1:21~22) 하였습니다. 변치 않는 신앙, 이는 정금 같은 하나님께로부터 받은 큰 은혜입니다.

2. 시험을 통해 하나님을 뵙는 은혜를 받은 욥 (욥42:5)

욥기 42:5 "내가 주께 대하여 귀로 듣기만 하였삽더니 이제는 눈으로 주를 뵈옵나이다"

욥기 42장 5절의 "내가 주께 대하여 귀로 듣기만 하였삽더니 이제는 눈으로 주를 뵈옵나이다"라는 말씀은 지금까지는 종교적 전통이나 조상들의 가르침 등의 외적인 요인으로써만 주께 대한 것을 들어서 알고 있었다는 말입니다. 그러나 욥은 큰 환난을 통하여 영적인 눈을 떠서 하나님을 뵈옵게 된 것입니다. 이제는 직접적인 계시를 통하여 하나님의 영광과 능력과 권세를 깨닫게 된 것입니다. 욥은 하나님을 직접 대면하여 하나님의 말씀을 듣고 하나님을 경험하고 하나님을 인식하게 된 것입니다. 하나님을 직접 가까이 대면하여 뵈옵는 것은 참 아름다운 영광과 축복입니다. 마태복음 5장 8절에 "마음이 청결한 자 복이 있나니 저희가 하나님을 볼 것임이요" 하였습니다. 창세기 18장에서 아브라함은 하나님을 직접 만나 뵙는 은혜를 받았습니다. 야곱도 하나님을 만나 뵈었습니다. 시편 50편 15절에 "환난 날에 나를 부르라 내가 너를 건지리니 네가 나를 영화롭게 하리로다" 하셨습니다.

3. 진정으로 회개하는 은혜를 받은 욥(욥42:6)

욥기 42:6 "그러므로 내가 스스로 한하고 티끌과 재 가운데서 회개하나이다"

욥기 38장부터 41장까지 네 장에 걸쳐 하나님은 욥에게 직접 말씀하셨습니다. 욥기 38장 1~2절에 보면 "때에 여호와께서 폭풍 가운데로서 욥에게 말씀하여 가라사대 무지한 말로 이치를 어둡게 하는 자가 누구냐"고 하셨습니다. 이에 욥은 스스로 깨달을 수 없는 일을 말하였고 스스로 알 수 없고 헤아리기 어려운 일을 말하였다고 참회하였습니다.

이 세상에는 회개 못하고 떠나는 사람이 많이 있습니다. 가롯 유다는 회개하지 못하고 죽었습니다. 회개할 수 있는 것은 가장 귀한 은혜입니다. 견디기 어려운 시련을 통하여 자신은 별로 회개할 것이 없다고 생각하던 영적 교만의 죄를 하나님께 자복하고 스스로 한하고 티끌과 재 가운데서 회개하였습니다(욥42:6).

4. 회복의 은혜를 받은 욥 (욥42:10)

욥기 42:10 "욥이 그 벗들을 위하여 빌매 여호와께서 욥의 곤경을 돌이키시고 욥에게 그 전 소유보다 갑절이나 주신지라"

욥은 진정으로 회개하며 친구를 위해 기도하였습니다. 자기를 정죄하던 친구들을 용서하고 그들을 위하여 중보의 기도를 드렸습니다. 자기에게 잘못한 사람을 위해 중보의 기도를 드렸더니 하나님은 욥의 곤경을 돌이키셨습니다. 회개가 회복의 은혜를 받게 하는 열쇠였습니다. 욥기 42장 10절에 "욥이 그 벗들을 위하여 빌매 여호와께서 욥의 곤경을 돌이키시고 욥에게 그 전 소유보다 갑절이나 주신지라" 하였는데 남을 위해 기도했더니 내 문제가 해결된 것입니다. 욥은 잃었던 물질을 배나 더 받았으며 건강을 회복했고 떠났던 사람들이 다시 돌아왔으며 자녀도 다시 10남매를 얻었습니다.

비싼 대가를 지불한 욥은 값비싼 큰 은혜를 받았습니다. 욥이 받은 시련과 그가 받은 은혜를 통해 첫째, 어려운 사건 그 자체가 문제가 아니라 나 자신이 문제라는 것입니다. 욥의 문제는 고통, 실패, 좌절, 질병, 친구의 공격이 문제가 아니라 욥 자신이 문제였습니다. 나 자신을 바로 찾으면 문제는 풀리는 것입니다.

둘째, 문제가 문제인 것이 아니라 내 믿음이 문제라는 것입니다.

욥의 문제는 욥기 42장에서 언급한대로 하나님 앞에서 자신의 신앙이 올바르게 될 때 문제는 풀리기 시작했습니다.

셋째, 하나님 앞에서 바로 설 때 문제는 해결된다는 교훈을 주셨습니다. 우리는 모두 저마다 특이한 문제를 가지고 있습니다. 중요한 것은 내가 문제이고 내 믿음이 문제이며 하나님 앞에 바로 서지 못한 것이 문제입니다.

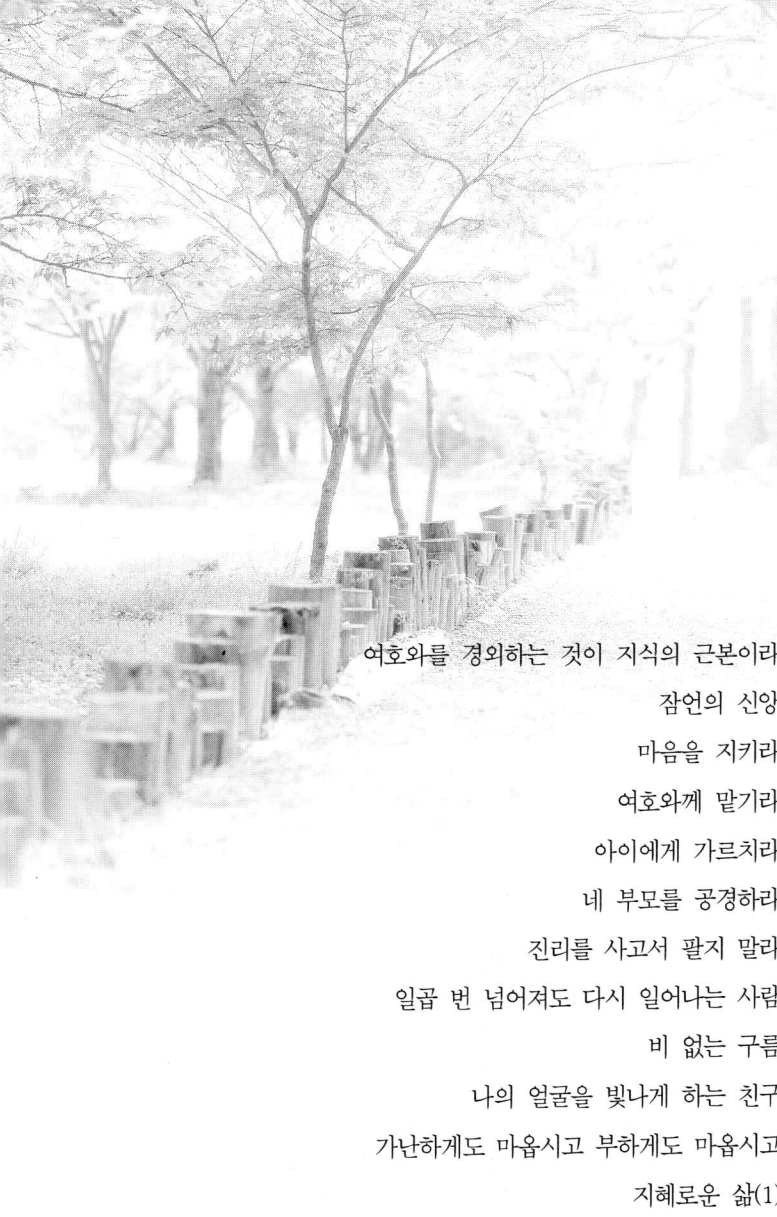

잠언

여호와를 경외하는 것이 지식의 근본이라
잠언의 신앙
마음을 지키라
여호와께 맡기라
아이에게 가르치라
네 부모를 공경하라
진리를 사고서 팔지 말라
일곱 번 넘어져도 다시 일어나는 사람
비 없는 구름
나의 얼굴을 빛나게 하는 친구
가난하게도 마옵시고 부하게도 마옵시고
지혜로운 삶(1)
지혜로운 삶(2)
아들아!

여호와를 경외하는 것이
지식의 근본이라

잠언 1장 1~7절

"다윗의 아들 이스라엘 왕 솔로몬의 잠언이라 이는 지혜와 훈계를 알게 하며 명철(明哲)의 말씀을 깨닫게 하며 지혜롭게, 의롭게, 공평하게, 정직하게 행할 일에 대하여 훈계(訓戒)를 받게 하며 어리석은 자로 슬기롭게 하며 젊은 자에게 지식과 근신함을 주기 위한 것이니 지혜있는 자는 듣고 학식이 더할 것이요 명철한 자는 모략(謀略)을 얻을 것이라 잠언과 비유와 지혜 있는 자의 말과 그 오묘(奧妙)한 말을 깨달으리라 여호와를 경외하는 것이 지식의 근본이어늘 미련한 자는 지혜와 훈계를 멸시하느니라"

'잠언'은 히브리어로 '미쉴레'(מִשְׁלֵי)라고 하는데 이는 '마쌀'(מָשָׁל)의 복수형으로 '속담들', '격언들'이라고 번역되었습니다. 이는 일반적 속담이나 격언보다 더 넓은 의미로 선지자적 예언이나 교훈적 의미를 내포하고 있는 말씀입니다. 잠언은 하나님께서 원하시며 기뻐하시는 삶이 무엇인지를 깨닫게 하며 경건하고 신앙적인 삶으로 인도하고자 하는 말씀입니다. 어떤 사람이 "시편은 우리에게 하나님과 더불어 사는 법을 알려주며 잠언은 우리에게 사람들과 함께 지내는 삶을 가르쳐 준다"고 하였습니다(Charles. R. Swindoll. 잠언 전도서 p.133).

　잠언의 지혜는 하나님을 인간생활의 중심에 모시게 합니다. 구약시대에서 솔로몬이 표현한 이 지혜가 새 계약시대에 예수 그리스도 안에서 보다 충만히 계시되어 있음을 발견해야 할 것입니다. 예수님은 "심판 때에 남방 여왕이 일어나 이 세대 사람을 정죄하리니 이는 그가 솔로몬의 지혜로운 말을 들으려고 땅 끝에서 왔음이어니와 솔로몬보다 더 큰 이가 여기 있느니라"고 말씀하셨습니다(마12:42, 눅11:32). 바울 사도는 그리스도를 "하나님의 지혜"라고 말하였습니다(고전1:24, 골2:3) (Beacon Bible Commentary vol Ⅲ, p.515).

1. 다윗의 아들 솔로몬의 잠언(잠1:1)

잠언 1장 1절 "다윗의 아들 이스라엘 왕 솔로몬의 잠언이라"

이스라엘 민족은 솔로몬의 잠언을 존중하였습니다. 예수님을 다윗의 자손이라고 말한 것 같이 솔로몬을 다윗의 아들 솔로몬이라고 지칭하고 있는 것만 보아도 알 수 있습니다. 어떤 사람이 이 세상에서 발휘하는 영향력은 그 조상의 명성에서 기인하고 있습니다. 그의 조상이 사회에서 높이 평가되는 사람이라면 그 조상은 그의 후손에게 추천장이 되며 동시에 디딤돌이 되기도 합니다. 그러므로 흔히 "네가 어떤 집안 출신이냐"라는 문제가 중요하게 인식되기 때문입니다.

솔로몬의 아버지는 하나님의 마음에 합한 사람이었으며 선지자요, 시인이며 이스라엘의 성웅으로 추앙받는 다윗이었기에 솔로몬의 글도 존중히 여김 받을 수 있었으며 다윗 왕이 솔로몬의 보증이 되었습니다. 뿐만 아니라 솔로몬 자신도 왕이 되었으므로 그의 글인 잠언도 인정받을 수 있었습니다. 또한 솔로몬은 하나님께로부터 지혜를 받은 사람입니다(왕상3:16~28). 그리고 솔로몬은 그의 삶의 과정에서 희로애락을 경험하였고 부귀영화를 누려보았으므로 그의 경험적 삶이 후대의 사람들에게 깨달은 진리를 말할 수 있었으며 히브리 백성들은 이를 존중히 여기고 받아드릴 수 있었습니다(The Preacher's Complete Homiletic Commentary vol ⅩⅩⅡ, p.27).

2. 여호와를 경외하는 것이 지식의 근본이라(잠1:7)

잠언 1:7 "여호와를 경외하는 것이 지식의 근본이어늘 미련한 자는 지혜와 훈계를 멸시하느니라"

잠언 9장 10절에 "여호와를 경외하는 것이 지혜의 근본이요 거룩하신 자를 아는 것이 명철이니라" 하였으며, 욥기 28장 28절에도 "… 주를 경외함이 곧 지혜요 악을 떠남이 명철이라 하셨느니라" 하였고, 전도서 12장 13절에 "… 하나님을 경외하고 그 명령을 지킬지어다 이것이 사람의 본분이니라" 하였습니다.

잠언 1장 7절의 말씀은 본서의 대주제입니다(Delitzsch, Kidner). 여기서 말하는 '경외'는 히브리어로 '이르아'(יראה)라고 하는데 '공경하는 마음에서 우러나오는 거룩한 두려움'을 뜻하며 '지식의 근본'이란 말은 히브리어로 '레쉬트 디아트'(ראשית דעת)라 하는데 '지혜의 출발점' 즉, '여호와를 경외하는 것이 지혜의 시작'이라는 것입니다(The Chokmah Commentary vol XVI, p.24).

미련한 자는 신적 조언에 무관심하고 주를 경외하기를 거부합니다. 예수님은 이러한 사람을 가리켜 미련한 자라고 하였습니다(마 7:26~27). 경외함은 어디서 발생하는가 즉, 여호와를 두려워하는 마음이 어디서부터 일어나는가 하는 것은 참으로 중요합니다. 여기서부터 신앙의 삶이 시작되기 때문입니다. 시편 34편 8절에 "너희는 여호와의 선하심을 맛보아 알지어다 그에게 피하는 자는 복이 있도다" 하였고, 창세기 28장 17절에 "… 두렵도다 이곳이여 다른 것이 아니라 이는 하나님의 전이요 이는 하늘의 문이로다" 하였으며, 아브라함이 75세 때 나타나셨던 하나님이 24년 지나 99세 때 다시 나타나셔서 "내 앞에서 행하여 완전하라"(창17:1) 하시니 그가 두려워 엎드렸습니다(창17:3). 요한 사도는 하나님의 나타나심 앞에 두려워 죽은 자 같이 되었다고 하였습니다(계1:17). 이사야 선지자도 성전에 하나님의 옷이 가득한 광경을 보고 "화로다 나여 망하게 되었도다 나는 입술이 부정한 사람이요 입술이 부정한 백성 중에 거하면서 만군의 여호와이신 왕을 뵈었음이로다"(사6:5) 하였습니다.

지혜의 시작, 지혜의 출발점은 하나님을 경외하는 신의 현현(顯現) 앞에서 일어나는 거룩한 두려움에서부터 시작됩니다. 거룩한 두려움이란 무한한 존재 앞에서 유한한 존재의 두려움, 거룩한 자 앞에서 죄악된 자의 두려움입니다. 욥이 "주께 대하여 귀로 듣기만 하였삽더니 이제는 눈으로 주를 뵈옵나이다 그러므로 내가 스스로 한하고 티끌과 재 가운데서 회개하나이다"(욥42:5~6) 하였습니다. 이러한 상태가 이스라엘에게는 모든 참된 지혜의 출발점입니다. 헬라의 철학자에게는 "너 자신을 알라"는 말이 대주제였듯이 솔로몬에게는 "여호와를 경외하는 것이 지식의 근본이라"는 말이 대주제가 되었습니다.

3. '돌이키라'고 부르는 지혜(잠1:20~24)

잠언 1:23 "나의 책망을 듣고 돌이키라 보라 내가 나의 신을 너희에게 부어주며 나의 말을 너희에게 보이리라"

'돌이키라'는 말은 히브리어로 '슈브'(שוב)입니다. 이는 "내 책망을 듣고 돌아오라"는 뜻입니다. 예레미야는 "… 여호와께서 가라사대 배역한 이스라엘아 돌아오라 나의 노한 얼굴을 너희에게로 향하지 아니하리라 나는 긍휼이 있는 자라 노를 한 없이 품지 아니하느니라 여호와의 말이니라 너는 오직 네 죄를 자복하라 … 나 여호와가 말하노라 배역한 자식들아 돌아오라 나는 너희 남편임이니라 … 내가 또 내 마음에 합하는 목자를 너희에게 주리니 그들이 지식과 명철로 너희를 양육하리라"(렘3:12~15) 하였습니다.

이사야 선지자는 "이새의 줄기에서 한 싹이 나며 그 뿌리에서 한 가지가 나서 결실할 것이요 여호와의 신 곧 지혜와 총명의 신이요 모략과 재능의 신이요 지식과 여호와를 경외하는 신이 그 위에 강림하시리니 그가 여호와를 경외함으로 즐거움을 삼을 것이라"(사11:1~3)고 예언하였습니다.

솔로몬이 잠언에서 말하는 지혜는 추상적인 것이었으나 이사야 선지자는 실재적으로 이새의 줄기에서 나타나는 메시야가 지혜와 총명과 지식과 여호와를 경외하는 신으로 충만한 분으로 강림하실 것을 예언하였으며 바울 사도는 "그리스도는 하나님의 능력이요 하나님의 지혜니라"(고전1:24) 하였습니다.

지혜는 광장에서 성문 어귀와 성중에서 소리쳐 부르고 있습니다. "나의 책망을 듣고 돌이키라 보라 내가 나의 신을 너희에게 부어주며 나의 말을 너희에게 보이리라"(잠1:23) 하였습니다. 에스겔 선지자는 "주 여호와의 말씀에 나의 삶을 두고 맹세하노니 나는 악인의 죽는 것을 기뻐하지 아니하고 악인이 그 길에서 돌이켜 떠나서 사는 것을 기뻐하노라 이스라엘 족속아 돌이키고 돌이키라 너희 악한 길에서 떠나라 어찌 죽고자 하느냐"(겔33:11) 하였습니다. 예레미야 22장 29절에 "땅이여, 땅이여, 땅이여 여호와의 말을 들을지니라" 하였고, 시편 105편 16절에는 "그가 또 기근을 불러 그 땅에 임하게 하여 그 의뢰하는 양식을 다 끊으셨도다" 하였으며, 이사야 선지자는 하나님께서 부르면 천지가 일제히 서느니라(사48:13) 하였습니다.

하나님께서 어떤 피조물을 부르시면 그들은 다 하나님 앞에 나옵니다. 그러나 오직 만물의 영장이라는 최고로 지음 받은 인간은 하나님의 부르심에, 지혜의 실체이신 예수 그리스도의 부르심을 거절하고 돌아오지 아니하였습니다. 예레미야 7장 13절에는 "… 내가 너희에게 말하되 새벽부터 부지런히 말하여도 듣지 아니하였고 너희를 불러도 대답지 아니하였느니라" 하였고, 이사야 65장 2절에는 "내가 종일 손을 펴서 자기 생각을 좇아 불선한 길을 행하는 패역한 백성들을 불렀나니"라고 하였습니다. 이토록 간절히 부르신 하나님의 부르심을 듣지 아니한 그들에게 하나님은 "내 앞에서 너희를 쫓아내리라"(렘7:15) 하였습니다.

주께서 부르실 때 듣지 아니하고, 하나님의 모든 교훈을 멸시하고 책망을 받지 아니하였은즉 재앙이 폭풍같이 이르고 근심과 슬픔이 임할 때에 그때 하나님을 부르고 찾을지라도 대답지 아니하시고 하나님을 만나지 못할 것이라 하였습니다. 그러나 "… 무릇 마음이 가난하고 심령에 통회하며 나의 말을 인하여 떠는 자 그 사람은 내가 권고하려니와"(사66:2) 라고 하였으며 지혜의 부르시는 말씀을 듣는 자는 "안연히 살며 재앙의 두려움이 없이 평안하리라" 하였습니다 (잠1:24~33).

"나의 책망을 듣고 돌이키라"(잠1:23)는 지혜자가 부르시는 말씀에 귀를 기울이고 때가 늦기 전에 돌아오는 복된 성도가 되어야 할 것입니다.

잠언의 신앙

잠언 3장 1~6절

"내 아들아 나의 법을 잊어버리지 말고 네 마음으로 나의 명령을 지키리 그리하면 그것이 너로 장수하여 많은 해를 누리게 하며 평강을 더하게 하리라 인자와 진리로 네게서 떠나지 않게 하고 그것을 네 목에 매며 네 마음판에 새기라 그리하면 네가 하나님과 사람 앞에서 은총과 귀중히 여김을 받으리라 너는 마음을 다하여 여호와를 의뢰하고 네 명철을 의지하지 말라 너는 범사에 그를 인정하라 그리하면 네 길을 지도하시리라"

잠언 3장에는 여호와 하나님 신앙에 대한 일곱가지 형태를 제시하고 있습니다.

1. 여호와를 신뢰하는 신앙(잠3:5)

잠언 3:5 "너는 마음을 다하여 여호와를 의뢰하고 네 명철을 의지하지 말라"

마음을 다하여 여호와를 '의뢰하라'는 말은 히브리어로 '베타흐'(בטח)인데 이는 '전적으로 몸을 의지하여 기댄다'는 뜻으로 우리 삶의 모든 영역을 온전히 하나님께 맡기라는 뜻입니다(The Grand Bible Commentary vol Ⅸ, p.65).

시편 146편 3~4절에 "방백들을 의지하지 말며 도울 힘이 없는 인생도 의지하지 말지니 그 호흡이 끊어지면 흙으로 돌아가서 당일에 그 도모가 소멸하리로다" 하였습니다. 시편 145편 15절에는 "중생의 눈이 주를 앙망하오니 …"라고 하였고, 시편 9편 10절에도 "여호와여 주의 이름을 아는 자는 주를 의지하오리니 …" 하였으며 예레미야 17장 7~8절에서는 "그러나 무릇 여호와를 의지하며 여호와를 의뢰하는 그 사람은 복을 받을 것이라 그는 물가에 심기운 나무가 그 뿌리를 강변에 뻗치고 더위가 올지라도 두려워 아니하며 그 잎이 청청하며 가무는 해에도 걱정이 없고 결실이 그치지 아니함 같으리라"고 말씀하고 있습니다. 시편 37편 5절에 "너의 길을 여호와께 맡기라 저를 의지하면 저가 이루시고"라고 하였습니다.

2. 범사에 하나님을 인정하는 신앙(잠3:6)

잠언 3:6 "너는 범사에 그를 인정하라 그리하면 네 길을 지도하시리라"

시편 62편 6절에서 "오직 저만 나의 반석이시요 나의 구원이시요 나의 산성이시니 내가 요동치 아니하리로다" 하였습니다. 잠언 16장 9절에 "사람이 마음으로 자기의 길을 계획할지라도 그 걸음을 인도하는 자는 여호와시니라" 하였고 잠언 16장 33절에는 "사람이 제비는 뽑으나 일을 작정하기는 여호와께 있느니라"고 말씀하고 있습니다. 로마서 8장 28절에는 "… 곧 그 뜻대로 부르심을 입은 자들에게는 모든 것이 합력하여 선을 이루느니라" 하였습니다.

범사에 하나님을 인정하라는 것은 하나님께서 우주를 창조하신 분으로 그의 전능하심을 인정하며 이 세상을 관할하시며 세계 역사의 흥망성쇠와 개인의 생사화복을 주장하시는 하나님의 주권을 인정하며 참새 다섯이 앗사리온 둘에 팔리는 것도 아시며 머리털까지 세신 바 되었다는(눅12:6~9) 하나님의 전지하심을 인정하며 우리의 앉고 서는 것을 아시며(시139:2) 공중의 새와 들에 피는 꽃과 들풀도 하나님께서 먹이시고 입히시고 기르시는 것을(마6:26~28) 인정하라는 말씀입니다.

하나님의 전지전능하심과 무소부재하신 하나님의 편재하심과 섭리하심을 깨닫고 인정할 때 "그가 지도하시리라"고 하였습니다. '지도한다'는 히브리어 '야솨르'(ישׁר)는 '그가 곧게 하실 것이다'라는 뜻입니다. 모팻(Moffat)은 "그가 당신을 위해 길을 닦으실 것이요"라고 해석하였습니다. 우리 앞길의 장애물들을 제거하여 주신다는 것입니다 (Beacon Bible Commentary vol Ⅷ, p.529).

3. 하나님을 경외하는 신앙(잠3:7~8)

잠언 3:7~8 "스스로 지혜롭게 여기지 말찌어다 여호와를 경외하며 악을 떠날찌어다 이것이 네 몸에 양약이 되어 네 골수로 윤택하게 하리라"

잠언에서 말하는 신앙의 세 번째는 하나님을 경외하는 신앙입니다. 잠언 1장 7절에 "여호와를 경외하는 것이 지식의 근본이라" 하였습니다. 여기서 말하는 '경외한다'는 말은 히브리어로 '이르아'(ירא)라고 하는데 '공경하는데서 우러나오는 거룩한 두려움'을 의미하고 있습니다.

벧세메스 사람들이 법궤의 내부를 드려다 본 일로 인하여 칠십 인이 죽는 사건이 발생하였을 때 "거룩하신 하나님 앞에 누가 능히 서리요"(삼상6:20)라고 두려워하였습니다. 거룩한 두려움은 신의 현현(顯現) 앞에서 일어나는 두려움입니다. 이는 거룩하신 하나님 앞에서 죄인의 두려움이며 무한한 존재 앞에서 유한한 존재의 두려움이며 전지전능하신 하나님 앞에서 무지하고 무능한 자로서의 두려움입니다. 여기서부터 지혜의 삶이 시작되며 신앙의 길이 열리게 됩니다. 참된 지혜는 여호와를 두려운 마음으로 섬기며 악을 버리는데 있습니다. 성도가 죄악을 버릴 수 있는 것은 그의 의지력에 있지 아니하고 하나님을 두려운 마음으로 섬기는 신앙으로만 가능한 것입니다.

마음을 다하여 여호와를 의뢰하고 범사에 하나님을 인정할 때 평탄한 길로 인도받게 되며(잠3:5~6) 여호와를 경외하며 악을 떠날 때 영육의 건강을 보장받게 될 것입니다(잠3:7~8).

4. 처음 열매를 바치는 신앙(잠3:9~10)

잠언 3:9~10 "네 재물과 네 소산물의 처음 익은 열매로 여호와를 공경하라 그리하면 네 창고가 가득히 차고 네 즙틀에 새 포도즙이 넘치리라"

잠언의 신앙 네 번째는 소산물의 처음 익은 열매를 바치는 신앙입니다. 처음 열매를 바치는 신앙은 가장 좋은 것을 바치는 신앙을 말하며 재물과 네 소산물의 처음 익은 열매로 여호와를 공경하라는 말씀은 모든 소산물의 소유권자가 하나님이심을 인정하고 그 소산물을 하나님의 기쁘신 뜻대로 사용하겠다는 신앙고백의 표현입니다(The Chokmah Commentary vol XVI, p.54).

첫 열매 헌납 규례는 모세의 율법에 분명하게 명시되어 있었습니다. 출애굽기 22장 29절에서는 처음 난 생축과 첫아들을, 레위기 23장 10절에는 곡식의 첫 이삭 한 단을 제사장에게 바치라 하였고 민수기 28장 26절에는 처음 익은 열매를 칠칠절에 바치라 하였습니다. 신명기 26장 1~11절에는 토지소산의 만물을 하나님의 단 앞에 놓고 경배하고 하나님께서 내려주신 복을 인하여 즐거워하라 하였습니다. 창세기 4장에 보면 아벨이 바친 감사의 제사는 아벨이 양을 길러 그 첫 새끼를 바치고 양 중에서 가장 기름지고 살진 것을 하나님께 바쳤을 때 하나님은 아벨과 그의 제물을 기쁘게 받아 주셨습니다. 아벨의 신앙은 가장 좋은 첫 것을 바치는 신앙이었습니다.

잠언에서 말하는 신앙은 가장 좋은 것을 정성 다해 기쁨으로 바치는 신앙을 하나님께서 기뻐하신다는 사실을 가르쳐 주시고 있습니다. 이렇게 가장 좋은 것을 드리는 예배의 삶은 "그리하면 네 창고가 가득히 차고 네 즙틀에 새 포도즙이 넘치리라"(잠3:10)는 부(富)의 보장을 허락받게 되는 것입니다.

5. 하나님의 징계를 달게 받는 신앙(잠3:11~12)

> 잠언 3:11~12 "내 아들아 여호와의 징계를 경히 여기지 말라 그 꾸지람을 싫어하지 말라 대저 여호와께서 그 사랑하시는 자를 징계하시기를 마치 아비가 그 기뻐하는 아들을 징계함 같이 하시느니라"

고난의 날에 욥의 아내는 욥에게 하나님을 욕하고 죽으라고 하였습니다(욥2:9). 욥은 "우리가 하나님께 복을 받았은즉 재앙도 받지 아니하겠느뇨"(욥2:10)라고 하였습니다. 욥의 친구 엘리바스는 "하나님께 징계 받는 자에게는 복이 있나니 그런즉 너는 전능자의 경책을 업신여기지 말지니라"(욥5:17) 하였습니다.

히브리서 12장 6절에 "주께서 그 사랑하시는 자를 징계 하시고 그의 받으시는 아들마다 채찍질 하심이니라"고 말씀하고 있습니다. 징계에 해당하는 히브리어 '무싸르'(מוסר)는 '교정', '훈련'이라는 뜻으로 그릇된 것을 버리고 옳은 것을 취하도록 하시는 교육행위로서 죄에 대한 형벌이 아니라 하나님의 사랑의 표현입니다. 징계는 하나님의 사랑의 또 다른 표현이라고 하였습니다(The Chokmah Commentary vol ⅩⅥ, p.55). 징계와 꾸지람은 인생의 고통을 뜻합니다.

신앙인은 고통에 대하여 세 가지의 기본적인 태도를 가집니다. 첫째, 고통은 우연이 아니라 하나님이 알고 계시는 것, 둘째, '나'라는 피조물을 걸작품으로 만드시려는 하나님의 목적이 있으시다는 것, 셋째, 능력을 주시는 하나님의 사랑의 방편이라는 것입니다(최효섭목사 설교집 vol Ⅷ, p.261).

특별히 사랑받는 아들은 "고난을 통하여 완전하게 되었다"고 하였습니다. 하나님의 채찍은 사탄의 입맞춤과 사랑보다 더 유익한 것입니다. 하나님께서는 생명을 주시려고 때리시고 사탄은 죽음을 주고자 애무한다고 하였습니다(The Baker Commentary vol ⅩⅩⅡ, p.88). 그러므로 "그에게 꾸지람을 받을 때에 낙심하지 말라"(히12:5)고 하였습니다. 징계를 달게 받음으로 회개하고 그리스도의 거룩하심에 참여하도록 하여야 할 것입니다.

"오직 하나님은 우리의 유익을 위하여 그의 거룩하심에 참예케 하시느니라"(히12:10) 하셨습니다. 축복하심이 하나님의 적극적인 사랑이라면 징계는 하나님의 소극적인 사랑의 표현이라 할 수 있습니다.

6. 네 발을 지켜 걸리지 않게 하시리라는 신앙(잠3:26)

잠언 3:26 "대저 여호와는 너의 의지할 자이시라 네 발을 지켜 걸리지 않게 하시리라"

잠언 3장 26절의 말씀은 하나님만이 인간이 믿고 의지할 수 있는 유일한 존재이시며 악한 자가 설치한 올무와 함정에 빠지지 않도록 지켜주신다는 신적 보호의 약속입니다. 발이 걸려 넘어지지 않도록 하나님께서 나와 함께 걸어가신다는 신앙을 가져야 한다는 말씀입니다(신32:10).

잠언에서 말하는 신앙은 하나님이 우리의 인생길에 항상 함께 걸어가신다는 신앙입니다. 이스라엘 백성의 출애굽당시 낮에는 구름기둥으로 밤에는 불기둥으로 인도하신 하나님은(출13:22) 항상 동행하심을 보여주셨으며 하나님은 앞서가시며 "그는 너희 앞서 행하시며 장막 칠 곳을 찾으시고 밤에는 불로, 낮에는 구름으로 너희의 행할 길을 지시하신 자니라"(신1:33) 하였고 뒤에서 되짚어 행하셨습니다. "요셉이 일어나서 밤에 아기와 그의 모친을 데리고 애굽으로 떠나가 헤롯이 죽기까지 거기 있었으니 이는 주께서 선지자로 말씀하신 바

애굽에서 내 아들을 불렀다 함을 이루려 하심이니라"(마2:14~15) 하였습니다. 이는 이스라엘 백성이 걸었던 길을 되짚어 걸으심으로 그들의 죄를 속하기 위함이었습니다. 하나님은 동행하시고, 앞서 행하시고 뒤에서 되짚어 걸어오심으로 언제나 함께 동행하여 주셨습니다.

7. 하나님은 겸손한 자에게 은혜를 베푸신다는 신앙입니다(잠 3:34)

잠언 3:34 "진실로 그는 거만한 자를 비웃으시며 겸손한 자에게 은혜를 베푸시나니"

바리새인의 교만한 기도는 물리치시고 겸손한 자에게는 은혜를 베풀어 주십니다(잠3:34). 2차 대전 후 월터 윌슨씨는 뉴욕 주 쌘디 후크에서 군대에 들어가 훈련을 받았습니다. 훈련받는 병사들은 그때 한 실업인이 보낸 선물을 받았습니다. 포켓용 거울인데 거울 뒷면에 이렇게 적혀있었습니다. "하나님이 세상을 이처럼 사랑하사 독생자를 주셨으니 이는 저를 믿는 자마다 멸망치 않고 영생을 얻게 하려 하심이니라"(요3:16).

하나님이 누구를 그토록 사랑하는지 알고 싶으면 뒤를 보시오 하였습니다. 이 글을 읽고 작은 거울에 비친 자신의 얼굴을 오랫동안 들여다보던 월터 윌슨씨는 자기의 죄와 욕심뿐인 인생관을 깊이 뉘우치기 시작하였습니다. 그는 제대 후 의학공부를 하였고 자신의 간증을 책으로 펴냈습니다. 그 책 이름은 월터 윌슨 의사의 최고의 사랑 이야기(A Doctor's Best Love Story) 입니다.

어거스틴의 유명한 일화가 있습니다. 기독교인의 첫째되는 미덕이 무엇이냐는 질문을 받았을 때 "하나님 앞에 겸손한 것이다"라고 대답하였습니다. 그럼 두 번째 미덕은 무엇이냐고 물었을 때 "역시 겸손이다"라고 대답하였습니다(최효섭목사 설교집 vol Ⅷ, pp.262, 279).

마음을 지키라

잠언 4장 20~27절

"내 아들아 내 말에 주의하며 나의 이르는 것에 네 귀를 기울이라 그 것을 네 눈에서 떠나게 말며 네 마음 속에 지키라 그것은 얻는 자에 게 생명이 되며 그 온 육체의 건강이 됨이니라 무릇 지킬만한 것보다 더욱 네 마음을 지키라 생명의 근원이 이에서 남이니라 궤휼을 네 입에서 버리며 사곡을 네 입술에서 멀리하라 네 눈은 바로 보며 네 눈꺼풀은 네 앞을 곧게 살펴 네 발의 행할 첩경을 평탄케 하며 네 모든 길을 든든히 하라 우편으로나 좌편으로나 치우치지 말고 네 발 을 악에서 떠나게 하라"

잠언 3장에는 잠언에서 말하는 여호와 하나님께 대한 신앙이 어떠 한 것인지에 대하여 말씀하여 주었고 잠언 4장에서는 "마음을 지키 라"는 교훈의 말씀이 있습니다.

1. 마음에 대한 이해(잠4:23)

잠언 4:23 "무릇 지킬만한 것보다 더욱 네 마음을 지키라 생명의 근원이 이에서 남 이니라"

히브리어로 '레브'(לב) 혹은 '레바브'(לבב)는 '마음'이란 뜻입니다. '레브'(לב)는 '마음'이란 의미 외에도 '중심', '내부', '핵심'이란 의미를 가지고 있습니다. '레브'(לב)는 육체적으로는 생명의 중심인 가슴과 심장을 의미하며 정신적으로는 감정적인 자리이며 영적으로는 인식, 기억, 사고의 근거지입니다.

신약성서에서 마음을 말할 때 '카르디아'(καρδια), '누스'(νους), '푸쉬케'(φυχη)라는 용어를 사용하고 있습니다. '누스'(νους)는 정신, '카르디아'(καρδια)는 심장, 감정, 욕망, 열정의 자리로 하나님이 살피시는 종교적 중심지를 의미하고 있습니다. 심장이 육체의 중심기관으로 생각한 것 같이 인간의 마음이 인간의 중심기관이며 하나님이 살피시는 자리라고 보았습니다.

학문적으로 마음에 관하여 연구하는 정신분석학은 심리학자들에 의하여 연구가 활발히 진행되었습니다. 프로이드(Freud, Sigmund, 1856. 5. 6~1939. 9. 23)는 잠재의식에 대한 연구를 하였고, 매슬로우(Maslow, Abraham, 1908~1970)는 인간의 욕구에 대하여 연구하였는데 의·식·주의 욕구, 성욕의 욕구, 명예를 추구하는 욕구는 인간의 존재욕구라고 하였습니다. 융(Jung, Carl Gustav, 1875. 7. 26~1961. 6. 6)은 인간의 의식과 무의식 세계에 일어나는 일들과 꿈에 대하여 연구하였습니다 (쉐마 주제별 종합 자료 vol Ⅳ, pp.338~350).

2. 타락한 인간의 마음(렘17:9~10)

예레미야 17:9~10 "만물보다 거짓되고 심히 부패한 것은 마음이라 누가 능히 이를 알리요마는 나 여호와는 심장을 살피며 폐부를 시험하고 각각 그 행위와 그 행실대로 보응하나니"

타락한 인간의 대표적 모습은 인간의 마음 상태입니다. 예레미야 17장 9~10절에 보면 "만물보다 거짓되고 심히 부패한 것은 마음이라 누가 능히 이를 알리요마는 나 여호와는 심장을 살피며 폐부를 시험하고 각각 그 행위와 그 행실대로 보응하나니" 하였고 아모스 8장 1~2절에 "주 여호와께서 또 내게 여름 실과 한 광주리를 보이시며 가라사대 아모스야 네가 무엇을 보느냐 내가 가로되 여름 실과 한 광주리니이다 하매 여호와께서 내게 이르시되 내 백성 이스라엘의 끝이 이르렀은즉 내가 다시는 저를 용서치 아니하리니" 하였습니다.

타락한 인간의 마음에서부터 나오는 모든 생각과 계획은 악하므로(창6:5) 인간은 자신을 믿지 말아야 한다고 하였습니다(잠28:26).

어거스틴은 자신의 마음속에 있는 사악(邪惡) 즉, 간사하고 악함 때문에 고민하여 악의 실체를 알아보려고 애썼습니다. 그는 사악이란 어떤 실체가 아니고 의지의 왜곡이라 하였습니다. 의지의 왜곡이란 하나님을 등지고 세상을 향하여 잔뜩 부풀어있는 마음 상태라고 하였습니다(St. Augustine's Confessions p.220).

마귀는 아담의 의지를 왜곡시켜 선악과를 따먹게 하였고 사울에게는 다윗을 죽일 마음을, 가룟 유다에게는 예수를 팔아버릴 마음을 넣어주었습니다(요13:2). 느부갓네살이 교만한 생각에 빠질 때 짐승의 마음을 주어 칠년 동안 짐승같이 정신이상자로 살았습니다(단4:16). 사람의 마음에 탐욕스런 짐승의 마음이 들어가면 짐승처럼 살게 됩니다. 탕자가 타락한 마음을 갖게 될 때 돼지우리에서 살아야 했습니다(눅15:11~32).

거라사 지방에 귀신 들린 사람이 있었습니다. 그는 공동묘지와 빈 들에 살며 지나는 사람들에게 공포의 대상이 되었습니다. 그 속에는 군대마귀가 떼를 지어 살고 있었습니다(막5:1~9). 그는 인간의 삶이 아닌 귀신의 지배 하에서 귀신의 종으로 살아가는 사람이었습니다.

3. 새 마음(시51:10)

시편 51:10 "하나님이여 내 속에 정한 마음을 창조하시고 내 안에 정직한 영을 새롭게 하소서"

시편 51편 10절에서 다윗은 "… 내 속에 정한 마음을 창조하시고 내 안에 정직한 영을 새롭게 하소서"라고 기도하였습니다. 하나님은 타락한 인간의 마음속에 정한 마음을 창조하십니다. 에스겔 36장 25~26절에 "맑은 물로 너희에게 뿌려서 너희로 정결케 하되 곧 너희 모든 더러운 것에서와 모든 우상을 섬김에서. 너희를 정결케 할 것이며 또 새 영을 너희 속에 두고 새 마음을 너희에게 주되 너희 육신에서 굳은 마음을 제하고 부드러운 마음을 줄 것이며" 하였습니다. 하나님은 인간에게 사모하는 마음을 주셔서 영원하신 하나님을 사모하게 하셨습니다(잠3:11~14).

어거스틴은 그의 고백록에서 "나는 누구며 어떠한 본성을 가지고 있는 놈이옵니까. 내가 한 행동에 죄 아닌 것이 어디 있습니까. 만일 내 행동에 죄가 없었다면 내가 한 말에는 죄가 없었습니까. 내가 한 말에 죄가 없었다면 내 마음 속에는 없었습니까. 오 주님, 그러나 당신은 선하시고 자비로우셔서 당신의 오른 손을 내 죽음의 심연에 펴사 내 마음의 밑바닥에 있는 깊은 부패의 연못을 제거하여 주셨습니다. 그 결과로 나는 내 뜻을 부인하고 당신이 원하신 뜻을 원하게 되었습니다"라고 하였습니다(St. Augustine's Confessions p.269).

4. 네 마음을 지키라(잠4:23)

> 잠언 4:23 "무릇 지킬만한 것보다 더욱 네 마음을 지키라 생명의 근원이 이에서 남이니라"

잠언 4장 23절에 "무릇 지킬만한 것보다 더욱 네 마음을 지키라 생명의 근원이 이에서 남이니라" 하였는데 이는 자신의 마음을 지키는 것은 모든 그리스도인에게 주어진 의무이기 때문입니다.

베이커 주석에서 우리 자신의 마음을 지키는 일에 대하여 여섯 가지를 제시하고 있습니다. 첫째, 간수가 죄수를 지키듯이 마음을 지켜야 한다. 둘째, 병사들이 성을 지키듯이 지켜야 한다. 셋째, 레위인이 성소와 성물들을 지키듯이(겔44:8~15) 지켜야한다. 넷째, 자신의 생명을 지키듯이 지켜야 한다. 다섯째, 사람들이 재물을 지키듯이 지켜야 한다. 여섯째, 숙녀가 옷들을 보살피듯이 자신의 마음을 지켜야 한다고 하였습니다(The Baker Commentary vol ⅩⅩⅡ, p.136).

솔로몬은 사랑하는 아들에게 눈, 입, 귀와 손발도 지켜야 하지만 그중에 마음을 지키라고 하였습니다. 선원이 그 눈을 별에 고정시키듯 마음을 지켜야 합니다.

잠언 16장 32절에 "… 자기의 마음을 다스리는 자는 성을 빼앗는 자보다 나으니라" 하였는데 이제부터 마음에 관심을 가지고 살피며 거룩한 마음이 유지되도록 기도하여야 할 것입니다. 아가 2장 15절에 "우리를 위하여 여우 곧 포도원을 허는 작은 여우를 잡으라 우리의 포도원에 꽃이 피었음이니라" 하였습니다. 그리고 아가 4장 12절에 "나의 누이, 나의 신부는 잠근 동산이요 덮은 우물이요 봉한 샘이로구나"라고 노래하였습니다. 마음을 지키기 위하여 관심을 기울여야 할 것입니다. 마태복음 12장에 빈집의 우환을 말씀하셨습니다. 가난한 마음과 청결한 마음을 이루어야 하지만 다시 하나님으로, 예수님으로, 성령으로 채워져야 할 것을 말씀하셨습니다. 솔로몬은 마음을 지키라 생명의 근원이 이에서 남이니라 하였고 바울 사도는 예수의 마음을 품으라 하였습니다(빌2:5).

다윗은 내 마음이 고요하기를 젖 뗀 어린아이의 고요함같이 하였노라 하였습니다. 그렇게 되기 위하여 눈이 높지 아니하고 이루지 못할 일에 힘쓰지 아니하였다고(시131:1~2) 하였습니다. 자기의 마음을 다스리는 자는 성을 쳐서 빼앗는 자보다 위대합니다(잠16:32).

예수님은 마음에 음욕을 품으면 이미 간음하였느니라(마5:28), 형제에게 노하는 자는 심판을 받으리라(마5:22) 하셨습니다. 이제 마음을 돌아보아야 하겠습니다. 마음을 위하여 기도하여야 하겠습니다. 잃어버린 법궤를 마음에 모시고 잃어버린 낙원을 다시 마음에 세워야 할 것입니다.

여호와께 맡기라

잠언 16장 1~3절
"마음의 경영은 사람에게 있어도 말의 응답은 여호와께로서 나느니라 사람의 행위가 자기 보기에는 모두 깨끗하여도 여호와는 심령을 감찰하시느니라 너의 행사를 여호와께 맡기라 그리하면 너의 경영하는 것이 이루리라"

잠언 16장 3절에 "너의 행사를 여호와께 맡기라 그리하면 너의 경영하는 것이 이루리라" 하였으며 시편 37편 5절에도 "너의 행사를 여호와께 맡기라" 하였습니다.

시편 37편에서 성도의 삶은 '선을 행하는 삶'(시37:3)과 '성실하게 사는 삶'(시37:3)이며 '여호와를 기뻐하는 삶'(시37:4)과 '자기 길을 여호와께 맡기는 삶'(시37:5)이라고 말씀하고 있습니다. 오늘은 맡기는 성도의 삶에 대하여(잠16:3, 시37:5) 살펴보면서 은혜 받도록 하겠습니다.

1. 네 짐을 여호와께 맡기라(시편 55:22)

시편 55:22 "네 짐을 여호와께 맡겨버리라 너를 붙드시고 의인의 요동함을 영영히 허락지 아니하시리로다"

마태복음 11장 28절에 "수고하고 무거운 짐 진 자들아 다 내게로 오라 내가 너희를 쉬게 하리라" 하였고 시편 55편 22절에 "네 짐을 여호와께 맡겨버리라"고 하였습니다. 사업가는 돈을 함부로 아무에게나 맡기지 아니하며 확실히 믿을 수 있는 은행에 맡깁니다. 왕은 옥쇄를 아무에게나 맡기지 아니하며 믿을 수 있는 사람에게 맡기는 것입니다. 우리도 한 번 밖에 없는 삶을 아무에게나 맡길 수 없습니다. 우리의 짐을 왜 하나님께 맡겨야 합니까. 하나님은 모든 성도들의 전체적인 삶에 대하여 완전한 책임을 지시는 분이기 때문입니다. 마치 부모가 자녀에 대하여 책임을 지듯이 하나님은 성도의 삶을 전적으로 책임지십니다.

 초기 한국 감리교회 시절에 미국에서 선교사로 오신 분들이 우리나라에 와서 살아가는 중에 일어난 재미있는 일화가 많이 있습니다. 그중에 이런 이야기가 있습니다. 선교사들이 한국 도로 형편에 맞는 차를 타고 다니셨습니다. 당시의 도로는 비포장도로에 자갈을 깔아놓았으므로 상당히 불편하였습니다. 자동차가 지나면 뿌연 흙먼지와 자갈이 자동차 바퀴에서 튀어나가 위험하였습니다. 선교사가 비포장도로를 가는데 어느 할머니가 머리에 짐을 이고 걸어가고 있었습니다. 선교사는 차를 세우고 할머니를 차에 태워주었습니다. 얼마쯤 가다가 보니 흔들리는 차 안에서 할머니가 짐을 머리에 이고 힘들어 땀을 흘리고 앉아 있었습니다. 선교사는 차를 세우고 "할머니, 짐을 차에 내려놓으시지 왜 머리 위에 이고 고생하십니까"라고 말했습니다. 할머니는 대답하기를 "아이구 내가 차에 탄 것도 고마운데 어떻게 짐까지 내려놔유" 하였답니다. 여러 번 들었던 이야기지만 다시 들어도 참으로 재미있는 이야기입니다. 이는 맡길 줄 모르는 우리들의 이야기입니다. 예수님은 우리에게 "수고하고 무거운 짐 진 자들아 다 내게로 오라 내가 너희를 쉬게 하리라"(마11:28) 하셨습니다. 우리 죄악의 짐을 예수님 앞에 내려놓고 모두 맡겨버리라는 말씀입니다.

2. 너의 행사를 여호와께 맡기라(잠언 16:3)

잠언 16:3 "너의 행사를 여호와께 맡기라 그리하면 너의 경영하는 것이 이루리라"

잠언 16장 3절에 "너의 행사를 여호와께 맡기라 그리하면 너의 경영하는 것이 이루리라" 하였으며 잠언 16장 9절에는 "사람이 마음으로 자기의 길을 계획할지라도 그 걸음을 인도하는 자는 여호와시니라" 하였습니다. 이 세상만사는 무슨 일이든지 사람의 손에서 시작하여 사람의 손으로 끝나는 일은 하나도 없습니다. 사람이 봄에 씨를 뿌리면 그 열매는 하나님께서 결실하게 하십니다. 여리고 성을 일곱 번 돈 것은 이스라엘 백성이 하였으나 여리고 성을 무너지게 한 것은 하나님께서 하셨습니다. 시작은 인간이 할지라도 완성은 하나님이 하십니다. 그러므로 모든 행사 즉 우리의 범사를 하나님께 맡겨야 하는 것입니다(잠3:6). "너의 행사를 여호와께 맡기라" 하셨는데 '맡기라'는 히브리어는 '가랄'(גלל)인데 이 뜻은 '굴려 보내다', '던지다'라는 뜻입니다. 공을 굴려 보내듯 모든 일의 주도권을 인간 편에서 하나님께로 굴려 보내라는 의미입니다. 라틴역 성서인 벌게잇(Vulgate)에서는 '네 행사를 여호와께 보이라'로 번역하였습니다. 이는 어린아이가 자신의 생각을 부모님께 온전히 내보이고 도움을 받듯이 하나님께 맡기고 의지하라는 것입니다. 그러므로 '맡기라'는 말은 모든 문제를 내가 끌어안고 있지 말고 하나님께로 굴려 보내라는 의미입니다. 우리의 모든 행사를 여호와 하나님께 맡기는 삶이 바로 신앙의 삶입니다(The Grand Bible Commentary vol IX, p.198).

3. 너의 길을 여호와께 맡기라(시편 37:5)

시편 37:5 "너의 길을 여호와께 맡기라 저를 의지하면 저가 이루시고"

시편 37편 5절에서 "너의 길을 여호와께 맡기라" 하였으며 베드로

전서 5장 7절에는 "너희 염려를 다 주께 맡겨 버리라 이는 저가 너희를 권고하심이니라" 하였습니다. 신앙생활의 과정은 맡기는 연습입니다. 신앙이 부족한 사람은 맡기지 못하는 사람을 말하는 것이며 신앙이 좋은 사람이란 잘 맡길 줄 아는 사람이라는 말입니다. 우리는 모든 문제를 하나님께 맡겨야 하는데 사실은 쉽지 않은 일입니다. 어려운 일 중의 하나가 바로 염려와 인생길을 맡기는 일입니다. 물건 같으면 쉽게 맡기겠지만 우리의 인생길이나 염려를 맡겨버리는 일은 쉽지 않습니다. 맡기는 연습을 거듭하여 결국 우리의 마지막 죽음까지도 "아버지여 내 영혼을 아버지 손에 부탁하나이다"(눅23:46) 하신 예수님처럼 살고 죽는 것까지 우리의 인생길을 온전히 맡길 수 있는 신앙이 되어야 할 것입니다. 우리의 인생길은 가다가 길이 끊어진 것 같이 길이 막혀버리는 경우가 종종 있습니다. 어느 곳이 살 길인지 방황하는 때도 있습니다. 히브리서 11장 8절에 보면 아브라함이 갈 바를 알지 못하고 갔다고 했습니다. 아브라함이 믿고 고향을 떠나갔더니 가나안 복지(福地)에 도달한 것입니다. 이스라엘 백성이 지도를 가지고 출애굽 한 것 아닙니다. 가야할 길을 모두 하나님께 맡겼습니다. 그랬더니 낮에는 구름기둥으로 인도하시고 밤에는 불기둥으로 인도하여 주셨습니다(출13:22). 요한복음 14장 6절에 예수님은 우리에게 "나는 길이요 진리요 생명이니"라고 말씀하셨습니다. 예수님이 우리를 생명 길로 영생복락의 길로 인도하여 주실 것입니다. 이사야 43장 19절에 보면 하나님께서 광야에서 길을 내어주시고 사막에서 강을 내어주실 것이라고 하셨습니다. 우리 인생길이 광야 같아도 길을 만들어 주시고 사막 같을지라도 그곳에 강을 만들어 주신다고 하셨습니다. 신앙생활은 맡기는 연습입니다. 우리의 인생길을 하나님께 맡기십시다. 여호와 하나님께서 우리의 일들을 이루어 주실 것입니다.

　하나님께 맡기려면 하나님에 대한 믿음이 있어야 합니다. 이발소에서 이발사에게 자기 몸 전체를 맡기고 편한 잠을 자기도 합니다. 이발사의 손에 날카로운 면도칼이 들려있는데도 자기의 몸을 맡기는 것은 이발사를 믿기 때문입니다. 요한복음 14장 1절에 "너희는 마음에 근심하지 말라 하나님을 믿으니 또 나를 믿으라" 하셨습니다. 우리의 근심 걱정을 하나님께 맡기고 근심하지 않게 되는 것은 하나님에 대한 믿음이 있기 때문입니다. 빌립보서 4장 6절에 "아무 것도 염려하지 말고 오직 모든 일에 기도와 간구로, 너희 구할 것을 감사함으로 하나님께 아뢰라" 하였습니다. 예레미야 애가 2장 19절에 보면 "밤 초경에 일어나 부르짖을찌어다 네 마음을 주의 얼굴 앞에 물 쏟듯 할찌어다" 하였습니다. 기도는 근심과 걱정과 슬픔 등 우리의 마음을 주님의 얼굴 앞에 물 쏟듯 쏟아놓는 것입니다. 이렇게 하여 기도로 우리의 모든 생의 문제를 하나님께 맡겨 버리는 것이 신앙생활입니다. 그리하면 그 뒷부분은 하나님께서 다 알아서 좋게 처리하여 주시는 것입니다.

　첫째, 우리의 짐을 주께 맡겨야 합니다(마11:28). 둘째, 우리는 범사에 모든 행사를 하나님께 맡겨야 합니다(잠16:3). 셋째, 우리의 인생길을 여호와 하나님께 맡겨야 합니다(시37:5).

아이에게 가르치라

잠언 22장 4~6절
"겸손과 여호와를 경외함의 보응은 재물과 영광과 생명이니라 패역한 자의 길에는 가시와 올무가 있거니와 영혼을 지키는 자는 이를 멀리 하느니라 마땅히 행할 길을 아이에게 가르치라 그리하면 늙어도 그것을 떠나지 아니하리라"

히브리어 격언에 "아이에게 노동을 가르치라, 가르치지 않는 것은 자식에게 도둑질을 가르치는 것과 마찬가지다"라는 말이 있습니다. 이 말은 세상을 살아가면서 마땅히 할 일들을 가르치지 않는다면 그것은 곧 남의 것을 도적질해 먹으라는 것과 같은 말이라는 것입니다. 다시 말하면 우리가 아이들에게 그리스도인으로 살아가는 법을 가르치지 않는다면 그것은 아이로 하여금 강도가 되게 하는 것과 같은 이치로 볼 수 있는 것입니다.

1. 이 세상에서 제일 좋은 교사는 아버지입니다(잠4:1~4)

잠언 4:1 "아들들아 아비의 훈계를 들으며 명철을 얻기에 주의하라"

잠언 4장 4절에 "아버지가 내게 가르쳐 이르기를 내 말을 네 마음에 두라 내 명령을 지키라 그리하면 살리라" 하였습니다. 미국의 클리블랜드 대통령 때에 농림부 장관을 지낸 몰톤 이라는 사람이 있었습니다. 아내가 막내딸을 낳다가 난산하여 죽었습니다. 아내의 추도일에 아버지는 아이들을 데리고 아내의 묘에 찾아갔습니다. 묘비에는 이런 글이 새겨져 있었습니다.

"스톨링 몰톤의 아내, 그리고 조이, 포올, 마크 몰톤의 어머니 프랑스 여인 캐롤라인 여기 잠들다." 아버지가 큰 소리로 묘비를 읽은 다음 이렇게 말했습니다. "너희 중에 누구든지 여기 잠드신 어머니를 슬프게 하는 일을 하거나 욕되게 살아가는 사람이 있으면 이 묘비에서 그 이름을 빼버리겠다" 하였습니다.

우리 아버님은 농부이셨습니다. 그러나 동리에서 모든 사람에게 존경받는 분으로 항상 근엄하셨고 후덕하셨습니다. 자녀들을 한 자리에 앉혀 놓으시고 형제간에 우애 있게 지내며 콩 한 개라도 나누어 먹으라고 말씀하셨습니다. 그리고 다른 사람에게 맞을지라도 때리지 말라고 하셨습니다. 아버님은 1919년 독립운동 만세삼창을 주도하시며 우리 동리 뒷산 두릉윤성 정상에 올라가셔서 인근 부락 사람들과 횃불을 들고 대한독립만세를 외치셨습니다. 아버님은 내가 중학교 2학년 때 세상을 떠나셨습니다. 그 후 1964년 겨울밤에 나는 두릉윤성에 올라가 동북쪽을 향하여 기도드리며 어디로 가오리까 … 하고 밤이 깊도록 기도드렸습니다. 그 때 하나님은 나를 "충주지방으로 가라"고 지시하여 주셨습니다. 내가 기도한 그 자리는 놀랍게도 우리 아버님께서 횃불을 들고 독립만세 삼창을 부르시던 바로 그 자리였습니다. 평생 살아가면서 아버님의 교훈과 근엄하시며 후덕하게 이웃을 배려하며 사셨던 모습이 뇌리에서 떠나지 아니하고 있습니다. 우리 아버님은 나에게 무언의 교사이셨습니다.

2. 아버지보다 더 좋은 교사는 어머니 입니다(잠1:8)

잠언 1:8 "내 아들아 네 아비의 훈계를 들으며 네 어미의 법을 떠나지 말라"

존 웨슬리(John Wesley)의 어머니 수산나(Susanna)는 그의 자녀 교육에 남다른 열정을 가지고 있었습니다. 그는 19명의 자녀를 기른 어머니 입니다. 그의 자녀교육에는 다음과 같은 엄격한 규칙이 있었습니다.
① 간식을 허락지 말라.
② 여덟 시간을 취침케 하라.
③ 아무 불평 없이 약을 먹도록 하라.
④ 어린이의 자기 의지를 억제하게 하고 그의 영혼 구원을 위해 하나님께 봉사하라.
⑤ 말을 배워 말할 줄 알게 되면 매일 기도하는 법을 가르치라.
⑥ 가정 예배 보는 동안 조용하도록 가르치라.
⑦ 울면서 달라고 요구하는 것은 주지 말고 얌전하게 달라고 요구하는 것만 주라.
⑧ 거짓말하는 것을 막기 위하여 먼저 고백하게 하고 뉘우치거든 벌하지 말라.
⑨ 죄가 되는 일은 용납하지 말고 반드시 벌하라.
⑩ 한 가지 잘못에 대하여 두 번 벌하지 말라.
⑪ 착한 행위를 권하고 상을 주라.
⑫ 가장 작은 물건도 소유권을 인정하고 존중해주라.
⑬ 어린이와의 약속은 어김없이 이행하라.
⑭ 훈계를 두려워하도록 가르치라.

어거스틴(Augustine)의 어머니 모니카(Monica)는 방탕한 아들을 위하여 20여 년간을 기도하였습니다. 어느 날 하나님은 그의 기도를 들으시고 쓰러지는 아들을 붙들어 세워주시는 모습을 보여주셨습니다. 그 후 어거스틴은 참회하고 세상의 모든 것을 버리고 하나님만을 바라보고 하나님을 위하여, 이웃을 위하여 사는 거룩한 성자가 되었습니다. 자녀를 위한 기도가 절대로 필요함을 보여주고 있습니다. 어거스틴의 어머니 모니카는 어느 날 어거스틴에게 이렇게 말했습니다. "아들아, 나는 이제 세상에서 누릴 즐거움이란 하나도 없다. 이 세상에서 나의 바라던 것이 다 이루어졌는데 내가 이 세상에서 더 해야 할 일이 무엇인지, 그리고 왜 내가 세상에 더 남아있어야 하는지 나는 모르겠다. 내가 이 세상에 잠깐이라도 더 오래남아 있기를 원했던 한 가지 이유는 죽기 전에 네가 기독교 신자가 되는 것을 보고 싶었던 것이었다. 나의 하나님은 내가 바라던 것보다 더 풍성하게 보답해 주셔서 네가 세상의 행복을 끊고 그의 종 된 것을 나로 하여금 보게 하셨다. 내가 이 세상에서 할 일이 더 이상 무엇이 있겠느냐" 하였습니다. 병상에 누운 모니카는 어거스틴에게 "너의 어머니를 이곳에다 묻어다오"라고 말하였습니다. 어거스틴의 형이 "그래도 어머니 고향에서 돌아가셔야지 타향에서 돌아가셔야 되겠느냐고" 말하였습니다. 모니카는 "내 몸은 어디에 묻어도 좋다 그 일로 인하여 조금도 염려하지 말라 단 한 가지만 너희에게 부탁한다. 너희들이 어디에 있든지 주의 제단에서 나를 기억해다오"라고 그의 소원을 말한 후 그의 나이 56세로 세상을 떠나 하나님나라로 가셨습니다(St. Augustine's Confessions pp.295~296).

3. 아버지 어머니 보다 더 좋은 교사는 성경입니다(딤후3:16~17)

> 디모데후서 3:16~17 "모든 성경은 하나님의 감동으로 된 것으로 교훈과 책망과 바르게 함과 의로 교육하기에 유익하니 이는 하나님의 사람으로 온전케 하며 모든 선한 일을 행하기에 온전케 하려 함이니라"

미국 역대 대통령 가운데 제일 존경받은 분은 제16대 대통령 아브라함 링컨입니다. 링컨의 어머니 낸시 행크스는 링컨이 10세 되는 해 1818년 10월 5일 풍토병으로 세상을 떠났습니다. 죽기 전 그녀는 어린 아들 링컨의 손을 붙잡고 다음과 같은 유언을 했습니다.

"사랑하는 에이브(링컨의 애칭)야. 이 성경책은 내 부모님으로부터 물려받은 것이다. 내가 여러 번 읽어 많이 낡았지만 우리 집안의 값진 보물이란다. 나는 너에게 100에이커의 땅을 물려주는 것 보다 이 한 권의 성경책을 물려주는 것을 진심으로 기쁘게 생각한다. 에이브야, 너는 성경을 부지런히 읽고 성경 말씀대로 하나님을 사랑하고 이웃을 사랑하는 사람이 되어다오. 이것이 나의 마지막 부탁이다. 약속할 수 있겠니."

링컨은 어린 아이였지만 어머니의 유언을 마음속에 깊이 간직하고 그 약속을 잘 지켰습니다. 링컨은 성년이 되어 그의 절친한 친구 빌리 헌터에게 다음과 같이 어머니를 추억했습니다.

"내가 아직 어려서 글을 읽지 못할 때부터 어머니께서는 날마다 성경을 읽어 주셨고 나를 위해 기도하는 것을 쉬지 않으셨다네. 통나무집에서 읽어주시던 성경 말씀과 기도 소리가 지금도 내 마음을 울리고 있네. 나의 오늘, 나의 희망, 나의 모든 것은 천사와 같은 나의 어머니에게서 물려받은 것이라네"(전광, 『백악관을 기도실로 만든 대통령 링컨』, p.27).

링컨이 위대한 신앙인이 되고 지금까지 존경받는 대통령이 될 수 있었던 것은 어머니에게서 받은 신앙의 유산 때문이었습니다. 또한 감리교의 창시자인 존 웨슬리는 '한 책의 사람'으로 알려져 있습니다. 존 웨슬리는 1746년 그의 표준 설교집 서문에 이렇게 기록하였습니다.

"… 나는 오직 한 가지 하늘나라에 가는 길을 알기 원합니다. 그 행복의 항구에 안전히 상륙하는 방법을 알기 원합니다. 하나님 자신이 그 길을 가르치기 위해서 내려오셨습니다. … 그리고 하나님은 그 방법을 이 한 권의 책에 써 놓으셨습니다. 오, 나에게 그 책을 주시오. 어떤 대가를 치르더라도 그 하나님의 책을 나에게 주시오. 나는 그 책을 갖고 있습니다. 여기에 내게 필요한 모든 지식이 들어 있습니다. 나로 하여금 '한 책의 사람'이 되게 하소서"(김진두,『웨슬리와 우리의 교리』, p.34).

존 웨슬리가 말하는 한 책은 성경을 말합니다. 그는 일생 한 책의 사람이 되기를 간절히 기도하였습니다. 그는 일생 성경의 말씀을 따라 살았고 언제나 성경의 진리와 방향에 대한 확신을 갖고 살았던 성경의 사람이었습니다. 존 웨슬리가 한 책의 사람이라고 고백하는 것은 그가 성서 이외에 다른 책을 읽지 않았거나 참고하지 않았다는 것을 의미하는 것이 아니라 신앙의 전통이나 경험보다 성서를 가장 높은 권위로 위에 두었다는 것을 의미합니다. 존 웨슬리는 성경이 신앙과 삶의 충분한 표준이 됨을 믿고 한 책의 사람이 되기 위해 일생 기도하였습니다.

시편 1편 1~2절에 "복 있는 사람은 악인의 꾀를 좇지 아니하며 죄인의 길에 서지 아니하며 오만한 자의 자리에 앉지 아니하고 오직 여호와의 율법을 즐거워하여 그 율법을 주야로 묵상하는 자로다"라고 하였으며, 시편 119편 105절에는 "주의 말씀은 내 발에 등이요 내 길에 빛이니이다"라고 하였고, 시편 119편 165절에도 "주의 법을 사랑하는 자에게는 큰 평안이 있으니 저희에게 장애물이 없으리이다"라고 하였습니다.

디모데후서 3장 16~17절에 "모든 성경은 하나님의 감동으로 된 것으로 교훈과 책망과 바르게 함과 의로 교육하기에 유익하니 이는 하나님의 사람으로 온전케 하며 모든 선한 일을 행하기에 온전케 하려 함이니라"고 말씀하고 있는 것처럼 성경은 아버지, 어머니보다 더 좋은 교사입니다.

네 부모를 공경하라

잠언 23장 22~25절
"너 낳은 아비에게 청종하고 네 늙은 어미를 경히 여기지 말지니라 진리를 사고서 팔지 말며 지혜와 훈계와 명철도 그리할지니라 의인의 아비는 크게 즐거울 것이요 지혜로운 자식을 낳은 자는 그를 인하여 즐거울 것이니라 네 부모를 즐겁게 하며 너 낳은 어미를 기쁘게 하라"

추석명절이 되면 햇곡식을 거두어 제사상을 차리고 조상의 은덕을 기리며 감사하였습니다. 그리고 산소를 찾아 벌초하고 성묘하였습니다. 그러므로 추석은 우리민족의 추수감사절이라 할 수 있는 절기입니다.

1. 네 부모를 공경하라(출20:12)

출애굽기 20:12 "네 부모를 공경하라 그리하면 너의 하나님 나 여호와가 네게 준 땅에서 네 생명이 길리라"

하나님께서 이스라엘 백성과 맺은 시내 산 언약(율법)은 세 가지로 나누어져 있습니다. 첫째는 십계명(출20:1~17)이고 둘째는 사람과 사람 사이의 관계되는 시민법으로 민법과 형법(출21:1~23:9)이며 셋째는 종교의식에 관한 의식법(출23:10~33)입니다. 이스라엘 백성이 하나님 중심적인 삶을 살아가는 신앙을 표현하기 위해 지켜야 할 절기는 안식일과 안식년, 삼대절기(무교절, 맥추절, 수장절)입니다. 출애굽기 20장 12절의 말씀은 모세가 시내 산에서 받은 10계명 중 제5계명입니다. 1계명부터 제4계명은 여호와 하나님의 권위를 강조하는 말씀이고 5계명부터 10계명까지는 인간의 권리를 존중하라는 말씀입니다. 출애굽기 20장 12절의 "네 부모를 공경하라"는 말씀에 대하여 독일의 종교개혁자 '마틴 루터'(Martine Luther)는 '부모'를 '하나님의 대리자'로 이해하였습니다. 경외하란 말이 하나님과 부모에게 똑같이 사용되고 있습니다(레19:3). 부모란 말을 확대해석하면 단순히 친부모만을 가리키는 말이 아니라 웃어른이나 스승까지 의미하는 말입니다. 성경에는 엘리사가 엘리야를 "아버지여"(왕하2:12, 13:14)라고 불렀습니다. 사도 바울은 디모데를 "사랑하는 아들"(딤후1:2)이라고 했습니다.

'공경하라'는 히브리어 '카베드'(כָּבֵד)는 '존경하라', '영광되게 하라'는 말로 여호와를 경외하는 것을 가리킬 때 사용되었고(잠3:9) 부모를 공경하라는 말에도 똑같이 동의어로 사용하였습니다. 그러므로 '네 부모를 공경하란' 말은 '하나님을 경외하듯 부모님을 높이고 귀하게 여기라'는 의미를 가지고 있습니다(The Chokmah Commentary vol Ⅱ, p.349).

외경 집회서에 보면 이렇게 기록되어 있습니다. "너는 네 아비가 늙었을 때 잘 보살펴 드리고 그가 살아계실 동안 슬프게 하지 말아라 그가 설혹 노망을 부린다해도 잘 참아 받들고 네가 젊고 힘이 있다 해서 그를 업신여기지 말라"(집회서 3:12~13, The χαρις Bible Commentary vol Ⅸ, p.436) 하였습니다.

'부모공경'은 존경하는 정도가 아닌 '하나님을 경외하는 것처럼 공경하며 영광스럽게 하라'는 뜻입니다(엡6:1, 골3:20, 딤전3:4). 그러므로 육신의 부모공경은 보이지 않는 영적부모 곧 하나님 공경의 방법이라 할 수 있습니다. 하나님은 부모공경을 통해서 하나님 공경하는 훈련을 쌓도록 하신 것입니다. 부모 공경하는 자에게는 두 가지 축복을 약속하고 있습니다. 첫째는 하나님이 주신 땅에서 잘 되고 땅에서 복을 누리게 될 것이며(신5:16), 번창의 축복을 받게 될 것을 약속하셨습니다. 둘째는 땅에서 장수하리라(출20:12)는 것입니다.

2. 어미를 경히 여기지 말라(잠23:22)

잠언 23:22 "너 낳은 아비에게 청종하고 네 늙은 어미를 경히 여기지 말지니라"

잠언 6장 20절에 "내 아들아 네 아비의 명령을 지키며 네 어미의 법을 떠나지 말고" 하였고 열왕기상 2장 20절에서 솔로몬은 "내가 어머니의 얼굴을 괄시하지 아니하리이다" 하였으며 신명기 27장 16절에는 "부모를 경홀히 여기는 자는 저주를 받을 것이라 할 것이요 모든 백성은 아멘 할지니라" 하였습니다. 잠언 23장 22절에서는 부모공경의 소극적 방법으로 늙은 어미를 경(輕)히 즉, 가볍게 업신여기지 말라고 하였으며 잠언 23장 25절에서는 적극적 부모공경의 방법으로 "네 부모를 즐겁게 하고 너 낳은 어미를 기쁘게 하라"고 하였습니다. 이런 이야기가 있습니다. 하나님께서 천사장 가브리엘에게 이 세상에서 가장 아름다운 것 세 가지를 찾아오라 하셨습니다. 천사는 첫째, 활짝 핀 향기가 진동하는 꽃과, 둘째, 어린아이의 활짝 웃는 웃음과, 셋째, 어머니가 어린아이를 사랑하는 것을 들고 하나님께 나아갔습니다. 그런데 꽃은 시들어 떨어져 있었고 어린아이는 성장하여 변해있었으며 어머니의 사랑만이 변함없이 존재하였습니다.

2004년 5월 28일 토요일 중앙일보 28면에 KT와 보건복지부 광고란에 고향산골로 향하는 증기기관차의 사진 밑에 이런 간단한 시가 게재되어 있었습니다.

"아쉬울 때만 전화했습니다"
내 아이가 간밤에 열이 39도까지 올라
어찌해야할지 모를 때 전화했습니다
별스럽지 않은 일로 부부싸움하고서
사니 못사니 울면서 전화했습니다
내집마련 하느라 은행에 알아봤는데
은행이 빡빡하게 군다고
투덜대며 전화했습니다
김치나 고추장이 떨어지면
혹시나 해서 안부전화 했습니다
그러고 보니 아쉬울 때만
부모님께 전화 드렸던 것 같습니다
아마도 5월 8일에 전화 드려도
당신은 어버이날 인줄도 모르고
"또 무슨 일 있냐" 하시며 받으실 겁니다.

진리를 사고서 팔지 말라

잠언 23장 22~26절

"너 낳은 아비에게 청종하고 네 늙은 어미를 경히여기지 말지니라 진리를 사고서 팔지 말며 지혜와 훈계와 명철도 그리할지니라 의인의 아비는 크게 즐거울 것이요 지혜로운 자식을 낳은 자는 그를 인하여 즐거울 것이니라 네 부모를 즐겁게 하며 너 낳은 어미를 기쁘게 하라 내 아들아 네 마음을 내게 주며 네 눈으로 내 길을 즐거워할지어다"

잠언 23장 23절에 "진리를 사고서 팔지 말며 지혜와 훈계와 명철도 그리할지니라" 하였습니다. 진리가 무엇인지 살펴보도록 하겠습니다.

1. 진리를 사고서 팔지 말라(잠23:23)

잠언 23:23 "진리를 사고서 팔지 말며 지혜와 훈계와 명철도 그리할지니라"

'진실'을 히브리어로 '에메트'(אֱמֶת)라고 합니다. '에메트'는 첫째, 변함없는 확고부동한 진실을 말하며, 둘째, 정의, 공의, 성실, 신실, 충성, 인애와 동의어적 관계에 있으며, 셋째, 특별히 행함, 진실을 말하며, 넷째, 진리의 근원은 여호와 하나님이시고(시31:5), 다섯째, 하나님의 말씀과 계명을 말하고 있습니다.

신약에 사용된 헬라어 '알레테이아'($\dot{\alpha}\lambda\eta\theta\epsilon\iota\alpha$)는 어원적으로 '숨기지 않음'은 실제의 참모습을 말합니다. '알레테이아'($\dot{\alpha}\lambda\eta\theta\epsilon\iota\alpha$)는 첫째, 진리가 구체적으로 육체로 나타나신 그리스도를 가리키며 둘째,

하나님 아버지와 그 말씀과 그 분의 가르치심을 말합니다. 셋째, 성령을 가리킵니다(요17:17). 넷째, 예수 그리스도의 사랑 즉, 그 안에 담긴 진실한 사랑을 뜻하며, 다섯째, 하늘로부터 오는 모든 신령한 지혜와 계시를 말합니다(쉐마 주제별 종합자료 사전 vol ⅩⅣ, p.194).

진리의 근원지는 하나님이십니다. 하나님을 진리의 하나님(시31:5), 예수님을 진리의 예수님(요14:6), 성령님을 진리의 성령(요15:26)이라고 합니다. 학문적인 진리 보다 도덕적 진리가 귀하고 구속적인 진리는 더욱 귀합니다. 잠언 23장 23절에 "진리를 사라" 하였고, 마태복음 13장 44절에 보면 "천국은 밭에 감추인 보화와 같으니 사람이 이를 발견한 후에 자기의 소유를 팔아 밭을 샀다"고 했습니다. 그리고 요한복음 14장 6절에서 예수님은 "내가 곧 길이요 진리요 생명이니"라고 하였습니다.

모세는 애굽 궁중의 영화와 권세를 버리고 하나님의 백성들과 고난당하기 위하여 궁중에서 뛰쳐나왔습니다. 바울 사도는 "내가 그를 위하여 모든 것을 잃어버리고 배설물로 여김은 그리스도를 얻고 그 안에서 발견되려 함이라"고 하였습니다(빌3:8~9). 에스겔 선지자는 진리를 위하여 인분 대신 소똥으로 구운 떡을 먹으면서 390일 동안 기도하였습니다(겔4:5~17).

진주를 구하는 자와 자기 전토를 다 팔아 밭을 산 사람같이 진리를 사는 삶은 귀하고 복된 삶입니다. 박장원 목사님은 진리를 사기위하여 곳간 속에서 칠성판 위에 누워 자며 칠년간 기도하여 성령의 능력을 받았습니다. 예수님을 얻기 위해 제자들은 그물을 버리고 예수님을 따라나섰으며 바울 사도는 모든 것을 버리고 그리스도 안에서 발견되기를 소원하였습니다(빌3:8~9). 예수님은 부자 청년에게 너는 재산을 팔아 가난한 자들에게 나누어 주고 나를 따르라 하셨습니다

(마19:21). 우리는 진리를 사기위하여 계속적으로 투자하는 지혜로운 자가 되어야 하겠습니다.

2. 진리를 팔지 말라(잠23:23)

잠언 23:23 "진리를 사고서 팔지 말며 지혜와 훈계와 명철도 그리할지니라"

아담은 선악과를 따먹고 에덴동산을 잃어버렸습니다(창3:6~24). 에서는 붉은 죽 한 그릇에 장자의 명분을 팔아버렸으며(창25:30~34), 요셉의 형제들은 은 20에 자기 동생 요셉을 팔았고(창37:28), 가룟 유다는 은 30에 예수님을 팔았습니다(마26:15). 삼손 사사는 들릴라의 유혹에 빠져 하나님의 능력을 잃어버렸습니다(삿16:20).

진리를 사는 것도 힘든 일이지만 진리를 보전하는 일은 더욱 힘든 일입니다. 진리를 팔지 않으려면 진리의 귀중성을 밝히 알아야 합니다. 시편 119편 72절에 "주의 입의 법이 내게는 천천 금은보다 승하니이다" 하였고, 시편 119편 127절에 "그러므로 내가 주의 계명을 금 곧 정금보다 더 사랑하나이다" 하였으며, 시편 119편 162절에는 "사람이 많은 탈취물을 얻은 것처럼 나는 주의 말씀을 즐거워하나이다"라고 하였습니다. 모든 성도는 잠언 23장 23절의 말씀을 마음판에 새겨야 하겠습니다. "진리를 사고서 팔지 말며 지혜와 훈계와 명철도 그리할지니라."

일곱 번 넘어져도
다시 일어나는 사람

잠언 24장 16~20절
"대저 의인은 일곱 번 넘어질찌라도 다시 일어나려니와 악인은 재앙으로 인하여 엎드러지느니라 네 원수가 넘어질 때에 즐거워하지 말며 그가 엎드러질 때에 마음에 기뻐하지 말라 여호와께서 이것을 보시고 기뻐 아니하사 그 진노를 그에게서 옮기실까 두려우니라 너는 행악자의 득의함을 인하여 분을 품지 말며 악인의 형통을 부러워하지 말라 대저 행악자는 장래가 없겠고 악인의 등불은 꺼지리라"

잠언 22장 17절에서부터 24장 34절까지는 별도의 단락을 이루고 있으며 "지혜 있는 자의 말씀"으로 소개되고 있습니다. 지혜자의 교훈은 30가지로 되어 있으며 본문 말씀은(잠24:15~16) 지혜자의 스물일곱 번째의 교훈입니다.

1. 넘어지는 사람들(잠24:16)

잠언 24장 16절 "대저 의인은 일곱 번 넘어질찌라도 …"

본문 말씀은 인간의 넘어짐을 인정하고 있습니다. 인간은 어느 누구를 막론하고 넘어짐을 기정사실로 인정할 수밖에 없습니다. 이는 인간은 완전한 존재가 되지 못하기 때문입니다. 어린 아이가 잘 걷게 되기까지는 셀 수 없을 정도로 넘어지고 주저앉는 과정을 여러 번 반복해야 되는 것입니다. 그러므로 사람이 실패하는 것을 이상하게 여길 필요가 없습니다. 이는 실패를 거듭하므로 완전한 자리에 이를 수 있기 때문입니다. 우리 모두는 실수와 실패를 수없이 경험한 사람들입니다. 어린 아이가 섬마섬마 하다가 주저앉고 또 일어나 걷다가 주저앉고 넘어지기를 수없이 거듭하였던 것같이 가정생활, 사회생활, 개인사업을 경영하다가 실패하는 일이 허다합니다. 고린도전서 10장 12절에 "그런즉 선 줄로 생각하는 자는 넘어질까 조심하라" 하셨습니다.

인간은 넘어지고 실패하는 존재입니다. 도마는 주와 함께 죽으러 가자 하였고 베드로는 주님을 다 버릴지라도 나는 주를 버리지 않겠나이다 하였습니다. 그러나 주님은 네가 오늘 닭 울기 전에 세 번 나를 모른다 부인하리라(마26:34) 하셨습니다. 우리 주님은 우리가 넘어질 것도 다 아시고 계셨습니다. 그래도 우리를 끝까지 사랑하셨습니다. 완전하다, 나는 넘어지지 아니하였다 말할 사람은 거의 찾아볼 수 없을 것입니다. 미국의 야구선수 중 유명한 베이브 루스라는 선수가 있었습니다. 그가 714개의 홈런을 쳐서 홈런왕으로 불렸는데 "내가 홈런왕이 되기까지는 1,330번의 삼진 아웃을 당하였다"고 말하였습니다. 성공한 배후에는 실패가 더 많았다는 고백이기도 합니다. 실패를 두려워하거나 부끄러워하지 말고 다시 일어나야 할 것입니다.

2. 다시 일어난 사람들(잠24:16)

잠언 24:6 "대저 의인은 일곱 번 넘어질찌라도 다시 일어나려니와 악인은 재앙으로 인하여 엎드러지느니라"

"대저 의인은 일곱 번 넘어질찌라도"의 말은 비콘(Beacon) 주석은 '빈번히' 또는 히브리식 표현으로는 '자주'라고 주석하였고(Beacon Bible Commentary vol Ⅲ, p.589) 호크마 주석과 그랜드 주석은 "완전한 멸망을 뜻한다"고 하였습니다(The Chokmah Commentary vol ⅩⅥ, p.340, The Grand Bible Commentary vol Ⅸ, p.280).

"일곱"은 성경에서 완전수 입니다(잠6:31, 26:16, 창4:24, 욥5:19, 마18:22). 그러므로 "일곱 번 넘어짐"은 '완전한 넘어짐' 즉, '완전한 파멸'을 의미합니다. 인간의 눈으로 볼 때 완전히 파멸인줄 알았지만 의인은 하나님께서 다시 붙들어 일으켜 세우시기 때문에 다시 일어나 재기(再起)하게 됨을 의미하는 말씀입니다. 많은 사람으로부터 존경과 선망의 대상이었던 조각가 카포치아라는 사람이 한번은 대리석을 구하기 위해 채석장에 갔다가 대리석이 떨어져 그의 어깨를 내리쳐서 오른 손을 쓰지 못하게 되었습니다. 그는 이제 자기의 인생이 끝난 줄 알았습니다. 그러나 얼마 후 "오른 손을 쓸 수 없게 되면 왼 손으로 조각하면 되지 않겠느냐"는 생각이 들었습니다. 그 후 그는 왼 손으로 열심히 조각해서 공원 앞에 세워놓았는데 그가 조각한 작품의 제목은 "그럼에도 불구하고" 이었습니다.

영국의 토마스 카라일(Thomas Carlye, 1795. 12. 4~1881. 2. 5)은 세계적인 역사가중 한 사람입니다. 그는 7년간 심혈을 기울여 "불란서 대혁명사"의 원고를 완성하였습니다. 카라일은 너무나 기뻐서 머리를 식히고자 잠시 외출하였습니다. 카라일이 잠시 외출한 사이 방 청소를 하고 난로를 피우려던 하녀가 불쏘시개를 찾다가 누렇게 바래버린 원고뭉치를 못 쓰는 휴지로 알고 기름을 쳐서 불쏘시개로 태워버리고 말았습니다. 외출하고 돌아온 카라일은 이 사실을 알고 일주일동안 먹지도, 마시지도 못하고 실의에 빠져 쓰러져 있었습니다. 그러던 중 문득 "더 좋은 작품을 쓰라는 하나님의 뜻이 아니겠느냐 …"는 생각이 떠올랐습니다. 그래서 그는 "이제부터 더 좋은 작품을 다시 쓰자"라고 다짐하고 다시 일어나 또다시 7년이란 시간을 들여 불후의 명작 "불란서 대혁명사"를 쓰게 되었습니다. 우리의 생애 속에도 이런 일이 종종 일어남을 보게 됩니다. 심혈을 기울였던 사업이 하루아침에 무너질 때도 있고 아내와 자녀를 잃어버릴 때도 있습니다. 그리고 공든 탑이 무너지듯 자신의 귀중한 일들이 무너져 내리는 경우도 있습니다.

성경에 나타난 인물 중 욥은 넘어졌다 다시 일어난 대표적인 사람입니다. 모든 재산과 십남매 자녀와 자신의 건강도 잃어버리고 아내마저 변심하였습니다. 그는 세상에서 살 소망이 없었습니다. 이러한 상황에서 다시 일어난 사람이 바로 '욥'입니다. 욥은 어리석게 하나님을 원망하지 아니하고 인간의 마지막 난간에 서서 하나님만 바라보았습니다. 이로 인하여 욥은 일곱 번 넘어져도 다시 일어난 사람이 되었습니다. 하늘에서 불을 내리게 한 능력의 선지자 엘리야도 이세벨의 위협하는 말 한마디에 실망하고 광야로 나아가 로뎀나무 밑에 누워 죽기를 구하였습니다. 하나님은 천사를 보내어 물과 떡을 두 번이나 먹여주시고 그를 일으켜 세워주셨습니다. 천사의 도움을 받고 힘을 얻어 사십주, 사십야를 걸어 호렙 산에 이르게 하시고 그곳에서 세미한 음성으로 찾아오신 하나님을 만나게 되었습니다. 무슨 이유로 실의에 빠져있든지 일곱 번 넘어져도 다시 일어나게 하시는 하나님의 은총이 우리 가운데 넘치시기를 축원합니다.

비 없는 구름

잠언 25장 13~14절

"충성된 사자는 그를 보낸 이에게 마치 추수하는 날에 얼음 냉수 같아서 능히 그 주인의 마음을 시원케 하느니라 선물한다고 거짓 자랑하는 자는 비없는 구름과 바람 같으니라"

오늘 본문 말씀은 두 부류의 사람에 대하여 말씀해 주시고 있습니다. 첫째 부류의 사람은 비없는 구름 같은 사람으로 많은 사람을 실망케 하는 사람이고, 둘째 부류의 사람은 비바람 같은 사람으로 가뭄과 메마른 이 땅에 살면서, 젖은 구름같이 마른 대지를 적시고, 더위를 식히는 비를 몰고 오는 바람과 같아서 위로와 도움이 되고, 은혜가 넘치는 그런 신앙인입니다. 이런 신앙인이 되기 위해 우리에게 주시는 말씀을 생각해 보고자 합니다.

1. 비없는 구름(잠25:13~14)

잠언 25:13~14 "충성된 사자는 그를 보낸 이에게 마치 추수하는 날에 얼음 냉수 같아서 능히 그 주인의 마음을 시원케 하느니라 선물한다고 거짓 자랑하는 자는 비없는 구름과 바람 같으니라"

구름은 문학, 예술 등 우리의 생활과 환경에 많은 영향을 주고 있습니다. 또한 그 구름의 현상에 따라 많은 이름을 가지고 있습니다. 구름에 대한 어휘와 명칭을 보면 "천말부운(하늘 끝에 뜬 구름), 경운(태평성대를 이름), 폐일부운(해를 가리는 뜬구름), 큰 구름(자비), 뜬 구름

(금세 없어지는 허망한 존재), 황운(석양에 나타나는 구름), 서운(상서로운 구름)" 등 그 이름이 많습니다. 또 그 종류와 명칭도 "새털구름, 흰채일구름, 조개구름, 면화구름, 산봉우리구름, 두루마리구름" 등과 같은 보여지기만 하는 구름과 "안개구름, 비구름, 소낙비구름" 등과 같이 피부로 느껴지는 구름이 있습니다. 이렇게 많은 구름들 가운데에서도 마른 구름이 있는가 하면 젖은 구름이 있습니다. 혹시 우리들도 흔한 마른 구름과 같아서 보여지기만 하는 존재인지 더위를 식히고 씻어주는 젖은 구름과 같은 존재인지 되돌아보아야 하겠습니다.

몇 해 전 온 나라가 가뭄으로 인하여 많은 농작물 피해와 식수부족으로 고생한 적이 있습니다. 그 때 많은 국민과 공무원, 군인들까지 동원하여 양수 작업을 하던 일이 생각납니다. 모든 언론이 매일 매일 가뭄으로 당하는 피해를 머리기사로 보도하고 국민 대다수의 관심 역시 비가 오는데 있었습니다. 낮 기온이 30-40도를 오르내려 돼지, 오리, 닭, 물고기 등이 더위를 이기지 못해 떼죽음을 당하고, 사람도 더위를 이기지 못하고 생명을 잃었다는 소식까지 들려 왔습니다. 모두 하늘만 쳐다보고 있었습니다. 목사인 저도 농부의 간절함 못지않게 비 오기를 기다렸습니다. 그들의 안타까움 때문이기도 했지만, 주일이 되어 지치고 상처받고 시달리고 기다리며 찾아온 교우들이 조립식 건물의 임시 예배처소에서 더위에 애쓰는 모습과 설교하는 제 자신의 고생 때문이기도 했습니다. 그 어느 날 오후 늦게 충주 하늘에 먹구름이 덮이고 천둥 번개로 요란했습니다. 저는 집 안팎 비설거지를 하고 창문을 모두 닫고 비가 들이치지 않도록 하였습니다. 그리고 "비야 비야 죽죽 내려서 대지를 적셔 다오" 하면서 비를 기다렸습니다. 그런데 웬일입니까, 몇 방울 날리더니 비는 더 이상 오지 않았습니다. 얼마나 서운한지, 하늘의 비없는 구름을 원망스럽게 바라보며 이렇게 기도 드렸습니다.

"주여, 비없는 저 구름같이 모든 사람을 실망시키지 않게 하소서, 기다리는 대지와 모든 가축과 모든 사람에게 소낙비를 내리는 비구름이 되게 하옵소서. 비구름이 되어, 가는 곳마다 은혜의 단비를 내리게 하옵소서."

여러분, 남을 실망시키는 비없는 구름이 되지 말고 한 조각의 비구름이 되어 이 땅에 살며 가는 곳마다 모든 사람에게 시원한 비를 내리는 복된 생애가 되시기 바랍니다.

2. 비를 몰고 오는 비구름(왕상18:41~46)

열왕기상 18:44 "일곱 번째 이르러서는 저가 고하되 바다에서 사람의 손만한 작은 구름이 일어나나이다 가로되 올라가 아합에게 고하기를 비에 막히지 아니하도록 마차를 갖추고 내려가소서 하라 하니라"

사마리아를 수도로 정한 이스라엘 아합 왕은(B.C 866~850) 시돈 왕의 딸 이방 여인 이세벨을 아내로 맞이하여 바알 종교에 깊이 빠졌습니다. 이 때 엘리야 선지자는 아합에게 이스라엘 전역에 한재가 들 것을 예언하였습니다(왕상17:1). 이후에 3년 6개월간의 가뭄이 계속되었습니다. 이 때 엘리야는 아합에게 갈멜 산에 여호와의 선지자와 바알 선지자들 간에 하늘에서 불이 내리게 하는 대결을 제의하였습니다. 이에 아합은 바알 선지자 사백오십 인과 아세라 선지자 사백 인을 갈멜 산 정상에 오르게 하고 여호와의 선지자는 엘리야 한 사람이 그들과 대결하도록 하였습니다. 바알 선지자와 아세라 선지자 팔백오십 명은 몸을 자해하면서까지 기도하였으나 하늘에서 불이 내려오지 아니하였습니다. 오정이 지나서 엘리야는 열두 돌 위에 제단을 쌓고 그 위에 송아지를 제물로 올려놓은 다음 하나님께 기도하기를 "이 백성으로 주 여호와는 하나님이신 것과 주는 저희 마음을 돌이키게 하시는 것을 알게 하소서"(왕상18:37)라고 기도하였습니다. 엘리야의 기도는 응답되어 하늘에서 불이 내려 제물을 불살랐습니다. 그 후에 엘리야는 갈멜 산 정상에 올라가 땅에 꿇어 엎드려 그 얼굴을 무릎 사이에 넣고 기도하기를 일곱 번 까지 계속하였습니다. 그리고 사환에게 지중해에서 무슨 징조가 나타나는지 살펴보도록 하였습니다.

첫 번부터 여섯 번까지 지중해를 바라보았으나 여전히 아무 징조도 나타나지 아니하였습니다. 엘리야는 일곱 번째도 얼굴을 무릎 사이에 넣고 간절히 기도하였습니다. 이 때 사환이 소리쳤습니다. "손만한 작은 구름이 일어나나이다"(왕상18:44) 하였습니다. 조금 후에 구름과 바람이 일어나서 하늘이 캄캄하여지며 큰 비가 내렸습니다(왕상18:44~45).

엘리야는 기도로 비구름을 불러내었습니다. 엘리야는 비구름 같은 사람으로 세상을 살았습니다. 우리의 일생도 비구름을 일으키는 복된 사람으로 살아가야 하겠습니다. 엘리야는 비없는 구름같이 당시 사람들에 실망을 끼쳐 주지 아니하였고 오히려 비구름이 되어 비를 뿌려주는 사람으로 이 세상을 살았습니다.

나의 얼굴을 빛나게 하는 친구

잠언 27장 17~22절

"철이 철을 날카롭게 하는 것 같이 사람이 그 친구의 얼굴을 빛나게 하느니라 무화과나무를 지키는 자는 그 과실을 먹고 자기 주인을 시종하는 자는 영화를 얻느니라 물에 비취이면 얼굴이 서로 같은 것 같이 사람의 마음도 서로 비취느니라 음부와 유명은 만족함이 없고 사람의 눈도 만족함이 없느니라 도가니로 은을, 풀무로 금을, 칭찬으로 사람을 시련하느니라 미련한 자를 곡물과 함께 절구에 넣고 공이로 찧을찌라도 그의 미련은 벗어지지 아니하느니라"

옛날 대장간에 가보면 벌겋게 불에 단 쇠를 쇠망치로 때리면 날카로운 기구가 되는 것을 보았습니다. 오직 철로 철을 날카롭게 할 수 있음같이 뜨겁게 불타는 영혼이 그 친구의 영혼을 빛나게 할 수 있습니다.

1. 나의 얼굴을 빛나게 하는 친구(잠27:17)

잠언 27:17 "철이 철을 날카롭게 하는 것 같이 사람이 그 친구의 얼굴을 빛나게 하느니라"

시내 산 정상에서 사십일 동안 기도하는 모세에게 하나님은 빛으로 나타나셔서 그의 얼굴을 대면하여 말씀하실 때 모세의 얼굴은 광채가 나서 백성들이 두려워하며 가까이 하지 못하였습니다. 엠마오로 내려가던 두 청년은 부활하여 빛나는 광채를 입으신 예수님과 대화한 후 후일 회상하기를 "그 때 그분께서 말씀하실 때 가슴이 뜨겁지 않더냐 …" 하였습니다(눅24:32). 빛나는 뜨거운 주님의 영혼이 그를 가까이 따르는 성도의 영혼을 뜨겁고 빛나게 할 수 있습니다.

우리에게 가장 좋은 친구 한 분을 소개하여 드리겠습니다. 세상의 친구들은 돈과 명예와 권세가 떠나가면 모두 떠나갈 친구입니다. 요한복음 15장 15절에 보면 예수께서 제자들에게 "이제부터는 너희를 종이라 하지 아니하리니 종은 주인의 하는 것을 알지 못함이라 너희를 친구라 하였노니 내가 내 아버지께 들은 것을 다 너희에게 알게 하였음이니라"고 말씀하셨습니다.

예수님은 성도에게 다정한 친구로 다가오십니다. 충남 공주지방에 공수원 감리교회가 있습니다. 이 교회는 강분조 전도사님께서 예수 믿고 양조장을 교회로 바꾸어 세웠습니다. 강분조 전도사님은 거의 습관이 되듯 밤이 깊으면 냇가로 나가 기도하셨습니다. 어느 날 밤이 깊도록 기도한 후 깜깜한 주택의 방문을 열고 들어오는데 방에서 다정한 목소리로 "형제여"하고 부르시는 음성을 들었습니다. 그 후 전도사님은 선배 목사님을 찾아가 이러한 사실을 말씀드리며 이러한 일이 잘못된 현상인지 걱정된다고 하였습니다. 이에 선배 목사님은 "우리를 형제라고 부르실 분은 예수님 밖에 없습니다"라고 말씀하여 주셨습니다. 그렇습니다. 성도의 친구는 오직 주님밖에 없습니다.

오늘 예수님의 친구이셨던 이경재 목사님에 대한 말씀을 드리겠습니다. 이경재 감독님께서 아가서 강해(사랑의 노래 중의 노래) 서문에 이렇게 기록하고 있습니다. "1948년 내가 진남포지방 덕동교회에서 목회할 때의 일이다. 나는 공산당의 지시에 따르지 않음으로 정치보위부에 투옥되어 여러 번 고초를 겪었다 … 그러다가 6.25가 터졌고 핍박은 더욱 심하게 되었다 … 당시 나와 아내는 꽃을 사랑하여 교회 마당에 이른 봄부터 늦가을까지 장미며 백일홍, 봉선화, 채송화와 해바라기를 끊이지 않고 가꾸고 있었다. 하루는 교회 마당을 지나던 어떤 여인이 주택의 현관문을 두드리기에 나가보았더니 꽃을 좀 얻을 수 있느냐는 것이었다. 아내는 그 여인의 원대로 꽃을 꺾어 한 아름 안겨주었다. 그 후에도 그 여인은 자주 찾아왔으며 우리는 만나면 꽃에 대한 이야기를 나누곤 하였다. 나중에 우리는 그 분이 정치보위부 책임자의 아내인 것을 알게 되었다. 그해 9월 28일 UN군이 인천에 상륙하였다는 소식을 듣기 바로 직전 어느 날 밤, 우리에게 꽃을 얻어가곤 했던 그 여인의 남편이 우리 집을 찾아왔다. 부인의 부탁으로 왔다고 하면서 이삼 일 안에 무슨 일이 생길 터이니 빨리 피신하라는 것이었다. 나는 신변에 위험이 닥친 것을 알고 새벽에 산을 타고 칠십리 가량 떨어진 강서에 있는 어머니의 집으로 피신하였다. 나는 어머니의 집 뜰에 있는 사랑채의 빈 부엌을 가시나무로 가득 채운 후 보이지 않는 한 구석에 겨우 다리를 펼 수 있을 정도의 자리를 만들어 놓고 숨어 지냈다. 이 때 나는 아가서를 읽었다 … 그리고 그 후 부산 앞바다에 있는 가덕도라는 섬으로 가서 바닷가에서 아가서를 읽으며 무시로 눈물을 흘렸다". 이경재 목사님은 그 후 공주제일교회, 돈암교회와 광희문교회에서 목회하셨고 동부연회 감독이 되셨습니다. 주님은 이목사님을 감독이 되게 하여 그분의 얼굴을 빛나게 하여 주셨습니다. 이감독님 내외분은 모두 오래 사시다가 하나님 나라로 가셨습니다. 이감독님 내외분이 세상을 떠나신지 수년이 되었습니다. 이경재 감독님의 큰 아드님이신 이요한 목사님은 감리교 본부에서 선교국 총무로 봉사하다가 금주 목요일(2006년 9월 7일) 대전 목원대학교 총장으로 취임하게 되었습니다. 예수님은 이경재 감독님의 얼굴을 빛나게 해 주시더니 이제는 그분의 후손 이요한 목사님까지 그 얼굴을 빛나게 하여 주셨습니다.

2. 예수님의 얼굴을 빛나게 해드리는 성도(마6:9~13)

마태복음 6:9 "그러므로 너희는 이렇게 기도하라 하늘에 계신 우리 아버지여 이름이 거룩히 여김을 받으시오며"

예수님은 우리에게 기도를 가르쳐 주셨습니다(마6:9~13). 1978년 10월에 이스라엘 성지 여행을 다녀온 일이 있습니다. 이스라엘에 가서 잊을 수 없었던 감격은 예수님의 빈 무덤과 주기도문 교회를 방문하였을 때입니다. 세계 여러 나라 말로 주기도문을 기록하여 주기도문 교회 벽에 붙여놓았습니다. 여러 방에 설치된 주기도문을 바라보다가 무심코 한글로 기록한 주기도문이 눈에 띠어 반가운 마음으로 가까이 다가가서 주기도문을 읽었습니다. 그런데 그 내용이 천주교회에서 사용하는 기도문이었으므로 약간의 차이가 있었습니다. 그 내용 중에 "하늘에 계신 우리 아버지여 이름이 거룩히 빛나시오며…"라고 되어 있었습니다. 그렇습니다. 우리 얼굴을 빛나게 해 주신 예수님의 얼굴을 우리가 빛나게 해드려야 할 것입니다. 바울 사도는 "살든지 죽든지 내 몸에서 그리스도가 존귀히 되게 하려 하나니"라고(빌1:20) 말하면서 주님의 얼굴을 빛나게 하여 드리고자 하였습니다. 우리의 얼굴을 빛나게 해주신 친구 되신 예수님을 우리 또한 주님의 이름이 빛나게 해드리기 위하여 기도하며 아름답게 살아드려야 하겠습니다.

"내가 그리스도와 함께 십자가에 못 박혔나니 그런즉 이제는 내가 산 것이 아니요 오직 내 안에 그리스도께서 사신 것이라 이제 내가 육체 가운데 사는 것은 나를 사랑하사 나를 위하여 자기 몸을 버리신 하나님의 아들을 믿는 믿음 안에서 사는 것이라"(갈2:20).

가난하게도 마옵시고
부하게도 마옵시고

잠언 30장 7~9절
"내가 두 가지 일을 주께 구하였사오니 나의 죽기 전에 주시옵소서 곧 허탄과 거짓말을 내게서 멀리 하옵시며 나로 가난하게도 마옵시고 부하게도 마옵시고 오직 필요한 양식으로 내게 먹이시옵소서 혹 내가 배불러서 하나님을 모른다 여호와가 누구냐 할까 하오며 혹 내가 가난하여 도적질하고 내 하나님의 이름을 욕되게 할까 두려워함이니이다"

시편 116편 2절에 "그 귀를 내게 기울이셨으므로 내가 평생에 기도하리로다" 하였으며 시편 104편 33절에는 "나의 평생에 여호와께 노래하며 나의 생존한 동안 내 하나님을 찬양하리로다" 하였습니다. 잠언 30장 8~9절에서 아굴은 "나로 가난하게도 마옵시고 부하게도 마옵시고 오직 필요한 양식으로 내게 먹이시옵소서 혹 내가 배불러서 하나님을 모른다 여호와가 누구냐 할까 하오며 혹 내가 가난하여 도적질하고 내 하나님의 이름을 욕되게 할까 두려워함이니이다"라고 기도하였습니다. 아굴이 평생 기도제목을 걸고 구한 기도 내용을 살펴보도록 하겠습니다.

1. 거짓말을 내게서 멀리 하옵시며(잠30:8)

잠언 30:8 "곧 허탄과 거짓말을 내게서 멀리 하옵시며 나로 가난하게도 마옵시고 부하게도 마옵시고 오직 필요한 양식으로 내게 먹이시옵소서"

　잠언 30장 8절의 말씀은 평생 거짓말과 상관없는 진실한 삶을 위한 기도입니다. 솔로몬이 기브온 산당에서 지혜를 구한 것 같이 아굴의 기도 역시 진실한 삶을 구한 것은 참으로 훌륭한 기도입니다. 성도의 삶에 있어서 가장 중요한 것은 하나님과 사람 앞에서의 진실한 삶이라 할 수 있을 것입니다. 예수님은 요한복음 8장 44절에서 마귀는 거짓말쟁이요 거짓의 아비라고 말씀하셨습니다. 그러므로 거짓말은 마귀에게 속한 것입니다. 예수님을 가리켜 "진실하사 다윗의 열쇠를 가지신 이"(계3:7)라 하였고 그 이름을 "충신과 진실"(계19:11)이라 하였습니다. "예수 그리스도는 예 하고 아니라 함이 되지 아니하였으니 저에게는 예만 되었느니라 … 그런즉 그로 말미암아 우리가 '아멘' 하여 하나님께 영광을 돌리게 되느니라"(고후1:19~20) 하였습니다.

　마귀에게 속한 자는 거짓말을 밥 먹듯이 하고 살지만 그리스도에게 속한 자들은 하나님 앞에서 '예'만 하고 진실 된 삶을 누리며 '아멘'하여 하나님께 영광을 돌리게 됩니다.

2. 가난하게도 마옵시고(잠30:8)

　잠언 30:8 "… 나로 가난하게도 마옵시고 …"

　가난 그 자체가 죄는 아닙니다. 그러나 가난함으로 불의한 일을 자행하게 되는 경우가 많습니다. 그러므로 아굴은 "혹 내가 가난하여 도적질하고 내 하나님의 이름을 욕되게 할까 두려워함이니이다"(잠30:9)라고 기도하였습니다.

　하나님을 믿는 성도가 가난에 허덕이고 매일 꾸러 다닌다면 이러한 일로 인하여 하나님의 이름을 욕되게 하는 일이 될 것입니다. 그러므로 예수님은 일용할 양식을 위하여 매일 기도하라고 가르쳐 주셨습니다(마6:11).

세계적으로 유명한 빅토르 위고의 "레미제라블"은 가난으로 인하여 일어난 한 사람의 기구한 운명을 그리고 있습니다. 이 소설 속의 주인공 쟝발장은 배가 고파서 빵 한 조각을 훔친 데서부터 그는 죄인의 오명을 쓰게 되었습니다. 일용할 양식을 내려 주시는 하나님 아버지께 가난하지 않게 되기를 기도 드려야 할 것입니다.

3. 부하게도 마옵시고(잠30:8)

잠언 30:8 "… 부하게도 마옵시고 오직 필요한 양식을 내게 먹이시옵소서 …"

잠언 30장 8절에 "… 나로 가난하게도 마옵시고 부하게도 마옵시고 오직 필요한 양식으로 내게 먹이시옵소서"라고 기도드린 후 잠언 30장 9절에 "혹 내가 배불러서 하나님을 모른다 여호와가 누구냐 할까 하오며 …"라고 기도하였습니다. 이미 하나님께서는 이스라엘 백성에게 배부르고 아름다운 집을 짓고 거하게 되며 우양이 번성하며 은금이 증식되며 소유가 풍족하게 될 때에 네 마음이 교만하여 하나님 여호와를 잊어버릴까 하노라 하셨습니다(신8:12~14).

바울 사도는 디모데에게 디모데전서 6장 17절에서 "정함이 없는 재물에 소망을 두지 말라"고 하였으며 돈을 사랑함이 일만 악의 뿌리가 된다고(딤전6:10) 하였습니다. 뿐만 아니라 말세에 사는 사람들은 돈을 사랑하게(딤전3:2) 될 것이라고 하였습니다.

바울 사도는 비천에 처할 줄 알고 풍부에도 처할 줄도 알아 모든 일에 배고픔과 풍부와 궁핍에도 자족의 비결을 배웠다고 하였습니다(빌4:12). 바울 사도의 신앙은 가난할 때도, 부할 때도 변함없이 믿음을 지킬 수 있는 높은 경지에 이른 신앙입니다. 그러나 가난할 때 믿음을 지키기 어렵고 부유할 때도 신앙을 지키기 힘든 것은 사실입니다. 그러므로 우리도 아굴의 평생 기도 제목을 본받아 "나로 가난하게도 마옵시고 부하게도 마옵시고 오직 필요한 양식으로 내게 먹이시옵소서"(잠30:8)라고 기도드려야 할 것입니다.

지혜로운 삶(1)

잠언 30장 24~28절
"땅에 작고도 가장 지혜로운 것 넷이 있나니 곧 힘이 없는 종류로되 먹을 것을 여름에 예비하는 개미와 약한 종류로되 집을 바위 사이에 짓는 사반과 임군이 없으되 다 떼를 지어 나아가는 메뚜기와 손에 잡힐만하여도 왕궁에 있는 도마뱀이니라"

잠언 30장 24~28절에는 땅에 있는 작은 동물 넷을 말하면서 지혜로운 자의 삶을 설명하여 주고 있습니다. '가장 지혜로운 것'은 히브리어로 '하카밈 메후카밈'(חכמים מחכמים)이며 문자적인 의미는 '지혜 중의 지혜'인데 70인역(LXX)은 '지혜로운 것보다 지혜로운 것'으로 번역하였습니다(The Chokmah Commentary vol ⅩⅥ, p.422).

1. 먹을 것을 예비하는 개미(잠30:25)

잠언 30:25 "곧 힘이 없는 종류로되 먹을 것을 여름에 예비하는 개미와"

첫째로 개미는 아주 작고 힘이 없는 곤충에 불과하지만 때를 알고 살아갑니다. 그러나 만물의 영장이라는 인간은 때를 알지 못하고 사는 자들이 많습니다. 예수님은 유대인들이 돌로 치려할 때(요8:58~59) 숨어서 성전에서 나가셨으나 겟세마네 동산에서는 도망가지 아니하시고 순순히 잡히셨습니다(막14:32~46). 요한복음 9장 4절에 "때가 아직 낮이매 나를 보내신 이의 일을 우리가 하여야 하리라 밤이 오리니 그때는 아무도 일할 수 없느니라" 하였고 요한복음 17장 1

절에서 예수님은 "… 아버지여 때가 이르렀사오니 아들을 영화롭게 하사 아들로 아버지를 영화롭게 하옵소서"라고 기도하셨습니다. 예수님은 살아야 할 때와 죽어야 할 때를 분명히 알고 계셨습니다. 그러므로 예수님은 바리새인과 사두개인들에게 "너희가 천기는 분별할 줄 알면서 시대의 표적은 분별할 수 없느냐"(마16:3)고 책망하셨습니다.

전도서 3장 1~2절에 "천하에 범사가 기한이 있고 모든 목적이 이룰 때가 있나니 날 때가 있고 죽을 때가 있으며 심을 때가 있고 심은 것을 뽑을 때가 있으며"라고 말씀하고 있습니다. 이런 말씀이 뜻하는 바는 사람이 때를 인식하고 한시적으로 부여된 인생을 지혜롭게 살아야 한다는 교훈적인 말씀입니다. 우리에게도 가장 중요한 것은 마지막 때를 알면서 사는 태도입니다. 아모스 4장 12절에는 "이스라엘아 네 하나님 만나기를 예비하라" 하였습니다. 바울 사도는 지금은 "자다가 깰 때"(롬13:11)라고 일깨워 주었으며 고린도후서 6장 2절에서는 "은혜 받을만한 때"임을 상기시켜 주었습니다.

둘째로 개미로 인하여 주시는 교훈은 장래를 준비하는 지혜로운 삶을 살라는 말씀입니다. 겨울 양식을 여름에 준비하는 개미는 작은 곤충이지만 지혜로운 모습을 보여주고 있습니다. 예수께서 지혜로운 청지기에 대하여 말씀하신 바 있습니다. 어떤 청지기가 주인의 소유를 허비한다는 말이 주인에게 들렸습니다. 주인이 그를 불러 그의 청지기 사무를 계속하지 못하게 하였습니다. 이에 청지기가 속으로 이르기를, 주인이 내 직분을 빼앗으리니 어찌할꼬 … 하다가 주인에게 빚진 자들을 불러 그들이 빚진 액수를 대폭 줄여서 증서를 써주었습니다. 이는 자기가 해고된 후에 그들에게 도움을 받기위한 것이었습니다. 자신의 장래를 준비한 것입니다. 이 사실을 알게 된 주인이 불의한 청지기를 칭찬하였다고 했습니다(눅16:1~8). 언젠가 누구나

이 세상을 떠나 하나님 앞에 서게 될 것입니다. 주 앞에 서게 될 그 날을 위하여 예복을 준비하고 선을 행하는 지혜로운 삶이 되도록 하여야 할 것입니다.

전도서 기자는 "나는 아무 낙이 없다고 할 해가 가깝기 전에 너의 창조자를 기억하라"(전12:1) 하였습니다. 마태복음 25장에는 열 처녀 비유(마25:1~13)와 달란트 비유(마25:14~30)가 있습니다. 지혜로운 다섯 처녀같이 기름을 준비하여 등불을 들고 나가 신랑을 맞이하는 지혜로운 사람이 되어야 하며 주인을 만나 계산할 날을 위하여 다섯 달란트와 두 달란트 받은 자같이 열심을 다하여 충성되게 살아야 할 것을 교훈하고 있습니다. 주께서 재림하실 때 모든 민족을 주님 보좌 앞에 모으시고 양은 오른 편에 염소는 왼 편에 세우듯 모든 사람을 분별하여 세우시고 오른 편에 선 자들에게는 영원한 영생을 주시고 왼 편에 서 있는 자들에게는 영원한 형벌이 선포되리라(마25:31~46) 하셨습니다. 그 날을 생각하고 그 날에 받을 영생을 위하여 지혜로운 삶을 영위하는 자가 되어야 하겠습니다. 바울 사도는 "세월을 아끼라 때가 악하니라"(엡5:16) 하였습니다.

2. 집을 바위 사이에 짓는 사반(잠30:26)

잠언 30:26 "약한 종류로되 집을 바위 사이에 짓는 사반과"

지혜로운 두 번째 동물은 집을 바위 사이에 짓는 사반이라고 하였습니다. 이곳에서 말하는 '사반'은 팔레스틴 산 너구리로 해석하고 있습니다. 시편 104편 18절에 "높은 산들은 산양을 위함이여 바위는 너구리의 피난처로다" 하였습니다. 이 너구리는 연약하고 겁이 많은 짐승으로 누구든 보면 바위 틈 사이로 숨어버리는 특징을 지니고 있습니다(The Chokmah Commentary vol XVI, p.422).

개미를 통하여 주시는 교훈이 때를 인식하고 장래를 준비하라는 말씀이며 너구리의 교훈은 장소를 인식해야 한다는 뜻입니다. 약한 고슴도치도 바늘이 있고 스컹크도 악취가 있으나 바위 너구리는 공격무기가 하나도 없습니다. 이렇게 약한 동물이지만 사는 장소를 잘 선택합니다. 바위틈에 자기 처소를 정하여 자신을 보호받고 살아갑니다. 다윗은 시편 18편 2절에서 "여호와는 나의 반석이시요 나의 요새시요 나를 건지시는 자시요 나의 하나님이시요 나의 피할 바위시요 나의 방패시요 나의 구원의 뿔이시요 나의 산성이시로다"라고 찬송하였습니다.

바위 너구리는 다윗의 신앙과 일치하는 삶을 사는 것을 보여주고 있습니다. 우리는 양과 같이, 그리고 바위 너구리같이 자신을 방어할 무기가 없는 나약한 존재입니다. 그러나 바위 너구리는 바위틈에 자기 처소를 삼고, 양은 목자 곁에 누워 편히 쉬고 안전함을 누립니다. 이와 같이 우리는 영원한 반석이신 예수 그리스도 곁에 우리의 거처를 삼고 살 때 안전한 삶이 될 것입니다. 아가 2장 14절에 "바위 틈 낭떠러지 은밀한 곳에 있는 나의 비둘기야 나로 네 얼굴을 보게 하라 네 소리를 듣게 하라 네 소리는 부드럽고 네 얼굴은 아름답구나" 하였습니다. 주님의 사랑 받는 비둘기는 바위 틈 낭떠러지 예수님 곁에 거하므로 주님이 그를 사모하며 사랑하였습니다. 예수님은 집을 반석 위에 세워야 비가 오고 바람 불고 창수가 나는 날에도 무너지지 않는다고 하셨습니다(마7:24~27). 우리의 설 땅과 우리가 세우는 인생의 집은 너구리처럼 요동치 않는 바위틈에 즉, 예수님 위에 굳게 세워야 할 것입니다. 잠언 22장 28절에 "네 선조의 세운 옛 지계석을 옮기지 말찌니라" 하였는데 지계석은 토지의 경계선을 표시하는 바위를 말합니다. 옛 선조 아브라함과 이삭과 야곱 등, 열조가 수립한 전통적인 여호와 신앙을 고수하라는 뜻입니다. 요즘시대는 개혁, 개정, 수정을 요구하는 목소리가 끊이지 않는 변화의 시대입니다. 시대 변화에 따라 신앙의 형태도, 예배 형식도 과감히 고치라고 떠들어 댑니다. 표준이 무시되고 전통이 무시되고 지계석을 맘대로 움직여 놓습니다. 그러나 열조들이 세운 전통적인 신앙을 견고하게 지켜가야 할 것입니다. 자기 거처를 바위 사이에 잡은 사반과 바위틈 낭떠러지에 거하는 비둘기같이, 여호와를 나의 반석이요 나의 요새와 나의 피할 바위와 산성으로 삼고 반석 되신 그리스도 위에 우리 자신의 집을 세우는 지혜로운 자가 되어야 할 것입니다.

지혜로운 삶(2)

잠언 30장 24~28절
"땅에 작고도 가장 지혜로운 것 넷이 있나니 곧 힘이 없는 종류로되 먹을 것을 여름에 예비하는 개미와 약한 종류로되 집을 바위 사이에 짓는 사반과 임군이 없으되 다 떼를 지어 나아가는 메뚜기와 손에 잡힐만하여도 왕궁에 있는 도마뱀이니라"

잠언 30장 24~28절에는 땅에 있는 작은 동물 넷을 말하면서 지혜로운 자의 삶을 설명하여 주고 있습니다. '가장 지혜로운 것'은 히브리어로 '하카밈 메후카밈'(חכמים מחכמים)이며 문자적인 의미는 '지혜 중의 지혜'인데 70인역(LXX)은 '지혜로운 것보다 지혜로운 것'으로 번역하였습니다(The Chokmah Commentary vol ⅩⅥ, p.422). 오늘은 떼를 지어 나아가는 메뚜기와 왕궁에 거하는 도마뱀에 대하여 살펴보도록 하겠습니다.

1. 떼를 지어 나아가는 메뚜기(잠30:27)

잠언 30:27 "임군이 없으되 다 떼를 지어 나아가는 메뚜기와"

메뚜기는 한 마리를 놓고 보면 보잘 것 없는 약한 곤충에 불과합니다. 그러나 메뚜기가 떼를 이룰 때에는 상상을 초월하여 무서운 힘을 발휘하게 되어 농작물과 기타 초목을 황폐하게 만들어 버리며 메뚜기 떼가 공중에 날아갈 때는 구름이 태양을 가리듯 하늘을 어둡게 뒤덮습니다. 출애굽기 10장에는 애굽에 내린 열 가지 재앙 중 여덟 번째 내린 재앙이 곧 메뚜기 재앙입니다. 메뚜기 재앙 앞에 애굽의 비옥한 땅이 황폐하게 되었고 바로 왕도 두려워 떨었습니다.

잠언에서 말하는 메뚜기의 지혜는 메뚜기 한 마리 또는 몇 마리를 말하는 것이 아니라 메뚜기 떼의 단결력을 지혜롭다고 말씀하고 있습니다. 사실 우리들은 한 마리의 메뚜기와 같이 약하고 보잘 것 없는 존재에 불과합니다. 그러나 우리가 한 마음 한 뜻이 되어 단합하면 메뚜기 떼보다 더 큰 위력을 나타내게 될 것입니다. 에베소서 4장 1~4절에 "… 너희가 부르심을 입은 부름에 합당하게 행하여 모든 겸손과 온유로 하고 오래 참음으로 사랑 가운데서 서로 용납하고 평안의 매는 줄로 성령의 하나 되게 하신 것을 힘써 지키라 몸이 하나이요 성령이 하나이니 이와 같이 너희가 부르심의 한 소망 안에서 부르심을 입었느니라" 하였습니다.

캐나다 농촌에서 세 살 난 아이가 실종되었습니다. 주변은 온통 한없이 넓은 밀밭이 펼쳐진 곳이었습니다. 그 지방 일대의 교회에 연락하여 각 교회 소년부터 노인까지 교인들을 동원하여 모였습니다. 그들은 한 줄로 서서 손에 손을 잡고 밀밭 속을 전진하여 가다가, 방황하다 지쳐 쓰러져 있는 아이를 찾아냈던 것입니다(최효섭 목사 설교 전집 vol Ⅷ, p.246).

이런 것이 교회의 모습입니다. 한 마음, 한 믿음, 한 노래, 한 주님, 한 소망, 한 사랑으로 단결된 성도의 교제를 메뚜기 떼 같은 교회로 볼 수 있습니다. 바울 사도는 빌립보 교회를 향하여 "마음을 같이 하여 같은 사랑을 가지고 뜻을 합하며 한 마음을 품어 아무 일에든지 다툼이나 허영으로 하지 말고 오직 겸손한 마음으로 각각 자기보다 남을 낫게 여기고 각각 자기 일을 돌아볼 뿐더러 또한 각각 다른 사람들의 일을 돌아보아 나의 기쁨을 충만케 하라 너희 안에 이 마음을 품으라 곧 그리스도 예수의 마음이니"(빌2:2~5)라고 말씀하였습니다.

잠언에는 하나님을 믿는 자의 마음가짐을 이렇게 교훈하고 있습니다. "마음이 상한 자에게 노래하는 것은 추운 날에 옷을 벗음 같고 소다 위에 초를 부음 같으니라"(잠25:20) 하였습니다. 추운 겨울날 형제의 옷을 벗기는 일은 있을 수 없고 소다에 초를 붓는 행위는 훼방하는 행위와 같은 일입니다. 이와 같이 즐거운 노래도 상심한 자 앞에서 부르는 것은 좋은 일이 될 수 없다는 것입니다. 내가 좋다고 다른 사람에게 다 좋을 수 없습니다. 그러므로 피차의 감정까지도 헤아려 살펴주는 것이 진정한 성도의 교제입니다.

우리는 누구를 막론하고 메뚜기 한 마리에 불과한 존재임을 잊지 말아야 합니다. 다만 고운 가루되어 한 덩어리의 떡이 됨과 같이 우리가 다 하나 되어 메뚜기 떼같이 단합하여 연합될 때 하나님께서 원하시는 영광스런 예수 그리스도의 몸 된 교회를 세우게 될 것입니다.

2. 왕궁에 거하는 도마뱀(잠30:28)

잠언 30:28 "손에 잡힐만하여도 왕궁에 있는 도마뱀이니라"

도마뱀은 작고 볼품없고 보잘 것 없는 파충류의 일종입니다. 그러나 본문에서는 왕궁에서 사는 도마뱀을 지혜롭다고 소개하고 있습니다. 사람이 도마뱀같이 보잘 것 없는 존재라 하여도 그 거하는 자리가 어디냐에 따라서 그의 행, 불행이 결정되는 것입니다.

고라 자손은 시편 84편 1~4절에서 "만군의 여호와여 주의 장막이 어찌 그리 사랑스러운지요 내 영혼이 여호와의 궁정을 사모하여 쇠약함이여 내 마음과 육체가 생존하시는 하나님께 부르짖나이다 나의 왕, 나의 하나님, 만군의 여호와여 주의 제단에서 참새도 제 집을 얻고 제비도 새끼 둘 보금자리를 얻었나이다 주의 집에 거하는 자가

복이 있나이다 저희가 항상 주를 찬송하리이다"라고 성전에 사는 참새와 제비의 행복에 대하여 부러워하며 노래하였습니다.

이곳에서 말하는 주의 장막(시84:1)은 여호와의 궁정(시84:2), 주의 제단(시84:3), 주의 집(시84:4)이라고 하였는데 이것은 모두 성전을 의미합니다. 특별히 주의 장막은 히브리어로 '미쉬칸'(משכן)이라고 하는데 이 단어는 하나님의 영광의 임재와 현현을 나타내는 말인 '쉐키나'라는 유대교적 용어와 관계되어 있습니다. 장막은 하나님께서 모세에게 명하신대로 이스라엘 백성들이 하나님을 예배하고 또한 하나님께서 그들 가운데 거하심으로써 그 임재를 보여주시기 위해서 세워졌습니다(출25:8).

이스라엘 백성들은 성전에서 하나님의 영광스러운 임재와 현현을 체험하며 하나님의 크신 은혜와 복을 받는 신령한 교제를 나누었습니다. 하나님은 주의 성전에 거하는 자에게 영원한 즐거움을 주시며(시16:11), 만족하게 하시고(시65:4), 흥왕케 하시는 복(시92:13)을 주십니다. 그래서 고라 자손은 시편 84편 10~12절에 "주의 궁정에서 한 날이 다른 곳에서 천 날보다 나은즉 악인의 장막에 거함보다 내 하나님 문지기로 있는 것이 좋사오니 여호와 하나님은 해요 방패시라 여호와께서 은혜와 영화를 주시며 정직히 행하는 자에게 좋은 것을 아끼지 아니하실 것임이니이다 만군의 여호와여 주께 의지하는 자는 복이 있나이다"라고 하며 성전에 거하기를 갈망하며 노래하였습니다.

참으로 지혜로운 자는 누구입니까. 세상에서의 천 날보다 주의 성전에서 한 날을 살기를 원하는 시편 기자와 같이 성전을 사모하며 갈망하는 자가 복 있는 성도요 참으로 지혜로운 사람입니다. 도마뱀이 거하는 왕궁은 시편 기자가 노래하고 있는 성전을 의미하고 있습니다. 잠언에서 왕궁에 있는 도마뱀이 지혜롭다고 말한 것은 성전에 거하며 하나님의 영광을 바라보며 한없는 은혜와 복을 받는 성도의 삶을 교훈하고 있는 것입니다.

다윗은 시편 27편 4절에서 "내가 여호와께 청하였던 한 가지 일 곧 그것을 구하리니 곧 나로 내 생전에 여호와의 집에 거하여 여호와의 아름다움을 앙망하며 그 전에서 사모하게 하실 것이라"고 고백하며 자신의 유일한 소원은 평생에 여호와의 집에 거하며 여호와의 아름다움을 앙모하는 것이라고 하였습니다.

잠언은 보잘 것 없는 도마뱀과 같이 보잘 것 없는 우리의 행복도 성전에 거하며 만왕의 왕 되신 주님을 예배하며 영원하신 하나님의 은혜와 긍휼을 힘입고 사는 삶에 있음을 교훈하고 있습니다.

아들아!

잠언 31장 1~7절

"르무엘 왕의 말씀한바 곧 그 어머니가 그를 훈계한 잠언이라 내 아들아 내가 무엇을 말할꼬 내 태에서 난 아들아 내가 무엇을 말할꼬 서원대로 얻은 아들아 내가 무엇을 말할꼬 네 힘을 여자들에게 쓰지 말며 왕들을 멸망시키는 일을 행치 말찌어다 르무엘아 포도주를 마시는 것이 왕에게 마땅치 아니하고 왕에게 마땅치 아니하며 독주를 찾는 것이 주권자에게 마땅치 않도다 술을 마시다가 법을 잊어버리고 모든 간곤한 백성에게 공의를 굽게 할까 두려우니라 독주는 죽게 된 자에게, 포도주는 마음에 근심하는 자에게 줄찌어다 그는 마시고 그 빈궁한 것을 잊어버리겠고 다시 그 고통을 기억지 아니하리라"

잠언에서 "아들아!"로 시작된 교훈이 23번이나 반복되고 있습니다. 본 교회 장로님이시며 대학교 교수이신 윤형덕 장로님은 존경받는 성인(聖人) 같은 분입니다. 장로님께서 사랑하는 자녀들을 생각하시며 저술하신 책이 있습니다. 그 책의 이름은 "내 몸보다 소중한 자식을 위하여" 입니다. 장로님은 자애로우시며 장로님 자신의 몸보다 자녀를 더 소중히 여기신 분입니다. 이 책의 서문에 "바다 속에서 진주를 찾아내듯이 모든 매체에 깃들이고 있는 주옥같은 말들 그리고 … 금쪽같은 생각들과 추호라도 자손에게 도움이 되고 후생들에게 전할 만한 가치가 있다면 빠짐없이 챙겨주고 싶은 부모의 마음이다" 라고 기술하셨습니다. 언젠가 장로님께서 가슴이 답답하고 아프시다고 하셨습니다. 자녀를 생각하며 그리하신 것 같습니다. 그러하신 장로님을 지켜보면서 제 가슴도 아팠습니다.

잠언에서 주신 교훈들은 모두 부모 된 분들이 사랑하는 자녀들에게 주신 교훈의 말씀이 전체의 축을 이루고 있습니다. 본문 말씀은 르무엘 왕의 모친께서 사랑하는 아들에게 주신 교훈의 말씀입니다. 아들아! 로 시작된 애절한 사랑의 부탁을 몇 가지만 살펴보도록 하겠습니다.

1. 하나님을 경외하라(잠3:7)

잠언 3:7 "스스로 지혜롭게 여기지 말찌어다 여호와를 경외하며 악을 떠날찌어다"

잠언 3장 1절에 "내 아들아!"로 시작하여 7절에 이르러서 "여호와를 경외하며 악을 떠날찌어다" 하였습니다. 잠언 3장의 말씀은 솔로몬이 그의 아들 르호보암에게 주신 말씀입니다. 잠언 3장 5절에 "여호와를 의뢰하고"라는 말씀이 있는데 '의뢰하고'에 해당되는 히브리어 '베타흐'(בְּטַח)는 '하나님께 의지하여 기댄다'는 의미입니다. 곧 우리 삶의 모든 영역을 진정한 신뢰의 대상이 되신 하나님께 맡겨버리라는 뜻입니다(The Chokmah Commentary vol XVI, p54).

잠언 3장 7절에서 "여호와를 경외하며 악을 떠날찌어다" 하였습니다. 여호와를 경외하는 것이 지혜의 근본이며(잠1:7) 악을 떠나는 것이 지혜자의 처신이라(잠14:16) 하심으로 지혜자의 경건의 양면성을 보여주는 말씀입니다. "하나님을 경외한다"라는 말씀에서 '경외'에 해당하는 히브리어 '야레'(יָרֵא)는 공경하는데서 우러나오는 '거룩한 두려움'을 의미하고 있습니다. 벧세메스 사람들이 "거룩하신 하나님 앞에 누가 능히 서리요"(삼상6:20) 하고 두려워한 그들의 모습에서 하나님 경외함을 보여주고 있습니다. 하나님을 경외하는 수많은 성도들은 두려운 마음으로 하나님을 섬겼습니다. 솔로몬은 그의 아들에게 하나님을 경외하라 하였습니다.

2. 여자에게 힘을 쓰지 말라(잠31:2~3)

잠언 31장 2~3절 "내 아들아 내가 무엇을 말할꼬 내 태에서 난 아들아 내가 무엇을 말할꼬 서원대로 얻은 아들아 내가 무엇을 말할꼬 네 힘을 여자들에게 쓰지 말며 왕들을 멸망시키는 일을 행치 말찌어다"

르무엘 왕의 어머니는 왕인 아들에게 "네 힘을 여자들에게 쓰지 말라" 하였습니다. 다윗은 밧세바를 취함으로 큰 환난을 당하였고 솔로몬은 이방여인을 후궁으로 맞이함으로 우상을 섬기는 죄를 범하게 되었고 삼손도 들릴라에게 빠져 능력을 빼앗기게 되었습니다. 이 말씀의 교훈은 육체의 정욕에 빠지지 않도록 경계하는 말씀입니다.

예수님은 여자를 보고 음욕을 품는 자는 이미 간음하였다(마5:28)고 하심으로 마음이라도 여자에게 빼앗겨서는 안된다는 말씀입니다. 르무엘 왕을 가리켜 "서원대로 얻은 아들아"라고 하였으니 사무엘의 어머니 한나가 서원한 것 같이(삼상1:11) 르무엘을 얻을 때 서원하여 얻은 아들인 것 같습니다. 그토록 귀하고 소중한 아들에게 부탁하는 말이 바로 "여자에게 힘쓰지 말라"는 말씀입니다. 곧 여자에게 힘과 능력과 영력을 뺏기지 말라는 의미 깊은 말씀입니다. 여자에게 마음을 빼앗기고 영력도 빼앗긴 자들이 부지기수입니다.

3. 독주를 삼가하라(잠23:19~21)

잠언 23:19~21 "내 아들아 너는 듣고 지혜를 얻어 네 마음을 정로로 인도할지니라 술을 즐겨하는 자와 고기를 탐하는 자로 더불어 사귀지 말라 술 취하고 탐식하는 자는 가난하여 질것이요 잠 자기를 즐겨하는 자는 해어진 옷을 입을 것임이니라"

엑셀(Joseph S. Exel) 강해설교에 보면 첫째, "술을 멀리하라"는 부분에서 사람이 태어날 때부터 술꾼으로 태어나는 사람은 한명도 없다. 맨 처음에는 한잔, 두잔 하다가 급기야는 술고래로 전략하여 버리게 된다 하였습니다(Monday Club Sermons).

둘째, 술이 주는 폐해에 대하여 딘 페러(Dean Farrar)는 "술이 인간에게 주는 폐해는 그 수를 헤아리기 어려울정도로 많다. 어떻게 숲속의 나무 잎사귀 수를 헤아릴 수 있겠는가. 또한 어떻게 해변의 모래 알의 수를 일일이 헤아릴 수 있겠는가. 술이 야기시키는 눈물은 능히 커다란 대양을 이루고 남음이 있으리라. 술로 인해 고통 받는 자들의 울부짖음은 끝없는 숲속의 나뭇잎 부딪히는 소리같이 영원히 계속될 것이다 … 술꾼들은 그들의 눈앞에 어른거리는 붉은 포도주가 그들의 목구멍을 타고 내려갈 때 온 세상의 기쁨을 소유한 듯 기뻐 날뛰고 있으나 이것이 그들의 뱃속에서 독약이 될 줄이야"(The Biblical Illustrator vol ⅩⅨ, p.619) 라고 말하였습니다.

맥크라렌(A. Maclaren, D. D)은 "술꾼이여, 그대 이름은 불행이니라" 하였고, 술꾼들은 바다 가운데 누운 자 같고 돛대 위에 누운 자(잠23:24) 같다고 하였으며 술은 "사단의 마취제"라고 하였습니다(J. E. Crawshaw p.620) (The Biblical Illustrator vol ⅩⅨ, pp.617~621).

에베소서 5장 18절에 "술 취하지 말라 이는 방탕한 것이니 오직 성령의 충만을 받으라" 하였으며 성령이 충만한 초대교인을 가리켜 새 술에 취하였다고(행2:13) 하였습니다.

4. 아들아 네 마음을 내게 주며(잠23:26)

잠언 23:26 "내 아들아 네 마음을 내게 주며 네 눈으로 내 길을 즐거워할지어다"

잠언 4장 20~27절에서 "내 아들아 네 마음을 지키라" 하였고 잠언 23장 26절에서는 "내 아들아 네 마음을 내게 주며 네 눈으로 내 길을 즐거워할지어다" 하였습니다. 하나님은 우리 마음의 소유주이십니다. 신명기 6장 5절에 "마음을 다하고 뜻을 다하고 힘을 다하여 네 하나님 여호와를 사랑하라" 하셨습니다. 예수께서는 우리 마음에 계시기를 원하십니다(엡3:17). 요한계시록 3장 20절에 "볼찌어다 내가 문밖에 서서 두드리노니 누구든지 내 음성을 듣고 문을 열면 내가 그에게로 들어가 그로 더불어 먹고 그는 나로 더불어 먹으리라" 하셨습니다. 성령께서는 우리 마음에 계시기를 원하십니다(갈4:6, 고후1:22). 우리의 마음을 마귀에게 주거나 세상에 빼앗기지 않도록 하며 성부, 성자, 성령이신 삼위일체 하나님께 온전히 바치는 자가 되어야 할 것입니다. 그리하면 하나님께서 통치하시고 주님께서 아름다운 동산, 내심낙원을 세우시고 성령께서 아름다운 열매를 맺게 하셔서(갈5:22~23) 우리 안에 하늘나라가 이루어지도록 축복하여 주실 것입니다.

르무엘 왕의 어머니가 아들을 위해 훈계의 잠언을 쓴 것 같이 맥아더 장군(Douglas MacArthur, 1880. 1. 26~1964. 4. 5)도 아들을 극진히 생각하여 기도문을 작성하였습니다. 맥아더 장군의 기도문을 소개하겠습니다.

"아버지의 기도"

오, 주여
내 아들이 이런 사람이 되게 하소서
약할 때에 자신을 분별할 수 있는 힘과
두려울 때 자신감 잃지 않는 용기를 주소서.
정직한 패배 앞에 당당하고 태연하며,
승리의 때에 겸손하고 온유한 사람이 되게 하소서.

내 아들이 이런 사람이 되게 하소서.
자신의 본분을 자각하여
하나님과 자신을 아는 것이
지식의 기초임을 깨닫는 사람이 되게 하소서.

그를 요행과 안락의 길로 이끌지 마시고,
자극받아 분발하도록 고난과 도전의 길로 인도하소서.
모진 비바람을 견뎌내게 하시고,
실패한 자를 긍휼히 여길 줄 아는 사람이 되게 하소서.

내 아들이 이런 사람이 되게 하소서.
마음이 깨끗하고 높은 이상을 품은 사람,
남들을 다스리기 전에 먼저 자신을 다스리는 사람,
웃을 줄 알면서도 우는 법을 결코 잊지 않는 사람,
미래를 향해 전진하면서도
과거를 결코 잊지 않는 사람이 되게 하소서.

이 모든 것들 외에 그에게 유머 감각을 주소서.
그리하면 항상 진지하면서도
결코 지나치게 심각해지지는 않을 것입니다.
그에게 겸손을 가르쳐주소서.
그리하면 진정한 위대함은 소박하며,
진정한 지혜는 열려 있으며,
진정한 힘은 너그럽다는 것을
언제나 기억할 것입니다.

내 아들이 이런 사람이 되었을 때
저는 감히 그에게 속삭일 것입니다.
내가 인생을 결코 헛되이 살지 않았노라고.

전도서

모든 것이 헛되도다

영원을 사모하는 마음

이렇게 살아라

모든 것이 헛되도다

전도서 1장 2~11절

"전도자가 가로되 헛되고 헛되며 헛되고 헛되니 모든 것이 헛되도다 사람이 해 아래서 수고하는 모든 수고가 자기에게 무엇이 유익한고 한 세대는 가고 한 세대는 오되 땅은 영원히 있도다 해는 떴다가 지며 그 떴던 곳으로 빨리 돌아가고 바람은 남으로 불다가 북으로 돌이키며 이리 돌며 저리 돌아 불던 곳으로 돌아가고 모든 강물은 다 바다로 흐르되 바다를 채우지 못하며 어느 곳으로 흐르든지 그리로 연하여 흐르느니라 만물의 피곤함을 사람이 말로 다 할 수 없나니 눈은 보아도 족함이 없고 귀는 들어도 차지 아니하는도다 이미 있던 것이 후에 다시 있겠고 이미 한 일을 후에 다시 할찌라 해 아래는 새 것이 없나니 무엇을 가리켜 이르기를 보라 이것이 새 것이라 할 것이 있으랴 우리 오래 전 세대에도 이미 있었느니라 이전 세대를 기억함이 없으니 장래 세대도 그 후 세대가 기억함이 없으리라"

전도서는 다윗의 아들 솔로몬에 의하여 기록된 말씀입니다. 솔로몬은 자신을 전도자라고 지칭하는데 전도자란 히브리어로 '코헬렛'(קהלת)이라 하며 '코헬'은 '모임', '집회'라는 뜻이므로 '코헬렛'은 모임에서 말하는 사람 즉, '연사', '강연하는 사람'을 가리키고 있습니다. 그러므로 이 책은 인생을 살아가는데 필요한 지혜와 지식을 강연하는 사람의 말을 기록한 책입니다.

1. 인생의 모든 수고는 헛됩니다(전1:2~3)

전도서 1:2~3 "전도자가 가로되 헛되고 헛되며 헛되고 헛되니 모든 것이 헛되도다 사람이 해 아래서 수고하는 모든 수고가 자기에게 무엇이 유익한고"

지난번 창세기 1장 강해 두 번째 대지의 주제를 "하나님 없는 세상은 공허합니다"라고 하였습니다. 전도서에서도 하나님 없는 인생의 허무함을 "헛되고 헛되며 헛되고 헛되니 모든 것이 헛되도다"라고 말하고 있습니다. 시편 90편 10절에서 하나님의 사람 모세는 탄식하는 기도를 "우리의 년수가 칠십이요 강건하면 팔십이라도 그 년수의 자랑은 수고와 슬픔 뿐이요 신속히 가니 우리가 날아가나이다"라고 하였습니다. 시편 39편 4~6절에는 "여호와여 나의 종말과 연한의 어떠함을 알게 하사 나로 나의 연약함을 알게 하소서 주께서 나의 날을 손 넓이만큼 되게 하시매 나의 일생이 주의 앞에는 없는 것 같사오니 사람마다 그 든든히 선 때도 진실로 허사 뿐이니이다(셀라) 진실로 각 사람은 그림자같이 다니고 헛된 일에 분요하며 재물을 쌓으나 누가 취할는지 알지 못하나이다" 하였습니다. 야고보서 4장 13~14절 말씀에도 "들으라 너희 중에 말하기를 오늘이나 내일이나 우리가 아무 도시에 가서 거기서 일년을 유하며 장사하여 이를 보리라 하는 자들아 내일 일을 너희가 알지 못하는도다 너희 생명이 무엇이뇨 너희는 잠간 보이다가 없어지는 안개니라" 하였습니다. 옛날부터 인생을 논하는 말에 초로인생(草露人生)이라 하였습니다. 풀잎에 맺힌 이슬이 햇빛에 증발하여 사라짐같이 인간이 그런 존재란 말입니다. 어떤 사람은 "인생은 없고, 없고, 없고, 없다가 없어지는 것"이라고 말했습니다. 어릴 때는 철없고 젊어서는 정신없고 중년되면 틈없고 늙어지면 형편없다가 없어지는 것이 인생이라고 했습니다(박조준, 「전도서 강해」, p.24).

이사야 40장 6~7절에 "말하는 자의 소리여 가로되 외치라 대답하되 내가 무엇이라 외치리이까 가로되 모든 육체는 풀이요 그 모든 아름다움은 들의 꽃 같으니 풀은 마르고 꽃은 시듦은 여호와의 기운

이 그 위에 붊이라 이 백성은 실로 풀이로다" 하였습니다. 인간 일생이 하루 해와도 같습니다. 어린아이는 아침이고 청년은 대낮이며 장년은 오후이고 노년은 석양입니다. 어린아이가 태어날 때는 손을 꼭 쥐고 태어나지만 사람이 죽을 때는 손을 쭉 폅니다. 이는 모든 것을 포기하는 것을 의미합니다. 전도서 1장 2절에 "헛되다"는 말이 다섯 번이나 반복되고 있습니다. 요한계시록 8장 13절에는 공중에 날아가는 독수리가 "땅에 거하는 자들에게 화, 화, 화가 있으리로다"라고 외쳤습니다. 화가 있을 것을 강조하는 말인 것처럼 다섯 번이나 헛되다고 한 것은 틀림없이 헛되다고 강조하는 말입니다. '전도자' 즉, 히브리어로 '코헬레트'(קהלת)는 회중을 불러 모아놓고 진리를 전달하는 전도자가 하나님 없는 인생, 하나님 떠난 인생의 삶은 헛되다는 것을 외치고 있습니다. 그러므로 '인생을 그렇게 살지마시오'라고 호소하고 있습니다. 전도서 1장 3절에 "사람이 해 아래서 수고하는 모든 수고가 자기에게 무엇이 유익한고"라고 말했습니다. 사람이 해 아래서 수고하는 모든 수고가 헛되다는 것입니다. 시편 127편 1~2절 말씀에 "여호와께서 집을 세우지 아니하시면 세우는 자의 수고가 헛되며 여호와께서 성을 지키지 아니하시면 파숫군의 경성함이 허사로다 너희가 일찍이 일어나고 늦게 누우며 수고의 떡을 먹음이 헛되도다…" 하였습니다.

솔로몬은 지식을 얻기 위하여 수고하였고 재물을 얻기 위하여, 쾌락을 얻기 위하여 수고하고 애썼습니다. 전도서 2장에 보면 그는 사업을 크게 하였습니다. 자신을 위하여 집을 짓고 포도원을 가꾸고 동산과 과수원을 만들고 각종 과목을 심고 못을 팠으며 은금과 보화를 쌓았고 자기 마음이 원하는 것을 얻기 위하여 수고를 많이 하였다고 했습니다. 세상 사람이 보는 견지에서 그는 권세와 부귀와 영화를 한 몸에 누리는 행복한 사람이었습니다. 그러나 "그 후에 본즉 내 손으로 한 모든 일과 수고한 모든 수고가 다 헛되어 바람을 잡으려는 것이며 해 아래서 무익한 것이로다"(전2:11) 하였으며, "사람이 해 아래서 수고하는 모든 수고와 마음에 애쓰는 것으로 소득이 무엇이랴 일평생에 근심하며 수고하는 것이 슬픔뿐이라 그 마음이 밤에도 쉬지 못하나니 이것도 헛되도다"(전2:22~23) 하였습니다. 하나님 없는 수고는 헛된 것이라고 전도자는 자신의 실패담을 털어놓고 간곡한 부탁을 하고 있습니다. 모두 가치 있는 것이라고 할 수 없습니다. 하나님 밖에서 찾는 행복은 행복일 수가 없더라는 것입니다. 이것이 전도자의 고백입니다.

쿠바 섬 해변 오막살이에 홀아비 어부 산티아고란 노인이 살고 있었습니다. 그는 작은 돛단배로 멕시코 만까지 가서 고기를 잡는데 웬일인지 84일째 한 마리도 잡지 못하였습니다. 85일째가 되던 날 점심때쯤, 돛새치 한 마리가 낚싯대에 걸렸습니다. 그러나 돛새치가 너무나도 큰 나머지 노인은 도리어 돛새치에게 이리저리 끌려 다니게 되었습니다. 이튿날도 돛새치의 힘은 전혀 약해지지 않았습니다. 노인은 고등어와 생고기를 먹으며 돛새치와 고독한 투쟁을 계속하였습니다. 외로운 바다에는 황혼이 나래를 펴고 이윽고 달이 떠올라 왔습니다. 달이 환히 비추자 노인의 외로움은 사라졌으나 몸이 몹시 지친지라 꾸벅꾸벅 졸았습니다. 3일째 해가 떠올랐습니다. 노인은 극도로 지쳤습니다. 다행스럽게도 돛새치가 쇠진하여 가끔 수면 위로 떠오르며 거대한 몸체를 드러냈습니다. 노인은 때를 놓치지 않고 돛새치의 옆구리에 작살을 꽂았습니다. 마침내 돛새치는 은색 배를 보이며 해면 위로 떠올랐습니다. 노인은 돛새치를 배 옆에다 붙여서 끌고 갈 생각을 하며 오랜만에 큰 행복에 젖었습니다. 그러나 돛새치의 몸에서 흘린 피는 상어 떼를 불러들였습니다. 노인은 최초의 상어를 격퇴하였습니다. 이어 두 마리 또 한 마리 …. 밤이 되자 떼로 몰려드는 상어들과 노인은 필사의 싸움을 계속하였습니다. 그리하여 상어들에게 뜯기고 뜯긴 돛새치는 배가 포구에 닿았을 때는 그 자취를 찾아볼 수 없을 만큼 하얀 뼈만 앙상하게 남아 있었습니다. 노인은 다 헤어진 돛을 감고 지칠 대로 지친 몸으로 침대에 들어가 깊은 잠에 빠졌습니다.

헤밍웨이의 작품 "노인과 바다"에서 우리는 인생의 허무를 전율처럼 느끼게 됩니다. 85일이란 긴 기다림과 인내 끝에 남은 결과는 앙상한 뼈뿐이었다는 것은 우리 모두의 인생에 있어서 잠시 누리는 영광과 성공이 허상에 불과한 것임을 말해주고 있습니다. 본문의 저자 솔로몬도 쾌락과 행복을 찾아 온 천하를 두루 헤매고 다녔지만 계속해서 환상만을 쫓아다녔을 뿐, 자신의 손에는 늘 아무것도 잡히지 않았음을 고백하고 있습니다(헤밍웨이, 「노인과 바다」)

2. 인생의 모든 소유로 만족이 없습니다(전1:4~8)

> 전도서 1:7~8 "모든 강물은 다 바다로 흐르되 바다를 채우지 못하며 어느 곳으로 흐르든지 그리로 연하여 흐르느니라 만물의 피곤함을 사람이 말로 다 할 수 없나니 눈은 보아도 족함이 없고 귀는 들어도 차지 아니하는도다"

솔로몬은 모든 것을 소유하려고 애쓴 사람입니다. 그는 희락과 즐거움을 얻기 위하여 술을 마셨으며 쾌락을 얻기 위하여 애써 찾아보았습니다. 전도자는 사업을 크게 하고 아름다운 동산을 조성하고 가꾸었습니다. 노비를 사고 소와 양떼의 소유를 많게 하였고 각종 보배를 모았고 노래하고 춤추는 사람을 고용하였으며 처첩을 많이 두고 (전2:3~11) 호화롭게 살았습니다. 그는 권세, 부귀, 영화를 모두 가진 사람이 되었습니다. 그는 자신의 눈이 원하는 것은 무엇이든지 다 취하여 자기의 것을 삼았습니다(전2:10). 그러나 그곳에도 만족함이 없었습니다. 2,000년이 될 때 새천년이 되었다고 새천년 정월 초하루 해맞이를 하기 위해 세상이 떠들썩하였습니다. 산꼭대기에서, 바닷가에서 해맞이를 하며 소리치며 야단법석을 떨었습니다. 그러나 새천년이 되었다고 만족한 세상이 되었습니까. 새천년 태양이 동해바다에서 솟아올랐으나 이 세상은 여전히 만족이 없습니다. 그래서 하늘도 땅도 다시 떠오르는 태양을 기다리고 있습니다. 바람도 수없이 불었습니다. "바람은 남으로 불다가 북으로 돌이키며 이리 돌며 저리 돌아 불던 곳으로 돌아가고"라는 전도서 1장 6절의 말씀처럼 바람은 바다바람, 산바람, 들바람이 수도 없이 불어와서 다시 돌아갔으나 이 땅은 여전히 만족이 없습니다. 그래서 또다시 바람이 불어오기를 기다립니다.

금년에도 홍수로 인하여 황토빛 강물이 바다로 흘러갔습니다. 동해바다, 서해바다, 남해바다로 그 많은 강물이 흘러들어 갔으나 바다는 여전히 그대로입니다. 바다에게 물어 보십시오. 강물이 그토록 흘러들어갔으니 만족하냐고 물으면 바다는 아직도 다 채우지 못하였다고 할 것입니다. 바다는 여전히 만족이 없습니다(전1:7). 아무리 많은 강물이 흘러들어가도 만족할 줄 모르는 바다처럼 아무리 많은 것을 소유하여도 만족할 줄 모르는 것이 또 하나 있습니다. 그것은 바로 사람의 마음입니다. "… 눈은 보아도 족함이 없고 귀는 들어도 차지 아니하는도다"(전1:8) 하였습니다. 여러분의 눈에게 지금까지 많은 것을 보았으니 만족하냐고 물어보십시오. 귀를 보고 그 동안 수많은 소리와 아름다운 음악을 들었으니 과연 만족하냐고 물어보십시오. 그러면 눈과 귀는 대답이 없을 것입니다(조희완, 『전도서 아가서를 달린다』, p.20).

솔로몬은 모든 것을 가진 사람이었습니다. 권세, 부귀, 명예와 천명의 처첩을 거느려 보았고 금과 은을 돌같이 쓰고 백향목을 뽕나무처럼 흔하게 사용했고 금으로 방패를 만들고 상아로 침상을 만들고 살았습니다. 그의 음식은 산해진미로 호의호식하였습니다. 그래도 만족함이 없었습니다. 모든 것을 소유하고 누리고 살았지만 만족이 없었다는 사실을 고백하고 있습니다. 팡세를 지은 파스칼(Pascal, Blaise, 1623. 6. 19~1662. 8. 19)은 "인간의 마음에는 채울 수 없는 공백이 있다. 그것은 다만 하나님만이 채울 수 있다"고 하였습니다. 세상 사람들은 모든 것을 소유하지 못해서 행복하지 않다고 생각합니다. 좋은 사람, 좋은 직장, 좋은 집, 많은 돈, 높은 지위 등을 소유하지 못해서 행복하지 않다고 생각합니다. 그러나 솔로몬은 세상 사람들이 생각하는 모든 것을 가져 보았어도 만족하지 못하고 행복하지 못하였다고 했습니다. 그러나 다윗은 "여호와는 나의 목자시니 내가 부족함이 없으리로다"(시23:1) 하였고 바울 사도 역시 "… 우리의 만족은 오직 하나님께로서 났느니라"(고후3:5)고 하였습니다. 고린도전서 15장 58절에 "그러므로 내 사랑하는 형제들아 견고하며 흔들리지 말며 항상 주의 일에 더욱 힘쓰는 자들이 되라 이는 너희 수고가 주 안에서 헛되지 않은 줄을 앎이니라" 하였습니다. 주 안에서 수고하는 것은 헛되지 않습니다.

영원을 사모하는 마음

전도서 3장 9~15절

"일하는 자가 그 수고로 말미암아 무슨 이익이 있으랴 하나님이 인생들에게 노고를 주사 애쓰게 하신 것을 내가 보았노라 하나님이 모든 것을 지으시되 때를 따라 아름답게 하셨고 또 사람에게 영원을 사모하는 마음을 주셨느니라 그러나 하나님의 하시는 일의 시종을 사람으로 측량할 수 없게 하셨도다 사람이 사는 동안에 기뻐하며 선을 행하는 것보다 나은 것이 없는 줄을 내가 알았고 사람마다 먹고 마시는 것과 수고함으로 낙을 누리는 것이 하나님의 선물인 줄을 또한 알았도다 무릇 하나님의 행하시는 것은 영원히 있을 것이라 더 할 수도 없고 덜 할 수도 없나니 하나님이 이같이 행하심은 사람으로 그 앞에서 경외하게 하려 하심인 줄을 내가 알았도다 이제 있는 것이 옛적에 있었고 장래에 있을 것도 옛적에 있었나니 하나님은 이미 지난 것을 다시 찾으시느니라"

전도서 1~2장에서는 하나님 없는 인간의 허무를 논하면서 헛되고 헛되다는 사실을 반복적으로 강조하였습니다. 그러므로 전도서 3장에서는 헛되지 않고 가치 있는 인생의 삶이 어떠한 것인지에 대하여 제시하여 주고 있습니다.

1. 범사에 때가 있으며 목적이 이룰 때가 있다(전3:1)

전도서 3:1 "천하에 범사가 기한이 있고 모든 목적이 이룰 때가 있나니"

전도서 1장과 2장에서 이 세상의 인간사가 모두 헛됨을 지적하였습니다. 전도자는 인간의 일생이 들풀과 들의 꽃 같으며 잠깐 보이다 없어지는 안개 같으며 풀잎에 맺힌 이슬 같다고 하였습니다. 전도자는 전도서 1장에서 헛되다는 말을 다섯 번이나 말했고 전도서에 40번이나 반복하였습니다. 그러므로 해 아래서 인생의 모든 수고가 바람을 잡으려는 허무한 것이라고(전4:16, 6:9) 하였습니다.

 전도자는 삶의 보람을 찾기 위하여 지혜를 추구하여 보았고(전1:12) 향락으로 달려가 술과 쾌락을 찾았으며(전2:1~3) 사업을 크게 하여 자신을 위하여 집을 지으며 포도원을 만들어 연못을 파고 아름답게 조성하였고 양떼와 소떼를 소유하고(전2:4~7) 은금보화를 많이 쌓고 노래하고 춤추는 자들을 고용하고 처첩을 많이 두었습니다(잠2:8~11). 그러나 이 모든 일들이 바람을 잡으려는 일과 같이 허무한 것들이라고 하였습니다(전2:26).

 전도서 3장 1~8절에는 천하에 범사가 기한이 있고 모든 목적이 이룰 때가 있다고 하였습니다.

"죽일 때가 있고 치료 시킬 때가 있으며
헐 때가 있고 세울 때가 있으며
울 때가 있고 웃을 때가 있으며
슬퍼할 때가 있고 춤출 때가 있으며
돌을 던져 버릴 때가 있고 돌을 거둘 때가 있으며
안을 때가 있고 안는 일을 멀리할 때가 있으며
찾을 때가 있고 잃을 때가 있으며
지킬 때가 있고 말할 때가 있으며
사랑할 때가 있고 미워할 때가 있으며
전쟁할 때가 있고 평화할 때가 있느니라"(전3:1~8).

 전도서 3장 1~8절에서는 스물여덟 가지의 때를 말하고 있는데 좋은 때와 나쁜 때가 각각 한 번씩 교차하면서 희비가 엇갈리는 쌍곡

선상의 인생의 삶이 계속됨을 보여주고 있습니다. 우리의 일생이 좋은 때와 나쁜 때가 교차하면서 지나가지만 이 세상 어느 누구도 좋은 날만·계속되는 사람도 없고 나쁜 일만 계속되는 사람도 없습니다. 낮과 밤이 교차하여 하루가 되고 보름이 되며 한 달이 되고 일 년이 되고 십년이 되어 일생으로 이어가지만 모든 사람은 나쁜 날과 좋은 날이 반복적으로 교차하면서 일생이 다하는 것입니다. 그러나 선하신 하나님은 우리를 성숙되고 영광스럽게 하시며 좋은 날을 주셔서 복이 되고 영광이 되는 부르심의 소망을 이루어 주실 것입니다. 낮과 밤이 지나면서 곡식이 결실하듯 좋은 날과 나쁜 날이 지나가면서 선하신 하나님께서 우리를 향하신 목적이 이룰 때가 있으니 좋은 때가 오겠지 … 이렇게 믿고 살아야 한다는 것이 전도자가 우리에게 주는 교훈입니다.

2. 영원을 사모하는 마음으로 살아야 합니다(전3:11)

전도서 3:11 "하나님이 모든 것을 지으시되 때를 따라 아름답게 하셨고 또 사람에게 영원을 사모하는 마음을 주셨느니라 그러나 하나님의 하시는 일의 시종을 사람으로 측량할 수 없게 하셨도다"

창조주 하나님은 사람의 마음 속 깊숙한 곳에 영생에 대한 소망을 두셨습니다. 하나님께서 주신 본능을 지닌 철새가 남쪽을 향해 날개를 펼 때도 "창조주는 철새를 속이지 않는다. 즉 그 철새가 날아가는 그곳에는 태양이 비치는 들판이 그들을 기다리고 있는 것이다. 새에게도 이렇게 보금자리가 기다리고 있는데 하물며 인간의 영혼이 육체로부터 영생을 향해 나래를 펼 때 그 영혼을 받아줄 낙원이 없다고 생각하는가"(The Biblical Illustrator Joseph S. Exell, vol XX, p.112)라고 스토커(Stalker D, D)박사는 말하였습니다.

인간에게는 영원을 사랑하는 마음이 있습니다. 사람은 누구나 영원히 살고 싶어 합니다. 그래서 옛날 진시황제는 불로초를 찾았고 한무제는 이슬을 받아먹었습니다. 이런 사람들은 이 세상이 전부인줄 알고 이 세상에서 오래 살려고 하였습니다. 그러나 진시황제는 B.C 259년에 태어나서 210년에 세상을 떠났습니다. 겨우 49세를 살고 세상을 떠났습니다.

전도자는 시간 속에서 낳고, 늙고, 죽는 인간 육신의 생명이 너무나 짧고 허무한 존재임을 깨달았습니다. 영국의 존 번연(John Bnnyan, A.D 1628~1688)은 천로역정(The Pilgrim's Progress)에서 기독도가 장망성을 떠나 천성을 향해 집을 떠나 나섰듯이 영원을 찾아 나섰습니다. 전도서 기자는 영원을 사모하는 마음으로 살아야 함을 말하였고 바울 사도는 "위엣 것을 찾으라 거기는 그리스도께서 하나님 우편에 앉아 계시느니라"(골3:1) 하였습니다.

마태복음 17장의 변화 산에서 영광 중에 나타난 모세와, 엘리야와 예수님은 영원한 곳에서 영원히 살아있는 사람들을 보여주셨습니다. 이사야 40장 6~7절에서 "말하는 자의 소리여 가로되 외치라 대답하되 내가 무엇이라 외치리이까" 하였습니다. 이에 "모든 육체는 풀이요 그 모든 아름다움은 들의 꽃 같으니 풀은 마르고 꽃은 시드나 우리 하나님의 말씀은 영영히 서리라" 하였습니다. 이는 영원하신 하나님과 하나님의 말씀만 사모하라는 뜻입니다. 모세는 아론과 나답과 아비후와 이스라엘 장로 칠십 인과 함께 시내 산에 올라가서 하나님을 보니 그 발아래는 청옥을 편듯하고 하늘같이 청명하더라고 하였습니다(출24:9~10).

기독교 신앙을 대변한 시 한편을 소개하겠습니다.

귀천(歸天)

— 천상병

나 하늘로 돌아가리라
새벽빛 와 닿으면 스러지는
이슬 더불어 손에 손을 잡고,

나 하늘로 돌아가리라
노을빛 함께 단둘이서
기슭에서 놀다가 구름 손짓하며는,

나 하늘로 올라가리라
아름다운 이 세상 소풍 끝내는 날,
가서, 아름다웠다고 말하리라 …

(양금희, 전도서 강해 "더불어 사는 자의 행복", p.60)

　이 시의 저자는 이 세상 인생살이를 하나님께서 우리를 이 땅에 소풍 보냈다는 것입니다. 우리의 영원한 집은 천국에 있고 우리는 잠시 이 세상에 소풍 나온 여행객으로 표현하였습니다. 하나님이 주신 영원을 사모하는 마음으로 소풍 나온 사람처럼 살아야 할 것입니다. 히브리서 11장 13~16절에 보면 "이 사람들은 다 믿음을 따라 죽었으며 약속을 받지 못하였으되 그것들을 멀리서 보고 환영하며 또 땅에서는 외국인과 나그네로라 증거하였으니 이같이 말하는 자들은 본향 찾는 것을 나타냄이라 저희가 나온 바 본향을 생각하였더면 돌아갈 기회가 있었으려니와 저희가 이제는 더 나은 본향을 사모하니 곧 하늘에 있는 것이라 그러므로 하나님이 저희 하나님이라 일컬음 받으심을 부끄러워 아니하시고 저희를 위하여 한 성을 예비하셨느니라" 하였습니다.

이렇게 살아라

전도서 12장 1~14절

"너는 청년의 때 곧 곤고한 날이 이르기 전, 나는 아무 낙이 없다고 할 해가 가깝기 전에 너의 창조자를 기억하라 해와 빛과 달과 별들이 어둡기 전에 비 뒤에 구름이 다시 일어나기 전에 그리하라 그런 날에는 집을 지키는 자들이 떨 것이며 힘있는 자들이 구부러질 것이며 맷돌질 하는 자들이 적으므로 그칠 것이며 창(窓)들로 내어다보는 자가 어두워질 것이며 길거리 문들이 닫혀질 것이며 맷돌 소리가 적어질 것이며 새의 소리를 인하여 일어날 것이며 음악하는 여자들은 다 쇠하여질 것이며 그런 자들은 높은 곳을 두려워할 것이며 길에서는 놀랄 것이며 살구나무가 꽃이 필 것이며 메뚜기도 짐이 될 것이며 원욕(願慾)이 그 치리니 이는 사람이 자기 영원한 집으로 돌아가고 조문자들이 거리로 왕래하게 됨이라 은줄이 풀리고 금 그릇이 깨어지고 항아리가 샘 곁에서 깨어지고 바퀴가 우물 위에서 깨어지고 흙은 여전히 땅으로 돌아가고 신은 그 주신 하나님께로 돌아가기 전에 기억하라 전도자가 가로되 헛되고 헛되도다 모든 것이 헛되도다 전도자가 지혜로움으로 여전히 백성에게 지식을 가르쳤고 또 묵상하고 궁구하여 잠언을 많이 지었으며 전도자가 힘써 아름다운 말을 구하였나니 기록한 것은 정직하여 진리의 말씀이니라 지혜자의 말씀은 찌르는 채찍같고 회중의 스승의 말씀은 잘 박힌 못 같으니 다 한 목자의 주신 바니라 내 아들아 또 경계를 받으라 여러 책을 짓는 것은 끝이 없고 많이 공부하는 것은 몸을 피곤케 하느니라 일의 결국을 다 들었으니 하나님을 경외하고 그 명령을 지킬지어다 이것이 사람의 본분이니라 하나님은 모든 행위와 모든 은밀한 일을 선악간에 심판하시리라"

성경에 기록된 사람 중에 가장 오래 산 사람이 므두셀라입니다. 그는 969세를 살았는데 천수 가까이 살았습니다. 그러나 천년의 이력

서가 단 세절 뿐입니다. 그러나 예수님은 33년의 짧은 생애를 사셨습니다. 그러나 성경은 예수님의 기사로 가득 차 있습니다. 전도서 기자는 부귀영화를 다 누리며 살고난 후에 '모든 것이 헛되도다'고 탄식한 후 마지막 결론부분에서 이렇게 살라고 교훈하고 있습니다.

1. 너의 창조자를 기억하라(전12:1~2)

전도서 12:1~2 "너는 청년의 때 곧 곤고한 날이 이르기 전, 나는 아무 낙이 없다고 할 해가 가깝기 전에 너의 창조자를 기억하라 해와 빛과 달과 별들이 어둡기 전에 비 뒤에 구름이 다시 일어나기 전에 그리하라"

본문말씀에서 전도자는 청년의 때 젊은 날에 창조자를 기억하라고 하였습니다. 우리가 젊었을 때는 늙지도 않고 천년만년 살 것 같이 생각합니다. 전도자는 청년의 때가 그리 길지 않다는 사실을 기억하며 살아야 할 것을 교훈하고 있습니다. 그리고 "곤고한 날이 이르기 전에 너의 창조자를 기억하라"(전12:1) 하였습니다. '곤고한 날'은 히브리어로 '예메 하라아'(יְמֵי הָרָעָה)인데 문자적 의미는 '악한 날들'이며 시간적으로는 '노년의 때'를 말하고 의미상으로는 '육체적으로 쇠약해지고 병든 불행한 때'를 가리키고 있습니다. 아직 젊음이 있을 때, 아직 건강이 있을 때, 아직 가지고 있는 것이 있을 때 하나님을 기억하고 살라는 말입니다.

고려 충선 왕과, 충숙 왕 때 우탁(禹倬)이 지은 시조가 있습니다.

"한 손에 막대잡고 또 한 손에 가시 쥐고
늙는 길 가시로 막고 오는 백발 막대로 치려했더니
백발이 제 먼저 알고 지름길로 오더라."

청구영언(靑丘永言)에 실린 작자 미상의 시조도 있습니다.

"내 청춘 뉘를 주고 뉘백발 가져온고
오고 가는 길 알았던들 막을 것을
알고도 못 막을 길이니 그를 슬퍼하노라."

-청구영언(靑丘永言) 중에서-

전도자는 곤고한 날, 즉 늙고 병약해진 날들의 상태를 열세가지로 비유하여 설명하고 있습니다.

1) "그런 날에는 집을 지키는 자들이 떨 것이며"(전12:3)

'그런 날에는'이란 의미는 전도서 12장 1절에 '곤고한 날', '아무 낙이 없다고 할 때' 그리고 2절에서 '해와 빛과 달과 별들이 어두워 질 때', '비 뒤에 구름이 다시 일어날 때' 등으로 표현되었던 노년기를 가리킵니다.

'집을 지키는 자들이 떨 것이며'라는 뜻은 사람이 늙으면 기력이 소진되어 손발에 힘이 없어집니다. 젊었을 때 무게를 느끼지 못하던 수저를 들 때 손이 떨리게 되며 평생 지탱하고 다니던 다리가 떨린다는 말입니다.

2) "힘 있는 자들이 구부러질 것이며"(전12:3)

허리는 힘의 상징입니다. 신체를 지탱해주는 기둥과 같은 허리가 구부러진다는 뜻입니다.

3) "맷돌질 하는 자들이 적으므로 그칠 것이며"(전12:3)

사람이 늙으면 음식을 씹는 치아가 약하여 빠지므로 먹는 것도 쉽지 않게 된다는 말입니다.

4) "창들로 내어다 보는 자가 어두워질 것이며"(전12:3)

이 말은 시력이 약하여져서 잘 보이지 않게 될 것을 말하는 것입니다.

5) "길거리 문들이 닫혀질 것이며"(전12:4)

청각의 기능이 약하여져서 잘 듣지 못하게 된다는 말입니다. 문을 닫으면 길거리의 소리가 잘 안 들리듯 나이가 들면 귀가 어두워져서 한 말을 또 하고 엉뚱한 대답을 하게 됩니다.

6) "맷돌 소리가 적어질 것이며"(전12:4)

나이가 많이 들면 치아가 약하여져서 음식을 씹는 일이 적어지게 됩니다. 젊어서는 마른 오징어도 잘 씹어 먹었으나 나이 많아지면 부드러운 음식을 찾게 됩니다.

7) "새의 소리를 인하여 일어날 것이며"(전12:4)

젊어서는 머리가 방바닥에 닿기만 하면 잠에 푹 빠졌으나 나이가 들어 늙으면 신경이 극도로 민감하여 숙면을 이루지 못하고 하룻밤에도 여러 번 일어나게 되며 새가 지저귀는 이른 아침에 잠이 깬다는 말입니다.

8) "음악하는 여자들은 다 쇠하여질 것이며"(전12:4)

성대도 쇠약하여 깨진 소리가 나오는 현상을 말합니다.

9) "그런 자들은 높은 곳을 두려워할 것이며"(전12:5)

어린 학생들은 계단을 평지를 뛰어다니듯 오르내립니다. 그러나 나이 많은 노인들은 올라가는 것과 내려가는 일도 조심스러워지고 위험스런 생각이 들어 조심조심 또 조심하여 걷게 됩니다.

10) "길에서 놀랄 것이며"(전12:5)

나이가 많아지면 소심해지고 쉽게 놀라기를 잘한다는 말입니다.

11) "살구나무가 꽃이 필 것이며"(전12:5)

검은 머리가 나이 들어 늙으면 백발이 된다는 말입니다.

12) "메뚜기도 짐이 될 것이며"(전12:5)

젊어서는 웬만한 짐은 무겁게 여겨지지 않았으나 나이 많아지면 두꺼운 양복도 무겁게 느껴지고 덥고 자는 이불도 두꺼운 것은 무겁게 느끼고 메뚜기 한 마리도 짐이 된다는 쇠약해진 노년의 모습을 나타낸 말입니다.

13) "원욕이 그치리니"(전12:5)

근본적인 인간의 욕망은 의식주와 성욕을 의미합니다. 음식을 즐기려는 욕구나 좋은 옷에 대한 욕구나 성욕 등 인간의 본성적인 욕구가 모두 감퇴된다는 말입니다.

"은줄이 풀리고 금 그릇이 깨어지고 항아리가 샘 곁에서 깨어지고 바퀴가 우물 위에서 깨어지고"(전12:6)라는 뜻은 부잣집 천정에 매어달린 화려한 금등잔이라할지라도 세월이 흘러 오래되면 은줄이 풀려 금등잔이 깨어지듯 사람도 늙으면 결국 죽을 수밖에 없다는 인간의 운명을 묘사하고 있습니다. 그러므로 흙은 여전히 땅으로 돌아가고 영((靈) '루아흐'(רוּחַ))은 하나님께로 돌아가기 전에(전12:7) 하나님을 기억하라고 하였습니다.

전도서 12장 1절에 "… 곤고한 날이 이르기 전에 … 너의 창조자를 기억하라"는 말씀이 전도서 12장 7절에서도 "늙어 나는 아무 낙이 없다고 한탄할 때가 되기 전 젊었을 때 하나님을 기억하라" 하였습니다. 이는 하나님의 절대적인 섭리에 순복하는 삶을 살 것을 거듭 권고하는 말입니다.

전도서 12장 1절에 "너의 창조자를 기억하라" 하였는데 본문에서 기억하라는 것은 '생각하라', '마음속에 품어라', '마음속에 간직하라'

는 뜻입니다. 왜 여기서 은혜로우신 하나님도 아니고, 사랑의 하나님도 아니고, 축복의 하나님도 아닌 '창조주 하나님'을 기억하라고 하였을까요. 이는 '창조주'라는 말에는 하나님께서 목적을 가지고 우리를 창조하셨다는 뜻이 내포되어 있기 때문입니다. 우리는 하나님의 목적에 따라 지음을 받았으며 하나님의 계획에 따라 구원받은 존재라는 것을 강조하는 말씀입니다. "우리는 그의 만드신 바라 그리스도 예수 안에서 선한 일을 위하여 지으심을 받은 자니 … 우리로 그 가운데서 행하게 하려 하심이니라"(엡2:10) 하였습니다. 그러므로 창조주 하나님을 기억하라는 말은 하나님께서 나를 창조하신 목적을 기억하며 사명을 따라 살아가라는 말씀입니다.

"다윗은 당시에 하나님의 뜻을 좇아 섬기다가 잠들어 그 조상들과 함께 묻혀 썩음을 당하였으되"(행13:36)라는 말씀은 다윗이 하나님의 사명을 따라 살다가 죽은 사람이란 말입니다(양금희, 더불어 사는 자의 행복, p.248).

다윗이 이 세상에서 얼마나 위대한 업적을 남겼는가라는 것이 중요하지 않습니다. 다만 창조주 하나님의 뜻을 따라 살았다는 것이 중요한 것입니다. 하나님께서 계획하신대로 예수 그리스도의 28대 조상이 된 것으로 그는 하나님의 선하신 목적을 위하여 산 사람입니다.

아브라함도 마찬가지입니다. 하나님께서 아브라함에게 네 씨로 천하 만민이 복을 얻으리라 하셨는데 그리스도의 42대 조상이 된 것만으로도 아브라함의 생애는 창조주(創造主) 하나님의 섭리를 따라 산 사람입니다. 다시 말씀드리면 아브라함이나 다윗이 창조주 하나님의 목적을 위하여 살았던 인물이란 말입니다.

이사야를 가리켜 "외치는 자의 소리여"라고 하였습니다. 이사야 40장 3절에 "외치는 자의 소리여 가로되 너희는 광야에서 여호와의 길을 예비하라 사막에서 우리 하나님의 대로를 평탄케 하라" 하였고 이사야 40장 6절에는 "말하는 자의 소리여 가로되 외치라 …" 하였습니다. 세례 요한을 '소리'라고 하였습니다. 요한복음 1장 19~23절에서 유대인들이 제사장들과 레위인을 요한에게 보내어 네가 누구냐고 물었습니다. 이에 세례 요한은 나는 그리스도가 아니다. 나는 이사야의 말과 같이 주의 길을 곧게 하라고 '광야에서 외치는 자의 소리'로라 하였습니다. 세례 요한은 주의 길을 곧게 하고 광야에서 외치는 소리로 짧은 생을 살아간 사람입니다. 왕 앞에서 물렀거라 상감마마 행차시다 라고 외치는 소리로 살다간 사람같이 세례 요한은 외치는 소리에 불과한 존재였습니다.

　나는 어제 저녁 제8회 "충북연회 성가제"에서 각 교회 성가대의 찬양을 들었습니다. 감동적인 찬양은 "사모합창단"과 우리교회 "호산나 성가대"의 찬양이었습니다. 우리교회 성가대의 찬양은 너무나 훌륭했습니다. 아름다운 단복을 입고 서있는 모습들은 모두 한마디로 아름다운 소리였습니다. 짧은 일생을 살다가는 인생이 이 황막한 세상에서 아름다운 노래를 부르다가 세상을 떠나 사라진다 해도 가치 있는 인생으로 모든 사람의 마음에 그 여운이 영원히 남아 있을 것입니다. 부르다만 노래라 할지라도 아름다운 소리를 남기고 간다면 여한이 없을 것입니다. 인간이 짧은 소리에 불과한데 아름다운 노래 소리가 된다는 것은 너무나 의미 있는 생애인 것입니다. 주님의 은혜를 노래로 외치는 소리가 된다면 그 이상 행복이 없을 것입니다. 인생은 하나님을 찬양하기 위하여 창조되었기 때문입니다.

　매미가 땅 속에서 애벌레로 칠년을 묻혀 있다가 매미로 태어나 일주일을 노래하고 간다고 합니다. 매미의 창조목적은 땅 속에서 칠년의 수명에 목적이 있는 것이 아니라 칠일 간 노래하는데 삶의 목적이 있는 것입니다. 우리가 육신적인 장수에 가치가 있는 것이 아니라 하나님의 목적을 이루는 삶에 의미와 가치가 있는 것입니다. 목회자는 양을 위하여 피리소리 되어 울려 퍼지는 삶을 사는 것이 복된 생애입니다.

바울 사도는 성도를 가리켜 그리스도의 향기라고 하였습니다. "우리는 구원 얻는 자들에게나 망하는 자들에게나 하나님 앞에서 그리스도의 향기니"(고후2:15). 성도는 그리스도의 향기로 살아가는 사람들입니다. 이 세상을 그리스도의 향기로 가득 채워야 할 것입니다. 또한 바울 사도는 성도된 우리를 그리스도의 편지라고(고후3:3) 하였습니다. 그리스도의 편지로서의 증인된 삶, 진실된 삶 그 자체에 삶의 의미가 있습니다. 이러한 삶이 우리를 향하신 하나님의 뜻입니다.

우리는 "창조자를 기억하라"(창12:1)는 말씀을 주목해야 합니다. 나를 지으시고 부르신 목적이 무엇인지 깊이 생각하고 살아야 할 것입니다. 깊은 밤에 울려 퍼지는 피리소리 같이, 세례 요한처럼 광야 같은 세상, 사막 같은 세상에서 외치는 자의 소리로, 그리스도의 향기 되어 살며, 그리스도의 편지로서의 삶을 살아가는 것이 곧 "너의 창조주를 기억하라"(전12:1)는 말씀입니다.

2. 하나님을 경외하고 살아라(전12:13)

전도서 12:13 "일의 결국을 다 들었으니 하나님을 경외하고 그 명령을 지킬지어다 이것이 사람의 본분이니라"

솔로몬은 잠언 1장 7절에서 "여호와를 경외하는 것이 지식의 근본이어늘"이라고 했습니다. 가장 가치 있는 인생으로서의 삶의 결론은 하나님을 경외하는 것입니다. "신앙의 근본은 전 우주와 모든 인간을 다스리시는 하나님의 존재를 인식하고 그분을 두려워하고 존경하며 그의 명령에 복종하는 것이다"라고 했습니다(The Grand Bible Commentary vol IX, p.501).

'사람의 본분'이라는 말은 히브리어로 '칼 하아담'(כָּל־הָאָדָם)인데 이는 "하나님을 경외하고 그 명령을 지키는 것이 인간이 해야 할 의무의 전부이다"라고 해석하고 있습니다(Mathew Henry, Eaton).

부모공경의 이유가 나를 낳아주신 분이기에 공경해야함같이 하나님을 경외하는 것은 우리 인간을 창조하셨기 때문입니다. 하나님을 경외하는 것은 거룩한 두려운 마음으로 하나님을 섬기는 것을 말하고 있습니다. "각양 좋은 은사와 온전한 선물이 다 위로부터 빛들의 아버지께로서 내려오나니 …"(약1:17) 하심같이 "겸손과 여호와를 경외함의 보응은 재물과 영광과 생명이니라"(잠22:4) 하였습니다. 잠언 14장 26~27절에는 "여호와를 경외하는 자에게는 견고한 의뢰가 있나니 그 자녀들에게 피난처가 있으리라 여호와를 경외하는 것은 생명의 샘이라 사망의 그물에서 벗어나게 하느니라" 하였습니다.

아가

사랑의 노래
사랑의 고백
봄의 교향악
연기 기둥 같은 자
솔로몬의 연(輦)
거친 들에서 오는 자
잠근 동산

사랑의 노래

아가 1장 1~8절

"솔로몬의 아가라 내게 입맞추기를 원하니 네 사랑이 포도주보다 나음이로구나 네 기름이 향기로와 아름답고 네 이름이 쏟은 향기름 같으므로 처녀들이 너를 사랑하는 구나 왕이 나를 침궁으로 이끌어 들이시니 너는 나를 인도하라 우리가 너를 따라 달려가리라 우리가 너를 인하여 기뻐하며 즐거워하니 네 사랑이 포도주에서 지남이라 처녀들이 너를 사랑함이 마땅하니라 예루살렘 여자들아 내가 비록 검으나 아름다우니 게달의 장막 같을지라도 솔로몬의 휘장과도 같구나 내가 일광에 쬐어서 거무스름할지라도 흘겨보지 말 것은 내 어미의 아들들이 나를 노하여 포도원지기를 삼았음이라 나의 포도원은 내가 지키지 못하였구나 내 마음에 사랑하는 자야 너의 양 떼 먹이는 곳과 오정에 쉬게 하는 곳을 내게 고하라 내가 네 동무 양 떼 곁에서 어찌 얼굴을 가리운 자 같이 되랴 여인 중에 어여쁜 자야 네가 알지 못하겠거든 양 떼의 발자취를 따라 목자들의 장막 곁에서 너의 염소 새끼를 먹일지니라"

아가 1장 1절에 "솔로몬의 아가(雅歌)"라고 했습니다. 솔로몬은 초목과 짐승, 새와 물고기 등에 대하여 논하였고 삼천의 잠언과 일천다섯의 노래를 지었습니다(왕상4:32~33). '아가'는 히브리어로 '쉬르 하쉬림'(שִׁיר הַשִּׁירִים)이며 '노래 중의 노래'(The Song of Song's)를 의미하고 있습니다. 솔로몬이 지은 일천다섯의 노래 중에서 최고의 아름다운 노래라는 뜻입니다.

성경은 하나님과 사람의 사랑이야기 입니다. 호세아서를 통하여 하나님과 이스라엘의 사랑을 나타내었으며 아가서에서 솔로몬과 술람미 여인의 사랑을 통하여 예수 그리스도와 성도의 사랑을 계시하고 있습니다. 예수님과 성도의 사랑이 어떠한 사랑인지 살펴보겠습니다.

1. 입맞추기를 원하는 사모하는 사랑(아1:2)

아가 1:2 "내게 입맞추기를 원하니 네 사랑이 포도주보다 나음이로구나"

성경에서 입맞춤은 인사, 애정과 공경, 이별시에 있어지는 마음의 표현으로 행하여졌는데 부모와 자식 간에(창27:26~27), 친척 간에(창29:11~13, 창31:28), 친구사이에(삼상20:41), 연인사이(아8:1), 교인 간에(롬16:16, 고전16:20) 등 다양하게 나타나고 있습니다. 본문에서 "내게 입 맞추기를 원하니"는 성도가 주님을 사모하는 사랑의 표현입니다. 이러한 사모하는 사랑을 가리켜 포도주보다 나은 사랑이라고 하였습니다.

사랑의 대표적인 모습은 사모함입니다. 시편 42편 1절에 "하나님이여 사슴이 시냇물을 찾기에 갈급함 같이 내 영혼이 주를 찾기에 갈급하니이다" 하였습니다. 그리워 사모하는 마음이 없으면 사랑이 아닙니다. 시편 2편 11~12절에서 "… 그 아들에게 입 맞추라 그렇지 아니하면 진노하심으로 너희가 길에서 망하리니 그 진노가 급하심이라 …" 하였습니다. 창세기 27장 26~27절에 보면 이삭은 아들 야곱을 가까이 오게 하고 자기에게 입 맞추라고 하였습니다. 야곱이 가까이 가서 아버지 이삭에게 입 맞추었더니 그에게 여호와의 이름으로 축복해주었습니다. 아버지의 축복으로 야곱은 하늘의 이슬과, 땅의 기름진 복과, 만민이 그를 섬기는 복을 받았습니다. 예수님을 사랑하는 성도들은 주님과 입 맞추기를 원합니다. 그렇게 함으로 포도주보다 더 나은 사랑을 노래할 수 있게 됩니다.

2. 주님이 이끄시는 사랑(아1:4)

아가 1:4 "왕이 나를 침궁으로 이끌어 들이시니 너는 나를 인도하라 …"

아가 1장 4절에 보면 '왕이 나를 침궁으로 이끌어 들이시니 당신은 나를 인도하소서' 하였습니다. 침궁은 히브리어로 '하다르'(חדר)인데 이는 왕이 거주하는 내실을 가리키며 왕의 후궁들이 거하는 왕궁이나 별궁과 구별된 왕의 왕후만이 들어갈 수 있는 거처입니다. 호세아 11장 4절에 "내가 사람의 줄 곧 사랑의 줄로 저희를 이끌었고 …" "나 여호와가 옛적에 이스라엘에게 나타나 이르기를 내가 무궁한 사랑으로 … 너를 인도하였다 하였노라"(렘31:3) 하였습니다. 이와 같이 예수님도 우리를 침궁으로, 내실로 이끄십니다. 다윗은 시편 23편 2절에서 "그가 나를 푸른 초장에 누이시며 쉴만한 물가으로 인도하시는도다"라고 노래하였으며 출애굽기 24장 9~10절에 보면 하나님은 모세와 아론과 나답과 아비후와 이스라엘 장로 칠십 인을 시내 산 정상으로 이끄셔서 하나님의 영광을 보게 하셨습니다. 이들이 "하나님을 보니 그 발 아래는 청옥을 편듯하고 하늘 같이 청명하더라"고 하였습니다. 마태복음 17장에 보면 예수님께서는 아홉 명의 제자는 산 아래 두시고 베드로와 요한과 야고보를 높은 산으로 이끌어 주셨습니다. 그 곳에서 모세와 엘리야가 영광 중에 나타난 광경을 보여주셨습니다. 또한 요한 사도를 밧모 섬으로 이끌어 주셨습니다. 요한 사도는 밧모 섬 동굴 속에서 기도하는 중에 천상세계에 펼쳐진 하나님의 보좌와 예수님과 천군천사들과 하늘영광을 보여주셨습니다. 바울 사도를 셋째하늘에 이끄셔서 사람이 가히 말할 수 없는 하늘도성을 보게 하시고 놀라운 말씀을 듣게 하여 주셨습니다. 성전에는 성소와 지성소가 있습니다. 지성소는 대제사장만이 속죄절에 들어갈 수 있는 가장 은밀한 장소입니다. 침궁으로 인도하신다는 말씀은 결국 지성소 같은 하나님 자신의 영광 속으로 이끌어주심을 의미하고 있습니다. 우리 주님의 사랑은 골방과 지성소와 하늘보좌 가운데 거룩하신 주님의 영광 안으로 우리를 이끌어 주시는 사랑입니다. 그러므로 우리는 "왕이 나를 침궁으로 이끌어 들이시니 당신은 나를 인도하소서"라고 기도드려야 할 것입니다. 성령은 우리를 그리스도께로 이끌어 주십니다. 예수님은 "나를 보내신 아버지께서 이끌지 아니하면 아무라도 내게 올 수 없으니 오는 그를 내가 마지막 날에 다시 살리리라"(요6:44)고 말씀하셨습니다. 하나님께서 이스라엘 백성을 가나안 땅으로 인도하신 것 같이 예수님은 우리를 하나님나라까지 이끌어 주실 것입니다.

3. 주께로 달려가는 성도의 사랑(아1:4)

아가 1:4 "… 우리가 너를 따라 달려가리라 …"

"우리가 너를 따라 달려가리라"는 말은 "우리가 당신을 따라 달려가겠습니다"라는 의미입니다. 사랑은 일방적인 것이 아닙니다. 쌍방적인 관계입니다. 한쪽에서만 사랑하는 것을 짝사랑이라고 말합니다. 아름다운 사랑은 서로가 사랑하는 쌍방적인 사랑입니다. 주님께서 그의 사랑하는 자들을 침궁이라고 하는 내실로 이끌어 신령한 영적 환희의 세계를 보여주십니다. 이렇게 하심이 사랑하는 자에게 이끌어 베푸시는 사랑입니다. 사랑하는 주께서 우리를 깊은 침궁, 내실, 지성소로 이끌어 주실 때 우리는 "우리가 당신을 따라 달려가리다"라고 응답하여야 할 것입니다. 주님은 우리에게 함께 가자고 요청하십니다. "… 나의 사랑, 나의 어여쁜 자야 일어나서 함께 가자"(아2:10) 하십니다. 그러므로 우리를 이끄시는 주님의 사랑에 대하여 "우리가 당신을 따라 달려 가리이다"라고 응답하여야 하겠습니다. 주께서 우리를 이끄실 때 우리는 우리의 몸이 주께 달려가야 하고 우리 마음이 주께로 달려 나아가야 할 것입니다. 이끄시는 주님의 사랑과 주께로 달려가는 성도의 사랑이 결합될 때 포도주보다 더 나은 사랑의 기쁨을 체험하게 될 것입니다. 아가서 2장 8~9절에 "나의 사랑하는 자의 목소리로구나 보라 그가 산에서 달리고 작은 산을 빨리 넘어 오는구나 나의 사랑하는 자는 노루와도 같고 어린 사슴과도 같아서 …", "나의 사랑하는 자야 너는 빨리 달리라 향기로운 산들에서 노루와도 같고 어린 사슴과도 같아여라"(아8:14) 하였습니다. 노루와 사슴이 여러 밭고랑을 뛰어넘어 달려가듯 사랑하는 주께로 달려가는 우리 모두가 되어야 하겠습니다. 창세기 24장 58절에서 리브가는 아비 집과 모든 것을 버리고 신부를 기다리는 이삭에게 가기 위하여 아브라함의 늙은 종을 따라 나섰으며 룻도 모압을 버리고 나오미를 따라 나섰습니다. 룻은 기나긴 여행 끝에 보아스를 만났습니다.

사랑의 고백

아가 2장 1~7절

"나는 사론의 수선화요 골짜기의 백합화로구나 여자들 중에 내 사랑은 가시나무 가운데 백합화 같구나 남자들 중에 나의 사랑하는 자는 수풀 가운데 사과나무 같구나 내가 그 그늘에 앉아서 심히 기뻐하였고 그 실과는 내 입에 달았구나 그가 나를 인도하여 잔치집에 들어갔으니 그 사랑이 내 위에 기(旗)로구나 너희는 건포도로 내 힘을 돕고 사과로 나를 시원케 하라 내가 사랑하므로 병이 났음이니라 그가 왼손으로 내 머리에 베게하고 오른손으로 나를 안는구나 예루살렘 여자들아 내가 노루와 들사슴으로 너희에게 부탁한다 내 사랑이 원하기 전에는 흔들지 말고 깨우지 말지니라"

아가서 2장 1~7절까지의 내용은 사랑의 고백이며 사랑의 기쁨을 노래하는 내용입니다. 사랑의 고백을 어떻게 표현하였는지 살펴보면서 은혜 받도록 하겠습니다.

1. 술람미 여인은 자신을 사론의 수선화요 백합화라고 고백하였습니다(아2:1)

아가 2:1 "나는 사론의 수선화요 골짜기의 백합화로구나"

술람미 여인은 자기 자신을 "나는 사론의 수선화요 골짜기의 백합화로구나"라고 고백하고 있습니다. 사론은 팔레스틴 지중해 동부 연안 지역 욥바에서 북쪽 갈멜 산 지역에 이르는 거대한 평원을 말합니다. 남북이 80km에 이르고 동서가 10~19km에 달하는 넓은 지역으로써 이곳에 북부는 농경지(사65:10)를 이루고 있으며 남부는 목초지로 조성되어 있습니다. 그러므로 사론은 넓은 빈들을 말하며 수선화는 평범한 들꽃을 의미하고 있습니다. 또한 백합화 역시 들꽃을 지칭하는 말로써 술람미 여인은 자기 자신을 가리켜 인적이 드물고 잘 보이지 않는 외진 곳에 피어있는 들풀과 들꽃 같은 보잘 것 없는 존재임을 고백하고 있습니다. 이는 그의 겸손한 모습으로 아가서 1장 5절에서 내가 비록 검으나 … 게달의 장막 같이 깨끗하지 못하고 아름답지도 못하다고 스스로 자신을 낮추었던 말과 같습니다. 술람미 여인은 솔로몬을 엔게디 포도원의 고벨화 같다고 칭송하였습니다. 고벨화는 보기에도 아름답고 귀하게 여기는 꽃입니다.

2. 솔로몬은 술람미 여인을 가시나무 가운데 백합화 같다고 하였습니다(아2:2)

아가 2:2 "여자들 중에 내 사랑은 가시나무 가운데 백합화 같구나"

솔로몬 왕은 술람미 여인을 가시나무 가운데 백합화 같이 아름답고 고귀한 여인이라고 칭찬하였습니다. "하나님이 교만한 자를 물리치시고 겸손한 자에게 은혜를 주신다"(약4:6)는 말씀을 그대로 보여주시는 장면입니다.

성경에서 엉겅퀴와 가시나무는 저주받은 나무를 상징하며(창3:18) 히브리서 6장 8절에 "만일 가시와 엉겅퀴를 내면 버림을 당하고 저주함에 가까워 그 마지막은 불사름이 되리라"고 하였습니다. 가시나무와 엉겅퀴같이 악한 무리의 환경 속에서도 신앙의 정절을 지키고 자신의 부족을 고백하며 겸손한 마음으로 살아가는 성도들을 가리켜 주님은 백합화같이 순결하고 고귀한 자라고 칭찬을 아끼지 아니하실 것입니다.

한국 교회 초기 복음찬송가에 "주님 한 분 만으로"라는 찬송이 있습니다.

(1) "아름답다 예수여 나의 좋은 친구
날 위하여 죽음과 날 위하여 사셨네

(후렴)
예수님 내 주여 내 중심에 오소서
주님 한 분 만으로 만족하옵니다

(2) 아침에는 예수로 눈을 뜨게 하시고
저녁에는 예수로 잠을 자게 하시네

(3) 물을 떠난 고기가 혹시 산다 하여도
예수 떠난 심령이 사는 법은 없어요."

3. 술람미 여인은 솔로몬을 수풀 가운데 사과나무 같다고 말했습니다(아2:3)

아가 2:3 "남자들 중에 나의 사랑하는 자는 수풀 가운데 사과나무 같구나 내가 그
그늘에 앉아서 심히 기뻐하였고 그 실과는 내 입에 달았구나"

솔로몬 왕이 술람미 여인에게 "여자들 중에 내 사랑은 가시나무 가운데 백합화 같구나"(아2:2)라고 사랑을 고백할 때 술람미 여인은 솔로몬에게 당신은 "수풀 가운데 사과나무 같다"고 하였습니다. 세상에서 위인이라고 하는 많은 사람들이 있으나 그들은 단명하여 일년초와 같습니다. 예수님은 수풀에 비하여 사과나무처럼 영원히 살아계신 분입니다. 사과나무는 에셀나무와 같이 영생을 상징하는 나무입니다. 다윗을 가리켜 "왕은 우리 만명보다 중하시오니 왕은 성에 계시다가 우리를 도우심이 좋으니이다"(삼하18:3) 하였고 아가서 5장 10절에서도 "나의 사랑하는 자는 희고도 붉어 만 사람에 뛰어난다" 하였습니다. 예수님은 영원히 살아계신 분이시며 모든 인생보다 뛰어나신 분입니다.

아가서 2장 3절에 "내가 그 그늘에 앉아서 심히 기뻐하였고 …"라고 하였는데, 본문에서 말하는 사과나무는 정확히 어떤 나무라고 단정하기 어렵습니다. 우리말 성경에 사과나무로 번역하였으나 씨트론(Citron)으로 해석하는 학자가 많습니다. 이 나무는 겨울에도 잎이 떨어지지 않는 상록수에 속하며 그 열매는 황금빛을 띄고 냄새도 향긋하다고 합니다. 사과나무, 감람나무, 무화과나무는 귀하고 소중히 여기는 나무입니다. 술람미 여인은 "내가 그 그늘에 앉아서 심히 기뻐하였고"(아2:3)라고 하였는데 솔로몬이 술람미 여인의 그늘이 되었음 같이 예수님은 큰 사과나무 같으셔서 시원한 그늘을 만들어 주십니다. 그래서 더위에 지친 여행자들이 그 그늘 밑에서 쉼을 얻게 되고 그 곳에서 기쁨을 누리게 되며 사과열매로 힘을 얻게 됩니다.

마태복음 11장 28절에서 예수님은 "수고하고 무거운 짐진 자들아 다 내게로 오라 내가 너희를 쉬게 하리라" 하셨습니다. 또한 수가 성 우물가에서 사마리아 여인에게 "내가 주는 물을 마시는 자는 영원히 목마르지 아니하리니"(요4:14)라고 말씀하셨습니다. 예수님은 영원히 살아있는 사과나무 같으신 분이시며 지치고 피곤한 인생의 그늘이 되어주십니다. 예수님의 그늘 밑에 앉아서 쉼을 얻게 되고 사과열매로 새 힘을 얻고 웃음과 기쁨을 누리게 될 것입니다.

술람미 여인은 사과나무 밑에서 기쁨을 찾게 되었음을 노래하고 있습니다. 솔로몬과 술람미 여인의 노래가 우리 모두의 노래가 되어야 할 것입니다.

봄의 교향악

아가 2장 10~14절

"나의 사랑하는 자가 내게 말하여 이르기를 나의 사랑, 나의 어여쁜 자야 일어나서 함께 가자 겨울도 지나고 비도 그쳤고 지면에는 꽃이 피고 새의 노래할 때가 이르렀는데 반구의 소리가 우리 땅에 들리는구나 무화과나무에는 푸른 열매가 익었고 포도나무는 꽃이 피어 향기를 토하는구나 나의 사랑, 나의 어여쁜 자야 일어나서 함께 가자 바위 틈 낭떠러지 은밀한 곳에 있는 나의 비둘기야 나로 네 얼굴을 보게 하라 네 소리를 듣게 하라 네 소리는 부드럽고 네 얼굴은 아름답구나"

이은상 작사, 박태준 작곡의 가곡 "동무생각"의 가사는 다음과 같습니다.

"봄의 교향악이 울려 퍼지는
청라언덕 위에 백합 필적에
나는 흰나리 꽃향내 맡으며
너를 위해 노래 노래 부른다
청라언덕과 같은 내 맘에
백합 같은 내 동무야
네가 내게서 피어날 적에
모든 슬픔이 사라진다."

요한 계시록에 만물찬송이 있음같이 봄은 교향악과 같은 계절입니다. 개울가에는 얼어붙었던 얼음이 녹아 얼음사이로 흐르는 물소리, 봄바람에 나뭇잎을 스치고 지나가는 바람소리, 땅에서 피어나는 아지랑이 위에 날아올라 노래하는 종달새 소리, 가지각색의 꽃이 피어 퍼져가는 꽃향기, 밭갈고 씨뿌리는 농부의 소리 ……. 이 모두가 관악기, 현악기, 타악기 소리가 조화롭게 연주되는 심포니 오케스트라, 교향악단의 연주와 같은 계절입니다. 금년에도 어김없이 새로운 계절인 봄이 찾아왔습니다. 기독교 절기에도 봄이 찾아왔습니다. 십자가의 겨울이 지나고 예수님 부활하심으로 기뻐 노래하고 꽃이 피는 봄이 찾아왔습니다. 우리가 사는 이 세계에도 봄이 왔으면 좋겠고 우리 교회와 가정과 그리고 우리 마음에도 이제는 겨울이 가고 의의 태양되신 그리스도의 따스한 봄볕을 받고 소생하는 봄이 와야 할 것입니다. 개인의 일생도 청소년 시절이 봄이라면, 장년 시절이 여름이 되고, 노년 시절이 가을이 되고, 인생의 말년이 겨울이라 할 수 있을 것입니다. 개인의 영적인 심령에도 사계절이 있습니다. 우리의 영혼에 봄이 찾아오기를 축원합니다. 봄이 주는 교훈을 따라 아가서를 상고하여 보겠습니다.

1. 봄은 시작하는 계절입니다 (아2:10)

아가 2:10 "나의 사랑하는 자가 내게 말하여 이르기를 나의 사랑, 나의 어여쁜 자야 일어나서 함께 가자"

영국에서 1752년까지 지금의 3월을 1년의 첫 달로 여겨왔습니다. '3월'을 영어로 '마치'(March)라고 합니다. 'March'라는 말은 '출발한다'는 의미를 지니고 있습니다. 봄에는 이사도 합니다. 집 단장도 합니다. 화단도 정리하고, 나무도 심고, 꽃씨도 뿌리며, 곡식을 파종합니다.

이제 기독교 절기에도 봄이 왔습니다. 십자가의 죽음, 환난과 시련의 겨울은 가고 이제 예수 부활로 새로운 봄의 계절이 왔습니다. 개인의 심령에게 영적인 봄이 찾아왔습니다. 신앙생활도 새롭게 시작해 보도록 해야 하겠습니다. 사람들은 실패하면 몇 가지 반응이 나타납니다. ① 증오하며 격분하는 사람, ② 울고 한숨 쉬며 좌절하는 사람, ③ 열등감에 사로잡혀 자기 자학증에 빠진 사람, ④ 자포자기하며 무력감과 자제력을 상실하는 사람, 자포자기 하여 바람 부는 대로, 물결치는 대로 자기 자신을 방임하는 사람도 있으며, ⑤ 비관하고 자살하는 사람도 있습니다. 다시 용기를 가지고 다시 시작하여야 합니다.

알렉산더 대왕이 어느 전쟁터에서 패전하고 동굴에 숨어있을 때입니다. 자포자기 하여 목숨을 끊고 인생을 포기하고 말까하며 실의에 빠져있을 때 동굴 입구에 거미 한 마리가 거미줄을 치고 있었습니다. 거미줄을 사방으로 치고 있는데 이쪽에서 저 건너편으로 거미는 거미줄을 타고 연결하려고 가다 떨어지고, 못 미쳐 실패하면 다시 기어 나와서 또다시 건너편으로 뛰었습니다. 그러기를 여러 차례 반복하였습니다. 포기하지 않고 계속하다가 성공하여 건너편에 거미줄을 연결하는 모습을 보고 다시 용기를 가지고 출정하여 승리를 얻었습니다. 엘리야도 실망하여 로뎀나무 밑에 누워있었으나 다시 일어나 시작하고 행진하였습니다. 인생을 다시시작한 사람만이 승리할 수 있는 것입니다.

2. 봄은 개방의 계절입니다(아2:12)

아가 2:12 "지면에는 꽃이 피고 새의 노래할 때가 이르렀는데 반구의 소리가 우리 땅에 들리는구나"

입춘대길(立春大吉), 개문만복래(開門萬福來)라는 말이 있습니다. 봄이 되면 겨울바람을 막기 위해 발랐던 문풍지를 떼어내야 합니다.

그리고 개문만복래란 말과 같이 나라도 문을 열어야 합니다. 남북의 문을 열어야 합니다. 쇄국정책이 아닌 개방정책을 펴야 합니다. 우리 개인의 심령도 문을 열어야 합니다. 열린 교육이라는 말도 있고 열린 예배라는 말도 있습니다. 마음을 주께 열어야 열린 예배가 될 수 있습니다. 누구든지 예배당에 올 때는 마음을 열어야 합니다. 무슨 말씀이든지 감사함으로, 하나님의 말씀으로 아멘, 아멘 하고 받아드려야 합니다. 요한계시록 3장 20절에 "볼찌어다 내가 문밖에 서서 두드리노니 누구든지 내 음성을 듣고 문을 열면 내가 그에게로 들어가 그로 더불어 먹고 그는 나로 더불어 먹으리라"고 말씀하셨습니다. 아가서 5장 2절에 "나의 사랑하는 자의 소리가 들리는구나 문을 두드려 이르기를 나의 누이, 나의 사랑, 나의 비둘기, 나의 완전한 자야 문 열어 다고 내 머리에는 이슬이, 내 머리털에는 밤 이슬이 가득하였다 하는구나" 하였습니다. 봄의 계절에 주님께 우리의 마음이 문을 활짝 열고 주님 모셔 들이셔서 주님과 동거 동락하는 은혜와 복에 도달하는 성도가 되어야 할 것입니다.

3. 봄은 생명이 소생하는 계절입니다(아2:11~13)

> 아가 2:11~13 "겨울도 지나고 비도 그쳤고 지면에는 꽃이 피고 새의 노래할 때가 이르렀는데 반구의 소리가 우리 땅에 들리는구나 무화과나무에는 푸른 열매가 익었고 포도나무는 꽃이 피어 향기를 토하는구나"

시편 23편 3절에 "내 영혼을 소생시키시고 자기 이름을 위하여 의의 길로 인도하시는도다" 하였습니다. 봄은 생명이 소생하는 계절입니다. 우리 집 마당가에 작은 화단이 있습니다. 그런데 며칠 전에 보니 화단에 있는 흙덩어리가 들리고 주변의 땅이 금이 가고 있었습니다. 너무 신기하여 흙덩이를 들어보니 땅속에서 노란색 화초가 올라오고 있었습니다. 화단과 잔디밭 사이로 출입하는 길이 있는데 겨울

철에 눈이 오고 얼어붙으면 미끄러워서 소금을 갖다 뿌렸습니다. 눈과 얼음이 녹아 소금물이 화단으로 흘러내렸습니다. 소금물 때문에 화초가 다 죽었겠구나 걱정했는데 화초가 소금물과 단단한 흙덩이의 악조건을 뚫고 나오는 모습을 보며 얼마나 기뻐했는지 모릅니다. 이 꽃나무는 저와 제 아내가 강원도 어느 산골에서 캐온 들국화 종류의 꽃이기에 더욱 애착이 갔습니다. 내 영혼을 소생시키시는 하나님. 우리는 우리의 신앙을 보고 놀라게 됩니다. 우리 심령에 신앙이 다 죽은 것 같았는데 우리 심령 속에서 기도가 솟아오르는 것입니다. 우리 심령 깊은 곳에서, 찬송이 솟아오르고 기도하고 싶어 무릎이 꿇어지는 자신의 모습을 보고 우리 생명을 소생시키시는 하나님의 사랑의 역사에 놀라지 않을 수 없습니다.

4. 봄은 사랑하는 계절입니다(아2:14)

아가 2:14 "바위 틈 낭떠러지 은밀한 곳에 있는 나의 비둘기야 나로 네 얼굴을 보게 하라 네 소리를 듣게 하라 네 소리는 부드럽고 네 얼굴은 아름답구나"

첫째, 사람이 사람을 사랑하면 그리워합니다. 시인도 되고, 음악가도 되어 노래가 나오고 화가도 되어 마음에 그 사람을 그려보는 것입니다. "얼굴"이라는 가곡이 있습니다.

"얼 굴"

-심봉석 작사

"동그라미 그리려다 무심코 그린 얼굴
내 마음 따라 피어나던 하얀 그 때 꿈들
풀잎에 연 이슬처럼 빛나던 눈동자
동그랗게 동그랗게 맴돌다 가는 얼굴."

사랑은 그리움이 사무치듯 주님 사랑하면 주님을 사모하게 됩니다. "의에 주리고 목마른 자는 복이 있나니"(마5:6), 예수님을 사랑하면 예수님을 밤낮으로 사모하게 됩니다.

둘째, 사랑하면 사랑하는 사람과 함께 있고, 함께 가고 싶어집니다. 아가서 2장 10절에 "나의 사랑, 나의 어여쁜 자야 일어나서 함께 가자" 하였습니다. 사랑의 특성은 사랑하는 사람을 그리워하고 사모하는 것이며, 사랑하는 사람과 함께 있고 같이 가고 싶어집니다. 그래서 결혼하여 검은머리 파뿌리같이 되어 늙어 죽을 때까지 같이 인생길을 걸어가고 싶은 것입니다.

하나님은 아브라함과 야곱에게 '내가 너와 함께 하리라, 내가 너와 함께 애굽에 내려가리라' 하시며 영원히 함께 하시며 어디로 가든지 떠나지 않고 함께 하시겠다고 약속하셨습니다(창28:15). 예수님도 마태복음 28장 20절에 "볼찌어다 내가 세상 끝날까지 너희와 항상 함께 있으리라 하시니라"는 약속으로 마태복음을 끝맺고 있습니다.

연기 기둥 같은 자

아가 3장 6~11절

"연기 기둥과도 같고 몰약과 유향과 장사의 여러가지 향품으로 향기롭게도 하고 거친 들에서 오는 자가 누구인고 이는 솔로몬의 연(輦)이라 이스라엘 용사 중 육십 인이 옹위하였는데 다 칼을 잡고 싸움에 익숙한 사람들이라 밤의 두려움을 인하여 각기 허리에 칼을 찼느니라 솔로몬 왕이 레바논 나무로 자기의 연을 만들었는데 그 기둥은 은이요 바닥은 금이요 자리는 자색 담이라 그 안에는 예루살렘 여자들의 사랑이 입혔구나 시온의 여자들아 나와서 솔로몬 왕을 보라 혼인날 마음이 기쁠 때에 그 모친의 씌운 면류관(冕旒冠)이 그 머리에 있구나"

본문 말씀은 술람미 여인이 솔로몬과 결혼하기 위하여 솔로몬이 보낸 연(輦)을 타고 예루살렘으로 올라가는 결혼행렬에 대한 모습입니다. 이 말씀을 통하여 주님께 나아가는 성도의 모습이 어떠해야 하는지를 보여주고 있습니다.

1. 연기 기둥과 같은 신부(아3:6)

아가 3:6 "연기 기둥과도 같고 몰약과 유향과 장사의 여러가지 향품으로 향기롭게도 하고 거친 들에서 오는 자가 누구인고"

아가서 3장 6절의 "연기 기둥과도 같고 몰약과 유향과 장사의 향품으로 향기롭게도 하고 거친 들에서 오는 자가 누구인고"라고 하는 말은 예루살렘 여인들이 신부의 가마행렬에 대하여 묻는 말입니다. 이러한 물음은 예수께서 예루살렘 성에 입성하실 때에 "찬송하리로다 주의 이름으로 오시는 왕이여"(눅19:38) 할 때 "온 성이 소동하여 가로되 이는 누구뇨"(마21:20)라고 묻던 말과 같습니다. 신부의 가마 행렬에 대하여 다음과 같이 서술하고 있습니다.

술람미 여인에 대하여 1장에서 바로의 병거의 준마(아1:9)로 말하였고 2장에서는 "나의 비둘기"(아2:13)라고 불렀습니다. 그리고 3장에서 신부를 가리켜 "연기 기둥"(아3:6)과 같다고 하였습니다. 한 여인을 가리켜 바로의 준마, 비둘기, 연기 기둥이라고 표현한 것은 술람미 여인의 변화되어간 영적 상태를 나타내는 말로 이해할 수 있습니다. 바로의 준마는 술람미 여인의 야성적인 본래의 모습을 나타내는 말입니다. 애굽에서 사온 바로의 준마는 기질이 강하고 개성이 뚜렷하고 고집이 세고 빨리 달려가기를 좋아합니다. 어떻게 보면 너무 자신만만하고 뻔뻔스런 기질을 가지고 있습니다. 바로의 준마 같은 술람미 여인은 어느 누구도 가까이 하기에 어려운 강인한 성격의 여인이었는데 아가서 2장 13절에서는 그런 여인을 "나의 비둘기야"라고 부르고 있습니다. 준마 같이 힘으로 밀어 붙이고 양보할 줄 모르는 그가 이제는 비둘기 같이 변하였습니다. 바위틈 낭떠러지 은밀한 곳에 자기 자신을 격리시킬 줄도 알고, 자신을 숨길 줄도 아는 비둘기가 되었습니다(아2:14). 그 후에 "연기 기둥과 같은 자"라고 불렀습니다. 연기 기둥은 예루살렘으로 올라오는 혼인행렬의 가마 앞에서 향단지를 들고 가는 여러 명의 사람들이 향을 태워 거기서 나오는 연기가 뭉게뭉게 하늘로 피어올라 연기 기둥을 만들게 됩니다. 연기 기둥이 되려면 향을 태우듯 어떤 재료를 태워야 합니다. 제물된 소나 양이나 비둘기를 태울 때 그 연기 기둥이 하늘로 올라갈 때 그 냄새가 "여호와께 향기로운 냄새니라"(레2:2) 하였습니다. 연기 기둥이 되려면 우리 자신을 태워야 합니다. 자신의 욕망, 정욕, 교만, 자신의 모든 것을 태울 때 비로소 연기 기둥과 같은 자라는 칭호를 받게 될 것입니다.

　바로의 준마와 비둘기는 각각 인격이 있습니다. 그러나 연기 기둥 같은 여인은 인격이 없습니다. '나'(我) 라고 하는 개성이 없습니다. 연기 기둥은 바람에 밀려가듯 성령의 바람에 밀려가고 사랑의 바람에 끌려옵니다. 동풍이 불면 서쪽으로 가고 서풍이 불어오면 동쪽으로 바람이 미는 대로 밀려갑니다. 내 주장이 없습니다. 바울 사도는 "… 내가 육체 가운데 사는 것은 나를 사랑하사 나를 위하여 자기 몸을 버리신 하나님의 아들을 믿는 믿음 안에서 사는 것이라"(갈 2:20)고 고백하였습니다. 이러한 사람이 연기 기둥 같은 성도입니다.

2. 몰약과 향품으로 향기롭게 꾸민 신부(아3:6)

아가 3:6 "… 몰약과 유향과 장사의 여러가지 향품으로 향기롭게도 하고 …"

　예루살렘으로 신랑을 향하여 올라오는 여인은 솔로몬이 보낸 가마를 타고 나아가는데 몰약과 유향과 장사의 여러 가지 향품으로 향기롭게 하고 나아가고 있습니다. 술람미 여인은 평소에도 가슴에 몰약 향낭을 차고 있었지만(아1:13) 결혼식을 위해서 더 좋은 각종 향품을 준비하였습니다. 신부의 몸에 지닌 향품은 "몰약과 유향과 장사의 여러 가지 향품"이라고 하였습니다. 몰약은 남부 아라비아나 인도 지방에서 생산되는 향유로 시체에 사용하는 방부제와 관유로 사용되었습니다. 히브리 여인들은 아름다운 향기를 발산하도록 외출 시 몰약을 조그마한 곽이나 주머니에 담아 가슴까지 내려오도록 목에 걸고 다녔다고 합니다(The Chokmah Commentary vol ⅩⅥ, p.623).

　예수님 탄생 시에 동방박사가 아기 예수께 황금과 유향과 몰약을 예물로 바쳤습니다(마2:11). 예수께서 돌아가셨을 때 예수께 밤에 찾아왔던 니고데모가 몰약과 침향 섞은 것을 백근쯤 가지고 와서 유대인의 장례법대로 향품과 함께 세마포로 쌌더라고 했습니다(요19:39~40). 몰약은 죽을 때 사용하는 향이며 유향은 부활 시에 사용하는 향유입니다. 여인이 몰약과 유향으로 아름답게 꾸몄다는 것은 그리스도 안에서 자신의 죽음을 체험하며 부활을 체험한 성도를 의미합니다. 장사의 향품으로 향기롭게 하였다는 것은 요한계시록 3장 18절에 "내가 너를 권하노니 내게서 불로 연단한 금을 사서 …"라고 한 말씀같이 향품을 주님께로부터 사서 향기롭게 하였다는 말입니다. 술람미 여인은 연기 기둥과 같고 몰약과 유향과 장사의 여러 가지 향품으로 향기롭게 하고 광야에서 올라오는 여인이었습니다(아 3:6).

3. 거친 들에서 오는 자(아가 3:6)

아가 3:6 "… 거친 들에서 오는 자가 누구인고"

솔로몬이 보내준 가마를 타고 오는 여인을 거친 들에서 오는 자라고 말씀하고 있습니다.

"거친 들에서 오는 자가 누구인고"

'술람미 여자'(הַשּׁוּלַמִּית, 하슈라미트)는 술람미 출신의 여인, 술램 혹은 솔람(Sawlam)으로 불렸던 수넴(Shunem) 여인으로 볼 때 술람미와 동일시되는 수넴은 나사렛 남쪽 11km 지점 곧 헬몬 산 아래 이스르엘 평지에 있는 잇사갈 지파의 한 성읍이었습니다. 헬몬 산 아래 수넴에서 예루살렘에 이르는 광야 길을 거친 들이라고 합니다. 술람미 여인이 솔로몬에게로 가기까지는 거친 들판을 지나야 하고, 산을 넘어야 하고 여러 날 밤을 지나야 했습니다. 힘들고 어려운 길이며 강도와 맹수가 출몰하는 길을 통과하여야 했습니다. 구약 교회 모형인

이스라엘의 가나안 행군 40년이 거친 광야 길이었음 같이 신약 교회의 길도 좁은 길이며(마7:13) 영문 밖 순교의 길이며(히13:12~13) 죽음의 길(마10:38~39) 이었습니다. 술람미 여인이 걸어온 거친 들을 걸어온 것 같이 예수 그리스도의 신부된 성도된 자는 누구나 거친 들을 통과해야 하는 것입니다. 흰 옷을 입고 손에 종려가지를 들고 나오는 큰 무리가 있는데 이들은 환난에서 나온 자들이라 했습니다(계7:13~14). 이는 거친 들을 통과한 자만이 예수 그리스도의 신부의 자격을 갖추게 됨을 보여주고 있습니다.

솔로몬의 연(輦)

아가 3장 6~11절

"연기 기둥과도 같고 몰약과 유향과 장사의 여러가지 향품으로 향기롭게도 하고 거친 들에서 오는 자가 누구인고 이는 솔로몬의 연(輦)이라 이스라엘 용사 중 육십 인이 옹위하였는데 다 칼을 잡고 싸움에 익숙한 사람들이라 밤의 두려움을 인하여 각기 허리에 칼을 찼느니라 솔로몬 왕이 레바논 나무로 자기의 연을 만들었는데 그 기둥은 은이요 바닥은 금이요 자리는 자색 담이라 그 안에는 예루살렘 여자들의 사랑이 입혔구나 시온의 여자들아 나와서 솔로몬 왕을 보라 혼인날 마음이 기쁠 때에 그 모친의 씌운 면류관(冕旒冠)이 그 머리에 있구나"

본문 말씀은 술람미 여인이 솔로몬이 보내준 연(輦)을 타고 거친 들에서 올라오는 결혼행렬에 대한 말씀입니다. 솔로몬의 연이라고 하는 가마는 어떻게 만들어졌는지 살펴보도록 하겠습니다.

1. 솔로몬의 연(輦) (아3:7~9)

아가 3:7~8 "이는 솔로몬의 연(輦)이라 이스라엘 용사 중 육십 인이 옹위하였는데 다 칼을 잡고 싸움에 익숙한 사람들이라 밤의 두려움을 인하여 각기 허리에 칼을 찼느니라"

연기 기둥과도 같고 몰약과 유향과 장사의 여러 가지 향품으로 향기롭게도 하고 거친 들에서 오는 자가 누구인고 이는 솔로몬의 연이라(아3:6~7) 하였습니다. 솔로몬의 연은 아가서 3장 7절과 3장9절에 나오는 말인데 솔로몬이 신부를 위하여 보낸 가마를 의미하고 있습니다.
　여기에 나오는 솔로몬의 가마는 무엇을 의미하는지 여러 성서학자들의 견해를 참고하면 다음과 같습니다.

> 솔로몬의 연(輦)은 솔로몬에 의하여 건축된 성전을 가리킨다(탈굼).
> 광야에서 이스라엘 백성들에 의하여 운반되었던 성막과 언약궤를 가리킨다(라쉬).
> 다윗에 의하여 운반되었던 언약궤를 가리킨다(바이스).
> 성경을 의미한다(데오도레트).
> 영혼들이 휴식을 취하는 안식처인 그리스도를 가리킨다(암브로우스).
> 그리스도께서 거하고 계신 교회를 의미한다(필로, 그레고리, 베데).
> 그리스도의 몸인 성전을 의미한다(코튼, 브로톤).
> 그리스도의 성전과 그리스도의 십자가를 가리킨다(그레고리).
> 택하심을 받은 성도들의 마음을 의미한다(콕시우스, 에인즈워드).
> 성령이 충만하여 광야에서 돌아오신 예수 그리스도에 관한 언급이다(M. 스튜어트).
> 그리스도의 부활의 현장을 의미한다(데이비드슨).
> 사도를 의미한다(데오도레트).
> 하나님의 말씀을 의미한다(루페르, 머서).
> 그리스도의 인성을 의미한다(암브로우스, 그레고리).
> 그리스도의 인격을 의미한다(웨스트민스터 협의회, 스튜어트).
> 그리스도께서 계신 거듭난 영혼과 그리스도의 교회를 의미한다(그레고리, 델리오, 데이비드슨).
> 구원의 계약을 의미한다(상크티우스, 콕시우스, 더럼).
> 은혜의 계약을 의미한다(길, 스콧트).
> 그리스도의 십자가를 의미한다(트루프).
> 계속 전진해가는 복음을 의미한다(윌리엄즈).

> 그리스도께서 열방을 그의 나라로 인도하시는 수단을 의미한다(헹스텐베르그).
>
> 하늘나라의 영화로움과 그리스도의 영화로움을 나타내는 것이다(차머스). ·(Baker Bible Commentary vol XXIV, pp.379~380).
>
> 주님을 모시는 교회를 상징한다(석원태 목사, "아가서 강해" p.101, 김정덕, "성도중의 성도", p.140).
>
> 구약시대의 언약궤이신 주님을 의미하며 신약시대의 그의 신부된 성도를 의미한다(유동근, "아가서강해" p.62).
>
> 예수 그리스도와 그의 몸된 교회를 상징한다(조희완 "아가서" p.298).
>
> 재림 후에 이루어질 그리스도의 신부된 성도와의 혼인예식의 상징이다
> (The Grand Bible Commentary vol IX, p.547).
>
> 신랑되신 그리스도를 사랑하는 성도에 대한 상징이다
> (The Chokmah Commentary vol XVI, p.648).

여러 성서학자들의 견해를 종합하여 볼 때 솔로몬의 연은 노아가 120년 동안 지은 노아 방주와 같고(창6:14~16), 구약시대에 성막과 지성소와 언약궤를 만드심 같고 신약시대에 그리스도의 신부된 교회와 성도를 의미한다고 볼 수 있습니다.

2. 솔로몬 연(輦)의 구조(아3:9~10)

> 아가 3:9~10 "솔로몬 왕이 레바논 나무로 자기의 연을 만들었는데 그 기둥은 은이요 바닥은 금이요 자리는 자색 담이라 그 안에는 예루살렘 여자들의 사랑이 입혔구나"

노아가 가족을 위하여 방주를 잣나무로 건조하였던 것처럼 솔로몬 왕이 사랑하는 신부를 위하여 연(輦)을 만들었는데 이는 교회를 의미하는 것입니다.

"솔로몬 왕이 레바논 나무로 연을 만들었는데"(아3:9)

아가서 3장 7절의 '연'은 히브리어로 '미타'(מטה)로 '침상'을 뜻하며, 아가서 3장 9절에서 말하는 '연'은 히브리어로 '압피르욘'(אפריון)으로 타고 이동하는 '가마'를 의미합니다.

첫째, 연의 재료는 '레바논 나무'로 만들었습니다(아3:9).

레바논 나무는 백향목을 뜻하며 성전 건축 시에도 레바논 백향목을 사용하였습니다(왕상5:10).

레바논은 '희다'는 뜻을 가진 단어에서 나왔습니다. 희다는 말은 레바논 산의 높은 지대의 흰색을 띠고 있는 석회암으로 된 봉우리와 특히 산을 뒤덮고 있는 만년설 때문에 붙여진 말이며 눈 덮인 산에서 자란 나무인 백향목은 그 나무가 단단하고 향이 나며 썩지 않고 좀이 먹지도 않는 목재입니다. 이렇게 좋은 나무로 가마를 만들었습니다. 예수님은 백향목 같은 자신의 인성으로 교회를 지으셨습니다.

둘째, "그 기둥은 은(銀)이요"(아3:10)

기둥이 은이라고 하는 것은 시편 12편 6절에서 흙도가니에 일곱 번 단련한 순결한 말씀이라 하였고 출애굽기 30장 13절에서는 구속의 값은 은전으로 바치도록 하였습니다. 은(銀)은 구속받은 자와 속죄 받은 순결한 성도들을 의미합니다(겔22:20~22). 흙도가니에서 일곱 번 단련한 순결한 성도가 교회의 기둥이 된다는 말씀입니다.

셋째, "바닥은 금이요"(아3:10)

레바논 나무가 그리스도의 인성과 거듭난 성도의 인성을 의미한다면 금(金)은 그리스도의 거룩한 신성을 의미합니다. 천국의 길이 황금으로 이루어졌다고 한 것은 천국이 하나님의 거룩하신 신성으로 이루어졌음을 말하는 것입니다. 가마, 곧 교회는 하나님의 거룩한 신성과 성령으로 바닥이 이루어졌음을 말씀하고 있습니다.

넷째, "자리는 자색담"이라(아3:10)

가마의 좌석은 자색이라 하였습니다. '담'은 가마 내부에 깔아놓은 자리 곧 시트(Seat)를 가리키는 말로 자색 카펫을 의미합니다. 자색은 왕이나 제사장의 권위로 꾸며져 있음을 나타내는 말입니다. 뿐만 아니라 주님의 교회는 그리스도의 왕권과 거룩한 권위로 이루어져 있습니다.

다섯째, "예루살렘 여자들의 사랑이 입혔구나"

가마의 재료가 소개되면서 제일 끝에 사랑으로 꾸며져 있다는 것은 의미심장한 것입니다. 금보다 고귀한 것은 많지만 사랑보다 귀한 것은 없다는 것입니다(Durlham, The Chokmah Commentary vol XVI, p.648).

가마의 내부가 예루살렘 여자들의 사랑으로 입혀졌다는 것은 주님의 교회 내부가 성도들의 사랑으로 꾸며진다는 사실을 보여주고 있습니다. 미국에 있는 수정교회는 로버트 슐러 목사님께서 목회하시다가 그의 아들이 대를 이어 목회하고 있는 교회입니다. 수정교회의 길은 성도들의 이름이 새겨진 대리석들로 이루어져 있으며 교회 유리창은 한장 한장 마다 헌금하여 바친 성도들의 이름이 새겨져 있습니다. 수정교회는 성도들의 사랑으로 세워져 있음을 볼 수 있었습니다. 솔로몬이 만든 가마는 눈 덮인 높은 산에서 자란 백향목 나무와 흙도가니에서 일곱 번 단련한 은 같이 순결한 성도와 그리스도의 신성으로 이루어지고 성도들의 사랑으로 꾸며진 교회를 보여주고 있습니다. 술람미 여인이 솔로몬의 가마를 타고 올라갔던 것같이 우리는 솔로몬의 가마 같은 교회를 통하여 하나님께 나아가게 될 것입니다.

3. 보호받는 솔로몬의 연(輦) (아3:7~8)

아가 3:7~8 "이는 솔로몬의 연(輦)이라 이스라엘 용사 중 육십 인이 옹위하였는데 다 칼을 잡고 싸움에 익숙한 사람들이라 밤의 두려움을 인하여 각기 허리에 칼을 찼느니라"

"이스라엘 용사중 육십 인이 옹위하였는데"(아3:7)

다윗을 경호하던 다윗의 용사들이 육백 명이었고(삼상27:2), 다윗의 용사 중 에센 사람 아디노라는 사람은 한때에 팔백 인을 쳐 죽인 자였습니다. 이렇게 특출한 경호원 육십 명이 솔로몬의 가마를 호위하고 있었습니다. 이는 창세기 15장 1절에 하나님께서 아브람에게 "두려워 말라 나는 너의 방패니라" 하심같이 하나님의 보호하심에 대한 구체적 표현입니다. 이들은 다 싸움에 익숙한 자들이며 밤의 두려움을 인하여 각기 허리에 칼을 차고 있었습니다. 술람미 여자가 살았던 곳으로 추정되는 수넴에서 예루살렘까지는 약 80km 즉 이백 여리나 되는 거리로서 거친 들판을 통과할 때 도적들의 기습이나 맹수 등으로 인하여 위험이 도사리고 있었습니다. 이상의 사실을 미루어 볼 때 우리 주님께서 불기둥과 구름기둥으로 인도하시며 하나님 나라에 이를 때까지 천군천사를 보내어 지켜주실 것을 확신하게 됩니다.

거친 들에서 오는 자

아가 3장 6~11절

"연기 기둥과도 같고 몰약과 유향과 장사의 여러가지 향품으로 향기롭게도 하고 거친 들에서 오는 자가 누구인고 이는 솔로몬의 연이라 이스라엘 용사 중 육십인이 옹위하였는데 다 칼을 잡고 싸움에 익숙한 사람들이라 밤의 두려움을 인하여 각기 허리에 칼을 찼느니라 솔로몬왕이 레바논 나무로 자기의 연을 만들었는데 그 기둥은 은이요 바닥은 금이요 자리는 자색 담이라 그 안에는 예루살렘 여자들의 사랑이 입혔구나 시온의 여자들아 나와서 솔로몬왕을 보라 혼인날 마음이 기쁠 때에 그 모친의 씌운 면류관이 그 머리에 있구나"

거친 들은 이 세상을 가리키는 말로 만가지 고난 풍파, 역경이 항존하는 곳입니다. 또한 성도들이 가야할 길도 거친 들입니다. 이 세상이 얼마나 거친 들인지 배고픔과 목마름이 있으며, 사막의 더위와 고달픔이 있고, 여러 가지 난관이 가득합니다. 존 번연이 지은 '천로역정'에는 기독도가 가는 여정의 험난함을 잘 나타내고 있습니다. 본문의 말씀은 거친 들에서 올라오는 한 여인의 모습을 부각시켜 주고 있습니다. 거친 들에서 쓰러지지 아니하고 올라오는 자가 있습니다. 예수께서도 "생명 길은 좁고 험하여 찾는 이가 심히 적다"고 말씀하셨습니다. 노아의 홍수 심판 때는 그의 여덟 식구만 구원을 받았습니다(창6:9~8:22). 모세라는 이름의 뜻은 "물에서 건졌다"입니다. 출애굽당시 이스라엘 사람 중에 홍해를 건너 광야 사막을 지나 아말렉을 물리치고 목마름과 고달픔의 거친 들을 통과하여 살아서 약속의 복지에 들어간 자는 여호수아와 갈렙 두 사람뿐이었습니다. 소돔과 고모라 심판 때에도 롯과 두 딸만 구원을 받았습니다. 인간의 일생은 거친 들을 통과하는 것과 같습니다. 욥은 구약에서 거친 들을 헤치고 올라온 대표적 인물입니다. 물질의 시험, 자녀의 시험, 질병의 시험, 이성의 시험, 명예, 권세의 시험을 이기고 올라왔습니다. 신약에서 거친 들에서 올라온 대표적인 인물은 바울 사도입니다. 거친 들에서 올라오는 자만이 약속의 가나안 복지에 이르게 되며 그리스도의 영광스런 잔치에 참여할 수 있습니다.

1. 거친 들에서 올라오는 자(아3:6)

아가 3:6 "연기 기둥과도 같고 몰약과 유향과 장사의 여러가지 향품으로 향기롭게도 하고 거친 들에서 오는 자가 누구인고

첫째, 아가서 3장 6절에 "연기 기둥과도 같고 …" 라고 말했습니다. 거친 들에서 올라온 자의 형상을 말하며 곧 그의 인격을 말합니다. 요엘 2장 30절에 "내가 이적을 하늘과 땅에 베풀리니 곧 피와 불과 연기 기둥이라."고 했고, 사도행전 2장 3절에 오순절 성령이 임하실 때 "불의 혀같이 각 사람에게 임했다"고 했습니다. 광야에서의 이스라엘 앞에 구름 기둥과 불 기둥이 항상 임재하였는데(출13:21~22), 거친 들에서 올라온 자는 성령의 인도하심을 따라 만난의 역경을 이기고 올라온 자입니다.

둘째, "몰약과 유향과 장사의 여러 가지 향품으로 향기롭게 하기도 하고" 하였습니다.

몰약은 죽은 자에게 바르는 향(香)입니다. 고린도후서 4장 10절에 "우리가 항상 예수 죽인 것을 몸에 짊어짐은 예수의 생명도 우리 몸에 나타나게 하려함이라"고 했습니다. 자기를 죽음에 던져버리고 자

기를 부인하므로 향기(香氣)를 발하는 신앙의 인격자를 말합니다.

셋째, 믿음의 전신갑주를 입었습니다.

60인의 호의를 받은 솔로몬의 연(輦)은 밤의 두려움을 인하여 허리에 칼을 찬 완전 무장한 자가 옹위하였다고 했습니다. 그는 믿음의 전신갑주를 입고 자신을 지킨 자입니다. 에베소서 6장 14~17절에 "그런즉 서서 진리로 너의 허리띠를 띠고 의의 흉배를 붙이고 평안의 복음의 예비한 것으로 신을 신고, 모든 것 위에 믿음의 방패를 가지고 … 구원의 투구와 성령의 검 곧 하나님의 말씀을 가지라"고 했습니다. 그는 천사가 지켜주는 자입니다. 시편 34편 7절에 "여호와의 사자가 주를 경외하는 자를 둘러 진 치고 저희를 건지시는도다"라고 말씀하였습니다. 시편 91편 11절에는 "저가 너를 위하여 그 사자들을 명하사 네 모든 길에 너를 지키게 하심이니"라고 말씀했고, 누가복음 22장 43절에는 "사자가 하늘로부터 예수께 나타나 힘을 돕더라"고 했으며, 사도행전 12장 7~10절에 옥에 갇힌 베드로를 천사가 나타나 건져내었다고 기록하고 있습니다.

2. 거친 들에서 올라온 자의 인격의 내부 구조(아3:10)

> 아가 3:10 "그 기둥은 은이요 바닥은 금이요 자리는 자색 담이라 그 안에는 예루살렘 여자들의 사랑이 입혔구나"

아가서 3장 10절에 "그 기둥은 은이요 바닥은 금이요 자리는 자색 담이라"고 하였습니다. 이 여인은 솔로몬의 연, 즉 가마라는 말입니다. 가마의 구조는 레바논의 백향목으로 되어있고, 기둥은 은으로, 바닥은 금이며 자리는 자색 담으로 그 안에는 예루살렘 여자들의 사랑이 입혀 있었습니다. 그 인격의 내부구조는 너무나 아름다운 모습이었습니다. 아가서 4장 12~15절에 잠근 동산이 있습니다. "나의 누이 나의 신부는 잠근 동산이요 덮은 우물이요 봉한 샘이로구나 네게서 나는 것은 석류나무와 각종 아름다운 과수와 고벨화와 나도초와 나도와 번홍화와 창포와 계수와 각종 유향목과 몰약과 침향과 모든 귀한 향품이요 너는 동산의 샘이요 생수의 우물이요 레바논에서부터 흐르는 시내로구나"라고 했습니다. 요한계시록 14장 1~5절에 "십사만 사천이 시온산에 어린 양 그리스도와 함께 섰는데 그 이마에 어린 양의 이름과 아버지 하나님의 이름이 있더라"고 하였습니다. 이들은 여자들로 더럽히지 않고 정절이 있는 자며 어린 양의 인도대로 따르는 자요 어린 양에게 속한 자요 그 입에 거짓이 없고 흠이 없는 자들이라고 했습니다. 주님의 가마(輦)와 같은 신부 주님의 신부된 성도는 그의 내면의 세계가 아름답게 꾸며져 있습니다.

잠근 동산

아가 4장 12~16절

"나의 누이, 나의 신부는 잠근 동산이요 덮은 우물이요 봉한 샘이로구나 네게서 나는 것은 석류나무와 각종 아름다운 과수와 고벨화와 나도초와 나도와 번홍화와 창포와 계수와 각종 유향목과 몰약과 침향과 모든 귀한 향품이요 너는 동산의 샘이요 생수의 우물이요 레바논에서부터 흐르는 시내로구나 북풍아 일어나라 남풍아 오라 나의 동산에 불어서 향기를 날리라 나의 사랑하는 자가 그 동산에 들어가서 그 아름다운 실과 먹기를 원하노라"

아가서 4장 1~11절까지 솔로몬은 술람미 여인의 아름다움을 노래하다가 12절 이하에서는 아름다움과 사랑의 극치를 칭송하며 사랑하는 자를 "잠근 동산"(아4:12)이라고 하였습니다. 본문에서는 사랑하는 자의 내적 아름다움을 잠근 동산으로 묘사하고 있는데 잠근 동산의 의미를 찾아보도록 하겠습니다.

1. 주님과 우리는 대단히 가까운 관계입니다(아4:12)

아가 4:12 "나의 누이, 나의 신부는 …"

주님과 성도된 우리는 아주 가까운 관계입니다. 본문에서 주님은 우리를 가리켜 "나의 누이, 나의 신부"라고 부르셨습니다. '나의 누이'란 출생이 같다는 본질상 동일하다는 것을 암시하는 말이며 '나의 신부'란 말씀은 결코 끊을 수 없는 사랑의 끈으로 하나가 되었음을 뜻합니다. 똑같은 하나님의 자녀이니까 '나의 누이'라 하였고, 사랑하니까 '나의 신부'라 하신 것입니다. 주님은 우리를 형제라고 부르시기도 하였습니다(마12:50). 그리스도와 주의 자녀된 모든 성도와의 사이는 얼마나 가까운가. 형제자매와 부부와 같이 친밀하고 귀중한 관계입니다. 호세아 2장 19~20절에 보면 "내가 네게 장가들어 영원히 살되 의와 공변됨과 은총과 긍휼히 여김으로 네게 장가들며 진실함으로 네게 장가들리니 네가 여호와를 알리라" 하였습니다.

2. 주님의 신부된 성도는 안전합니다(아4:12)

아가 4:12 "나의 누이, 나의 신부는 잠근 동산이요 …"

주님과 가까운 관계를 맺고 있는 성도는 안전합니다. "나의 누이, 나의 신부는 잠근 동산"이라 하였는데 그냥 동산이라 하지 않고 '잠근 동산'이라 하였습니다. 잠근 동산이라는 사실을 잊어서는 안 될 것입니다. 이 동산은 주님의 누이가 되고 주님의 신부가 되니 너무나 소중하고 귀하기 때문에 솔로몬의 가마를 육십 인이 호위한 것 같이 동산 주위를 울타리를 세워 지키고 출입문에 잠금 쇠로 잠가서 안전하게 지키도록 하였습니다. 그렇게 동산을 지키게 하여 보호하여 주심을 나타내고 있습니다. 에덴동산의 생명나무를 화염검으로 지켜주셨고, 이스라엘 백성을 구름기둥과 불기둥으로 지켜주셨으며 하나님의 백성을 천군천사로 지켜주심같이 아름다운 동산을 안전하게 지켜주셨습니다. 스가랴 2장 5절에 "여호와의 말씀에 내가 그 사면에서 불 성곽이 되며 그 가운데서 영광이 되리라"고 말씀하셨습니다.

"덮은 우물 봉한 샘이로구나"라는 말씀은 주님께서 샘물 같은 심령이 오염되지 않도록 샘을 뚜껑으로 덮어 지켜 주심을 나타내고 있습니다. 빌립보서 4장 7절에도 "… 너희 마음과 생각을 지키시리라" 하였습니다. 전설에 의하면 솔로몬 왕만 알고 있던 샘이 몇 개 있었다고 합니다. 솔로몬 왕은 그 샘들을 단단히 봉해놓았는데 그가 반지를 살짝 대면 문이 열리고 생수가 그의 금잔에 넘쳐흘렀다고 합니다. 솔로몬 왕 외에는 어느 누구도 그 샘의 비밀스런 매력을 알지 못했고 어떤 입술도 그 샘의 물을 마셔보지 못했다고 합니다(The Biblical Illustrator, S. Exell vol ⅩⅩ, p.434). 솔로몬의 동산의 샘들이 그를 위하여 특별히 보존되었던 것처럼 주님의 사랑받는 성도들의 생각과 마음을 봉한 샘 같이 굳게 지켜주실 것은 너무 분명한 사실입니다. 그러나 삼가 조심해야 합니다. 우리는 부지중에 부정하게 되어 우리 마음을 더럽히게 되기 때문입니다. 스펄젼 목사는 "우리는 세상에서 격리되어 살 수 있으나 죄에서부터 격리되어 살수는 없습니다. 우리의 눈과 손과 발과 입술과는 언약을 맺을 수는 있지만 우리의 마음은 그러한 언약에 아랑곳없이 죄를 좇아갑니다(스펄젼 설교전집 vol Ⅳ, pp.306~307) 라고 말하였습니다. 그러므로 우리는 죄의 오염으로부터 우리 마음을 덮어야 합니다.

신실한 성도인 디어(Mr. Dyer)는 "그리스도인은 아침에 자기의 마음에 열쇠를 채워서 그 열쇠를 하나님께 드려야 합니다. 그래서 어떤 악도 우리 마음속에 들어오지 못하게 해야 됩니다. 그래야 밤에 그곳을 다시 열 때 향기로운 기도의 냄새가 그곳에서 풍겨나게 될 것입니다"라고 말했습니다(스펄젼 설교전집 vol Ⅳ, p.305).

3. 잠근 동산은 아름답고 향기로운 동산입니다(아4:12~16)

아가 4:13~14 "네게서 나는 것은 석류나무와 각종 아름다운 과수와 고벨화와 나도초와 나도와 번홍화와 창포와 계수와 각종 유향목과 몰약과 침향과 모든 귀한 향품이요"

아가 4장 13절 이하에는 잠근 동산의 내면의 아름다움을 나타내고 있습니다. 아가서 4장 13절의 "네게서 나는 것은 석류나무와 각종 아름다운 과수와"라는 말씀에서 '석류'는 제사장의 에봇과 성전 기구의 장식물로 사용된 거룩함을 나타내는 과실입니다. "각종 아름다운 과수가 있으며 고벨화와 나도초와 나도와 번홍화와 창포와 계수와 각종 유향목과 침향과 모든 귀한 향품이요"(아4:13~14)라는 말씀에서 '번홍화'는 자색과 흰색을 띤 꽃으로 꽃잎은 말려 향료로 사용하였고, '창포'는 담황색이나 녹백색의 꽃으로 기름과 향수로 사용되며, '계수'는 출애굽기 30장 23절에서 '육계'로 번역된 관유로 사용되었습니다. 꽃은 녹색으로 향기가 좋고 나무의 껍질을 벗겨서 방향제로 사용되거나 음식물의 향료로 쓰였습니다. '침향'은 방향제와 약제로 사용되었습니다. 주님의 동산인 성도의 마음은 향기로운 동산입니다. 잠근 동산은 성도의 내면적인 아름다움을 그대로 보여주고 있습니다.

 '레바논에서 흐르는 시내'는 만년설이 덮인 레바논의 높은 산에서 흘러내리는 맑은 시내가 계속 흘러넘치고 있음을 묘사하고 있습니다. 하나님의 보좌로부터 흘러오는 시냇물이 우리 심령동산을 적시어 주고 그 물은 다시 흘러 요단 강 물이 되어 흘러내려 갑니다. 봉한 샘이 주님만을 위한 샘물이라면 레바논에서부터 흐르는 시내는 다시 흘려보내는 요단강같이 모든 사람을 위하여 흘러가고 있음을 보여주고 있습니다. 동산에 남풍이 불고 북풍이 불어오면 향기로운 동산에 향기를 날리게 합니다. 솔로몬 왕의 사랑받는 술람미 여인같이 주님의 사랑받는 성도는 우리의 마음 동산을 주님을 위하여 울타리를 치고 잠금 쇠로 굳게 잠가서 세상이 들어오지 못하도록 지키면 주님의 동산은 아름다운 꽃과 유향목과 과수나무가 무성하여 열매가 그치지 아니하며 레바논에서부터 흐르는 시냇물은 계속 흘러 주님의 동산을 풍요롭게 하고 다른 사람을 위하여 계속 흘러가게 될 때 남풍이 오고 북풍이 불어 잠근 동산은 향기로 가득하게 될 것입니다. 열왕기상 4

장 32~33절에 보면 "저가 잠언 삼천을 말하였고 그 노래는 일천 다섯이며 저가 또 초목을 논하되 레바논 백향목으로부터 담에 나는 우슬초까지 하고 저가 또 짐승과 새와 기어다니는 것과 물고기를 논한지라" 하였습니다. 잠언 4장 12~15절은 신부의 매력을 노래한 것인데 모팻(Moffatt)은 다음과 같이 번역하였습니다.

"나의 누이, 나의 신부는 잠근 동산이요
덮은 우물이요 봉한 샘이로구나
너의 매력을 석류 동산으로
각종 아름다운 과수와 고벨화와 나도초와 나도와
번홍화와 창포와 계수와
각종 유향목과 몰약과 침향과
모든 귀한 향품이 있고
너는 동산의 샘이요
생수의 우물이요
레바논에서부터 흐르는 시내로구나."

이사야

하늘이여 들으라
남은 자의 영광
날개 접은 천사
새로운 발견
임마누엘의 위로
천천히 흐르는 실로아 물
흑암의 땅에 빛으로 오실 메시아
감찰하시는 하나님
선견자(先見者)의 기도
여호와를 앙망하라
내가 붙드는 나의 종 (여호와의 종의 노래 I -1)
상한 갈대와 꺼져가는 등불 (여호와의 종의 노래 I -2)
너는 내 것이라
삼차원의 인생
땅 끝의 모든 백성아 나를 앙망하라
손 그늘에 숨기시며(여호와의 종의 노래 II)
학자의 혀(여호와의 종의 노래 III)
타인보다 상한 얼굴 (여호와의 종의 노래 IV-1)
슬픔의 사람 (여호와의 종의 노래 IV-2)
기쁨의 사람
하나님의 위대한 초청
성수주일의 복
전사의 모습으로 오시는 하나님
빛으로 오신 메시아
은혜의 해(年)
헵시바와 뿔라

하늘이여 들으라

이사야 1장 1~6절
"유다 왕 웃시야와 요담과 아하스와 히스기야 시대(時代)에 아모스의 아들 이사야가 유다와 예루살렘에 대하여 본 이상(異象)이라 하늘이여 들으라 땅이여 귀를 기울이라 여호와께서 말씀하시기를 내가 자식을 양육하였거늘 그들이 나를 거역하였도다 소는 그 임자를 알고 나귀는 주인의 구유를 알건마는 이스라엘은 알지 못하고 나의 백성(百姓)은 깨닫지 못하는도다 하였도다 슬프다 범죄(犯罪)한 나라요 허물진 백성이요 행악의 종자요 행위가 부패한 자식이로다 그들이 여호와를 버리며 이스라엘의 거룩한 자를 만홀히 여겨 멀리하고 물러갔도다 너희가 어찌하여 매를 더 맞으려고 더욱 더욱 패역(悖逆)하느냐 온 머리는 병들었고 온 마음은 피곤하였으며 발바닥에서 머리까지 성한 곳이 없이 상한 것과 터진 것과 새로 맞은 흔적뿐이어늘 그것을 짜며 싸매며 기름으로 유하게 함을 받지 못하였도다"

이사야 선지자는 남왕국 유다의 선지자며 B.C 740~680년까지 약 60년간 예언활동을 계속한 대선지자 중의 한사람 입니다. 이사야 선지자가 외친 복음의 제일성을 살펴보도록 하겠습니다.

1. 하늘이여 들으라(사1:2)

이사야 1:2 "하늘이여 들으라 땅이여 귀를 기울이라 여호와께서 말씀하시기를 내가 자식을 양육하였거늘 그들이 나를 거역하였도다"

세례 요한이 광야에서 전한 복음의 제일성이 "회개하라 천국이 가까웠느니라"(마3:2)는 외침이었습니다. 이사야 선지자가 외친 제일성은 "하늘이여 들으라 땅이여 귀를 기울이라"는 말씀이었습니다. 모세도 "하늘이여 귀를 기울이라 내가 말하리라 땅은 내 입의 말을 들을 지어다"(신32:1) 하였습니다.

신명기 4장 36절에 보면 "여호와께서 너를 교훈하시려고 하늘에서부터 그 음성을 너로 듣게 하시며 땅에서는 그 큰 불을 네게 보이시고 너로 불 가운데서 나오는 그 말씀을 듣게 하셨느니라" 하였고, 이사야 48장 13절에 "과연 내 손이 땅의 기초를 정하였고 내 오른손이 하늘에 폈나니 내가 부르면 천지가 일제히 서느니라" 하였습니다. 이사야 선지자의 외침은 하늘과 땅을 불러 하나님의 증인으로 일어서라고 부르는 말씀입니다. 이사야 선지자가 이렇게 외치게 된 것은 분명히 본 것이 있고 들은 것이 있으며 깨달은 것이 있기 때문입니다. 아모스 3장 4절에 "사자가 움킨 것이 없고야 어찌 수풀에서 부르짖겠으며 젊은 사자가 잡은 것이 없고야 어찌 굴에서 소리를 내겠느냐"함과 같이 사자처럼 하늘을 응시하며 땅을 내려다보며 외치고 있는 것입니다. 제가 중학교 때 기도하려고 산에 올라간 일이 있었습니다. 어느 성도가 나무와 여러 수목으로 이루어진 풀과 바위와 그 속에 있는 짐승과 새들을 향하여 "만물들아 여호와의 말씀을 들을찌어다 여호와께 돌아오라 그리하면 살리라 …"고 외치던 성도의 모습을 잊을 수 없습니다. 이사야 선지자가 이렇게 외치게 된 것은 유다와 예루살렘에 대하여 본 이상(異象) 때문이었습니다(사1:1). 이사야 선지자가 본 이상에 대하여 1장에서부터 66장까지 그 내용을 공개하고 있습니다.

2. 하나님의 탄식소리를 들으라(사1:2)

이사야 1:2 "하늘이여 들으라 땅이여 귀를 기울이라 여호와께서 말씀하시기를 내가 자식을 양육하였거늘 그들이 나를 거역하였도다"

이사야는 하늘과 땅을 증인으로 불러 세워놓고 "여호와께서 말씀하시기를 내가 자식을 양육하였거늘 그들이 나를 거역하였도다"라고 이스라엘 백성들의 반역을 고발하고 있습니다. 하늘과 땅이 들어야 하며 이스라엘 백성이 들어야 할 이유는 하나님이 말씀하셨기 때문입니다.

하늘은 하나님의 창조 이래 수많은 세대가 지나는 동안 이스라엘 백성에 대한 하나님의 부성적(父性的)인 사랑과 보살핌을 지켜보았습니다. 만나를 내려주시고 물을 반석에서 솟아나게 하시며 구름기둥과 불기둥으로 보호하시고 인도하였으며 율법을 주시고 이루 헤아릴 수 없는 사랑을 쏟아 부어주신 사실을 하늘은 지켜보았습니다.

이스라엘이 우상숭배에 빠져 하늘은 문을 달아 삼년 육개월 동안 비를 내리지 않았고(약5:17), 땅은 아벨의 피소리를 호소하였으며(창4:10) 땅이 그 백성을 토하여 거룩한 땅에서 쫓겨나 이방나라에서 객이 되었던 일들을 지켜보았습니다. 하나님께서 탄식하시기를 "내가 자식을 양육하였거늘 그들이 나를 거역하였도다"(사1:2) 하셨고 "소는 그 임자를 알고 나귀는 주인의 구유를 알건마는 이스라엘은 알지 못하고 나의 백성은 깨닫지 못하는도다"(사1:3) 하셨습니다. 이스라엘 백성이 하나님의 은혜를 배은망덕한 것입니다. 하나님께 기쁨의 자식이 되어야 할 이스라엘 백성이 하나님께 슬픔의 자식이 되었습니다. 그러므로 이사야는 "슬프다 범죄한 나라요 허물진 백성이요 행악의 종자요 행위가 부패한 자식이로다 그들이 여호와를 버리며 이스라엘의 거룩한 자를 만홀히 여겨 멀리하고 물러갔도다 너희가 어찌하여 매를 더 맞으려고 더욱 더욱 패역하느냐 …"(사1:4~5)라고 탄식하고 있습니다.

3. 사죄의 복음을 들으라(사1:18~20)

이사야 1:18 "여호와께서 말씀하시되 오라 우리가 서로 변론하자 너희 죄가 주홍같을찌라도 눈과 같이 희어질 것이요 진홍같이 붉을찌라도 양털같이 되리라"

이사야 선지자는 하늘과 땅을 불러 이스라엘 백성의 반역을 지적하며 하나님의 탄식을 전하면서 하나님께 돌아가면 사죄의 은총을 받게 될 것이라고 증거하고 있습니다. 하나님은 인자하심이 영원하십니다(시136:1~26). 진노 중에도 긍휼을 잊지 아니하시며(합3:2), 잘못을 뉘우치는 자에게 용서보다 더 큰 은혜와 사랑을 덧입혀 주시는 분입니다. 그러므로 "여호와의 자비와 긍휼이 무궁하시므로 우리가 진멸되지 아니함이니이다 이것이 아침마다 새로우니 주의 성실이 크도소이다"(애3:22~23) 하였습니다. 공동번역 성서에는 이 말씀을 다음과 같이 번역하였습니다.

"주 야훼의 사랑 다함 없고 그 자비 가실 줄 몰라라 그 사랑 그 자비 아침마다 새롭고 그 신실하심 그지없어라."

이사야 선지자를 가리켜 희망의 선지자라고 합니다. 사실 그렇습니다. 이스라엘 백성이 배은망덕하고 형식적인 예배만 남았으나 이사야는 사죄의 희망을 예언하였습니다. 죄에 대한 용서를 선포하므로 죄인들에게 희망을 심어주었습니다. 이사야 1장 18절에서 "오라 우리가 서로 변론하자 너희 죄가 주홍같을찌라도 눈과 같이 희어질 것이요 진홍같이 붉을찌라도 양털같이 되리라"(사1:18)고 말씀하심으로 반역을 일삼고 살아온 이스라엘 백성들에게 희망의 빛을 비춰주었습니다. 너희 죄가 주홍같고 진홍같을찌라도 눈과 같이 희어지리라 하셨습니다. 여기서 말하는 붉은 색은 바벨론 색이며, 지상나라와 마귀의 고유색을 의미하고 있습니다(계12:3, 9, 17:4). 반면에 흰색은 세마포를 입은 성도의 색이며 성결의 색으로 간주되고 있습니다(전9:8, 단7:9, 마17:2, 계1:14, 3:4, 7:9, 19:8). (The Chokmah Commentary vol XVII, p.37)

이스라엘은 사형언도 받아 마땅합니다. 그러나 하나님은 상벌의 응보적 법칙에 얽매이는 분이 아니십니다. 하나님은 이스라엘을 변화시켜 그들에게 새로운 미래를 주려고 하셨습니다. 누구든지 하나님께 돌아가면 탕자를 용서하심보다 더 큰 은혜로 그를 받아주신 것 같이 새로운 복된 미래를 열어 주실 것입니다.

남은 자의 영광

이사야 4장 1~6절

"그날에 일곱 여자가 한 남자를 붙잡고 말하기를 우리가 우리 떡을 먹으며 우리 옷을 입으리니 오직 당신의 이름으로 우리를 칭하게 하여 우리로 수치(羞恥)를 면케 하라 하리라 그날에 여호와의 싹이 아름답고 영화로울 것이요 그 땅의 소산은 이스라엘의 피난한 자를 위하여 영화롭고 아름다울 것이며 시온에 남아 있는 자, 예루살렘에 머물러 있는 자 곧 예루살렘에 있어 생존한 자 중 녹명(錄名)된 모든 사람은 거룩하다 칭함을 얻으리니 이는 주께서 그 심판하는 영과 소멸(燒滅)하는 영으로 시온의 딸들의 더러움을 씻으시며 예루살렘의 피를 그 중에서 청결케 하실 때가 됨이라 여호와께서 그 거하시는 온 시온산과 모든 집회 위에 낮이면 구름과 연기, 밤이면 화염의 빛을 만드시고 그 모든 영광(榮光) 위에 천막을 덮으실 것이며 또 천막이 있어서 낮에는 더위를 피하는 그늘을 지으며 또 풍우를 피하여 숨는 곳이 되리라"

이사야서에서 나타나는 중요한 사상은 메시야 사상과 남은 자 사상입니다. 남은 자에 대하여 이사야 2장 2~4절에서 '회복된 예루살렘 성으로 모여드는 하나님의 백성'에 초점이 맞춰졌고 이사야 4장 2~6절에서는 '성결케 정화된 예루살렘의 거룩함'에 초점이 맞춰져 있습니다.

1. 시온에 남아있는 자(사4:3)

이사야 4:3 "시온에 남아 있는 자, 예루살렘에 머물러 있는 자 곧 예루살렘에 있어 생존한 자 중 녹명(錄名)된 모든 사람은 거룩하다 칭함을 얻으리니"

남은 자란 누구를 지칭하는 말입니까. 본문에서 남은 자에 대하여 세가지로 지칭하고 있습니다. 이스라엘의 피난한 자(2절), 시온에 남아있는 자(3절), 예루살렘에 머물러 있는 자(3절)인데 이들은 이스라엘 백성들에게 닥친 대재난을 피하여 남아있는 자들로 생존자 명단에 기록되어 있는 소수에 속한 자들입니다.

시온에 '남아있는 자'(하니쉬하르, הַנִּשְׁאָר)는 생명책에 기록된 자들입니다(출32:32; 시69:28; 계20:15, 21:27). 요한계시록 21장에는 신천신지 하늘 도성을 보여주는데 그 거룩한 성에 들어갈 자는 "오직 어린 양의 생명책에 기록된 자들"(계21:27) 뿐이라고 하였습니다. 이사야 2장 2절에 "말일에 여호와의 전의 산이 모든 산꼭대기에 굳게 설 것이요 모든 작은 산 위에 뛰어나리니 만방이 그리로 모여들 것이라" 하심같이 말일에는 남은 자들이 시온 산에 세워진 예루살렘 성전으로 모여들 것이라 하였습니다. 이사야 4장 2~6절에서는 '여호와의 싹'이 나타나서 남은 자들을 거룩하게 하실 것이라 하였습니다(사4:4). 남은 자(The Remnant) 사상은 이사야의 핵심사상입니다. B.C 9세기경 엘리야 시대에 하나님께서 바알에게 무릎 꿇지 아니한 7,000명을 남겨두셔서 신앙의 맥을 이어가게 하셨습니다(왕상19:15~18). 뿐만 아니라 성경 전체에 남은 자 사상이 흐르고 있습니다. 모세도 신명기 28장 58~62절에서 이스라엘 백성이 하늘의 별과 같이 많을지라도 남는 자가 얼마 되지 못할 것이라 하였으며 창세기 6장과 7장에 보면 노아 홍수 심판 때 남은 자는 노아의 가족 여덟 명 뿐이었습니다. 소돔, 고모라 성이 유황불로 심판받을 때 구원받은 사람은 롯과 그의 두 딸 뿐이었습니다(창19:24~30). B.C 7세기 미가 선지자는 "야곱의 남은 자는 많은 백성 중에 있으리니 …"(미5:7)라고 예언함으로 남은 자들은 유대인을 뛰어 넘어 세계 모든 백성으로 확대되어 감을 설명하고 있습니다.

바울 사도는 호세아서를 인용하여 "내 백성 아닌 자를 내 백성이라, 사랑치 아니한 자를 사랑한 자라 부르리라 너희는 내 백성이 아니라 한 그곳에서 저희가 살아 계신 하나님의 아들이라 부름을 얻으리라"(롬9:25~26) 하므로 남은 자는 이방인 중에서도 부르심을 입은 자들이 있을 것을 증거하였습니다(The Chokmah Commentary vol XVII, p.78).

이사야 선지자는 "밤나무, 상수리나무가 베임을 당하여도 그 그루터기는 남아 있는 것같이 거룩한 씨가 이 땅의 그루터기니라"(사6:13)고 하였습니다. 이사야의 남은 자 사상은 자기 아들의 이름을 '스알 야숩'(שְׁאָר יָשׁוּב)이라고 지은데도 나타나고 있습니다. 그 이름은 '남은 자가 돌아오리라'는 뜻입니다.

2. 남은 자의 영광(사4:3~6)

> 이사야 4:4 "이는 주께서 그 심판하는 영과 소멸(燒滅)하는 영으로 시온의 딸들의 더러움을 씻으시며 예루살렘의 피를 그 중에서 청결케 하실 때가 됨이라"

남은 자의 영광은 달과 별의 영광이 태양 빛으로 오게 된 것 같이 남은 자들은 의의 태양되신 그리스도로 말미암아 덧입혀질 영광입니다. 이사야 선지자는 죄악으로 어두워진 세대에 흑암 중에 빛이 나타나고 어둠이 깊어질 때 새벽별이 떠오르듯 절망의 시대에 메시야의 출현을 선포하며 그를 통하여 남은 자들이 영광스럽게 될 것을 예언하였습니다.

첫째는, 여호와의 싹이 아름다울 것이라 하였습니다. 이사야 4장 2절에서 "여호와의 싹이 아름답고 영화로울 것이요"라고 하므로 '여호와의 싹'으로 표현하고 있는 메시야의 출현을 예고하면서 여호와의 싹으로 나타나실 메시야는 아름답고 영화로울 것이라고 하였습니다. 그분이 영화롭다는 말은 히브리어 원문에는 네 가지 명사를 사용하고 있는데 '카보드'(כבוד)는 '존귀', '가온'(גאון)은 '위엄', '티프에레트'(תפארת)는 '광채', '체비'(צבי)는 '광채와 영광'이라는 뜻으로 그분은 영광스럽고 존귀하고 영화롭고 아름다우신 분이라고 하였습니다.

둘째는, 남은 자들이 거룩한 자가 될 것이라 하였습니다. 이사야4장 3~4절에 "… 녹명(錄名)된 모든 사람은 거룩하다 칭함을 얻으리니 … 시온의 딸들의 더러움을 씻으시며 예루살렘의 피를 그 중에서 청결케 하실 때가 됨이라"고 말씀하였습니다. 이스라엘의 남은 자들, 시온에 남아있는 자, 예루살렘에 머물러 있고 생명록에 녹명된 자들을 씻으시며 정결케 하여 거룩한 자라 칭함을 얻게 하신다는 말씀입니다. 남은 자들이라도 여전히 부족함이 많은 자들입니다. 이들은 환난을 통과하여 씻으시는 물로 씻어 거룩함을 입혀 주셔서 '거룩한 자'라고 칭함을 받게 하여 주신다는 말씀입니다. 제사장이 성수를 뿌려 부정함을 제하여 주심같이 주님께서 성수와 보혈로 내가 너를 씻어 깨끗하게 하였느니라, 너는 거룩한 자니라, 말씀하실 때 거룩한 자의 반열에 서게 될 것입니다. 우리가 거룩하게 되는 것은 하나님의 임재에 있으며(사6:6) 여호와의 싹으로 나타나신 메시아 그리스도의 임재하심으로 거룩함을 이룰 수 있습니다.

셋째는, 하나님께서 영광의 불과 구름으로 영원히 보호하실 것이라 하셨습니다. 이사야 4장 5~6절에서 "여호와께서 그 거하시는 온 시온 산과 모든 집회 위에 낮이면 구름과 연기, 밤이면 화염의 빛을 만드시고 그 모든 영광 위에 천막을 덮으실 것이며 또 천막이 있어서 낮에는 더위를 피하는 그늘을 지으며 또 풍우를 피하여 숨는 곳이 되리라" 하였습니다. 하나님 자신이 그늘을 지어주고 숨는 곳을 만들어 주리라는 것입니다. "여호와는 너를 지키시는 자라 여호와께서 네 우편에서 네 그늘이 되시나니 낮의 해가 너를 상치 아니하며 밤의 달도 너를 해치 아니하리로다 여호와께서 너를 지켜 모든 환난을 면케 하시며 또 네 영혼을 지키시리로다"(시121:5~6).

이사야 선지는 '여호와의 싹'으로 나타나신 예수 그리스도는 이 세상에서 믿음을 지켜 남은자 된 성도들을 찾아오셔서 우리의 피난처가 되시고 보호자가 되어 주실 것이라는 사실을 예언하였습니다. 우리의 영원한 피난처는 바로 주 예수 그리스도이십니다. 그 안에 거할 때 안식이 있고 평안과 기쁨과 행복이 있음을 알게 될 것입니다. 남은 자를 위하여 '여호와의 싹'으로 이 땅에 찾아오신 주 예수님은 오늘의 남은 자를 위하여 이 땅에 다시 재림하실 것입니다.

날개 접은 천사

이사야 6장 1~5절

"웃시야 왕의 죽던 해에 내가 본즉 주께서 높이 들린 보좌에 앉으셨는데 그 옷자락은 성전에 가득하였고 스랍들은 모셔 섰는데 각기 여섯 날개가 있어 그 둘로는 그 얼굴을 가리었고 그 둘로는 그 발을 가리었고 그 둘로는 날며 서로 창화하여 가로되 거룩하다 거룩하다 거룩하다 만군의 여호와여 그 영광이 온 땅에 충만하도다 이 같이 창화하는 자의 소리로 인하여 문지방의 터가 요동하며 집에 연기가 충만한지라 그 때에 내가 말하되 화로다 나여 망하게 되었도다 나는 입술이 부정한 사람이요 입술이 부정한 백성 중에 거하면서 만군의 여호와이신 왕을 뵈었음이로다"

웃시야 왕이 죽던 해(B.C 740년경)에 앗수르의 디글랏 빌레셀(B.C 745~727년)이 새로운 실력자로 부상하면서 근동지방이 긴장에 휩싸이는 등 국제정세가 불안할 때 국가적 위기를 직감하고 이사야 선지자가 성전에 들어가 기도하다가 놀라운 이상을 보게 되었습니다. 하나님께서 보좌에 앉으셨고 그의 옷자락은 성전에 가득한 광경을 목도하게 되었습니다. 두렵고도 놀라운 모습이었습니다. 그리고 하나님을 섬기는 고급천사인 세라핌의 무리를 보게 되었습니다.

1. 날개 접은 천사(사6:2)

이사야 6:2 "스랍들은 모셔 섰는데 각기 여섯 날개가 있어 그 둘로는 그 얼굴을 가리었고 그 둘로는 그 발을 가리었고 …"

이사야가 본 하나님의 보좌 앞에는 세라핌으로 불리우는 천사의 무리가 있었습니다. 여섯 날개의 천사인 세라핌은 두 날개로는 얼굴을 가리고 두 날개로는 발을 가리고 자신의 모습을 드러내지 않고 있는 천사의 모습을 보게 되었습니다.

하나님을 섬기는 세라핌이 두 날개로 얼굴을 가리고 두 날개로는 발을 가리었음에 대하여 성서 주석에서는 바른 예배자의 자세라고 하였습니다. 이러한 세라핌의 모습은 예배하는 자들에게 주시는 특별한 메시지를 시사하고 있습니다. 세라핌같이 예배자는 철저히 자신의 모습을 감추어야 할 것이라는 사실을 보여주고 있습니다. 이사야 선지자는 이 땅에 오실 메시아는 하나님의 손그늘에 숨기심을 받게 될 것이라고(사49:2) 하였습니다. 하나님을 섬기는 자들은 자신을 숨기는 법을 배워야 할 것입니다. 골방에 숨어 기도하며, 오른손이 한 것을 왼손이 모르게 숨기는 생활을 터득하여야 할 것입니다. 모세는 시내 산에서 사십일 동안 기도하면서 자신을 숨겼으며 엘리야는 호렙산 동굴에 들어가 자신을 숨겼습니다. 자기 관리를 위하여 네 개의 날개로 자신의 얼굴과 발을 가리던 세라핌의 행동을 의미 깊게 지켜보고 배워야 할 것입니다.

2. 얼굴과 발을 가리운 천사(사6:2)

이사야 6:2 "… 그 둘로는 그 얼굴을 가리었고"

이러한 세라핌의 자세는 하나님을 섬기는 자의 바른 자세를 보여주고 있습니다. 하나님을 섬기는 자는 자신의 얼굴을 알리는 일이나 자신의 행위와 공적을 과시해서는 아니된다는 사실을 보여주고 있습니다. 하나님을 섬기는 자는 자신의 이름이나 행위를 자랑할 수 없습니다. 진정으로 예배하는 자는 하나님의 영광만 드러내기 원하며 하나님께 대한 거룩한 두려움 앞에서 자신의 모습을 숨기고 싶은 심정에 이르게 될 것입니다. 호렙 산 동굴에서 여호와 하나님이 지나실 때 크고 강한 바람이 산을 가르고 지진이 일어나고 불이 나타난 후 세미한 하나님의 음성이 들려왔습니다. 이 때 엘리야는 겉옷으로 얼굴을 가리우고 동굴 입구에 숨어있었습니다(왕상19:4).

출애굽기 3장에 보면 모세가 미디안 광야 호렙 산 기슭에서 양무리를 칠 때 떨기나무 불꽃 가운데서 "모세야 모세야 …" 부르시는 하나님의 음성을 들었습니다. 그리고 "이리로 가까이 하지 말라 너의 선 곳은 거룩한 땅이니 네 발에서 신을 벗으라" 하시고 "나는 네 조상의 하나님이니 아브라함의 하나님 이삭의 하나님 야곱의 하나님이라 하시니 모세가 하나님 뵈옵기를 두려워하여 얼굴을 가리우매 …"(출3:1~6)라고 기록하고 있습니다.

천사가 하나님 앞에서 얼굴과 발을 가리웠던 것 같이 엘리야와 모세도 얼굴을 가리우고 신을 벗었습니다.

하나님 앞에서 하나님 섬기는 자의 당연한 자세는 자신의 모습을 숨기는 일이었습니다. 누구나 하나님 앞에 서면 자신의 모습을 감추지 않을 수 없으며 두렵고 떨림으로 겸손히 하나님 앞에 엎드려 경배하게 될 것입니다.

3. 절제하는 아름다운 모습(사6:2)

이사야 6:2 "… 그 둘로는 날며"

날개 접은 천사의 모습은 절제하는 아름다운 모습입니다. 여섯 날개로 다 날아다닐 수 있지만 두 날개로 얼굴을 가리우고 두 날개로 발을 가리우는 것은 절제하는 모습입니다. 하나님을 섬김에 있어 지나친 열심만으로는 안됩니다. 하나님 법도를 따라야 됩니다. 그렇게 하기 위해서는 절제의 능력이 필요한 것입니다.

고린도전서 12장에는 성령의 아홉가지 은사가 기록되어 있고 갈라디아서 5장 22～23절에는 성령의 아홉가지 열매가 있습니다. 사랑, 희락, 화평, 오래참음, 자비, 양선, 충성, 온유, 절제입니다. 아홉 번째의 성령의 열매는 절제입니다.

고급천사인 세라핌은 자신의 여섯 날개 중 네 날개를 접었습니다. 자신의 욕망의 날개를 절제의 능력으로 접었습니다. 날개는 욕망을 의미합니다. 마음대로 날고 싶은 욕망과 과시하고 싶은 마음이 있을 수 있습니다.

마귀는 예수님을 성전 꼭대기에 세우고 욕망의 날개를 펴서 뛰어내리라고 유혹하였습니다. 예수님은 하나님 앞에서 자신의 욕망의 날개를 펴지 아니하고 "주 너의 하나님을 시험하지 말라"(마4:7)고 마귀를 물리쳤습니다. 그리스도는 오직 하나님의 영광만을 위해 사셨고 자신을 위한 욕망의 날개를 접었습니다. 하늘 끝까지 날아가서 하나님처럼 높아지려는 욕망도 있을 수 있으며 땅 끝까지 날아가서 하나님의 낯을 피하여 도피하려는 욕망도 있을 수 있습니다.

이렇게 인간에게는 무서운 욕망이 있습니다. 남을 다스리고자 하는 권력욕이 있고, 모든 것을 소유하고자 하는 지배욕과 소유욕이 있습니다. 아담은 에덴동산에서 하나님 같이 되고자 하는 욕망의 날개를 접지 못해 그만 선악과를 따먹고 말았습니다. 바벨탑을 하늘 꼭대기까지 쌓으려는 욕망을 표출하기도 했습니다(창11:4). 인간의 욕망은 끝도 없이 깊고도 높습니다. 인간 스스로 욕망의 날개를 접을 수 없습니다.

성령의 열매인 절제의 능력으로 욕망의 날개를 접어야 합니다.

바울 사도는 "우리가 우리 자신을 위해 사는 자도 없고 우리 자신을 위해 죽는 자도 없다"(롬14:7)고 하면서 사나 죽으나 그리스도의 것(롬14:8)이라고 하였습니다.

　바울 사도는 그리스도를 위해 자신의 욕망의 날개를 접었습니다. 세라핌이 네 날개로 자신의 얼굴과 발을 가리우고 오직 두 날개로만 하나님을 위해 날아다니던 것같이 우리의 삶 또한 나를 위한 모든 욕망의 날개를 접고 겸손히 나 자신의 얼굴과 발을 가리우고 하나님의 영광만을 위하여 절제하며 섬기는 삶을 살아드려야 할 것입니다.

새로운 발견

이사야 6장 1~8절

"웃시야 왕의 죽던 해에 내가 본즉 주께서 높이 들린 보좌에 앉으셨는데 그 옷자락은 성전에 가득하였고 스랍들은 모셔 섰는데 각기 여섯 날개가 있어 그 둘로는 그 얼굴을 가리었고 그 둘로는 그 발을 가리었고 그 둘로는 날며 서로 창화하여 가로되 거룩하다 거룩하다 거룩하다 만군의 여호와여 그 영광이 온 땅에 충만하도다 이 같이 창화하는 자의 소리로 인하여 문지방의 터가 요동하며 집에 연기가 충만한지라 그 때에 내가 말하되 화로다 나여 망하게 되었도다 나는 입술이 부정한 사람이요 입술이 부정한 백성 중에 거하면서 만군의 여호와이신 왕을 뵈었음이로다 때에 그 스랍의 하나가 화저로 단에서 취한바 핀 숯을 손에 가지고 내게로 날아와서 그것을 내 입에 대며 가로되 보라 이것이 네 입에 닿았으니 네 악이 제하여졌고 네 죄가 사하여졌느니라 하더라 내가 또 주의 목소리를 들은즉 이르시되 내가 누구를 보내며 누가 우리를 위하여 갈꼬 그 때에 내가 가로되 내가 여기 있나이다 나를 보내소서"

세계적으로 유명한 폭포가 있는데 캐나다와 미국령에 속한 나야가라 폭포와 아프리카의 빅토리아 폭포, 그리고 브라질의 이과수 폭포를 들 수 있습니다. 그 중 빅토리아 폭포(Victoria Falls)는 아프리카의 남부 잠비아 공화국과 짐바브웨의 경계를 흐르는 잠베지 강에 있는 대폭포로 잠베지 강의 물이 약 1,500m의 긴 폭포가 되어 110~150m 아래로 떨어지는 광경은 장관을 이룹니다. 이 폭포 소리는 "천둥소리가 나는 연기"라고 불리어 왔는데 1855년 리빙스턴이 발견하여 빅토리아 여왕의 이름을 따서 빅토리아 폭포라고 하였습니다. 본문 말씀은 리빙스턴이 빅토리아 폭포를 발견한 것보다 이사야 선지자의 새로운 발견을 말씀하고 있습니다.

1. 성전 보좌에 계신 하나님을 발견하였습니다(사6:1)

이사야 6:1 "웃시야 왕의 죽던 해에 내가 본즉 주께서 높이 들린 보좌에 앉으셨는데 그 옷자락은 성전에 가득하였고"

B.C 783~742년경 유다 왕 웃시야가 16세에 왕이 되어 52년 동안 왕위에 올라 나라를 치리하였습니다. 그가 교만하여 하나님께서 세우신 제사장의 제사권을 무시하여 성전에 들어가 분향하다가 문둥병이 발병하여 별궁에서 살다가 세상을 떠나게 되었습니다. 웃시야 왕이 죽고 앗수르 왕 디글랏빌레셀(B.C 745~727년)이 새로운 실력자로 부상하게 되므로 당시 유다국 주변정세가 긴장이 고조되고 국제정세가 불안한 상황을 이루고 있었습니다. 이러한 때에 이사야 선지자는 불안한 마음으로 성전에 올라가 기도드리다가 높은 보좌에 앉으신 하나님을 발견하게 되었습니다.

"내가 본즉 주께서 높이 들린 보좌에 앉으셨는데"(사6:1)
이러한 광경은 솔로몬이 건축한 궁전에 높이 세운 솔로몬의 보좌를 연상케 하고 있습니다. "왕이 또 상아로 큰 보좌를 만들고 정금으로 입혔으니 그 보좌에는 여섯 층계가 있고 보좌 뒤에 둥근 머리가 있고 앉는 자리 양편에는 팔걸이가 있고 팔걸이 곁에는 사자가 하나씩 섰으며 또 열두 사자가 있어 그 여섯 층계 좌우편에 섰으니 아무 나라에도 이같이 만든 것이 없었더라"(왕상10:18~20) 하였습니다. 높은 보좌에 앉으신 하나님을 뵈옵게 된 것은 웃시야 왕이 죽었으나 만왕의 왕이 되시며 만주의 주가 되시고 영원한 권세자이신 하나님께서 인간 역사를 다스리고 계심을 보여주고 있는 것입니다. 위대한 정치가들이 그들의 권좌에서 물러나게 되고 위대한 종교 개혁자 루터가 세상을 떠나고 스펄전 목사 같은 위대한 설교자가 세상을 떠나갈지라도 하나님은 높은 보좌에서 여전히 이 세상을 다스리시고 계심을 깨달아야 할 것입니다.

"옷자락이 성전에 가득하였고"(사6:1)

당시 왕들이 입는 옷은 땅에 끌리는 긴 옷을 입었습니다. 이는 왕의 위엄을 나타내기 위함이었습니다. 보좌에 앉으신 하나님의 옷자락이 성전에 가득한 것은 말로 다 할 수 없는 큰 위엄을 지니신 하나님의 위엄이 성전에 가득하게 채워져 있음을 나타내는 광경입니다.

아하스 왕은 하나님의 집 뜰에 앗수르 다메섹 신전에 설치된 제단을 그대로 설치하고 거기서 제사를 드렸습니다(왕하16:10~16). 이는 그가 하나님과 다메섹 신을 함께 섬겼음을 의미하는 것입니다. 아하스 왕이 하나님의 성소를 더럽혔을 때 하나님은 성전에서 떠나갔습니다(The Baker Commentary vol ⅩⅩⅤ, p.342).

하나님께서는 모든 것을 소유하시거나 그렇지 않을 경우에는 아무 것도 소유하시지 아니하십니다. 이사야 42장 8절에 "나는 여호와니 이는 내 이름이라 나는 내 영광을 다른 자에게, 내 찬송을 우상에게 주지 아니하리라" 하셨습니다. 이 땅에 있는 하나님의 모든 성전들은 하나님의 성전에 옷자락이 가득한 것처럼 온전히 하나님의 다스리심을 받는 교회가 되어져야 할 것입니다. 천사들이 "거룩하다 거룩하다 거룩하다"하며 하나님의 거룩하심을 찬양으로 선포할 때 영광의 연기가 집에 충만하였습니다. 지상교회도 이와같이 되어져야 할 것입니다.

2. 자신의 죄를 발견하였습니다(사6:5)

이사야 6:5 "그 때에 내가 말하되 화로다 나여 망하게 되었도다 나는 입술이 부정한 사람이요 입술이 부정한 백성 중에 거하면서 만군의 여호와이신 왕을 뵈었음이로다"

다메섹 도상으로 향하던 사울이 태양 빛보다 더 밝은 빛 앞에 엎드러져 "주여 뉘시오니이까" 하던 그는 "나는 죄인 중에 괴수"라고(딤전1:15) 고백하였으며 요한 사도는 일곱 금촛대 사이에 서 계신 주님을 보고 그 발 앞에 엎드러져 죽은 자 같이 되었고(계1:10~17) 벧세메스 사람들이 법궤 내부를 들여다 본 일로 많은 사람들이 죽게 되었을 때 그들이 "거룩하신 여호와 앞에 누가 능히 서리요" 하였습니다(삼상6:20).

지금까지 이사야 선지자는 백성들의 죄를 지적하고 하나님의 심판을 선언하였습니다. 그러나 하나님의 보좌에 앉으신 이의 영광을 바라본 이후 자신의 죄인됨을 밝히 보게 되었습니다. 자신의 죄를 밝히 보는 것은 하나님을 뵈옵게 된 사람에게 이차적으로 있어지는 은혜의 현상입니다. 어두운 심령에 하나님의 밝은 빛을 비추어 주실 때 자신의 죄악을 바라보게 되는 것입니다.

제가 어렸을 때 농가에서 한 방에 가족이 같이 자고 일어났습니다. 방바닥은 자리를 깔았고 벽은 흙으로 바른 채 그대로 생활하였습니다. 아침에 잠자리에서 일어나면 곧 동이 트고 햇빛이 문틈으로 비쳐 들어왔습니다. 그 햇빛에 방안에 있는 먼지가 자욱하게 보였습니다. 빛이 없는 밤에는 보이지 않던 먼지가 태양빛 앞에 그대로 보였습니다. 하나님을 뵈옵게 되면 그 영광의 빛이 우리 심령에 잠재하고 있는 죄의 본성을 보이게 해주시는 것입니다. 이사야는 자신의 죄인됨을 발견하고 다음과 같이 고백하였습니다.

"화로다 나여 망하게 되었도다"(사6:5)

'망하다'(דָמָה, 다마)는 말은 '멈추고 그치는 것'을 말하는데 '생명이

멈추어 완전히 멸망케 된 상태'를 의미합니다. 하나님의 거룩하심 앞에 선 인간이라면 누구나 외칠 수밖에 없는 고백입니다.

"나는 입술이 부정한 사람이요"(사6:5)

이 말은 하나님의 거룩하심 앞에 느끼는 강렬한 죄의식에 사로잡힌 고백입니다. 입술을 통해 나오는 말은 그 사람의 생각과 행동을 반영하는 것이므로(마15:18, 약3:2) 모든 죄를 대표하는 것입니다. 예수께서도 "입에 들어가는 것이 사람을 더럽게 하는 것이 아니라 입에서 나오는 그것이 사람을 더럽게 하는 것이니라"(마15:11)고 말씀하셨습니다.

"입술이 부정한 백성 중에 거하면서"(사6:5)

이사야는 자신이 부정한 입술을 가진 죄인일 뿐 아니라 더욱이 부정한 입술을 가진 백성들 중에 살면서 그들의 죄악에 자신도 깊이 오염된 사실을 깨닫게 되었습니다. 이사야는 유다 백성과 자신이 똑같이 죄악 중에 처해있다는 죄의 공동체적인 책임을 직시하게 되었습니다. 이렇게 철저하게 자신의 죄를 발견하게 된 이사야는 사죄의 은총을 체험하게 되었습니다(사6:6). 자신의 죄를 탄식하는 이사야에게 한 천사가 화저로 번제단에서 취한 핀 숯을 가지고 날아와서 이사야의 입술에 대어 부정함을 태워주셨습니다. 이제 "네 악이 제하여졌고 네 죄가 사하여졌느니라"(사6:7) 하였습니다. 부정하고 추한 모든 죄가 정결케 됨은 오직 하나님께로부터만 온다는 사실을 보여주고 있습니다. 말라기 3장 2절에 하나님의 사자가 임하시는 때에 그는 "표백하는 잿물과 같을 것이라" 하였습니다. 스가랴 13장 1절에 "그 날에 죄와 더러움을 씻는 샘이 다윗의 족속과 예루살렘 거민을 위하여 열리리라" 말씀하셨고, 이사야 1장 18절에 "여호와께서 말씀하시되 오라 우리가 서로 변론하자 너희 죄가 주홍같을지라도 눈과 같이 희어질 것이요 진홍같이 붉을지라도 양털같이 되리라" 하셨습니다. 요한일서 1장 9절에 "만일 우리가 우리 죄를 자백하면 저는 미쁘시고 의로우사 우리 죄를 사하시며 모든 불의에서 우리를 깨끗케 하실 것이요"라고 말씀하고 있습니다.

임마누엘의 위로

이사야 7장 10~14절
"여호와께서 또 아하스에게 일러 가라사대 너는 네 하나님 여호와께 한 징조를 구하되 깊은 데서든지 높은데서든지 구하라 아하스가 가로되 나는 구하지 아니하겠나이다 나는 여호와를 시험치 아니하겠나이다 한지라 이사야가 가로되 다윗의 집이여 청컨대 들을찌어다 너희가 사람을 괴롭게 하고 그것을 작은 일로 여겨서 또 나의 하나님을 괴로우시게 하려느냐 그러므로 주께서 친히 징조로 너희에게 주실 것이라 보라 처녀가 잉태하여 아들을 낳을 것이요 그 이름을 임마누엘이라 하리라"

본장의 역사적 배경은 수리아(아람)와 에브라임(북이스라엘)이 동맹하여 일으킨 전쟁에 관한 기사입니다. 새로 등극한 유다 왕 아하스가 친앗수르 노선으로 돌아서자 반앗수르편에 서있던 수리아와 북이스라엘이 유다를 위협하고 있었습니다. 이러한 상황에서 하나님은 징조를 통하여 위로를 주셨습니다.

1. 자연계에 나타나는 징조(민24:17)

민수기 24:17 "내가 그를 보아도 이 때의 일이 아니며 내가 그를 바라보아도 가까운 일이 아니로다 한 별이 야곱에게서 나오며 한 홀이 이스라엘에게서 일어나서 모압을 이 편에서 저 편까지 쳐서 파하고 또 소동하는 자식들을 다 멸하리로다"

하나님은 이사야를 부르시고 그에게 징조를 보여주셨습니다. 하나님은 우리에게 여러 가지 징조를 주셔서 우리를 안심케 하시고 위로를 주시며 대비케 하십니다. 노아 홍수 이후 두려워하는 노아에게 구름 속에 무지개를 두셔서 하나님께서 다시는 물로 심판하지 않겠다는 언약을 주셨습니다(창9:12~16). 또한 아브라함에게 별 같은 자손의 출현을 약속하셨으며(창15:5, 22:17), 발람 선지는 민수기 24장 17절에 한 별이 야곱에게서 나올 것이라고 별의 징조를 예고하였으며 동방박사는 별을 보고 베들레헴으로 찾아왔습니다(마2:1~12). 저녁때 하늘이 붉으면 날이 좋겠다 하고 아침에 하늘이 붉고 흐리면 오늘은 날이 궂겠다 하며(마16:3) 달무리가 나타나면 머지않아 비가 오겠다 하였습니다.

어느 날 길을 가다보면 개미가 떼를 이루어 이동하는 경우를 보게 됩니다. 이는 장마가 다가온다는 징조입니다. 어느 날 저녁때 까마귀 떼가 날며 까악 까악 하고 울면 고뿔(감기)이 오겠구나 하였고 아침에 까치가 울면 기쁜 소식이 오겠구나 하였으며 그 날은 하루 종일 우체부 아저씨를 기다렸습니다. 별이 총총히 보이는 밤하늘을 쳐다보다가 은하수가 머리 위에 있는 것을 보게 되면 오곡백과가 무르익은 만추의 계절이 되었음을 감지하면서 세월의 흐름을 느꼈습니다. "아, 가을이 깊었구나 …" 하면서 말입니다. 그리고 복숭아 나뭇가지가 붉은 빛을 띠면 머지않아 꽃피는 이른 봄이 오겠다는 것을 알았습니다. 우리의 부모님들은 이런 현상들을 자연을 통한 징조로 여기며 살아오셨습니다.

제가 어렸을 때 어느 동리에 물샘 가운데 이상한 수초가 나타났는데 이는 분명히 "해방초"라고 하면서 구경가자고 하던 때가 있었습니다. 이 나라가 일본사람의 압제 하에서 독립을 갈망하는 백성들이 자연계에서 작은 징조라도 찾아보려는 심정을 나타내는 일들이었습니다. 하나님은 자연계를 통하여 징조와 위로를 주시기도 하십니다.

2. 이름으로 나타나는 징조(사7:14)

이사야 7:14 "그러므로 주께서 친히 징조로 너희에게 주실 것이라 보라 처녀가 잉태하여 아들을 낳을 것이요 그 이름을 임마누엘이라 하리라"

아람(수리아)이 에브라임(북이스라엘)과 동맹을 결성하였다는 말을 듣고 왕과 백성의 마음이 삼림의 바람에 흔들림 같이 흔들렸더라(사7:2) 하였습니다. 이러한 상황에서 하나님은 이사야를 부르시고 이름을 통한 징조를 보여주심으로 아하스 왕과 유다 백성들에게 위로를 주셨습니다. 이름을 통하여 징조를 주시는 일이 종종 있었습니다. '므두셀라'라는 이름이 홍수 심판의 징조로 주신바 되었고(창5:21) 호세아의 아들들의 이름이 하나님의 심정을 보여주시는 것이었고(호1:9) 예수라는 이름을 통하여 메시아로서 죄를 속하기 위하여 보내심을 받은 분으로 나타내었습니다(마1:21).

오늘 본문 말씀에 보면 아람(수리아)과 에브라임(북이스라엘)이 동맹하였다는 위급한 시대적 상황 앞에서 아하스 왕과 유다 백성의 마음이 삼림이 우수수 흔들리는 것처럼 흔들릴 때 하나님은 이사야 선지자에게 "너와 네 아들 스알야숩을 데리고 윗못수도 끝 세탁자의 밭 큰 길에 나가서 아하스를 만나"(사7:3)라고 하셨습니다. 그리고 아하스 왕에게 "너는 삼가며 종용하라 … 두려워 말며 낙심치 말라"(사7:4)고 전언할 것을 가르쳐 주셨습니다. 하나님의 말씀대로 이사야는 그의 아들을 데리고 세탁자의 밭에 연결된 큰 도로에 나아갔더니 그 때 아하스 왕이 걸어오고 있었습니다. 선지자 이사야와 그의 아들 스알야숩이 길 가운데서 왕을 기다리고 있었습니다. 이사야는 "왕은 종용하라 두려워 말며 낙심치 말라"(사7:4)는 하나님의 말씀을 전하였습니다. 왕은 선지자의 말을 듣고 위로와 힘을 얻었을 것입니다. 그러나 왕은 하나님께서 보내어주신 징조를 보고 깨닫는 지혜가 있었어야 했습니다. 왕 앞에 서있는 '이사야'(יְשַׁעְיָהוּ) 선지자의 이름의 뜻은 '여호와는 구원이시다'라는 의미이고, 이사야의 아들 '스알야숩'(שְׁאָר יָשׁוּב)은 '남은 자가 돌아온다'는 뜻의 이름이었습니다. 이런 때를 위하여 하나님은 이사야의 아들 이름을 이렇게 짓게 하셨고 그를 아하스 왕 앞에 서게 하여 징조로 보여 주셨습니다. 아마도 왕은 이러한 징조를 보고 위로를 받았을 것입니다.

3. 처녀 탄생으로 나타난 징조(사7:14)

> 이사야 7:14 "그러므로 주께서 친히 징조로 너희에게 주실 것이라 보라 처녀가 잉태하여 아들을 낳을 것이요 그 이름을 임마누엘이라 하리라"

아하스 왕에게 현재 유다가 처한 상황이 위경에 처하였을 때 이사야 선지자와 그의 아들 '스알야숩'이라는 이름의 징조를 통하여 위로를 주신 하나님은 더 큰 위로를 주시기 위하여 징조를 구하라(사7:11) 하셨습니다. 아하스는 징조를 구하지 아니하겠다고 하였습니다. 이 때 하나님은 보다 크고 영원한 위로를 이 땅에 허락하시기 위하여 놀라운 징조를 예고하여 주셨습니다. 그 징조가 메시아 탄생 징조입니다. 이사야 7장 14절에 "그러므로 주께서 친히 징조로 너희에게 주실 것이라 보라 처녀가 잉태하여 아들을 낳을 것이요 그 이름을 임마누엘이라 하리라"고 예언하였습니다. 메시아로 오실 분은 여자의 후손으로 오실 것이라(창3:15)고 하였는데 이 땅에 오실 메시아로서의 징조는 처녀의 몸을 통하여 태어나실 것이라고 예언하였습니다(사7:14). 유다와 세상을 구하시기 위하여 메시아가 처녀의 몸을 통하여 오신다는 처녀탄생의 소식은 유다 백성에게 얼마나 큰 위로인지 말로 다 할 수 없었을 것입니다.

더욱 큰 위로가 되는 것은 메시아는 오셔서 영원히 함께 하신다는 임마누엘의 소식이었습니다. 가장 큰 위로는 메시아가 함께 하시기 위하여 오신다는 것이었습니다. 그리고 "임마누엘이여 그의 펴는 날개가 네 땅에 편만하리라"(사8:8) 하셨습니다. 오실 메시아는 그의 날개가 크셔서 온 땅을 다 덮으실 만큼 큰 날개로 감싸서 지켜주시고 사랑으로 품어주실 것이라 하였습니다. 이러한 말씀은 전하는 자나 듣는 자가 모두 하나같이 감격하여 목이 메도록 위로와 감사가 넘쳐났을 것입니다. "나 찾아가는 날 나라와 온 세상을 사랑의 날개로 품으리라"는 주님은 자비의 날개로 유다와 온 세상을 품어주셨습니다.

천천히 흐르는 실로아 물

이사야 8장 5~8절

"여호와께서 다시 내게 일러 가라사대 이 백성이 천천히 흐르는 실로아 물을 버리고 르신과 르말리야의 아들을 기뻐하나니 그러므로 주 내가 흉용하고 창일(漲溢)한 큰 하수 곧 앗수르 왕과 그의 모든 위력으로 그들 위에 덮을 것이라 그 모든 곬에 차고 모든 언덕에 넘쳐흘러 유다에 들어와서 창일하고 목에까지 미치리라 임마누엘이여 그의 펴는 날개가 네 땅에 편만하리라 하셨느니라"

이사야서에는 남은 자 사상과 메시아사상이 물줄기처럼 흐르고 있습니다. 이사야가 예언한 메시아에 관한 말씀을 대하는 것과 그 말씀을 상고하는 것은 얼마나 은혜가 되는지 말로 다할 수 없습니다. 이사야 선지자는 오늘 본문에서 메시아 되신 그리스도를 천천히 흐르는 실로아 물로 표현하고 있습니다. 조용히 그 물 곁에 다가가서 조용히 흐르는 은혜를 받도록 하겠습니다.

1. 실로아 물이신 그리스도(사8:6)

이사야 8:6 "이 백성이 천천히 흐르는 실로아 물을 버리고 르신과 르말리야의 아들을 기뻐하나니"

본문 말씀은 유다 백성이 흐르는 실로아 물을 버리고 급하고 시끄럽게 흐르는 유브라데스 강물을 좋아하였다고 책망하는 내용입니다. 우리도 천천히 흐르는 실로아 물과 유브라데스 강물 중 하나를 선택하여야 하는 것입니다.

본문에서 말씀하고 있는 실로아 물은 '여호와의 산'(시24:3)인 모리아 산에 그 기원을 갖고 있으며 이 산에 여호와의 성전이 건축되었던 곳입니다. 실로아 샘은 성전 영내에서 솟아올라 희생제물을 드릴 때 필요한 물을 충분히 공급해 주었습니다. 실로아 물은 모리아 산꼭대기로부터 그 기슭까지 아주 조용히 천천히 흘러내렸습니다. 이 물은 바위 밑에 수로를 따라 흐르는 물입니다. 그리고 지하에서 다시 외부로 나올 때도 조용히 솟아나오며 고요하고도 부드럽게 솟아올라 실로암 연못을 가득 채웁니다. 그리고 나면 그 연못은 넘쳐흘러 다시 잔잔히 시내를 이루며 흘러내려갑니다. 이 시내는 심한 가뭄에도 결코 마르지 아니하며 시냇물은 주위의 모든 생물에게 활기를 주어 풍요롭고 아름답게 함으로 그 물을 보지 않고도 그 물이 가는 길을 한눈에 알아볼 수 있게 합니다. 천천히 흐르는 실로아 물은 부드럽고도 은밀하게 흐르는 물이며 지금도 천천히 은밀하게 흘러가고 있습니다. 그 물은 한동안 보이지 않는 곳에서 흐르다가 바위로 된 지하통로에서 밖으로 솟아오릅니다. 그러나 산에서 내려오는 물줄기처럼 무서운 소리를 내며 물보라를 일으키지도 않고 아주 부드럽고 고요하게 흘러내립니다. 이 물이 흐르는 주위는 푸르른 녹지를 형성하며 오늘도 계속 흘러내리고 있습니다(The Bible Illustrator S. Exell vol ⅩⅪ, pp.77~82).

2. 성경 속에 천천히 흐르는 실로아 물(요7:37~38)

요한복음 7:37~38 "명절 끝날 곧 큰 날에 예수께서 서서 외쳐 가라사대 누구든지 목마르거든 내게로 와서 마시라 나를 믿는 자는 성경에 이름과 같이 그 배에서 생수의 강이 흘러나리라 하시니"

실낙원을 쓴 밀턴은 실로아 물을 가리켜 "하나님의 영에 의해 쉼없이 흐르는 시내"라고 하였습니다(The Baker Bible Commentary vol Ⅹ

ⅩⅤ, p.421). 이 물은 성경에서도 실로아의 물처럼 보이지 않게 조용히 흐르고 있습니다. 본문 이사야 8장에 나타난 실로아의 물은 에스겔의 환상에서 나타난 성전문지방 밑에서 솟아나는 물이 흘러내려 큰 강을 이루었고 이 물이 흘러가는 곳마다 강이 살아나고, 땅이 살아나고 바다가 살아나고 강 좌우에 수목이 울창하며 강과 바다에는 고기가 떼를 이루어 살고 과수나무에 열매가 풍성하였습니다(겔47:1~12). 요한복음 7장 37~38절에 보면 예수께서 성전 뜰에 서서 "누구든지 목마르거든 내게로 와서 마시라 나를 믿는 자는 성경에 이름과 같이 그 배에서 생수의 강이 흘러나리라" 하셨습니다. 이사야에 나타난 실로아 물은(사8:5~8) 에스겔 47장 1~12절에 나타났다가 그 물은 예수께서 말씀하실 때 나타났고 우리의 배에서 생수의 강이 되어 흘러가고 있습니다(요7:37~38).

3. 실로아 물 같은 그리스도의 생애(요9:7)

> 요한복음 9:7 "이르시되 실로암 못에 가서 씻으라 하시니 (실로암은 번역하면 보냄을 받았다는 뜻이라) 이에 가서 씻고 밝은 눈으로 왔더라"

요한복음 9장 1~12절에 보면 예수께서 소경된 자에게 진흙을 눈에 바르시고 실로암 못에 가서 씻으라 하셨습니다(실로암은 번역하면 보냄을 받았다는 뜻입니다). 요한 사도는 이 사건을 통하여 예수님이 바로 실로아의 물이라고 증거하였습니다. 예수 그리스도는 하나님께서 보내신 진정한 실로암이십니다. 그리스도는 성전 안에 흐르는 물이며 성전 문지방 밑으로 흐르는 물이며 시내가 강물 되어 흐르는 물이고 우리 마음에 흐르는 생명물이십니다. 실로아 물은 아주 천천히 조용히 흘러내립니다.

예수 그리스도의 삶은 실로아의 물 같이 부드럽게 조용히 사셨습니다. 예수님은 투쟁하거나 소리 지르거나 길거리에서 소란을 피우지 아니하셨습니다. 예수님은 털 깎는 자 앞에서 잠잠한 양같이 입을 열지 아니하셨습니다(사53:7). 이사야 42장 2절에 "그는 외치지 아니하며 목소리를 높이지 아니하며 그 소리로 거리에 들리게 아니하며"라고 말씀하였습니다. 예수님은 마치 은밀하게 흐르는 산 속의 물줄기처럼 주위에 있는 자들에게 축복하시며 조용하게 흐르는 물같이 사셨습니다. 예수님은 조용히 흐르는 실로아의 물같이 성전에서 흘러내리시고 성도의 가정에 흘러가시고 우리의 마음속에 물이 되어 계속 흐르고 계십니다. 우리 안에 물이 되어 흐르고 계신 주님은 우리의 생명을 풍성히 누리게 하십니다(요10:10).

실로아의 물은 남이 보이지 않게 지하에 흐르는 물입니다. 천천히 흐르는 물이며, 조용히 은밀하게 흐르는 물입니다. 예수님은 실로아의 물같이 조용하고 부드럽게 사셨습니다. 우리도 천천히 흐르는 실로아의 물같이, 땅속에 소리 없이 흐르는 물같이 조용하고 부드럽게 살아가야 할 것입니다.

어느 시인이 "청산은 날더러 바람같이 살라하네 청산은 날더러 물같이 살라하네"라고 쓴 글귀가 생각납니다. 예수님은 실로아의 물같이 사셨습니다. 그리고 지금도 우리 안에 물같이 살고 계십니다. 물은 돌 속에도, 흙 속에도, 나무속에도, 사람 속에도 흘러들어갑니다. 예수님은 실로아 물이십니다.

흑암의 땅에 빛으로 오실 메시아

이사야 9장 1~2절
"전에 고통하던 자에게는 흑암이 없으리로다 옛적에는 여호와께서 스불론 땅과 납달리 땅으로 멸시를 당케 하셨더니 후에는 해변 길과 요단 저편 이방의 갈릴리를 영화롭게 하셨느니라 흑암에 행하던 백성이 큰 빛을 보고 사망의 그늘진 땅에 거하던 자에게 빛이 비춰도다"

이사야 9장의 주제를 호크마 주석에서는 '한 아기를 통한 구원의 큰 빛'이라고 하였고 프리처스설교 성경에서는 '메시아 탄생과 구원의 즐거움'이라고 하였습니다. 이사야 9장 1~5절은 고통과 흑암의 땅에 큰 빛이 비칠 것에 대하여, 9장 6~7절은 장차 태어날 아기의 특징과 이름에 관한 내용입니다.

1. 흑암에 행하던 백성이 큰 빛을 보고 …(사9:1~3)

이사야 9:2 "흑암에 행하던 백성이 큰 빛을 보고 사망의 그늘진 땅에 거하던 자에게 빛이 비춰도다"

이스라엘 북쪽 변방과 갈릴리 지역은 북방의 앗수르나 바벨론이 이스라엘을 침공할 때면 언제나 가장 먼저 그들에게 짓밟히고 약탈을 당하던 곳이었습니다. 이 지역이 외세의 침략에 가장 많이 시달린 곳이었을 뿐만 아니라 예루살렘 성전에서도 멀리 떨어져 있으므로 율법의 가르침조차 제대로 받지 못한 흑암과 고통의 땅이었습니다. 그러나 흑암의 땅에 큰 빛이 비칠 것을 예언하였습니다.

"… 스불론 땅과 납달리 땅으로 멸시를 당케 하셨더니 …"(사9:1)라는 말씀에서 스불론 땅은 갈릴리 바다 서쪽에 위치해 있는 위쪽의 갈릴리 지역입니다. 그러므로 스불론 땅과 납달리 땅은 갈릴리 지방을 가리킵니다.

"… 해변 길과 …"라는 말씀은 갈릴리 바다의 해변 길을 말함인데 이곳에는 가버나움, 게네사렛, 막달라, 디베랴 등과 같은 마을들이 있었는데 예수께서 사역하시던 중심지역입니다.

"… 요단 저편 …"은 요단 강 위쪽 지역으로 갈릴리 바다의 동편을 말합니다. 예수님 당시 이 지역에는 벳새다와 거라사 등과 같은 마을이 있었습니다. 벳새다 들판은 오병이어의 기적을 일으킨 장소입니다(눅9:10~17, 요6:1~13).

"… 이방의 갈릴리 …"라는 말씀에서 갈릴리 지방은 앗수르 침공으로 가장 피해를 받았을 뿐 아니라 앗수르의 이주정책으로 많은 이방인들이 들어와 살던 지역이었습니다. 이스라엘 사람들은 이 지역을 "이방의 갈릴리"라고 불렀습니다.

이와 같은 지역에 살던 사람들은 "흑암에 행하던 백성"(사9:2), "사망의 그늘진 땅에 거하던 자"(사9:1)였습니다. 여기서 '흑암이나 사망의 그늘진 땅'이라고 말하는 것은 그곳에 살고 있는 백성들이 절망과 고통 속에서 멸시와 천대를 받으며 살아가고 있었음을 암시하고 있습니다.

당시 모든 사람이 멸시하고 아무도 돌보지 않던 이 흑암의 땅에 메시아이신 예수께서 "큰 빛"으로 나타나셔서 그 백성들에게 빛을 비췰 것이며 이 지역을 영화롭게 하실 것이라고 예언하였습니다(사9:2).

실제로 '참 빛'으로(요1:9) 이 땅에 오신 예수님은 스불론 땅의 나사렛에서 성장하셨고 갈릴리 해변의 가버나움에서 많은 사역을 행하셨습니다. 부활하신 후 제자들과 만난 곳도 역시 갈릴리였습니다(마 28:7). 예수님은 갈릴리를 깊이 사랑하셨고 애착을 가지셨던 지역입니다.

2. 그 나라가 창성케 되고 백성이 즐거움을 누리게 하실 것이라 (사9:3~5)

> 이사야 9:3 "주께서 이 나라를 창성케 하시며 그 즐거움을 더하게 하셨으므로 추수하는 즐거움과 탈취물을 나누는 때의 즐거움같이 그들이 주의 앞에서 즐거워하오니"

황폐하고 퇴락해진 땅이 번창케 되고 고통 받고 멸시당하며 슬픔 가운데 빠져있던 그 곳 백성들이 이제 즐거움을 누리게 될 것입니다. 이는 그 곳에 큰 빛 되신 메시아가 임하셨기 때문입니다.

이들이 누릴 즐거움은 첫째는 추수하는 즐거움과 같고, 둘째는 전쟁에서 승리하여 전리품을 나누는 때의 즐거움에 비유하였습니다. 이들이 누리는 즐거움은 큰 빛 되신 메시아께서 비춰주신 빛을 받은 결과이며 기쁨은 구원받은 자들의 특징입니다.

시편 16편 11절에 "주께서 생명의 길로 내게 보이시리니 주의 앞에는 기쁨이 충만하고 주의 우편에는 영원한 즐거움이 있나이다" 하였고, 이사야 51장 11절에 "여호와께 구속된 자들이 돌아와서 노래하며 시온으로 들어와서 그 머리 위에 영영한 기쁨을 쓰고 즐거움과 기쁨을 얻으리니 슬픔과 탄식이 달아나리이다" 하였습니다. 이들이 즐거워하게 됨은 첫째는 무겁게 멘 멍에와 어깨의 채찍과 압제자의 막대기를 꺾으시며, 둘째는 군인의 갑옷과 피 묻은 복장이 불에 섶같이 살라지기 때문입니다(사9:4~5).

3. 장차 태어날 메시아와 그 이름(사9:6~7)

이사야 9:6 "이는 한 아기가 우리에게 났고 한 아들을 우리에게 주신 바 되었는데 그 어깨에는 정사를 메었고 그 이름은 기묘자라, 모사라, 전능하신 하나님이라, 영존하시는 아버지라, 평강의 왕이라 할 것임이라"

첫째, 한 아기로 태어날 것이라고 예언하였습니다(사9:6).

장차 오실 메시아는 한 아기로 태어날 것이며 이 아기는 예수 그리스도를 가리킵니다. 본문은 메시아로 오시는 분의 이름을 통하여 그 분의 속성과 사역을 계시하고 있습니다.

이사야 7장 14절에서 "그러므로 주께서 친히 징조로 너희에게 주실 것이라 보라 처녀가 잉태하여 아들을 낳을 것이요 그 이름을 임마누엘이라 하리라"고 예언하신 바와 같이 '완전한 인간이시며 완전한 신'으로 신인양성으로 나타나실 것을 말씀하였습니다.

마태복음 1장 21절에 "아들을 낳으리니 이름을 예수라 하라 이는 그가 자기 백성을 저희 죄에서 구원할 자이심이라 하니라" 하였고 누가복음 2장 11절에는 "오늘날 다윗의 동네에 너희를 위하여 구주가 나셨으니 곧 그리스도 주시니라"고 천사가 나타나 목자들에게 알려 주었습니다.

둘째, 그는 어깨에 정사를 멜 것이라 하였습니다(사9:6).

"그 어깨에는 정사를 메었고"(사9:6)라는 말은 메시아가 왕의 권세를 가진다는 사실을 비유적으로 표현한 것입니다. 고대 왕은 권위의 상징인 왕복을 입을 뿐 아니라 금사슬을 어깨위에 걸침으로서 통치자로서의 신분을 나타내었습니다. 이 땅에 오실 메시아는 왕권을 가지고 오셔서 세상을 통치하실 것이라고 말씀하고 있습니다. 누가복음 1장 31~33절에는 가브리엘 천사가 마리아에게 "보라 네가 수태하여 아들을 낳으리니 그 이름을 예수라 하라 저가 큰 자가 되고 지극히 높으신 이의 아들이라 일컬을 것이요 주 하나님께서 그 조상 다윗의 위를 저에게 주시리니 영원히 야곱의 집에 왕노릇하실 것이며 그 나라가 무궁하리라" 하였습니다. 요한계시록 11장 15절에 "일곱째 천사가 나팔을 불매 하늘에 큰 음성들이 나서 가로되 세상 나라가 우리 주와 그 그리스도의 나라가 되어 그가 세세토록 왕 노릇 하시리로다 하니"라고 기록하였습니다.

셋째, 그 이름은 다섯 가지로 불리워질 것이라 하였습니다(사9:6).

(1) 기묘자(奇妙者, 페레(פלא))

기묘자란 불가사의한 자, 놀랍고 경이로운 자라는 뜻입니다. 기(奇)는 기이할 기이며, 묘(妙)는 묘할 묘자입니다. 신기하고 묘한 분이라는 뜻이며 놀라운 분이란 뜻도 됩니다. 그의 탄생과, 그의 죽음과, 그의 부활과 그분의 승천은 모두 기묘자 되심을 나타내고 있습니다.

(2) 모사(謀士, 요에츠(יועץ))

모사는 탁월한 지도자, 상담자로 완전한 지혜의 통치자를 의미하는 말입니다. 성령님께 붙여진 이름이 보혜사이듯 예수님께 붙여진 이름이 '모사' 즉 '돕는자', '상담자'란 뜻입니다. 그러므로 모사란 놀라운 상담자란 말입니다(Wonderful Counsellor). 그러므로 그분은 인간의 모든 문제를 신적 지혜와 능력으로 해결하실 것을 예시하고 있습니다.

(3) 전능하신 하나님(엘기보르(אל גבור))

이 칭호는 구약 성경에 나타난 하나님의 전통적인 이름입니다. 이 칭호가 태어나실 아기에게 적용되었다는 것은 메시아는 하나님 자신임을 나타내는 것입니다. 메시아 예수님은 제2위 성자로서 그 본질에 있어 하나님과 동일하십니다(빌2:5~6).

(4) 영존하시는 아버지(아비아드(אביעד))

예수님은 어제나 오늘이나 영원토록 동일하게 스스로 계시는 영존하시는 분이십니다(히13:8). 예수님의 아버지 같은 마음과 태도를 나타내는 말입니다. 메시아 되신 예수님은 부성(父性)의 마음으로 자기 백성을 인도하고 가르치실 것을 말하는 것입니다.

(5) 평강의 왕(싸르 솰롬(שר שלום))

이 말은 평화의 왕자(The Prince of Peace)라는 말입니다. 이사야는 메시아 왕국은 평화의 왕국이 될 것을 예언했고(사2:4) 예수 탄생 시에 천사들도 평화를 노래하였습니다.

"지극히 높은 곳에서는 하나님께 영광이요 땅에서는 기뻐하심을 입은 사람들 중에 평화로다 하니라"(눅2:14)

감찰하시는 하나님

이사야 18장 1~7절

"슬프다 구스의 강 건너편 날개치는 소리나는 땅이여 갈대배를 물에 띄우고 그 사자를 수로로 보내며 이르기를 너희 경첩한 사자들아 너희는 강들이 흘러 나누인 나라로 가되 장대하고 준수한 백성 곧 시초부터 두려움이 되며 강성하여 대적을 밟는 백성에게로 가라 하도다 세상의 모든 거민, 지상에 거하는 너희여 산들 위에 기호를 세우거든 너희는 보고 나팔을 불거든 너희는 들을찌니라 여호와께서 내게 이르시되 내가 나의 처소에서 종용히 감찰함이 쬐이는 일광 같고 가을 더위에 운무 같도다 추수하기 전에 꽃이 떨어지고 포도가 맺혀 익어갈 때에 내가 낫으로 그 연한가지를 베며 퍼진 가지를 찍어버려서 산의 독수리들에게와 땅의 들 짐승들에게 끼쳐주리니 산의 독수리들이 그것으로 과하하며 땅의 들짐승들이 다 그것으로 과동하리라 하셨음이니라 그 때에 강들이 흘러 나누인 나라의 장대하고 준수하며 시초부터 두려움이 되며 강성하여 대적을 밟는 백성에게서 만군의 여호와께 드릴 예물을 가지고 만군의 여호와의 이름을 두신 곳 시온산에 이르리라"

본문말씀은 당시 에티오피아 샤바카 왕(Shabaka, B.C 711~700 통치)이 B.C 715년경 애굽 전국을 점령하여 애굽의 25왕조를 건립하고 있었으며 남유다는 12대왕 아하스가 죽고 히스기야(B.C 715~687)가 제 13대왕으로 등극하여 개혁을 단행하고 있었습니다. 이 때 앗수르는 북이스라엘을 정복한 후 남유다 침입을 계획하고 있었습니다. 한편 구스는 유다가 무너지면 앗수르의 위협이 구스에게 닥쳐올 것을 바라보며 심히 두려워하고 있었습니다. 이러한 상황에서 이사야 선지자는 유다를 찾아온 구스의 사신들에게 안심하고 고국에 돌아가라고 권면하면서 하나님께서 앗수르를 징치하실 것이며 구스 사람들은 예물을 들고 시온 산으로 나아오게 될 것이라 하였습니다. 이사야의 이러한 예언은 역대하 32장 23절에서 실제로 성취되었으며 이는 구속사적인 견지에서 신약시대에 세계 만민이 그리스도의 복음을 통하여 하나님께 나아오게 될 것을 예시하는 내용이기도 합니다.

1. 감찰하시는 하나님(사18:4)

이사야 18:4 "여호와께서 내게 이르시되 내가 나의 처소에서 종용히 감찰함이 쬐이는 일광 같고 가을 더위에 운무 같도다"

독일 베를린에 가면 어느 교회 천정에 커다란 눈을 그려놓았다고 합니다. 하나님은 언제나 감찰하고 계신다는 사실을 교훈하기 위한 것입니다. 당시 종교개혁자들이 추구하는 신앙이 하나님 앞에서의 신앙(Coram Deo)이었습니다.

성경에는 하나님께서 감찰하신다는 말씀이 여러 곳에 기록되어 있습니다. "하갈이 여호와의 이름을 감찰하시는 하나님이라"(창16:13) 하였고, 시편 11편 4절에는 "그 눈이 인생을 통촉하시고 그 안목이 저희를 감찰하시는도다" 하였으며, 시편 33편 13~14절에도 "여호와께서 하늘에서 감찰하사 모든 인생을 보심이여 곧 그 거하신 곳에서 세상의 모든 거민을 하감하시도다" 하였습니다. 욥기 34장 21절에 "하나님은 사람의 길을 주목하시며 사람의 모든 걸음을 감찰하시나니"라고 하였으며, 마태복음 10장 30절에는 "너희에게는 머리털까지 다 세신바 되었나니" 하였습니다. 요한복음 4장 23절에는 "아버지께서는 이렇게 자기에게 예배하는 자들을 찾으시느니라" 하였습니다. 하나님의 보좌 앞에 일곱 영이 있고 일곱 등불 켠 것이 있다(계4:5)는 것은 하나님은 감찰하시는 분이라는 사실을 증거하는 말씀입니다.

　종교개혁자들이 추구한 신앙이 감찰하시는 하나님 앞에서의 삶이었던 것 같이 우리도 이 세상을 살아가는 동안 하나님께서 나의 인생 길을 지켜보고 계시다는 사실을 의식한다면 보다 나은 삶을 살게 될 것입니다.

　어느 수도원에 훌륭한 스승이 있었는데 많은 제자들 중에 특히 한 어린 제자를 지극히 사랑하였습니다. 다른 제자들이 그 제자를 시기하고 질투하였습니다. 이러한 사실을 안 스승이 어느 날 제자들을 모두 모아놓고 과제를 내주었습니다. 스승은 제자들에게 작은 새 한 마리씩을 나누어 주면서 "아무도 안보는 곳에 가서 이 새를 죽여가지고 오너라 절대 아무도 보면 안된다" 하였습니다. 제자들은 스승이 이렇게 쉬운 과제를 낸 것에 대하여 의아해 하면서 모두 새를 죽여가지고 돌아왔습니다. 그러나 가장 사랑하는 어린 제자가 돌아오지 아니하였습니다. 몇 시간이 지나서 어린 제자가 돌아오는데 손에는 살아있는 새가 그대로 들려 있었습니다. 어린 제자는 새를 스승에게 내밀면서 이렇게 말했습니다. "선생님은 아무도 안보는 곳에서 새를 죽이라고 하셨지만 아무리 찾아봐도 그런 곳이 없었어요, 어디에나 하나님이 보고 계셨거든요 그래서 새를 죽일 수가 없었어요" 하였습니다 (The Grand Bible Commentary vol IX, p.828).

2. 조용히 감찰하시는 하나님(사18:4)

　　이사야 18:4 "여호와께서 내게 이르시되 내가 나의 처소에서 조용히 감찰함이 쬐이는 일광 같고 가을 더위에 운무 같도다"

　하나님의 감찰하심은 조용히 감찰하심이 그 특징입니다. 하나님은 역사를 조용히 감찰하십니다. 당시 군대를 이끌고 이리저리 날뛰는 앗수르 왕이나 앗수르의 위협에 당황하여 안절부절하는 구스의 사신들과 대조적으로 하나님은 조용히 침묵으로 감찰하고 계셨습니다. 하나님께서 조용히 감찰하실 때 믿는 자들은 나를 버리셨는가 탄식하고 불신자들은 하나님이 어디있느냐 하며 신의 부재를 논하게 됩니다.

하나님의 감찰은 조용히 지켜보시는 감찰 곧 정관(靜觀)입니다. 하나님의 감찰하심은 "쬐이는 일광 같고 가을 더위에 운무 같도다"(사18:4) 하였습니다. 대낮에 태양빛이 대지를 비취면 햇빛이 비취지 않는 곳이 없듯 하나님은 하루 종일 하나님의 처소에서 밝히 보고 계시며 길가에 지나는 개미를 밝히 보듯 우리 마음의 생각을 감찰하시고 인간의 마음속에서 일어나는 감정의 격랑을 지켜보고 계십니다. 그리고 가을 더위에 안개구름이 일어나 대지와 산천초목을 모두 감싸듯 가까이서 우리를 감찰하고 계십니다. 하나님은 내려 비취는 햇빛같이, 안개구름같이 우리 가까이에서 우리의 삶을 조용히 지켜보고 계십니다.

하나님은 큰 환난 중에서도 신앙을 저버리지 않는 욥의 모습을 묵묵히 지켜보셨으며 욥은 "나의 가는 길을 오직 그가 아시나니 그가 나를 단련하신 후에는 내가 정금 같이 나오리라"(욥23:10)고 하였습니다.

하나님은 예수께서 채찍에 맞으시고 억울한 재판을 받으시고 십자가의 수치와 고난을 당하시고 피 흘려 죽을 때까지 태양빛같이 지켜보셨으며 운무같이 피부로 느끼듯 가까이에서 지켜보시면서도 침묵하셨습니다. 그러므로 예수님은 "엘리 엘리 라마 사박다니"(Ηλι ηλι λαμὰ σαβαχθανι) "나의 하나님, 나의 하나님, 어찌하여 나를 버리시나이까"(마27:46)라고 탄식하셨습니다.

사람이 어디를 가든지 이 세상에 있는 동안 빛을 피할 수 없듯이 하나님의 눈도 피할 수 없습니다. 하나님은 우리의 모습을 보고 계십니다. 내가 기도하는 것도 보시고 우리가 쓰러지는 것과 걱정하는 것과 슬퍼하고 탄식하는 것도 모두 지켜보고 계십니다. 그러므로 항상 지켜보시는 분을 피할 수 없으며 그 앞에서 도망칠 수도 없습니다.

시편 기자는 하나님이 자신을 보고 계시기에 하나님을 떠날 수 없다는 신앙을 다음과 같이 고백하였습니다. "여호와여 주께서 나를 감찰하시고 아셨나이다 주께서 나의 앉고 일어섬을 아시며 멀리서도 나의 생각을 통촉하시오며 나의 길과 눕는 것을 감찰하시며 나의 모든 행위를 익히 아시오니 여호와여 내 혀의 말을 알지 못하시는 것이 하나도 없으시니이다 주께서 나의 전후를 두르시며 내게 안수하셨나이다 이 지식이 내게 너무 기이하니 높아서 내가 능히 미치지 못하나이다 내가 주의 신을 떠나 어디로 가며 주의 앞에서 어디로 피하리이까 내가 하늘에 올라갈지라도 거기 계시며 음부에 내 자리를 펼지라도 거기 계시니이다 내가 새벽 날개를 치며 바다 끝에 가서 거할지라도 곧 거기서도 주의 손이 나를 인도하시며 주의 오른손이 나를 붙드시리이다"(시139:1~10).

찬송가 292장에 "주 없이 살 수 없네"라는 찬송이 있습니다.

"주 없이 살 수 없네 죄인의 구주여
그 귀한 보배 피로 날 구속하시니
구주의 사랑으로 흘리신 보혈이
내 소망 나의 위로 내 영광됩니다."

우리는 하나님을 떠나서는 살 수 없는 자들입니다. 그러므로 하나님을 떠나서는 살 수 없다는 신앙을 고백하여야 할 것입니다.

선견자(先見者)의 기도

이사야 33장 1~6절

"화 있을진저 너 학대를 당치 아니하고도 학대하며 속임을 입지 아니하고도 속이는 자여 네가 학대하기를 마치면 네가 학대를 당할 것이며 네가 속이기를 그치면 사람이 너를 속이리라 여호와여 우리에게 은혜를 베푸소서 우리가 주를 앙망하오니 주는 아침마다 우리의 팔이 되시며 환난 때에 우리의 구원이 되소서 진동 시키시는 소리로 인하여 민족들이 도망하며 주께서 일어나심으로 인하여 열방이 흩어졌나이다 황충의 모임 같이 사람이 너희 노략물을 모을 것이며 메뚜기의 뛰어 오름 같이 그들이 그 위로 뛰어 오르리라 여호와께서는 지존하시니 이는 높은데 거하심이요 공평과 의로 시온에 충만케 하심이라 너의 시대에 평안함이 있으며 구원과 지혜와 지식이 풍성할 것이니 여호와를 경외함이 너의 보배니라"

오늘 본문 말씀은 앞으로 다가올 유다의 위기 상황을 내다보면서 유다의 구원을 위한 이사야 선지자의 기도입니다. 선지자를 가리켜 선견자(先見者)라고 합니다. 그는 B.C 714년경 앗수르 왕 산헤립이 침공해 올 국가적 위기상황을 예견하고 드린 기도입니다.

1. 여호와여 우리에게 은혜를 베푸소서(사33:2)

이사야 33:2 "여호와여 우리에게 은혜를 베푸소서 우리가 주를 앙망하오니 주는 아침마다 우리의 팔이 되시며 환난 때에 우리의 구원이 되소서"

시편 103편 8절에 "여호와는 자비로우시며 은혜로우시며 노하기를 더디하시며 인자하심이 풍부하시도다" 하였는데 은혜란 어떤 것을 의미하는지 살펴보겠습니다.

'은혜'를 히브리어로 '헤세드'(חסד)라 하는데 첫째 의미는 하나님의 구원행위, 둘째는 하나님의 축복, 은사, 셋째는 용서하심, 넷째는 보호와 안위를 의미합니다. 희랍어에서 은혜를 '카리스'(καρις)라고 하며 기쁨, 매력, 총애, 감사의 뜻을 담고 있습니다. 신학적 견지에서 '은혜'는 '예수 그리스도를 통하여 공로 없는 우리에게 거저주시는 사랑'을 가리키고 있습니다. 또한 은혜는 기독교 복음의 중심에 놓여 있습니다. '은혜'는 '그의 눈에서 호의를 발견한다'는 뜻인데 하나님의 호의를 받는다는 의미입니다.

누가복음 1장 30절에 보면 천사가 마리아에게 "네가 하나님께 은혜를 입었느니라"고 기록되어 있습니다. 바울 사도는 로마서 3장 24절에서 "그리스도 예수 안에 있는 구속으로 말미암아 하나님의 은혜로 값없이 의롭다하심을 얻은자 되었느니라"(롬3:24) 하였습니다.

누가복음 2장 40절에 "아기가 자라며 강하여지고 지혜가 충족하며 하나님의 은혜가 그 위에 있더라" 하였으며 출애굽기 20장 5절에 "자손의 천대까지 은혜를 베푸느니라" 하였습니다. 갈라디아서 6장 18절에 "은혜가 너희 심령에 있을찌어다" 하였고 베드로전서 5장 5절에는 "겸손한 자에게 은혜를 주시느니라" 하였습니다.

하나님은 햇빛을 비췸같이 모든 사람에게 은혜를 주시며 밤에 이슬을 내림같이 은혜를 내려주시며 신선한 바람같이 은혜로 모든 사람에게 찾아오십니다. 시편 31편 19절에 "주를 두려워하는 자를 위하여 쌓아 두신 은혜 곧 인생 앞에서 주께 피하는 자를 위하여 베푸신 은혜가 어찌 그리 큰지요"라고 고백하였습니다.

저는 1974년 3월 12일부터 4월 20일까지 사십일 동안 특별 기도를 드린 일이 있습니다. 마흔 칸의 빈 칸에 빨간색 볼펜으로 빨갛게 색칠하였습니다. 빨갛게 색칠한 하루하루는 기도로 가득하게 채운 날들이었습니다. 그때 나는 나의 앞날을 하나님께서 지켜주시기를 기도드렸습니다. 하나님은 "내가 은혜의 닻줄로 묶고 산울로 지키는데 무엇을 더 구하느냐"라고 응답하셨습니다.

사랑하는 성도 여러분. 금년 일 년 365일 하루하루를 기도로 가득가득 채우시기 바랍니다. 그리하면 하나님의 은혜로 가득하게 채워 주실 것입니다. 이사야 선지자처럼 "여호와여 우리에게 은혜를 베풀어 주소서"라고 기도하시기 바랍니다.

2. 아침마다 우리의 팔이 되소서(사33:2)

이사야 33:2 "여호와여 우리에게 은혜를 베푸소서 우리가 주를 앙망하오니 주는 아침마다 우리의 팔이 되시며 환난 때에 우리의 구원이 되소서"

'팔'은 히브리어로 '제로아'(זְרוֹעַ)인데 '능력', 또는 '힘'을 상징합니다. 1년 365일 하루하루를 하나님이 나의 팔이 되어 달라는 기도입니다.

찬송가 405장에
"주의 친절한 팔에 안기세
우리 맘이 편안 하리니
항상 기쁘고 복이 되겠네
영원하신 팔에 안기세
주의 팔에 그 크신 팔에 안기세
주의 팔에 영원하신 팔에 안기세"
라고 되어 있습니다.

여호와여 금년에도 "아침마다 우리의 팔이 되어주소서" 금년 한 해가 하나님의 은혜로 가득가득하게 채워지는 복된 날들이 되어지기를 축원합니다.

3. 환난 때에 우리의 구원이 되소서(사33:2)

이사야 33:2 "… 환난 때에 우리의 구원이 되소서"

이 세상은 환난 풍파 쉬지 않는 세상입니다. 금년 일 년도 어떤 환난이 우리를 기다리고 있는지 알 수 없습니다. 우리는 알지 못하는 세상을 살아가고 있습니다. 예수님은 "세상에서는 너희가 환난을 당하나 담대하라 내가 세상을 이기었노라"(요16:33) 하셨습니다. 이사야는 가까운 미래에 앗수르군이 대군을 이루어 침공할 그 날을 내다보며 "환난 때에 우리 구원이 되소서"(사33:2)라고 기도드렸습니다. 이사야가 두려워 떨리는 마음으로 기도드린 것 같이 B.C 714년경 앗수르 왕 산헤립이 18만 5천의 대군을 이끌고 유다를 침공하였습니다. 이러한 위급한 시대에 하나님은 환난 때에 구원이 되어 주셔서 유다 백성을 구원하여 주셨습니다. 기도는 과거 문제로 기도하는 경우가 있고, 현재의 문제 때문에 드리는 기도가 있으며 미래를 내다보고 드리는 기도가 있습니다. 우리는 앞을 내다보는 선견자로서 다가올 미래를 위해 기도하는 성도가 되어야 할 것입니다.

시편 50편 15절에 "환난 날에 나를 부르라 내가 너를 건지리니 네가 나를 영화롭게 하리로다" 하였습니다. 하나님은 환난 날에 만날 구원이십니다. 여호와 하나님은 "너의 시대에 평안함이 있으며 구원과 지혜와 지식이 풍성할 것이니 여호와를 경외함이 너의 보배니라"(사33:6) 하셨습니다.

이사야 선지자의 기도를 본받아 우리들도 다가올 미래의 날들을 위하여 기도하여야 하겠습니다.

우리에게 은혜를 베푸소서!
아침마다 우리의 팔이 되소서!
환난 때에 우리의 구원이 되소서!

여호와를 앙망하라

이사야 40:30~31

"소년이라도 피곤하며 곤비하며 장정이라도 넘어지며 자빠지되 오직 여호와를 앙망하는 자는 새 힘을 얻으리니 독수리의 날개치며 올라 감 같을 것이요 달음박질하여도 곤비치 아니하겠고 걸어가도 피곤치 아니하리로다"

이사야서의 내용은 크게 두 부분으로 나누어져 있습니다. 1장에서 39장까지의 전반부는 심판과 정죄의 메시지며, 40장에서 66장까지 후반부는 구약 안의 신약(New Testament of Old Testament)으로 불리워지는 위로와 구원의 메시지입니다.

1. 낙심한 이스라엘(사40:27)

사 40:27 "야곱아 네가 어찌하여 말하며 이스라엘아 네가 어찌하여 이르기를 내 사정은 여호와께 숨겨졌으며 원통한 것은 내 하나님에게서 수리하심을 받지 못한다 하느냐"

바벨론 포로생활에 오랜 세월 지쳐버린 이스라엘 백성들은 낙심하여 말하기를 "내 사정은 여호와께 숨겨졌으며 원통한 것은 내 하나님에게서 수리하심을 받지 못한다"고 푸념하기에 이르렀습니다. 고난과 시련의 세월이 깊어지고 오래되면 누구나 실의에 빠지게 되기 마련입니다. 이러한 바벨론 포로생활이 50여 년간 장기간의 세월 속에 처한 이스라엘 백성은 하나님께로부터 잊혀진 백성이라고 신앙이 없는 사람처럼 약할대로 약하여져 실의에 빠지게 되었습니다(사40:27). 성도가 어떠한 문제로 인하여 시련에 봉착할 때 당하는 괴로움은 하나님께 버림받은 것 같은 심정에 이르는 일입니다. 하나님께서 나를 버리셨는가, 성령을 거두어 가셨는가, 나를 외면하셨는가 … 하는 생각에 빠지는 것입니다. 우리가 살아가는 세상은 소년이라도 곤비하며 장정이라도 넘어지는 험한 세상입니다. 세상에 불가능이 없다고 큰소리치며 외치던 나폴레옹도 실의에 빠졌고 종교개혁자 루터도, 하늘에서 불을 내리던 능력의 선지자 엘리야도 실의에 빠져 죽기를 구하였습니다. 인생은 약하기 짝이 없는 상한 갈대 같은 존재입니다.

2. 여호와를 앙망하라(사40:31)

> 사 40:31 "오직 여호와를 앙망하는 자는 새 힘을 얻으리니 독수리의 날개치며 올라감 같을 것이요 달음박질하여도 곤비치 아니하겠고 걸어가도 피곤치 아니하리로다"

실의에 빠진 자에게 선지자의 권면은 여호와를 앙망하라는 것입니다. 여호와를 앙망하는 자는 히브리어로 '코에 예호와'(קוי יהוה)로 '여호와를 기다린다', '여호와께서 도와주시는 때를 기다린다'(박윤선 주석 p.83)는 뜻이며 칼빈은 '기다림은 곧 인내하는 것이다'(Calvin Commentary vol ⅩⅣ, p.239)라고 하였습니다.

이사야 30장 15절에 "… 잠잠하고 신뢰하여야 힘을 얻을 것이어늘 …"이라고 하였습니다. 그러므로 여호와께서 도와주시는 때를 기다리는 것이 신앙입니다.

(1) 여호와를 앙망하는 자는 새 힘을 얻게 됩니다(사40:31)

> 사 40:31 "오직 여호와를 앙망하는 자는 새 힘을 얻으리니 …"

하나님께서 도와주시는 때를 기다리는 자는 새 힘을 받게 된다고 약속하고 있습니다. 인간의 힘은 여러 종류의 것이 있습니다. 육체적인 힘, 정신적인 힘, 영적인 힘이 있습니다. 인간의 힘은 소진되어지는 제한적인 힘입니다. 그러나 하나님은 영원하신 분으로 쇠하지 아니하십니다. 시편 121편 1~2절에 "내가 산을 향하여 눈을 들리라 나의 도움이 어디서 올꼬 나의 도움이 천지를 지으신 여호와에게서로다" 하였습니다. 바벨론 포로 생활에 피곤하여 지쳐서 실의에 빠져 무기력해진 이스라엘 백성에게 여호와만 바라고 인내하고 기다리면 새 힘을 주시겠다는 약속입니다.

에스겔 47장에 하나님의 성전 문지방 밑에서 솟아나는 그 물이 흘러가는 땅이 다시 소생하고, 강이 살아나고, 바다가 살아나는 것을 보게 됩니다. 이는 하나님께로부터 보내주시는 성령의 강수가 새 생명의 힘을 주심을 말씀하고 있습니다. 만유인력의 법칙에 의하여 생명이 없는 돌은 땅으로 떨어지지만 새는 생명의 힘으로 만유인력의 법칙을 넘어 훨훨 날아가는 것입니다. 어려운 환경, 견디기 어려운 시련이 있다할지라도 여호와 하나님을 앙망하고 기다리는 자에게는 생명의 빛을 비춰주실 것이며 생명의 강수를 주실 것이며 새 힘을 받게 될 것입니다. 제비새끼가 추녀 밑 자기 집에서 어미 제비를 기다리며 먹이를 기다리듯 우리도 하나님께서 도우시는 때를 인내하며 기다리면 새 힘을 받게 될 것입니다. 이 세상은 인간의 힘으로 이길 수 없는 세상입니다. 여호와를 앙망하는 자는 새 힘을 받아 세상을 이기는 승리자가 될 것입니다. 하나님께 새 힘을 받는 자는 일곱 번 넘어져도 여덟 번째 다시 일어나서 승리의 사람이 될 것입니다.(잠24:16)

(2) 독수리의 날개를 받게 될 것입니다(사40:31)

사 40:31 "오직 여호와를 앙망하는 자는 새 힘을 얻으리니 독수리의 날개치며 올라 감 같을 것이요 …"

요한계시록 12장 7~17절에는 하늘에서 미가엘과 그 사자들이 용과 싸우는 영계의 전투장면이 나타나 있습니다. 용이 하늘에서 쫓겨나 땅으로 내려왔습니다. 용은 남자를 낳은 여자 즉 교회를 핍박하니 여자가 큰 독수리의 두 날개를 받아 광야 자기 곳으로 날아가 거기서 뱀의 낯을 피하여 한 때와 두 때와 반 때 즉 3년 6개월을 양육받더라 했습니다. 초대 기독교는 300여 년간 용의 박해로 큰 환난을 당하였습니다. 그러나 300여년의 시련의 때를 이길 수 있었던 것은 큰 독수리의 두 날개를 받아 광야 피난처로 날아갈 수 있었기 때문입니다. 독수리의 날개는 높이 비상할 수 있으며 오래, 멀리 날아갈 수 있음이 그 특징입니다.

여호와를 앙망하는 자에게는 첫째로 새 힘을 주시며, 둘째로 큰 독수리의 두 날개를 주셔서 높이 날아오르게 하시고 멀리 피난처까지 날아가게 하여 주십니다.

어거스틴은 그의 고백록에서 "오 주님 당신은 선하시고 자비로우셔서 당신의 오른손을 내 죽음의 심연에 펴 내 마음의 밑바닥에 있는 깊은 부패의 연못을 제거하여 주셨습니다. 그 결과로 나는 내 뜻을 부인하고 당신이 원하신 뜻을 원하게 되었습니다. … 당신은 모든 빛보다 더 밝지만 내 마음의 심연보다 더 깊은 곳에 계신 분입니다."(St. Augustine's Confessions p.269)

어거스틴은 우리 마음의 밑바닥에 깊은 부패의 연못, 심연이 있어서 이곳에서 부정한 생각이, 죄의 욕망이 솟아오름을 말하고 있습니다. 예수님도 마태복음 15장 19절에서 "마음에서 나오는 것은 악한 생각과 살인과 간음과 음란과 도적질과 거짓 증거와 훼방이니"라고 말씀하셨습니다. 죄악으로 말미암아 우리의 영혼이 죄의 무게로 인하여 심연에 빠져 들어갈 무렵 여호와 하나님을 앙망할 때 독수리의 날개를 주셔서 마음의 심연에서 다시 높은 셋째 하늘로 치솟아 올라가게 하여 주십니다. 그리고 두 날개로 힘껏 날아 피난처 되신 주님 곁으로 날아가게 해 주실 것이라고 약속하여 주셨습니다. 여호와를 앙망함으로 ① 새 힘을 받고, ② 큰 독수리의 두 날개를 받아 환난과 죄악의 심연을 벗어나 마음의 가장 높은 영계로 날아올라 주님계신 피난처에 거하여 안전한 곳에서 평안함을 누리는 복된 성도되시기를 축원합니다.

내가 붙드는 나의 종

여호와의 종의 노래(Ⅰ-1)

이사야 42장 1~9절

"내가 붙드는 나의 종, 내 마음에 기뻐하는 나의 택한 사람을 보라 내가 나의 신을 그에게 주었은즉 그가 이방에 공의를 베풀리라 그는 외치지 아니하며 목소리를 높이지 아니하며 그 소리로 거리에 들리게 아니하며 상한 갈대를 꺾지 아니하며 꺼져가는 등불을 끄지 아니하고 진리로 공의를 베풀 것이며 그는 쇠하지 아니하며 낙담하지 아니하고 세상에 공의를 세우기에 이르리니 섬들이 그 교훈을 앙망하리라 하늘을 창조하여 펴시고 땅과 그 소산을 베푸시며 땅 위의 백성에게 호흡을 주시며 땅에 행하는 자에게 신을 주시는 하나님 여호와께서 이같이 말씀하시되 나 여호와가 의로 너를 불렀은즉 내가 네 손을 잡아 너를 보호하며 너를 세워 백성의 언약과 이방의 빛이 되게 하리니 네가 소경의 눈을 밝히며 갇힌 자를 옥에서 이끌어 내며 흑암에 처한 자를 간에서 나오게 하리라 나는 여호와니 이는 내 이름이라 나는 내 영광을 다른 자에게, 내 찬송을 우상에게 주지 아니하리라 보라 전에 예언한 일이 이미 이루었느니라 이제 내가 새 일을 고하노라 그 일이 시작되기 전이라도 너희에게 이르노라"

이사야서에 흐르고 있는 사상은 남은자(The Remnant) 사상과 메시아 사상입니다. 메시아 사상은 왕권을 가지고 통치하시는 메시아와 종으로 오셔서 수난 받으시는 메시아를 증거하고 있습니다. 본문에는 종으로 오신 메시아에 대한 "여호와의 종의 노래"가 기록되어 있습니다.

"여호와의 종의 노래"는 첫 번째 여호와의 종의 노래(사42:1~9),

두 번째 여호와의 종의 노래(사49:1~6), 세 번째 여호와의 종의 노래(사50:4~9), 네 번째 여호와의 종의 노래(사52:13~53:12)로 구분되어 있습니다. 오늘 본문 말씀은 여호와의 종의 노래 첫 번째 부분이며 여호와의 종의 성품과 사역이 소개되고 있습니다. 여호와의 종의 노래는 운문(韻文)으로 되어있어 시의 형식과 노래의 형식으로 되어진 운율이 있는 글이므로 종의 노래라고 지칭하였습니다.

1. 나의 종(사42:1)

이사야 42:1 "내가 붙드는 나의 종, …"

하나님께서 자신의 종을 직접 소개하십니다.

하나님께서 "나의 종"이라고 하셨습니다. 이 땅에 오실 메시아는 여호와의 종이라는 분명한 의식을 가지고 계신 분이라는 것입니다. 예수님께서 가르치신 주의 기도문 중에 "뜻이 하늘에서 이루어진 것 같이 땅에서도 이루어지이다"(마6:10) 하였고 요한복음 4장 34절에서 예수님은 "나의 양식은 나를 보내신 이의 뜻을 행하며 그의 일을 온전히 이루는 이것이니라" 하였습니다. 요한복음 6장 38~39절에서 예수께서 "내가 하늘로서 내려온 것은 내 뜻을 행하려 함이 아니요 나를 보내신 이의 뜻을 행하려 함이니라" 하셨습니다. 요한복음 13장에는 제자들의 발을 씻기심으로 종으로서의 삶을 보여주셨습니다. 바울 사도는 그의 서신 서두에 언제나 "예수 그리스도의 종 된 나 바울은" 이라는 말을 항상 기록하였습니다.

하나님께서 소개하는 메시아는 "종"이라고 하셨습니다. 금년 충주시 기독교 신년 하례회 때 저는 신년 인사를 "저는 조연만 하도록 하겠습니다. 주연은 예수께서 하시고 여러분들께서 하십시오"라고 말씀드렸습니다. 여호와의 종으로서의 삶을 사셨던 예수님을 본받아 우리의 삶도 그리스도의 종으로서의 삶을 살기 위하여 모든 생활에 그리스도의 정신을 적용한다면 우리의 운명이 바뀌어질 것입니다.

바울 사도와 테레사 수녀가 위대한 것은 그들의 삶이 종으로서의 삶을 살았기 때문입니다.

2. "내가 붙드는 종"(사42:1)

이사야 42:1 "내가 붙드는 나의 종, …"

하나님께서 붙들어 주시는 종은 '붙들다'(תָּמַךְ, 타마크)는 '떠받치다'라는 뜻으로 최상의 상태를 유지할 수 있도록 도와주는 것을 말합니다. 이사야 41장 10절에 "참으로 나의 의로운 오른손으로 너를 붙들리라" 하셨습니다. 예수님은 요한복음 8장 29절에서 "나를 보내신 이가 나와 함께 하시도다 내가 항상 그의 기뻐하시는 일을 행하므로 나를 혼자 두지 아니하셨느니라"고 말씀하셨습니다.

한경직 목사님의 목회일화가 있습니다. 한목사님께서 신의주에서 목회하실 때 어떠한 일로 마음이 너무 상하여 자신의 방에 들어가 쓰러지셨습니다. 쓰러져있는 동안 잠시 비몽사몽간에 자신이 힘없이 오른쪽으로 쓰러지니 오른쪽에 큰 손이 나타나 붙들어 주셨습니다. 다시 왼편으로 쓰러지니 큰 손이 왼쪽을 붙들어 주시는 광경을 보았습니다. 한경직 목사님은 깨어 일어나 성경을 읽게 되었습니다. 에스라 7장 9절입니다. "정월 초하루에 바벨론에서 길을 떠났고 하나님의 선한 손의 도우심을 입어 오월 초하루에 예루살렘에 이르니라." 그런 일이 있은 다음 주일 "여호와의 손"이라는 제목으로 설교하였습니다. "저는 넘어지나 아주 엎드러지지 아니함은 여호와께서 손으로 붙드심이로다"(시37:24) 하심같이 하나님은 한목사님을 붙들어 주셨습니다(한경직 목사 설교전집 vol Ⅳ, p.11).

"아버지의 손"이란 글이 있습니다. 등산을 즐겨하는 한 남자가 하루는 그의 딸에게 등산을 함께 갈 것을 제의했고 딸은 뛸 듯이 기뻐하였습니다. 배낭을 지고 산을 오르며 아버지와 딸은 많은 이야기를 나누었습니다. 협곡을 가로지르는 낡고 좁은 다리에 이르자 아버지가 손을 내밀며 말했습니다. "애야 다리가 무척 낡았구나. 내 손을 꼭 잡아라." 그러자 딸이 말했습니다. "아니예요 아빠, 만일 제가 아빠의 손을 잡으면 손을 놓치고 떨어질지도 몰라요 그러니까 아빠가 제 손을 잡아주세요 아빠는 결코 제 손을 놓치지 않을테니까요." 아버지는 딸의 손을 끝까지 강하게 잡아주었고 그들은 무사히 계곡을 건넜습니다. 이와같이 하나님은 우리의 손을 굳게 잡아 주시니 얼마나 든든한지요 … (게리 A. 님스). (The Grand Bible Commentary vol Ⅵ, p.1069).

3. "내 마음에 기뻐하는 자"(사42:1)

이사야 42:1 "… 내 마음에 기뻐하는 …"

이사야 42장 1절에 "내 마음에 기뻐하는 나의 택한 사람을 보라"하였습니다. 야곱의 아내 라헬이 아들을 낳고 죽어갈 때 아들 이름을 '베노니' 즉, '슬픔의 아들'이라 하였으나 야곱은 그 아들의 이름을 '베냐민', '오른손의 아들'이라고 불렀습니다. 이와같이 하나님 앞에 슬픔의 자식도 있으나 메시아 되신 그리스도는 "내 마음에 기뻐하는 나의 택한 사람"(사42:1)이라 하셨습니다.

스바냐 3장 14~17절에 보면 하나님께서 이스라엘, 시온을 인하여 기쁨을 이기지 못하시며 잠잠히 사랑하시며 그로 인하여 즐거이 부르며 기뻐하시리라 하셨습니다. 다윗을 가리켜 하나님의 마음에 합한 자(행13:22)라 했는데 여호와의 종 되신 그리스도는 하나님께 기쁨의 자식이었습니다.

예수께서 세례 받으실 때 "이는 내 사랑하는 아들이요 내 기뻐하는 자라"(마3:17) 하셨습니다. 마태복음 17장 5절에 변화 산상에서 "구름 속에서 소리가 나서 가로되 이는 내 사랑하는 아들이요 내 기뻐하는 자니 너희는 저희 말을 들으라" 하셨고, 여호와의 종인 예수님은 하나님의 기쁨이셨으며 여호와를 경외함으로 즐거움을 삼았습니다(사11:3).

저는 얼마 전 이 강단에 엎드려 "하나님. 나의 믿음이 되시며, 나의 소망이 되시며, 나의 사랑이 되시며, 나의 기쁨이 되시며, 나의 평안이 되시옵소서. 나 또한 하나님께 믿음이 되게 하시고, 하나님의 소망이 되게 하시고, 하나님의 사랑이 되게 하옵시고, 하나님의 기쁨이 되게 하옵소서"라고 기도드렸습니다.

4. "내가 나의 신을 그에게 주었다"(사42:1)

이사야 42:1 "내가 나의 신을 그에게 주었은즉 …"

이사야 42장 1절에 "내가 나의 신을 그에게 주었은즉 그가 이방에 공의를 베풀리라" 하셨습니다. 이사야 11장 1~3절에 보면 "이새의 줄기에서 한 싹이 나며 그 뿌리에서 한 가지가 나서 결실할 것이요 여호와의 신 곧 지혜와 총명의 신이요 모략과 재능의 신이요 지식과 여호와를 경외하는 신이 그 위에 강림하시리니 그가 여호와를 경외함으로 즐거움을 삼을 것이며 …" 라는 말씀으로 그리스도에 대한 예언의 말씀이 기록되어 있습니다.

하나님은 자신의 신을 택한 종에게 부어주셨습니다. "백성이 다 세례를 받을새 예수도 세례를 받으시고 기도하실 때에 하늘이 열리며 성령이 형체로 비둘기같이 그의 위에 강림하시더니 하늘로서 소리가 나기를 너는 내 사랑하는 아들이라 내가 너를 기뻐하노라 …"(눅

3:21~22) 하였습니다.

　누가복음 4장 1~2절에 "예수께서 성령의 충만함을 입어 요단 강에서 돌아오사 광야에서 사십일 동안 성령에게 이끌리시며 마귀에게 시험을 받으시더라 …" 하였습니다. 요한복음 3장 34절에는 "하나님의 보내신 이는 하나님의 말씀을 하나니 이는 하나님의 성령을 한량 없이 주심이니라" 하셨습니다. 그러므로 "이방에 공의를 베풀리라"(사42:1)는 말씀은 세계만방에 있는 민족들에게 하나님의 진리를 증거하실 것이라는 말씀입니다. 이사야 25장 6~8절에 "만군의 여호와께서 이 산에서 만민을 위하여 기름진 것과 오래 저장하였던 포도주로 연회를 베푸시리니 … 또 이 산에서 모든 민족의 그 가리워진 면박과 열방의 그 덮인 휘장을 제하시며 사망을 영원히 멸하실 것이라" 하셨습니다.

　이상의 말씀과 같이 여호와의 종은 단지 이스라엘 민족만을 위하여 사역하지 않고 온 인류를 구원의 문으로 인도할 것을 예언하고 있습니다. 또 이사야 42장 6절에 보면 여호와의 종을 향하여 하신 말씀에 "나 여호와가 의로 너를 불렀은즉 내가 네 손을 잡아 너를 보호하며 너를 세워 백성의 언약과 이방의 빛이 되게 하리니" 하였습니다. 여호와의 종으로 오실 메시아는 세상의 빛으로 오실 것이라 하였으며 요한복음 8장 12절에도 "예수께서 또 일러 가라사대 나는 세상의 빛이니 나를 따르는 자는 어두움에 다니지 아니하고 생명의 빛을 얻으리라"고 자기 증거의 말씀을 하셨습니다. 이사야 42장 10~12절에 이방 전 세계의 구원을 인하여 찬양하라고 명함으로 여호와의 종 되신 예수 그리스도의 사역이 전 세계적으로 확대될 것을 암시하고 있습니다. "항해하는 자와 바다 가운데 만물과 섬들과 그 거민들아 여호와께 새 노래로 노래하며 땅 끝에서부터 찬송하라 광야와 거기 있는 성읍들과 게달 사람의 거하는 촌락들은 소리를 높이라 셀라의 거민들은 노래하며 산꼭대기에서 즐거이 부르라 여호와께 영광을 돌리며 섬들 중에서 그의 찬송을 선전할지어다" 하였습니다. 이곳에서 명하는 찬송의 범위는 항해하는 자와 섬들과 거민들과 땅 끝에서와 광야와 성읍들과 촌락을 모두 소리 높여 찬양하라 하였으니 전 세계적입니다.

　이상의 말씀들은 종으로 오실 예수 그리스도를 통하여 세계 구원을 성취하실 것을 말씀하고 있습니다. 그러므로 기독교는 이스라엘을 뛰어넘어 세계의 빛으로 세계의 종교가 될 것을 예언하고 있습니다.

상한 갈대와 꺼져가는 등불

여호와의 종의 노래(Ⅰ-2)

이사야 42장 1~9절

"내가 붙드는 나의 종, 내 마음에 기뻐하는 나의 택한 사람을 보라 내가 나의 신을 그에게 주었은즉 그가 이방에 공의를 베풀리라 그는 외치지 아니하며 목소리를 높이지 아니하며 그 소리로 거리에 들리게 아니하며 상한 갈대를 꺾지 아니하며 꺼져가는 등불을 끄지 아니하고 진리로 공의를 베풀 것이며 그는 쇠하지 아니하며 낙담하지 아니하고 세상에 공의를 세우기에 이르리니 섬들이 그 교훈을 앙망하리라 하늘을 창조하여 펴시고 땅과 그 소산을 베푸시며 땅 위의 백성에게 호흡을 주시며 땅에 행하는 자에게 신을 주시는 하나님 여호와께서 이같이 말씀하시되 나 여호와가 의로 너를 불렀은즉 내가 네 손을 잡아 너를 보호하며 너를 세워 백성의 언약과 이방의 빛이 되게 하리니 네가 소경의 눈을 밝히며 갇힌 자를 옥에서 이끌어 내며 흑암에 처한 자를 감에서 나오게 하리라 나는 여호와니 이는 내 이름이라 나는 내 영광을 다른 자에게, 내 찬송을 우상에게 주지 아니하리라 보라 전에 예언한 일이 이미 이루었느니라 이제 내가 새 일을 고하노라 그 일이 시작되기 전이라도 너희에게 이르노라"

지난주에는 첫 번째 여호와의 종의 노래(사42:1~9) 부분에서 여호와의 종의 성품에 관하여 '나의 종', '내가 붙드는 종', '내 마음에 기뻐하는 자', '내가 나의 신을 그에게 주었다'는 사실에 대하여 살펴보았습니다. 오늘은 두 번째로 그의 구원의 방법에 대하여 상고해 보도록 하겠습니다.

1. 외치지 아니하는 겸손함으로(사42:2)

이사야 42:2 "그는 외치지 아니하며 목소리를 높이지 아니하며 그 소리로 거리에 들리게 아니하며"

그는 외치지 아니하며 목소리를 높이지 아니하며 그 소리를 거리에 들리게 아니한다고 하였습니다. 이에 대하여 그랜드 성서주석에서는 "그는 이 세상에 가장 값진 것과 좋은 것을 전하지만 그분의 태도는 교만하지 않고 매우 겸손하고 조용하다" 하였습니다(The Grand Bible Commentary vol IX, p.1062).

일본의 성서주석가 내촌감삼씨는 성경의 번역과 주해를 다음과 같이 요약 설명하였습니다.

"보라 나의 지지하는 내 종을, 내 마음에 맞는 내가 택한 자를, 나는 내 영을 그에게 주었도다 그는 이방인에게 도(道)를 보이리라. 그는 외치지 않고, 그 음성을 높이지 않는다 사람이 그 소리를 거리에서 들은바 없다. 하나님의 권능으로써 붙드심을 입은 하나님의 종은 어떤 자인가. 그 뜻에 합하고 그 택하신바 된 이상(理想)의 신도란 어떠한 자인가. 하나님이 그 위에 성령을 부으신 자, 그는 참 전도자리라. 그는 이상의 전도자 이시리라. 그러므로 보통 전도자처럼 소리를 지르면서 외치지 않는다. 북을 쳐대지 않는다. 나팔을 불지 않는다. 사람이 그 음성을 거리에서 듣지 못한다(음성이 거리에 들리지 아니하도다). 그는 높은 단에 서는 일이 아주 드물다. 그는 그의 이름이 사회에 알려지는 것을 좋아 않고 광고하지 않는다. 소위 사회적 운동에 종사하지 않는다. 그는 신도의 증가를 꾀하지 않으며 뭇 사람의 박수갈채를 싫어한다. 그는 다수의 찬성으로 그가 전하는 진리의 증명을 알고자 하지 않고 공견(公見)을 꺼리는 그는 은밀한 곳에서 약자 돕기를 좋아한다"(내촌감삼(內村鑑三) 성서주해 vol VI, pp.203~204).

박윤선 박사는 여호와의 종으로 오실 그리스도께서 큰 소리로 외치지 아니하며 목소리를 높이지 아니하며 그 소리로 거리에 들리게 아니하는 이유를 이렇게 설명하고 있습니다.

첫째, 그의 마음이 평안하신 까닭이다. 그는 세상 소원을 가지지 않고 하나님 만으로만 즐거워하기 때문이다.

둘째, 하나님께 순종하시기 때문이다. 하나님의 뜻에 순종할 마음을 가지면 고요할 뿐이다.

셋째, 온유하시기 때문이다. 예수님은 털 깎는 자 앞에서 잠잠한 양같이 그 입을 열지 아니하였도다(사53:7)고 하였습니다(박윤선, 성경주석 이사야 pp.397~399).

2. 상한 갈대를 꺾지 않는 사랑으로(사42:3)

이사야 42:3 "상한 갈대를 꺾지 아니하며 꺼져가는 등불을 끄지 아니하고 …"

내촌감삼씨는 성경을 다음과 같이 의역하였습니다.

"상한 갈대를 꺾는 일 없고 꺼져가는 등불을 끄는 일 없도다
그는 진리에 따라 도를 전하리라
그는 쇠하지 아니하고 또 피곤치 아니하며
온 땅에 도를 펴기에 이르리라
섬들은 그의 가르치심을 기다리도다"(사42:1~4).

그리고 이어서 다음과 같이 해석하였습니다. "그는 자비가 많고 노하기를 더디하며 용서하는데 빠르다. 그는 시인 쿠퍼(Cowper, William 1731~1800, 영국의 시인)의 '이상의 사람'처럼 사려 없이는 벌레 하나도 죽이지 않는 자이다"(내촌감삼(內村鑑三) 성서주해 p.140)

이사야 선지자는 인생을 상한 갈대로 표현하였습니다. 펄벅 여사(Pearl Comfort Buck, 1892. 6. 26~1973. 3. 6)는 우리나라를 "살아있는

갈대"라고 말하였습니다. 갈대는 유브라데스 강 하류와 요단 강변에 많이 자라는 풀이며 2~4m 되는 약한 풀입니다. 앗수르 왕 산헤립의 군대장관 랍사게가 히스기야 왕을 향하여 "네가 저 상한 갈대 지팡이 애굽을 의뢰하도다"(왕하18:21)라고 비난하였습니다. 에스겔 29장 6절에는 "애굽은 본래 이스라엘 족속에게 갈대 지팡이라" 했고, 이사야 36장 6절에 "보라 네가 애굽을 의뢰하도다 그것은 상한 갈대 지팡이와 일반이라 …" 하였고, 그랜드 주석에서 상한 갈대는 "외부의 힘에 의하여 꺾여져서 거의 반쯤 부러진 매우 연약하고 비참한 상태를 말한다"고 하였습니다(The Grand Bible Commentary vol Ⅸ, p.1062).

예수 그리스도는 죄의 세력으로 말미암아 죽을 수밖에 없고 육체와 영혼이 병들어 상한 갈대 같은 인생을 감싸 주시며 불쌍히 여기시고 고쳐 소생시키시는 사랑 많으신 분입니다.

인간은 실로 상한 갈대입니다. 상한 갈대 같이 약한 존재입니다. 실바람이 불어와도 흔들리며 상처 때문에 아파하는 존재입니다. 메시야 되신 예수 그리스도는 이렇게 상한 갈대 같은 유대 민족과 이방 세계의 모든 사람을 위하여 찾아오셨습니다.

고대 스파르타(Sparta) 사람들은 병들고 기형아인 자식들을 살해하고 없애버리라 하였으며 플라톤(Platon)도 유아와 병약한 자를 살해하라는 말에 찬성하였습니다(The Biblical Illustrator Exell vol ⅩⅫ, pp.491~492).

하나님은 우리 몸이 성령이 거하시는 성전으로 지으셨으며(고전 6:19) 우리를 왕 같은 제사장으로 삼으셨고(벧전2:9), 하나님의 자녀로(요1:12) 삼으셨습니다. 그러나 우리는 세속화되어 부정하게 되고 상처 입은 갈대같이 되어버렸습니다. 어떤 사람은 조상의 죄로 인하여 상처를 입었고 자신의 죄 때문에 상처를 입었습니다(약1:15). 그러나 예수님은 자신을 배반한 베드로와 그의 모든 제자들과(요21:15~17), 간음하다 현장에서 잡힌 여인과(요8:11), 십자가에 못 박힌 강도(눅23:43), 수가 성 우물가의 부정한 여인(요4:1~42)을 버리지 아니하셨습니다. 예수님은 자신을 세리와 죄인의 친구라고 비난하는 자들의 말을 기꺼이 수용하셨습니다. 예수님께서 빌라도 법정에서 십자가형을 받으신 후 총독의 군병들이 그의 옷을 벗기고 홍포를 입히며 가시 면류관을 그 머리에 씌우고 갈대를 주님의 오른손에 들리고 희롱하며 갈대를 빼앗아 그 머리를 치더라(마27:29~30)고 하였습니다.

예수님의 마지막 모습은 갈대가 그 오른손에 들려있었습니다. 갈대를 들고 계신 예수님, 이는 세리와 죄인의 친구(마11:19)되신 주님께서 상한 갈대 같은 우리를 붙들어 주심을 보여주는 장면입니다.

주님은 우리의 영혼과 육체와 마음이 실바람에도 흔들거리는 상한 갈대 같은 우리를 버리지 아니하셨습니다. 상한 갈대를 꺾지 아니하시고 꺼져가는 등불을 끄지 아니하시는 영원한 사랑으로 우리를 싸매시고 고치셔서 가치 있는 의의 병기로 만들어 주셨습니다.

이 세상은 상한 갈대 같은 우리를 거들떠보지도 않지만 주는 이러한 우리를 구원하시려 이 땅에 오셨습니다. 그리고 주님은 그의 오른손에 갈대를 들고 계셨고 "수고하고 무거운 짐 진 자들아 다 내게로 오라 내가 너희를 쉬게 하리라"(마11:28)고 말씀하셨습니다. 호세아 6장 1절에 "오라 우리가 여호와께로 돌아가자 여호와께서 우리를 찢으셨으나 도로 낫게 하실 것이요 우리를 치셨으나 싸매어 주실 것임이라" 하셨습니다.

너는 내 것이라

이사야 43장 1~7절

"야곱아 너를 창조하신 여호와께서 이제 말씀하시느니라 이스라엘아 너를 조성하신 자가 이제 말씀하시느니라 너는 두려워 말라 내가 너를 구속하였고 내가 너를 지명하여 불렀나니 너는 내 것이라 네가 물 가운데로 지날 때에 내가 함께할 것이라 강을 건널 때에 물이 너를 침몰치 못할 것이며 네가 불 가운데로 행할 때에 타지도 아니할 것이요 불꽃이 너를 사르지도 못하리니 대저 나는 여호와 네 하나님이요 이스라엘의 거룩한 자요 네 구원자임이라 내가 애굽을 너의 속량물로, 구스와 스바를 너의 대신으로 주었노라 내가 너를 보배롭고 존귀하게 여기고 너를 사랑하였은즉 내가 사람들을 주어 너를 바꾸며 백성들로 네 생명을 대신하리니 두려워 말라 내가 너와 함께 하여 네 자손을 동방에서부터 오게하며 서방에서부터 너를 모을 것이며 내가 북방에게 이르기를 놓으라 남방에게 이르기를 구류하지 말라 내 아들들을 원방에서 이끌며 내 딸들을 땅끝에서 오게 하라 무릇 내 이름으로 일컫는 자 곧 내가 내 영광을 위하여 창조한 자를 오게 하라 그들을 내가 지었고 만들었느니라"

본문말씀에 보면 하나님께서 이스라엘 백성을 향하여 "너는 내 것이라"고 말씀하셨습니다. 예수 그리스도 안에서 영적 이스라엘이된 우리들을 향한 말씀이기도 합니다. 하나님께서 "너는 내 것이라"하신 말씀에 대하여 살펴보도록 하겠습니다.

1. 우리가 하나님의 소유라는 것을 의미합니다(사43:1)

이사야 43:1 "야곱아 너를 창조하신 여호와께서 이제 말씀하시느니라 이스라엘아

> 너를 조성하신 자가 이제 말씀하시느니라 너는 두려워 말라 내가 너를 구속하였고 내가 너를 지명하여 불렀나니 너는 내 것이라"

본문에 보면 "너를 창조하신 여호와", "너를 조성하신 자", "내가 너를 구속하였고 내가 너를 지명하여 불렀나니 너는 내 것이라" 하였습니다. 이상의 말씀은 하나님께서 이스라엘에 대한 소유권을 확인하신 말씀이며 성도된 우리를 향하신 말씀입니다. 이 세상에 많은 사람들이 결혼식을 올린 후 신혼의 새 가정을 이루게 됩니다. 그리고 남편이 아내를 "내 사람"이라고 말할 수 있게 됩니다. 아내에게 남편은 내 사람이고 남편에게는 아내가 내 사람입니다. 그 외에는 어느 누구에게도 내 사람이라는 말을 사용할 수 없습니다. 하나님께서 이스라엘을, 그리고 영적 이스라엘이 된 성도들에게 "너는 내 것이라" 하시는 것은 가장 친근한 말씀입니다.

성경에서 "너 하나님의 사람아"(딤전6:11), 그리스도의 사람 그리스도인(롬14:8), "성령의 사람"이란 말씀이 있습니다. 이는 모두 하나님의 소유라는 말입니다. 베드로전서 2장 9절에서 베드로 사도는 "오직 너희는 택하신 족속이요 왕 같은 제사장들이요 거룩한 나라요 그의 소유된 백성이니"라고 말하였습니다. 우리는 우리의 신분을 명확히 알아야 하겠습니다. 얼마 전 "내 인생은 내꺼야"라고 절규하듯 노래한 대중가요가 있었습니다. 우리는 나 자신의 것도 그 누구의 것도 아닙니다. 우리는 오직 하나님의 것입니다. 이보다 더 영광스런 축복이 어디 있겠습니까. 우리의 신분을 밝히 깨닫는 것은 참으로 중요한 일입니다. 자기 자신을 과대평가하는 교만한 자도 있고 자신을 과소평가하여 자학하므로 자신을 금수와 버리지만도 못하게 가치 없고 더러운 곳에 자신을 버리는 자들은 모두 자신의 신분을 깨닫지 못한데서 오는 불행한 일들입니다. 바울 사도는 로마서 14장 7~8절에서 "우리 중에 누구든지 자기를 위하여 사는 자가 없고 자기를 위하여 죽는 자도 없도다 우리가 살아도 주를 위하여 살고 죽어도 주를 위하여 죽나니 그러므로 사나 죽으나 우리가 주의 것이로다"라고 하였습니다.

우리는 성부 하나님께서 창조하여 조성하여 주셨고(사43:1), 성자 예수께서 피로 값주고 구속하여 주셨으며(계5:9), 성령께서 인쳐(계7:2~4) 지명하여 불러주셨으니 우리는 분명히 하나님의 것입니다. "너는 내 것이라"는 하나님의 음성에 아멘, 나는 주의 것이로소이다 하고 무릎 꿇는 성도가 되어져야 할 것입니다.

2. 우리가 하나님의 보호를 받게 될 것을 의미합니다(사43:2)

이사야 43:2 "네가 물 가운데로 지날 때에 내가 함께할 것이라 강을 건널 때에 물이 너를 침몰치 못할 것이며 네가 불 가운데로 행할 때에 타지도 아니할 것이요 불꽃이 너를 사르지도 못하리니"

본문에서 '물 가운데로 지날 때, 강을 건널 때, 불 가운데로 행할 때, 불꽃이 너를 사르지도 못하리니'라고 하셨는데 물, 강, 불, 불꽃 등은 모두 위험을 상징하는 말입니다. 하나님의 자녀된 성도들이 이 세상을 살아갈 때 불같은 시련도 오고 물같은 시험도 닥쳐옵니다. 용광로의 불꽃같은 시련도 만나고 바다와 같은 시련이 앞을 가로막기도 합니다. 그러나 이러한 시련을 당할 때 하나님께서 보호하여 주신다는 말씀입니다. 그 이유는 바로 우리가 하나님의 것이 되어 하나님께서 "너는 내 것이라" 하시기 때문입니다. 실제적으로 하나님은 물과 강에서, 불과 불꽃같은 시련에서 이스라엘 백성을 보호하여 주셨습니다. 하나님은 이스라엘 백성을 홍해 바다의 물과 요단 강물에서 구원하여 건져주셨습니다(출15:15~31, 여호수아 3, 4장). 그리고 다니엘을 사자 굴에서 건지시고(단7:22), 사드락과 메삭과 아벳느고를 극렬히 타는 풀무 불꽃 속에서 보호하여 주셨습니다(단3:24~27). 너는 내 것이라 하신 하나님의 것이 된 성도들은 용광로와 같은 시험이나 강물과 바다와 같은 시련이 닥쳐와도 그들은 떠내려가거나 불타 죽거나 그 시험의 물에 빠져 죽지 않았습니다. 이는 전능하신 하나님의 손이 그의 백성을 건져주시기 때문입니다.

이사야 43장 3절에서 "내가 애굽을 너의 속량물로, 구스와 스바를 너의 대신으로 주었노라" 하였습니다. 하나님은 하나님의 소유된 이스라엘 백성이나 오늘날 믿는 성도를 위하여 다른 나라를 속량물로 희생시키시고 우리를 구원하신다는 말씀입니다. 출애굽당시 이스라엘 백성을 구원하시기 위하여 애굽 군대를 바다 속에 수장시키셨으며 애굽의 초태생을 모두 죽게 하였고(출13:15) 산헤립이 군대를 이끌고 와서 예루살렘을 침공하였을 때 하나님은 앗수르군 18만 5천명을 하룻밤에 진멸하셨습니다(왕하19:35). 하나님과 동행한 노아와 그의 가족을 죄악 세상에서 구원하시기 위해 세상에 홍수심판을 내리셨습니다. 앞으로 성도들을 죄 많은 이 세상에서 건져내시기 위하여 이 세상을 심판하실 것입니다. 일본의 압제 아래서 우리나라 성도들을 건져내시기 위하여 일본에 원자탄을 터뜨려 수많은 사람을 죽음에 던지셨습니다. 이스라엘 백성을 위하여 파사 왕 고레스를 일으켜 바벨론 왕 벨사살과 바벨론 제국을 무너뜨리셨습니다. 하나님은 신실한 성도 몇 사람을 위해서 수많은 불의한 자를 희생시킬 수 있다는 것입니다(김서택, 이사야 강해Ⅳ, p.18).

그러므로 이사야 43장 1절에서 "너는 두려워 말라 … 너는 내 것이라" 하였고 이사야 43장 5절에서 "두려워 말라 내가 너와 함께 하여 네 자손을 동방에서부터 오게 하며 서방에서부터 너를 모을 것이라" 하였습니다. 하나님께서 "너는 내 것이라" 하신 자들은 절대적인 보호를 받게 될 것입니다. 믿는 자들에게 하나님은 "함께 하리라"는 말씀으로 특별한 보호를 약속하여 주셨습니다.

야곱에게 "내가 너와 함께 있어 네가 어디로 가든지 너를 지키며 …"(창28:15), 모세에게 "내가 정녕 너와 함께 있으리라"(출3:12) 하였고, 이사야에게 "내가 너와 함께 함이니라"(사41:10) 하였으며, 바울 사도에게 "내가 너와 함께 있으매 아무 사람도 너를 해롭게 할 자가 없을 것이니 이는 이 성중에 내 백성이 많음이니라"(행18:10) 하셨고, 오백여 성도들에게 "내가 세상 끝날까지 너희와 항상 함께 있으리라"(마28:20) 하셨습니다.

3. 하나님 영광 위하여 살아야 함을 의미합니다(사43:7)

이사야 43:7 "무릇 내 이름으로 일컫는 자 곧 내가 내 영광을 위하여 창조한 자를 오게 하라 그들을 내가 지었고 만들었느니라"

이사야 43장 7절에 "내 영광을 위하여 창조한 자를 오게 하라"하였고, 이사야 43장 21절에는 "이 백성은 내가 나를 위하여 지었나니 나의 찬송을 부르게 하려 함이라"하였습니다. 고린도전서 6장 20절에 "너희는 너희 것이 아니라 값으로 산 것이 되었으니 그런즉 너희 몸으로 하나님께 영광을 돌리라"고 하였습니다. 이사야 43장 5~6절에 세계로 흩어진 백성들을 돌아오게 하실 것이라 하셨는데 이는 인간의 힘으로 될 수 없는 일을 하나님께서 하실 것을 말씀하고 있습니다. 마틴 루터는 인생의 궁극적 목적은 구원이 아니라 하나님께 영광을 돌리는 것이라고 말하였습니다(The Grand Bible Commentary vol IX, p.1079).

하나님은 오늘도 우리를 향하여 "너는 내 것이라"라고 말씀하십니다. 우리는 하나님의 것으로서 영광스런 사람이 되었습니다. 또한 우리는 하나님의 절대적인 보호를 받고 살아갑니다. 그러므로 우리가 하나님의 영광을 위해 살아가야 할 것입니다.

삼차원의 인생

이사야 44장 1~5절
"나의 종 야곱, 나의 택한 이스라엘아 이제 들으라 너를 지으며 너를 모태에서 조성하고 너를 도와줄 여호와가 말하노라 나의 종 야곱, 나의 택한 여수룬아 두려워말라 대저 내가 갈한 자에게 물을 주며 마른 땅에 시내가 흐르게 하며 나의 신을 네 자손에게, 나의 복을 네 후손에게 내리리니 그들이 풀 가운데서 솟아나기를 시냇가의 버들 같이 할 것이라 혹은 이르기를 나는 여호와께 속하였다 할 것이며 혹은 야곱의 이름으로 자칭할 것이며 혹은 자기가 여호와께 속하였음을 손으로 기록하고 이스라엘의 이름으로 칭호하리라"

감리교 창설자 요한 웨슬리 목사님은 인간을 세단계로 구분하여 설명하였습니다. 자연인으로서의 인간, 율법 아래의 인간, 은총 아래의 인간입니다(John Wesley's Theology today, Colin W. Williams, pp.60~151). 웨슬리 목사의 감리교 신앙 역시 믿음으로 의롭다 함을 받는 칭의의 단계, 성화의 단계, 완전의 단계를 말하고 있습니다. 이사야 선지자는 본문에서 야곱 차원으로서의 인생, 이스라엘 차원의 인생, 여수룬 차원의 인생을 말씀하고 있습니다.

본문에서 야곱이라는 한 사람의 이름을 세 가지로 부르고 있는데 야곱, 이스라엘, 여수룬입니다. 이러한 사실은 세단계의 신앙 인격을 말하는 것으로 야곱이라는 사람이 세단계의 인생을 살았음을 의미하고 있으며 하나님은 이러한 과정의 삶을 살아가도록 섭리하고 계심을 밝히 보여 주고 있습니다.

1. 야곱으로서의 일차원 인생(사44:1)

이사야 44:1 "나의 종 야곱, 나의 택한 이스라엘아 이제 들으라"

이삭은 첫째 아들 에서를 사랑하였고 이삭의 아내 리브가는 둘째 아들 야곱을 사랑하였습니다. 야곱이 세상에 태어날 때 그의 형 에서의 발꿈치를 잡고 나왔습니다. 그래서 그 이름을 발꿈치를 잡았다는 뜻을 따라 야곱이라고 이름을 지었습니다. 야곱은 욕심이 많고 잔꾀가 많았습니다. 붉은 죽 한 그릇으로 에서에게서 장자의 명분을 빼앗았고 아버지 이삭을 속여 축복기도를 가로채기도 하였습니다. 야곱의 삶은 인간적인 수단과 방법을 따라 살아가는 자연인으로서의 인생을 살았습니다.

하나님을 믿는 신자라 하여도 많은 사람들이 여전히 야곱처럼 일차원의 삶을 살아가고 있습니다. 바울 사도는 이러한 신자를 가리켜 육에 속한 신자라고 하였습니다(고전2:14). 이러한 사람은 육체의 정욕을 벗어나지 못하고 자기본위인 이기적인 삶을 살아가며 자기중심적인 생각을 따라 수단과 방법을 가리지 않고 살아갑니다. 자기 자신의 방법대로 살아가는 일차원의 삶을 말합니다.

2. 이스라엘로서의 이차원 인생(사44:2)

이사야 44:2 "너를 지으며 너를 모태에서 조성하고 너를 도와줄 여호와가 말하노라 나의 종 야곱, 나의 택한 여수룬아 두려워말라"

창세기 32장 24~31절에 보면 야곱이 자녀와 우양을 이끌고 얍복 나루터에 이르게 되었습니다. 집을 떠날 때는 지팡이 하나만 가지고 얍복 강을 건너갔는데 이십년이 지난 후 야곱은 두 떼의 양들을 이끌고 이 강을 건너게 되었습니다. 실로 그 감격은 말로 다 할 수 없었을 것입니다. 감격이 채 가시기도 전에 에서가 400명의 사병을 이끌고 마주대하여 오고 있다는 소식을 듣게 되었습니다. 야곱의 마음은 초 밀같이 녹아내리고 바람에 흔들리는 삼림같이 두려움에 흔들리고 있었습니다. 이러한 상황에서 야곱은 홀로 얍복 강변에서 밤이 새도록 기도하고 있었습니다. 밤새도록 천사와 씨름하였습니다. 창세기 32장 26~28절에 보면 "그 사람이 가로되 날이 새려하니 나로 가게 하라 야곱이 가로되 당신이 내게 축복하지 아니하면 가게 하지 아니하겠나이다 그 사람이 그에게 이르되 네 이름이 무엇이냐 그가 가로되 야곱이니이다 … 네 이름을 다시는 야곱이라 부를 것이 아니요 이스라엘이라 부를 것이니 이는 네가 하나님과 사람으로 더불어 겨루어 이기었음이니라" 하였습니다.

천사는 붙들고 놓지 아니하는 야곱의 환도 뼈를 쳐서 뼈가 부러졌습니다. 자기 마음대로, 자행자지하던 자연인 야곱이 깨져 무너져 내리는 순간이었습니다. 그리고 새 이름 이스라엘이 주어졌습니다. 기도로 얻은 성화의 단계입니다. 새 이름 받은 이스라엘이 에서를 만날 때 그 앞에 일곱 번 엎드려 절하고 울며 "형님의 얼굴을 뵈오니 하나님을 뵈옵는 것 같습니다"(창33:10) 하였습니다. 이것이 성화된 이스라엘의 모습입니다.

3. 여수룬으로서의 삼차원 인생(사44:3~4)

> 이사야 44:3~4 "대저 내가 갈한 자에게 물을 주며 마른 땅에 시내가 흐르게 하며 나의 신을 네 자손에게, 나의 복을 네 후손에게 내리리니 그들이 풀 가운데서 솟아나기를 시냇가의 버들 같이 할 것이라"

야곱이 첫 번째 이름이고 두 번째 이름은 이스라엘이며 세 번째 이름은 여수룬입니다. 여수룬이란 '의로운 자', '사랑하는 자'란 뜻입니다. 이사야 44장 3~5절에 여수룬의 축복의 내용이 기록되었습니다.

"대저 내가 갈한 자에게 물을 주며 마른 땅에 시내가 흐르게 하며 나의 신을 네 자손에게, 나의 복을 네 후손에게 내리리니 그들이 풀 가운데서 솟아나기를 시냇가의 버들 같이 할 것이라"(사44:3~4) 하였습니다.

여수룬의 축복이란 나의 신(神)이라고 표현한 성령 충만의 복을 말하는 것입니다. 성령으로 거듭나고, 성령으로 감화 감동받고, 성령으로 권능 받고 은사 받아 성령으로 살아가는 여수룬의 생을 살게 될 것을 말씀하고 있습니다. 이사야 44장 4절에 "그들이 풀 가운데서 솟아나기를 시냇가의 버들 같이 할 것이라" 하였습니다. 자기 방법과 자기 생각대로 살아가던 야곱의 일차원 인생이 기도하여 이스라엘로서의 이차원 인생이 되었으며 성령의 이끌림을 받아 살아가는 여수룬으로서의 삼차원 인생이 되었습니다. 이런 삶이 우리를 향하신 하나님의 뜻입니다.

땅 끝의 모든 백성아
나를 앙망하라

이사야 45장 22~25절

"땅 끝의 모든 백성아 나를 앙망하라 그리하면 구원을 얻으리라 나는 하나님이라 다른 이가 없음이니라 내가 나를 두고 맹세하기를 나의 입에서 의로운 말이 나갔은즉 돌아오지 아니 하나니 내게 모든 무릎이 꿇겠고 모든 혀가 맹약하리라 하였노라 어떤 자의 내게 대한 말에 의와 힘은 여호와께만 있나니 사람들은 그에게로 나아갈 것이라 무릇 그를 노하는 자는 부끄러움을 당하리라마는 이스라엘 자손은 다 여호와로 의롭다함을 얻고 자랑하리라 하느니라 하셨느니라"

1. 여호와 하나님만이 참 신(神)이시기 때문입니다(사45:5)

이사야 45:5 "나는 여호와라 나 외에 다른이가 없나니 나 밖에 신이 없느니라 너는 나를 알지 못하였을찌라도 나는 네 띠를 동일 것이요"

이사야 45장에 보면 나 외에 다른이가 없느니라, 나 외에 다른 신이 없느니라는 말이 여덟 번이나 반복하여 기록되어 있습니다. 갈멜산에서 엘리야가 바알 선지자와 아세라 목상을 섬기는 선지자 850명과 대결하여 하늘에서 불이 내리기를 기도한 사건은 참 신을 가려내기 위한 것이었습니다(왕상18:27~40). 이 사건이 주는 교훈은 하나님만이 참 신이며 다른 신이 없다는 사실을 증거해주는 것입니다. 뿐만 아니라 출애굽 당시 애굽 왕 바로(Pharaoh)와 대결하게 된 것은 열 가지 재앙을 통하여 애굽에서 섬기는 신들은 아무것도 아니며 하나님만이 참 신 이심을 입증하는 사건입니다. 고대사회에는 수많은 신들을 숭배했고 신의 이름도 많았으며 신화도 많았습니다. 바로(Pharaoh) 왕은 태양신의 화신으로 그가 죽으면 부활의 신 오시비스(Osivis)와 연합되어 다시 살아나게 된다고 믿고 있었습니다. 일본의 천황도 신격화 되었고, 로마의 가이사를 신격화 시켰습니다. 인간이 신이 되고 싶어 한 것입니다. 헤롯 왕도 백성들이 당신의 소리는 신의 소리라고 외칠 때 자기를 신으로 생각하였습니다. 고대로부터 이 세상에는 다신론자들이 있었으며 자연신론, 범신론자들이 있어왔습니다. 우상들은 나무나 돌과 같은 재료를 사용하여 눈에 보이는 형태로 만들었지만 실상은 아무 일도 못하는 허무한 것들입니다. 이에 비하여 이스라엘의 하나님은 스스로 숨어계시는 것처럼 눈으로는 볼 수 없지만 자기백성을 구원하시는 놀라운 역사를 이루시는 분이십니다. 이사야 45장 15절에 "구원자 이스라엘의 하나님이여 진실로 주는 스스로 숨어 계시는 하나님이시니이다" 하였습니다.

기독교의 신관은 유일신론(唯一神論)이며 하나님만 이 세계역사를 주관하시며 국가의 흥망성쇠, 개인의 생사화복을 주장하시는 살아계신 하나님으로 믿습니다.

2. 여호와 하나님만이 역사의 주권자이십니다(사45:1)

이사야 45:1 "나 여호와는 나의 기름 받은 고레스의 오른손을 잡고 열국으로 그 앞에 항복하게 하며 열왕의 허리를 풀며 성 문을 그 앞에 열어서 닫지 못하게 하리라 내가 고레스에게 이르기를"

"성 문을 그 앞에 열어서 닫지 못하게 하리라"(사45:1)는 말씀은 고레스 왕이 마음대로 바벨론 성을 함락시킬 수 있게 하신다는 뜻입니다. 바벨론 제국의 마지막 장면이 다니엘서 5장에 기록되어 있습니다. 벨사살 왕은 바벨론 제국의 귀빈 일천 명을 초대하여 대연을 베풀었습니다. 그때 이스라엘에서 탈취하여온 성전에서 사용하는 성전 기명들을 가지고 술잔으로 사용하였습니다. 이때 분벽에 큰 손이 나타나 "메네 메네 데겔 우바르신"(מנא מנא תקל ופרסין)이라는 글씨를 쓰고 있었습니다. 이러한 광경을 본 왕은 무릎이 부딪치도록 두려워 떨었습니다. 그날 밤 바벨론 성은 페르시아 군대 코프아스 장군과 카다라스 장군의 부대에 의하여 그 종말을 고하게 되었습니다. 바벨론을 정복한 고레스 왕에 대한 역사가들의 견해에 따르면 고레스는 유아시절에 들에 버려진 고아였다고 합니다. 버려진 아이를 양치는 목자가 구해주었고 궁중에 들어가게 되어 모세처럼 궁중에서 성장하였다고 합니다. 그가 결국 대권을 잡고 당시 열국을 정복하였으며 열국의 왕으로 등극하게 되었습니다(장영춘, 평화의 이상, p.237).

파사제국의 고레스 왕을 통하여 당시 최강의 나라 바빌로니아를 정복하게 하시고 특히 바벨론 성을 함락시키게 하신 것은 절대적인 하나님의 능력으로 이스라엘을 해방시키고 구원하시려는 하나님의 주권적 역사였음을 보여주고 있습니다. 토기장이가 그 마음대로 그릇을 만들 듯 하나님의 뜻대로 사람을 들어 쓰시고 역사를 운행하신다는 새로운 역사관을 갖게 해주는 사건입니다. 로마서 9장 20~21절에 "이 사람아 네가 뉘기에 감히 하나님을 힐문하느뇨 지음을 받은 물건이 지은 자에게 어찌 나를 이같이 만들었느냐 말하겠느뇨 토기장이가 진흙 한 덩이로 하나는 귀히 쓸 그릇을, 하나는 천히 쓸 그릇을 만드는 권이 없느냐" 하였습니다.

우리는 역사의 주관자 되시는 하나님의 손에 빚어진 질그릇과 같은 존재입니다. 우리를 지으신 토기장이의 뜻대로 쓰임받기 위해 순종하여야 할 것입니다. 역사의 주권자 되시는 하나님은 나라의 흥망성쇠, 개인의 생사화복을 주관하시고 하나님은 평안도 짓고 환난도 지으시는 분이심을 믿어야 할 것입니다.

3. 땅 끝의 모든 백성아 나를 앙망하라 (사45:22)

이사야 45:22 "땅 끝의 모든 백성아 나를 앙망하라 그리하면 구원을 얻으리라 나는 하나님이라 다른 이가 없음이니라"

이사야 40장 31절에는 "여호와를 앙망하는 자는 새 힘을 얻으리니" 하였는데 이사야 45장 22절에서는 "하나님을 앙망하는 자는 구원을 얻으리라" 하셨습니다.

어느 날 저는 이 강단에 엎드려 기도하면서 시편 23편을 암송하며 기도하였습니다. "여호와는 나의 목자시니 내가 부족함이 없으리로다 그가 나를 푸른 초장에 누이시며 쉴만한 물가로 인도하시는도다 …"

그러나 이 세상에는 어느 누구도 나를 푸른 초장에 눕게 해줄 사람이 없고 나를 쉴만한 물가에 이르게 할 자가 없었습니다. 아무도, 어느 누구도 나를 이러한 복된 자리에 이끌어줄 사람이 없었습니다. 다만 하나님만이, 예수님만이 나를 푸른 초장과 쉴만한 물가로 인도하여 주실 수 있음을 깨닫게 해주셨습니다. 그래서 나는 나의 하나님, 나의 구세주 예수님, 나의 스승이 되시는 성령님만 바라보았습니다. 오직 당신만이 나의 목자 되십니다. 성부 하나님, 나를 안수하여 주옵소서. 성자 예수님, 주의 보혈로 성결케 하소서. 나의 마음 가난하여 천국으로 채우시고 마음 청결하여 하나님으로, 예수님으로, 성령님으로 가득 채워주시옵소서. 간절히 기도하다보니 내 자신이 예수님 무릎 앞에 엎드려 있는 것같이 느껴졌습니다. "나를 앙망하라 그리하면 구원을 얻으리라"(사45:22).

손 그늘에 숨기시며
여호와의 종의 노래(Ⅱ)

이사야 49장 1~7절

"섬들아 나를 들으라 원방 백성들아 귀를 기울이라 여호와께서 내가 태에서 나옴으로부터 나를 부르셨고 내가 어미 복중(腹中)에서 나옴으로부터 내 이름을 말씀하셨으며 내 입을 날카로운 칼같이 만드시고 나를 그 손 그늘에 숨기시며 나로 마광(磨光)한 살을 만드사 그 전통에 감추시고 내게 이르시되 너는 나의 종이요 내 영광을 나타낼 이스라엘이라 하셨느니라 그러나 나는 말하기를 내가 헛되이 수고하였으며 무익히 공연히 내 힘을 다하였다 하였도다 정녕히 나의 신원이 여호와께 있고 나의 보응이 나의 하나님께 있느니라 나는 여호와의 보시기에 존귀한 자라 나의 하나님이 나의 힘이 되셨도다 다시 야곱을 자기에게로 돌아오게 하시며 이스라엘을 자기에게로 모이게 하시려고 나를 태에서 나옴으로부터 자기 종을 삼으신 여호와께서 말씀하시니라 그가 가라사대 네가 나의 종이 되어 야곱의 지파들을 일으키며 이스라엘 중에 보전된 자를 돌아오게 할 것은 오히려 경한 일이라 내가 또 너로 이방의 빛을 삼아 나의 구원을 베풀어서 땅 끝까지 이르게 하리라 이스라엘의 구속자, 이스라엘의 거룩한 자이신 여호와께서 사람에게 멸시를 당하는 자, 백성에게 미움을 받는 자, 관원들에게 종이 된 자에게 이같이 이르시되 너를 보고 열왕이 일어서며 방백들이 경배하리니 이는 너를 택한바 신실한 나 여호와 이스라엘의 거룩한 자를 인함이니라"

이사야서 40장에서 66장까지 27장은 구약 속의 신약으로 불리는 부분입니다. 이곳에는 메시아로 오시는 여호와의 종의 노래 4편이 예언되었습니다.

제1 여호와의 종의 노래(사42:1～9), 제2 여호와의 종의 노래(사 49:1～7), 제3 여호와의 종의 노래(사50:4～9), 제4 여호와의 종의 노래(사52:13～53:12).

제1 여호와의 종의 노래에서는 여호와의 종으로 오실 메시아는 하나님께서 붙드시는 종, 하나님이 기뻐하시는 종, 하나님이 성령을 한량없이 부어주시는 종, 상한 갈대를 꺾지 아니하시며 꺼져가는 등불을 끄지 아니하시는 사랑과 긍휼의 종이라고 예언하고 있습니다. 제1 여호와의 종의 노래는 하나님이 부른 노래인 반면 제2 여호와의 종의 노래는 여호와의 종 자신이 부른 노래로 일명 '주의 종의 노래'입니다.

1. 복중에서부터 이름이 지어진 자(사49:1)

이사야 49:1 "섬들아 나를 들으라 원방 백성들아 귀를 기울이라 여호와께서 내가 태에서 나옴으로부터 나를 부르셨고 내가 어미 복중(腹中)에서 나옴으로부터 내 이름을 말씀하셨으며"

마태복음 1장에 기록된 예수님의 탄생기사에 보면 예수님은 마리아와 요셉이 정혼하고 동거하기 전에 성령으로 잉태되었습니다. 마리아의 남편 요셉은 이 사실을 알고 이러한 사건을 드러내지 아니하고 가만히 끊고자 하여 이 일을 깊이 생각하고 있을 때 주의 사자가 현몽하여 "다윗의 자손 요셉아 네 아내 마리아 데려오기를 무서워 말라 저에게 잉태된 자는 성령으로 된 것이라 아들을 낳으리니 이름을 예수라 하라 이는 그가 자기 백성을 저희 죄에서 구원할 자이심이라 하니라"(마1:18～21) 하였습니다.

누가복음 1장에는 마리아의 수태기사가 소개되고 있습니다. 천사 가브리엘이 갈릴리 나사렛이란 동네에 가서 요셉이란 청년과 정혼한 처녀 마리아에게 나타나 "마리아여 무서워 말라 네가 하나님께 은혜를 얻었느니라"(눅1:26~31) 하였습니다.

그리스도의 탄생기사에 보면 아기 예수께서 태어나기도 전에 그 이름이 지어졌음을 기록하였습니다. 이는 이사야 49장 1절에 "여호와께서 내가 태에서 나옴으로부터 내 이름을 부르셨다"는 말씀이 그대로 이루어진 것입니다(눅1:31).

2. 손그늘에 숨기심을 받은 자(사49:2)

이사야 49:2 "내 입을 날카로운 칼같이 만드시고 나를 그 손 그늘에 숨기시며 나로 마광(磨光)한 살을 만드사 그 전통에 감추시고"

여호와의 종으로 오실 메시야는 하나님의 손그늘에 숨기시며 마광한 살을 전통에 숨기시듯 숨기심을 받은 자라고 소개하고 있습니다. 숨기심에는 하나님의 손그늘에 숨기시며 전통에 화살을 숨기시듯 숨겨 보호하신다고 하였습니다.

예수께서 탄생하실 때 동방박사들이 하늘에 나타난 별을 보고 예루살렘까지 찾아와 유대인의 왕으로 나신 이가 어디 계시냐고 물었습니다(마2:2). 이 소식을 듣고 유대 왕 헤롯과 백성이 모두 놀랐습니다(마2:3). 동방박사가 베들레헴에 찾아와 아기께 경배하고 돌아가려 할 때 천사가 나타나 헤롯에게로 돌아가지 말라는 지시를 받고 다른 길로 돌아갔습니다(마2:12). 주의 사자가 다시 요셉에게 나타나 헤롯이 아기를 찾아 죽이려하니 일어나 아기와 그 모친을 데리고 애굽으로 피하여 내가 네게 이르기까지 거기 있으라 하였습니다(마2:13). 이에 요셉이 일어나서 밤에 아기와 그 모친을 데리고 애굽으로 떠나 헤롯이 죽기까지 거기 머물러 있었습니다(마2:14~15). 헤롯이 죽은 후에 주의 사자가 애굽에서 요셉에게 현몽하여 가로되 일어나 아기와 그 모친을 데리고 이스라엘 땅으로 가라 아기의 목숨을 찾던 이들이 죽었느니라(마2:19~20) 하였습니다. 요셉이 일어나 아기와 그 모친을 데리고 이스라엘 땅으로 들어와 천사의 지시를 받아 갈릴리 지방 나사렛이란 동네에서 살았습니다(마2:21~23). 이처럼 여호와의 종으로 오신 메시야는 하나님께서 손그늘 밑에 숨겨주셔서 보호하여 주셨습니다. 하나님은 아기 예수를 애굽으로 보내어 보호하여 주셨고 다시 이스라엘 땅 나사렛에서 자라게 하셨습니다. 하나님의 손그늘에 숨겨주시고 빛나는 화살촉을 전통에 감추듯 나사렛 동리에 감추어 보호하여 주시기를 때가 차기까지 전통에 화살같이 숨겨 보호하여 주셨습니다.

하나님은 엘리야를 그릿 시냇가에 숨기시며(왕상17:3), 바알에게 굴복하지 아니한 칠천 명을 숨겨주셨으며(왕상19:18), 모세를 미디안 광야에 사십 년간 때가 찰 때까지 숨겨주셨습니다(The Grand Bible Commentary vol IX, p.1137). 하나님께서는 "분노가 지나기까지 밀실에 숨을찌어다"(사26:20) 하셨으며 "골방에 들어가 문을 닫고 은밀한 중에 계신 네 아버지께 기도하라"(마6:6) 하셨습니다. 이 말씀의 교훈을 따라 우리는 우리 자신을 숨길 줄 아는 지혜로운 성도가 되어야 할 것입니다.

3. 돌아오게 하는 자(사49:5)

> 이사야 49:5 "… 다시 야곱을 자기에게로 돌아오게 하시며 이스라엘을 자기에게로 모이게 하시려고 나를 태에서 나옴으로부터 자기 종을 삼으신 여호와께서 말씀하시니라"

하나님은 여호와의 종으로 오실 메시야를 때가 차기까지 그 손그늘에 숨기시며 화살을 전통 속에 감추시듯 나사렛 동네에 숨겨두셨다가 갈릴리에 나타나 외치시고 십자가에 죽기까지 사역에 충실하심으로 야곱을 하나님께로 돌아오게 하시고 흩어진 이스라엘을 다시 모이게 하실 것이라고 예언하셨습니다(사49:5).

이 땅에 보내심을 받은 여호와의 종은 "돌아오게 하는 자"라고 지칭하였습니다. 많은 사람을 옳은 데로 돌아오게 한 자는 별과 같이 영원토록 비춰리라(단12:3) 하심같이 예수님은 영원토록 비취는 야곱의 별이 되셨습니다. 그러므로 예수 그리스도는 발람선지의 예언과(민22:41~24:25) 다니엘의 예언을 성취(단12:3) 하셨습니다. 에덴동산의 아담이 뱀의 유혹으로 하나님을 떠나 세상으로 떠나가고 탕자가 아버지를 떠나 세상으로 달려갔던 것같이 사탄의 유혹은 하나님을 떠나게 하는 것입니다.

찬송가 387장에
"멀리 멀리 갔더니 처량하고 곤하며
슬프고 또 외로와 정처 없이 다니니
예수 예수 내 주여 지금 내게 오셔서
떠나가지 마시고 길이 함께 하소서" 하였습니다.

첫째아담은 마귀의 유혹으로 하나님을 떠나게 되었지만 둘째아담 되신 예수님은 "돌아오게 하는 자"가 되셨습니다. 마귀는 인간을 하나님으로부터 떠나게 하였으나 여호와의 종으로 오신 예수님은 인간을 하나님께로 다시 돌아오게 하셨습니다.

4. 이방의 빛을 삼으리라(사49:6)

이사야 49:6 "… 네가 나의 종이 되어 야곱의 지파들을 일으키며 이스라엘 중에 보전된 자를 돌아오게 할 것은 오히려 경한 일이라 내가 또 너로 이방의 빛을 삼아 나의 구원을 베풀어서 땅 끝까지 이르게 하리라"

요한 사도는 그리스도에 대한 증거에서 요한복음 1장 4~5절에 "… 이 생명은 사람들의 빛이라 빛이 어두움에 비취되 어두움이 깨닫지 못하더라" 했습니다. 이사야는 이 빛의 탄생을 예언한 것입니다. 이 세상에는 어둠에서 왔다가 어두움으로 사라지는 인생이 셀 수 없이 많은데 우리의 주님이신 예수님은 빛으로 오셔서 이방 전 세계에 빛이 되어 사셨고 빛 가운데서 부활하셨습니다. 밤하늘의 북두칠성은 밤바다를 항해하는 외로운 자의 위로의 빛이 되어 길을 인도하여 주고 바닷가에 세워진 등대는 피곤에 지치고 외로운 항해자에게 소망과 위로가 되어줍니다. 예수님은 이방세계의 영원한 빛이 되어 주셨습니다.

민수기 24장 17절의 말씀같이 "한 별이 야곱에게서 나오며"라고 한 발람 선지자의 예언이 예수님께 응하였습니다. 예수님의 제자 마태는 예수님의 출현에 대하여 "흑암에 앉은 백성이 큰 빛을 보았고" (마4:16)라고 증거하였고 세례 요한도 "빛이 세상에 왔으되 사람들이 빛보다 어두움을 더 사랑한 것이니"(요3:19)라고 하였습니다. 예수님은 "나는 세상의 빛이니 나를 따르는 자는 어두움에 다니지 아니하고 생명의 빛을 얻으리라"고 하셨습니다.

5. 방백들이 경배하리니(사49:7)

> 이사야 49:7 "… 사람에게 멸시를 당하는 자, 백성에게 미움을 받는 자, 관원들에게 종이 된 자에게 이같이 이르시되 너를 보고 열왕이 일어서며 방백들이 경배하리니 …"

시편 91편 14~15절에 "하나님이 가라사대 저가 나를 사랑한즉 내가 저를 건지리라 저가 내 이름을 안즉 내가 저를 높이리라 저가 내게 간구하리니 내가 응답하리라 저희 환난 때에 내가 저와 함께하여 저를 건지고 영화롭게 하리라" 하였습니다. 여호와의 종으로 오신 예수님은 사람에게 멸시를 당하였고 백성들에게 미움을 받으시고 버림받고 죽기까지 하였습니다. 그러나 하나님은 그를 삼일 만에 살리시고 높이셔서 하늘과 땅의 모든 권세를 그에게 주시고 전 인류가 그에게 엎드려 경배하고 찬양하게 하셨습니다. 그분이 바로 만유의 주, 만왕의 왕이 되셨습니다.

예수님은 동방박사의 경배를 받으셨고(마2:11~12), 천상세계에서 14만 4천의 새 노래 찬양을 받으셨으며(계14:1), 유리 바닷가에서 모세의 노래와 어린 양의 찬양을 받으시는 분이 되셨습니다(계15:1~8). 또한 천천만만의 천사들의 찬양을 받으시고(계5:11~12), 지상만물이 찬송과 존귀와 영광을 세세토록 받으시게 하셨습니다(계5:13).

학자의 혀
여호와의 종의 노래(Ⅲ)

이사야 50장 4~9절

"주 여호와께서 학자의 혀를 내게 주사 나로 곤핍한 자를 말로 어떻게 도와줄 줄을 알게 하시고 아침마다 깨우치시되 나의 귀를 깨우치사 학자같이 알아 듣게 하시도다 주 여호와께서 나의 귀를 열으셨으므로 내가 거역지도 아니하며 뒤로 물러가지도 아니하며 나를 때리는 자들에게 내 등을 맡기며 나의 수염을 뽑는 자들에게 나의 뺨을 맡기며 수욕과 침 뱉음을 피하려고 내 얼굴을 가리우지 아니하였느니라 주 여호와께서 나를 도우시므로 내가 부끄러워 아니하고 내 얼굴을 부싯돌같이 굳게 하였은즉 내가 수치를 당치 아니할 줄 아노라 나를 의롭다 하시는 이가 가까이 계시니 나와 다툴 자가 누구뇨 나와 함께 설지어다 나의 대적이 누구뇨 내게 가까이 나아올지어다 주 여호와께서 나를 도우시니 나를 정죄할 자 누구뇨 그들은 다 옷과 같이 해어지며 좀에게 먹히리라"

　제1 여호와의 종의 노래는 상한 갈대를 꺾지 아니하며 꺼져가는 등불을 끄지 아니하는 사랑과 자비의 메시아를 노래한 예언이며(사 42:1~9), 제2 여호와의 종의 노래는 손그늘에 숨기시며 화살을 전통에 숨기듯 숨기심을 받은 자로 돌아오게 하시며 이방의 빛이 되어 구원을 세상에 펼치실 분이시며(사49:1~7), 제3 여호와의 종의 노래는 학자의 혀와 귀를 가지신 분으로 고난 받으시는 여호와의 종을 소개하고 있습니다.

1. 학자의 혀를 내게 주사 …(사50:4)

이사야 50:4 "주 여호와께서 학자의 혀를 내게 주사 나로 곤핍한 자를 말로 어떻게 도와줄 줄을 알게 하시고 아침마다 깨우치시되 나의 귀를 깨우치사 학자같이 알아듣게 하시도다"

'학자'(לִמּוּדִים, 리무드)는 '스승으로부터 가르침을 받은 자'를 의미합니다. 이상의 말씀은 후일 메시아로 오신 예수께서 하나님께로부터 가르치심을 받은 그대로 복음을 전파하고 가르치는 사역을 펼치실 것을 의미하는 말씀입니다. 요한복음 8장 26절에 "나를 보내신 이가 참되시매 내가 그에게 들은 그것을 세상에게 말하노라"고 하였으며 요한복음 8장 28절에 "너희는 인자를 든 후에 내가 그인 줄을 알고 또 내가 스스로 아무 것도 하지 아니하고 오직 아버지께서 가르치신 대로 이런 것을 말하는 줄도 알리라" 하였습니다.

하나님은 여호와의 종으로 이 세상에 오실 분에게 학자의 혀를 주셔서, 백성들에게 이를 말을 가르쳐주셔서 곤핍한 자에게 말로서 어떻게 도와줄 줄을 알게 하셨다고 하였습니다. 곤핍(困乏)한 자는 곤하고 지친 자를 뜻합니다. 근심걱정, 죄의식으로 눌려있는 자, 혹은 무거운 마음의 짐을 지고 견딜 수 없어 하는 자를 가리키는 말입니다.

여호와의 종으로 오신 예수님은 여호와 하나님께로부터 학자의 혀를 받으셨습니다. 학문적인 말은 사람들이 알아들을 수 없는 말들이지만 여호와의 종은 누구나 알아들을 수 있는 말을 하십니다. 이런 말이 학자의 음성입니다. 진짜 학자는 어렵게 말하지 않고 누구나 다 알아들을 수 있도록 말합니다. 왜냐하면 사랑으로 하는 말이기 때문입니다. 예수님은 "수고하고 무거운 짐 진 자들아 다 내게로 오라 내가 너희를 쉬게 하리라"(마11:28) 하셨고, 수가 성 야곱의 우물 가에서는 남편 다섯 사람과 살았던 여인에게 "내가 주는 물을 먹는 자는 영원히 목마르지 아니하리라"(요4:14) 하셨습니다. 너희는 무엇을 먹을까 무엇을 마실까 염려하지 말라, 공중에 나는 새를 보라, 들에 피는 백합화를 보라 농사하지 아니하고 길쌈하지 아니하여도 천부께서 먹이시고 입히지 아니하느냐(마6:25~28) 하셨습니다. 또한 "너희는 마음에 근심하지 말라 하나님을 믿으니 또 나를 믿으라"(요14:1) 하셨으며 이 모든 말씀은 하나님께서 학자의 혀를 주셔서 곤핍한 자들 즉 지친 자들에게 말로 도와주기위해 가르침을 받은 말씀들입니다. 잠언 15장 23절에 "때에 맞은 말이 얼마나 아름다운고" 하였으며 잠언 25장 11절에는 "경우에 합당한 말은 아로새긴 은쟁반에 금사과니라" 하였습니다. 예수님은 곤핍한 자에게 때에 맞는 말을 하셔서 그들의 삶에 도움을 주셨습니다.

성도는 마땅히 여호와의 종과 같이 학자의 혀를 받아야 할 것입니다. 야고보 사도는 말에 실수가 없는 자는 온전한 사람이라 하였습니다. 혀는 태우는 불과 같아서 자신을 태우고 다른 사람도 태우는 무서운 것이라고 하였습니다(약3:2~7). 이사야는 부정한 자신의 입술을 스랍의 하나가 화저로 단에서 취한바 핀 숯을 손에 가지고 내게로 날아와서 그것을 내 입에 대며 네 악이 제하여졌고 네 죄가 사하여졌느니라(사6:5~7) 하였습니다. 아가서 5장 13절에 주님의 입술은 백합화 같고 몰약의 즙이 뚝뚝 떨어진다 하였습니다.

2. 학자의 귀(사50:4)

이사야 50:4 "아침마다 깨우치시되 나의 귀를 깨우치사 학자같이 알아 듣게 하시도다"

여호와의 종은 학자의 혀와 학자의 귀를 받으셔서 알아듣기 쉬운 말로 복된 말과 아름다운 말, 진리의 말을 사용할 뿐 아니라 "아침마다 나의 귀를 깨우치사 학자같이 알아 듣게"(사50:4) 하셨다고 하였습니다. 이스라엘 백성들은 하나님께 깨우치심을 받지 아니하였습니다. 그들은 보아도 보지 못하며 들어도 깨닫지 못하였습니다. 그러므로 예수님은 그들을 향하여 소경된 자여 귀머거리된 자들이여라고 탄식하셨습니다(사42:18).

이 세상 사람들은 선지자들의 외침도 듣지 못하였습니다. 노아의 때에는 노아의 말을 듣지 못하였으며 소돔 성의 사람들은 천사의 말을 농담으로 여겼습니다. 듣지 못한 그들은 물심판과 불심판을 받았으며 앗수르에 망하고 바벨론에 포로가 되었습니다. 예레미야 7장 13절에 보면 "나 여호와가 말하노라 이제 너희가 그 모든 일을 행하였으며 내가 너희에게 말하되 새벽부터 부지런히 말하여도 듣지 아니하였고 너희를 불러도 대답지 아니하였느니라" 하였습니다. 이사야 50장 2절에는 "내가 왔어도 사람이 없었으며 내가 불러도 대답하는 자가 없었음은 어찜이뇨" 하였습니다. 여호와의 종으로 오신 메시아 되신 예수 그리스도의 위대함은 하나님의 학생이 되어 그 말씀을 듣는데 있었습니다. 하나님의 말씀을 듣고 그 뜻을 온전히 수용하여 순종의 삶을 사셨습니다. 이사야 50장 4절에 "아침마다 깨우치시되 나의 귀를 깨우치사 학자같이 알아듣게 하시도다" 하였습니다. 메시아의 자격은 받아드리는 자세, 배우는 자세, 하나님의 말씀을 경청하는 자세를 가지고 그 뜻을 온전히 수용하는 삶이 바로 메시아로서의 자격이었습니다. 뿐만 아니라 하나님 나라의 백성된 성도는 학자같이 듣는 귀가 있어야 함을 가르쳐주시는 말씀이기도 합니다.

메시아 되신 그리스도는 아침마다 하나님의 말씀을 들었습니다. 예수님은 밤에도 기도하셨으나 이른 아침에도 기도하셨습니다. 예수님의 기도는 귀로 듣는 기도에 중점을 두었습니다. 자신의 요구를 말하는 말로 하는 기도가 아닌 하나님의 뜻을 깨닫고 듣는 기도를 드리셨습니다. 이는 한 단계 더 높은 차원의 기도를 보여주고 있습니다. 그러므로 예수님은 "내 원대로 마옵시고 아버지의 원대로 되기를 원하나이다"(눅22:42)라고 기도드리셨습니다. 욥기 33장 16절에 하나님은 "사람의 귀를 여시고 인치듯 교훈하시나니"라고 말씀하였고, 욥기 36장 10절에는 "그들의 귀를 열어 교훈을 듣게 하시며" 하였습니다. 이사야 50장 5~6절에 "주 여호와께서 나의 귀를 열으셨으므로 내가 거역지도 아니하며 뒤로 물러가지도 아니하며 나를 때리는 자들에게 내 등을 맡기며 나의 수염을 뽑는 자들에게 나의 뺨을 맡기며 수욕과 침 뱉음을 피하려고 내 얼굴을 가리우지 아니하였느니라" 하였습니다.

예수님은 요한복음 15장 15절에서 "너희를 친구라 하였노니 내가 내 아버지께 들은 것을 다 너희에게 알게 하였음이니라" 하셨습니다. 주님의 말씀을 듣는 자를 가리켜 주님의 친구라고 하셨습니다. 우리 모두 학자의 혀를 받고 학자의 귀를 받아 하나님의 뜻을 이루어 드리는 성도가 되어져야 하겠습니다.

타인보다 상한 얼굴
여호와의 종의 노래(IV-1)

이사야 52장 13~15절
"여호와께서 가라사대 보라 내 종이 형통하리니 받들어 높이 들려서 지극히 존귀하게 되리라 이왕에는 그 얼굴이 타인보다 상하였고 그 모양이 인생보다 상하였으므로 무리가 그를 보고 놀랐거니와 후에는 그가 열방을 놀랠 것이며 열왕은 그를 인하여 입을 봉하리니 이는 그들이 아직 전파되지 않은 것을 볼 것이요 아직 듣지 못한 것을 깨달을 것임이라 하시니라"

제1 여호와의 종의 노래는 상한 갈대를 꺾지 아니하며 꺼져가는 등불을 끄지 아니하는 사랑의 메시아를 노래하였으며(사42:1~9), 제2 여호와의 종의 노래는 숨기심을 받은 종으로 돌아오게 하는 자로서 이방의 빛이 될 것이라는 노래입니다(사49:1~7). 제3 여호와의 종의 노래는 학자의 혀를 주시고 학자의 귀를 주셔서 말하게 하시고 알아듣게 하실 것이라는 내용의 노래입니다(사50:4~9). 제4 여호와의 종의 노래는 고난 받아 타인보다 상한 얼굴을 지니게 될 것(사52:13~53:12)이라는 내용입니다.

1. 고난 받는 종의 노래(사52:14)

이사야 52:14 "이왕에는 그 얼굴이 타인보다 상하였고 그 모양이 인생보다 상하였으므로 무리가 그를 보고 놀랐거니와"

제4 여호와의 노래는 일명 '고난 받는 종의 노래'라고 칭하고 있습니다. 오늘은 제4 여호와의 종의 노래 서곡에 대한 부분을 살펴보면서 은혜 받도록 하겠습니다.

이사야 52장 14절의 말씀은 여호와의 종으로 오실 메시아는 하나님의 구원계획을 이루시기위해 극심한 고난을 당하시고 버린바 되어 그 모양이 초췌하고 그 얼굴이 상하여져서 사람들이 놀랄 것을 말하고 있습니다. 성서학자 매튜헨리(Mathew Henry)는 예수께서 잡히시어 가시 면류관을 쓰시고 침 뱉음의 모욕과 채찍을 맞고 십자가에 못 박히신 사건을 가리킨다고 말했습니다(The Grand Bible Commentary vol IX, p.1170). 폴리캅(Polycarp)은 이를 구약의 황금 같은 순교자 수난기라고 불렀습니다. 그는 마치 예언자 이사야가 십자가 밑에 서서 못 박힌 예수를 바라보는 것처럼 분명히 기술되었으며 그러므로 여호와의 종은 분명히 인자되신 예수 그리스도를 말한다고 하였습니다 (Beacon Bible Commentary vol IV, p.242).

예수 그리스도는 하늘 영광 버리고 낮고 천한 이 땅에 사람의 모습으로, 죄인의 모습으로, 가난한 자의 신분으로 마구간에서 태어나셨습니다. 종의 신분으로 오셔서 가난한 집에 비천한 삶을 직접 체휼하셨으며, 그는 시장하셨고, 목말랐고, 모욕당하시고, 예루살렘의 멸망을 내다보시고 울었습니다. 그리고 겟세마네 동산에서 통곡하셨습니다. 종의 모양과 가난하게 되신 주님의 생애는 마침내 채찍에 맞고 침 뱉음을 받고 십자가 위에서 못 박힘을 받는 극도의 수난에까지 이르렀습니다.

이사야 50장 6절에 "나를 때리는 자들에게 내 등을 맡기며 나의 수염을 뽑는 자들에게 나의 뺨을 맡기며 수욕과 침 뱉음을 피하려고 내 얼굴을 가리우지 아니하였느니라" 하였습니다.

20세기의 성자 슈바이처(Albert Schweitzer) 박사의 위대함은 자신에게 부여된 부와, 지위를 버리고 가난과 질병에 시달리는 아프리카의 불쌍한 사람들을 위하여 스스로 고난의 길을 자초하여 병약한 자들과 함께 하였기에 그를 세계가 존경하게 된 것입니다. 마더 테레사(Agnes Gonxha Bojaxhiu 혹은 Theresa of Calcutta, 1910.8.27~1997.9.5) 수녀 역시 병들고 가난한 천민들을 위하여 봉사와 희생적 삶을 살아온 그의 생애가 존경과 사랑을 한 몸에 받게 하였습니다.

여호와의 종으로 오신 예수 그리스도의 위대함은 기적을 베푼데 있는 것이 아니라 종의 모습으로 오셔서 굶고, 헐벗고, 버림받고, 매 맞고, 죄인을 대신하여 십자가에 못 박히시고, 인류의 구원을 위하여 대속의 죽음을 죽으신데 있습니다. 학자의 귀를 받으신 여호와의 종은 하나님의 뜻을 저버리거나 거역하지 않고 인류가 받아야 할 고난을 자신의 몸에 다 채우셨습니다. 때리는 자들에게 등을 맞기시고, 수염을 뽑는 자들에게 뺨을 맞기시고, 침 뱉음을 피하려고 얼굴을 가리우지 아니하셨습니다(사50:6). 이 모든 수난이 영원히 죽을 죄인들을 위하여 받으신 대속의 고난이었습니다.

예수님은 수난당하기 위하여 이 땅에 오신 분입니다. 나는 섬김을 받으러 오지 아니하였고 섬기고 많은 사람을 위하여 대속의 죽음을 죽기 위해 오셨다(마20:28)고 말씀하셨습니다. 사도행전 9장에 보면 초대교회 아나니아에게 주께서 환상 중에 나타나셔서 사울이라는 청년에게 안수하여 보게 하라 하셨습니다. 그리고 이 사람은 내 이름을 이방인과 임금들과 이스라엘 자손들 앞에 전하기 위하여 택한 나의 그릇이라 그가 내 이름을 위하여 해를 얼마나 받아야 할 것을 그에게 보이리라 하셨습니다(행9:10~16). 그 후 바울 사도는 그가 받은 고난에 대하여 친히 증거하였으니 말로 다 할 수 없는 고난을 당하였고(고후11:23~28) 로마에 가서 감옥에 갇혀 순교하기까지 하였습니다. 기독교 역사는 많은 성도들이 주님의 삶을 본받아 기쁨으로 고난에 동참한 고난의 역사입니다.

2. 존귀하게 되리라(사52:13)

이사야 52:13 "여호와께서 가라사대 보라 내 종이 형통하리니 받들어 높이 들려서 지극히 존귀하게 되리라"

이사야 52장 13절 하반절에 "여호와께서 보라 내 종이 형통하리니 받들어 높이 들려서 지극히 존귀하게 되리라" 하였습니다.

바울 사도는 빌립보서 2장 9~11절에 "이러므로 하나님이 그를 지극히 높여 모든 이름 위에 뛰어난 이름을 주사 하늘에 있는 자들과 땅에 있는 자들과 땅 아래 있는 자들로 모든 무릎을 예수의 이름에 꿇게 하시고 모든 입으로 예수 그리스도를 주라 시인하여 하나님 아버지께 영광을 돌리게 하셨느니라" 하였습니다. 사무엘상 2장 7절에 "여호와는 가난하게도 하시고 부하게도 하시며 낮추기도 하시고 높이기도 하시는도다" 하였고, 시편 75편 6~7절에 "대저 높이는 일이 동에서나 서에서 말미암지 아니하며 남에서도 말미암지 아니하고 오직 재판장이신 하나님이 이를 낮추시고 저를 높이시느니라" 하였습니다. 마태복음 20장 20절 이하에 보면 야고보와 요한의 어머니 살로메가 예수께 나아와 절하면서 주의 나라에 이를 때 자신의 아들 하나는 주의 우편에 하나는 주의 좌편에 앉게 해 주소서 … 하였습니다. 이에 예수님은 너의 구하는 것을 너희가 알지 못하는도다 나의 마시려는 잔을 너희가 마실 수 있느냐 하셨습니다. 그리스도 좌우편에 앉아 존귀케 되는 것은 고난의 쓴 잔을 마시는 자에게 주시는 상급인 것을 가르쳐 주셨습니다.

마가복음 16장 19절에 "주 예수께서 말씀을 마치신 후에 하늘로 올리우사 하나님 우편에 앉으시니라" 하였고, 베드로전서 3장 22절에 "저는 하늘에 오르사 하나님 우편에 계시니 천사들과 권세들과 능력들이 저에게 순복하느니라" 하였습니다. 에베소서 1장 20~22절에도 "그 능력이 그리스도 안에서 역사하사 죽은 자들 가운데서 다시 살리시고 하늘에서 자기의 오른편에 앉히사 모든 정사와 권세와 능력과 주관하는 자와 이 세상뿐 아니라 오는 세상에 일컫는 모든 이름 위에 뛰어나게 하시고 또 만물은 그 발 아래 복종하게 하시고 그를 만물 위에 교회의 머리로 주셨느니라" 하셨습니다.

3. 그가 열방을 놀랠 것이며(사52:15)

이사야 52:15 "후에는 그가 열방을 놀랠 것이며 …"

이미 종의 모습이 너무 상하여서 타인보다 상하였고 그 모양이 인생보다 상하였으므로 그를 보고 놀랬거니와(사52:14) 후에는 그가 열방을 놀랠 것이다(사52:14~15) 하였습니다. 놀랜다는 말은 여호와의 종이 대제사장으로서 물과 피를 뿌려 열방을 정결케 하실 것이라는 의미를 가지고 있습니다(Beacon Commentary vol Ⅳ, pp.246~247).

이사야 9장 6절에 "한 아기가 우리에게 났고 한 아들을 우리에게 주신바 되었는데 그 어깨에는 정사를 메었고 그 이름은 기묘자라, 모사라, 전능하신 하나님이라, 영존하시는 아버지라, 평강의 왕이라 할 것임이라 …"고 말씀하였습니다. '기묘자'란 '놀라운 분'이라는 뜻으로 영어로는 '놀라운 상담자'(Wonderful Counsellor)라는 말입니다. 예수 그리스도는 그의 탄생으로 목자들이 놀랬고 시므온과 여선지 안나도 놀랬습니다. 그리스도의 십자가 죽음을 지켜보던 자들이 놀랬고 성전을 지키던 제사장들도 성소 휘장이 찢어지는 광경을 보고 놀랬습니다(마27:54). 그리스도의 부활과 승천은 모든 사람들을 놀라게 하였습니다. 예수 그리스도의 재림은 세상을 놀라게 할 것입니다.

종으로 오실 메시아 예수 그리스도는 세상을 놀라게 하시는 분입니다. 그의 사랑과 그의 용서는 모든 사람들을 놀라게 할 것입니다.

슬픔의 사람
여호와의 종의 노래(Ⅳ-2)

이사야 53장 1~12절

"우리의 전한 것을 누가 믿었느뇨 여호와의 팔이 뉘게 나타났느뇨 그는 주 앞에서 자라나기를 연한 순 같고 마른 땅에서 나온 줄기같아서 고운 모양도 없고 풍채도 없은즉 우리의 보기에 흠모(欽慕)할 만한 아름다운 것이 없도다 그는 멸시를 받아서 사람에게 싫어 버린바 되었으며 간고를 많이 겪었으며 질고를 아는 자라 마치 사람들에게 얼굴을 가리우고 보지 않음을 받는 자 같아서 멸시를 당하였고 우리도 그를 귀히 여기지 아니하였도다 그는 실로 우리의 질고를 지고 우리의 슬픔을 당하였거늘 우리는 생각하기를 그는 징벌을 받아서 하나님에게 맞으며 고난을 당한다 하였노라 그가 찔림은 우리의 허물을 인함이요 그가 상함은 우리의 죄악을 인함이라 그가 징계를 받음으로 우리가 평화를 누리고 그가 채찍에 맞음으로 우리가 나음을 입었도다 우리는 다 양 같아서 그릇 행하며 각기 제 길로 갔거늘 여호와께서는 우리 무리의 죄악을 그에게 담당시키셨도다 그가 곤욕을 당하여 괴로울 때에도 그 입을 열지 아니하였음이여 마치 도수장으로 끌려가는 어린 양과 털 깎는 자 앞에 잠잠한 양 같이 그 입을 열지 아니하였도다 그가 곤욕과 심문을 당하고 끌려 갔으니 그 세대 중에 누가 생각하기를 그가 산 자의 땅에서 끊어짐은 마땅히 형벌받을 내 백성의 허물을 인함이라 하였으리요 그는 강포를 행치 아니하였고 그 입에 궤사가 없었으나 그 무덤이 악인과 함께 되었으며 그 묘실이 부자와 함께 되었도다 여호와께서 그로 상함을 받게 하시기를 원하사 질고를 당케 하셨은즉 그 영혼을 속건제물로 드리기에 이르면 그가 그 씨를 보게 되며 그 날은 길 것이요 또 그의 손으로 여호와의 뜻을 성취하리로다 가라사대 그가 자기 영혼의 수고한 것을 보고 만족히 여길 것이라 나의 의로운 종이 자기 지식으로 많은 사람을 의롭게 하며 또 그들의 죄악을 친히 담당하리라 이러므로 내가 그로 존귀한 자와 함께 분깃을 얻게 하며 강한 자와 함께 탈취한 것을 나누게 하리니 이는 그가 자기 영혼을 버려 사망에 이르게 하며 범죄자 중 하나로 헤아림을 입었음이라 그러나 실상은 그가 많은 사람의 죄를 지며 범죄자를 위하여 기도하였느니라 하시니라"

제4 여호와의 종의 노래의 본문 말씀은 이사야 52장 13절에서 53장 12절까지 입니다. 본문 내용의 분량이 많아 이사야 53장 1절에서 12절까지 줄여서 본문에 수록하였습니다. 오늘은 제4 여호와의 종의 노래 두 번째 부분으로 이사야 53장 1∼12절까지의 말씀을 상고하면서 여호와의 종으로 오신 우리 주님께서 받으신 고난에 대하여 살펴보도록 하겠습니다.

1. 마른 땅에서 나온 줄기(사53:14)

이사야 53:2 "그는 주 앞에서 자라나기를 연한 순 같고 마른 땅에서 나온 줄기같아서 고운 모양도 없고 풍채도 없은즉 우리의 보기에 흠모(欽慕)할 만한 아름다운 것이 없도다"

이사야는 여호와의 종으로 오실 메시아는 "연한 순 같고 마른 땅에서 나온 줄기"같다고 예언하였습니다.

"연한 순"은 연약한 존재로 나타날 것을 말하며 스가랴 3장 8절에도 "내가 내 종 순을 나게하리라" 하였고 예레미야는 예레미야 33장 15절에서 "그 날 그 때에 내가 다윗에게 한 의로운 가지가 나게 하리니"라고 예언하였습니다.

"마른 땅에서 나온 줄기"는 주께서 이 땅에 오실 때 처해있던 비천한 상황을 가리키는 말입니다. 그러나 이사야는 여호와의 종으로 오실 메시아는 벽촌이나 메마른 땅에서(히브리어로 '에레스 시야', צִיָּה אֶרֶץ) 자랄 것이며 천한 곳에서 나올 것이라고 예언하였습니다.

메시아는 유다 지파에 약속된(창49:10) 다윗의 후손(마1:1, 마20:

30~31)으로 오셨으나 당시의 상황이 마른 땅과 같아서 연약한 줄기가 땅에서 큰 도움을 받지 못함같이 유대 국민의 도움을 받지 못하였으며, 자라난 나사렛 지역도 비난한 지역이었고 따르는 추종자의 도움도 받지 못하였으며 그 당시 시대로부터 도움을 받지 못하셨습니다. 주께서 우리 안에 오실 때에도 우리 죄의 본성이 마른 땅같이 척박하여 거듭나지 못한 양심은 주께 도움을 드리지 못했습니다.

> 스펄젼 목사는 자신의 내면의 상태를 바라보며
> "주여, 여기 마른 땅이 있나이다
> 오셔서 열매를 거둘 수 있는 옥토로 바꾸어 주시옵소서
> 그러면 그에게 자백의 열매가 맺어질 것입니다
> 저로 하여금 그 열매를 발견케 하옵시고
> 그 열매로 인하여 기뻐하게 하옵소서
> 우리는 '마른 땅'일 뿐입니다"라고 고백하였습니다.
>   -C. H. Spurgeon-(The Biblical Illustrator vol ⅩⅩⅠ, p.618).

여호와의 종으로 오신 주님은 수려한 외모는 갖지 않으셨고 별로 흠모할만한 매력이 없었습니다. 너희 "사람은 외모를 보거니와 나 여호와는 중심을 보느니라"(삼상16:7) 하셨습니다. 이 땅에 오실 여호와의 종, 메시아 되신 예수께서 비옥하고 좋은 옥토가 많건마는 하필 메마른 땅을 뚫고 올라오는 질경이 싹과 같이, 너무나 힘들게 이 땅에 나타나셨습니다.

"마른 땅에서 나온 줄기"같다 하셨는데 줄기는 고목이 된 그루터기에서 곁가지처럼 자라나게 되리라는 말씀입니다. 이사야 11장 1절에 "이새의 줄기에서 한 싹이 나며 그 뿌리에서 한 가지가 나서 결실할 것이요" 하신 말씀대로 가냘픈 줄기 같았습니다. 뉴만(Newman)

은 연한 줄기같이 "숨겨진 자들을 하나님의 성도들로서 숭고한 천사의 서명으로 증명되지 않는다. 그들의 옷은 부드럽지 않으며 왕의 황금 홀도 갖고 있지 않으나 그들은 거룩하다는 인침을 받는다"고 하였습니다. -J. H. Newman. Lyra Apostolica-(Beacon Bible Commentary vol Ⅳ, p.249).

2. 슬픔의 사람(사53:3)

> 이사야 53:3 "그는 멸시를 받아서 사람에게 싫어 버린바 되었으며 간고를 많이 겪었으며 질고를 아는 자라 마치 사람들에게 얼굴을 가리우고 보지 않음을 받는 자 같아서 멸시를 당하였고 우리도 그를 귀히 여기지 아니하였도다"

"간고를 많이 겪었으며"는 히브리어 '이쉬 마크오브'(אִישׁ מַכְאֹבוֹת)는 '슬픔'을 뜻하는 말이며 영어로는 'Sorrow'(슬픔)이라는 뜻입니다(King James Version 에 "a man of sorrows"라고 기록되었음). 한자로 간고(艱苦)는 힘들고 어려움, 가난하고 고생스러움의 의미입니다. 이사야 53장 4절에 "그는 실로 우리의 질고를 지고 우리의 슬픔을 당하였거늘"이라고 하였습니다.

나사렛의 생활은 가난의 슬픔, 가족을 잃는 슬픔을 겪었으며 예루살렘의 멸망을 예견하시고 "예루살렘아 예루살렘아 선지자들을 죽이고 네게 파송된 자들을 돌로 치는 자여 암탉이 그 새끼를 날개 아래 모음같이 내가 네 자녀를 모으려 한 일이 몇 번이냐"(마23:37) 하시며 슬퍼하셨습니다.

주님 계실 때 제자들이 주님께 위안을 드렸습니까. 위안보다 슬픔을 안겨드렸습니다. 그리스도의 영혼은 항상 고독과 쓸쓸함 가운데 휩싸여 있었습니다. 고민과 갈등의 밤이면 침침한 산기슭과 어두움이 깔린 겟세마네 동산에서 하나님께 기도드리셨고 주님이 항상 찾으셨던 감람산처럼 항상 고독하셨습니다. 슬픔과 간고의 주님은 우리의 평강을 위해 대신 징벌을 받으셨고 애매히 형벌 받으셨습니다.

"주님은 40일 만이 금식과 광야 생활이 아니었습니다. 세상의 어느 곳이나 그분께는 모두 광야였습니다. 또한 주님의 전생애는 바로 사순절이었습니다. 주님께서는 언제나 질고와 이별할 수 있었으나 우리를 사랑하시기 때문에 끝까지 질고를 당하셨습니다." -C. H. Spurgeon- (The Biblical Illustrator vol ⅩⅩⅠ, p.624).

그리스도는 "이스라엘의 위로"가 되시는 분이시지만 무엇보다도 슬픔의 사람으로서 우리에게 위로가 되셨습니다. 아론의 지팡이가 다른 지팡이를 삼켰듯이 예수님의 슬픔은 우리의 슬픔을 삼켜버리셨습니다.

슬픔의 사람.

어떤 사람은 쾌락의 사람이고 어떤 사람은 부(富)의 사람이지만 예수님은 슬픔의 사람으로 시작하여 마지막에 '비아 돌로로사'(라틴어, Via Dolorosa), '비탄의 길'을 걸어가셨습니다. 주님을 가리켜 "경건의 사람", "수고의 사람"이라고 불러도 좋을 것이나 그의 영혼에 가해진 슬픔으로 인해서 그 얼굴이 타인보다 상하였고 그 모양이 인생보다 상하였으므로(사52:14) 그를 슬픔의 사람이라 하였습니다.

스펄젼 목사는 "슬픔의 사람"이라는 그의 설교에서 "그는 슬픔의 주인이었고, 고통의 왕이었으며 번민의 황제였고 간고를 많이 겪었으며 질고를 아는 자였으며 그는 마구간에서 태어날 때에 슬픔이 그를 받았고 마지막 숨을 내쉰 십자가에서 비로소 슬픔이 그를 떠나갔다. 그의 제자들은 그를 떠나 갈 수도 있었지만 그의 슬픔은 그를 떠나 슬픔 없이 홀로 계신 적은 없었다"고 하였습니다(Baker Commentary vol ⅩⅩⅦ, pp.332~334).

예수님은 가난하였으며 "인자는 머리 둘 곳이 없다"(마8:20)고 하셨습니다. 주님의 생애를 "슬픔의 사람"이라는 사실을 알게 되는 것은 견디기 어려운 슬픔과 괴로움을 감당할 수 있는 힘과 위로가 됩니다.

마케도냐 군사들이 어려운 행군을 계속할 수 있었던 것은 알렉산더 대왕(Alexandros the Great, B.C 356~323)이 그들과 함께 걷고 있었기 때문이었습니다. 같이 걸으며 군사들이 배고파 할 때 같이 배고팠고 그들이 목마를 때 같이 목마르며 고통의 행군을 같이 하였기 때문입니다. 모든 군사들은 알렉산더가 참을 수 있다면 우리도 참을 수 있다고 생각하였습니다.

오늘날 우리들의 가난, 멸시, 고통과 슬픔 그리고 죽음까지도 견딜 수 있는 이유는 우리 주님께서 그런 것들을 견디어낸 슬픔의 사람이셨기 때문입니다. 그러나 우리가 그리스도의 슬픔에 참여할 수는 없습니다. 우리 주님을 따르던 제자들이 모두 주님을 버렸고 베드로는 주님을 부인했고 가룟 유다는 주를 배반함으로 우리 주님 홀로 포도즙 틀을 밟으셨기 때문입니다(Baker Commentary vol XXVII, p.336).

3. 대리 희생(사53:5~6)

이사야 53:5~6 "그가 찔림은 우리의 허물을 인함이요 그가 상함은 우리의 죄악을 인함이라 그가 징계를 받음으로 우리가 평화를 누리고 그가 채찍에 맞음으로 우리가 나음을 입었도다 우리는 다 양 같아서 그릇 행하며 각기 제 길로 갔거늘 여호와께서는 우리 무리의 죄악을 그에게 담당시키셨도다"

대리 희생의 원리는 창조세계의 질서 유지의 요건입니다. 초목은 동물을 위하여 잘려지고 고통을 겪게 되며 초식동물은 육식동물의 생명 유지를 위해 죽는 것입니다. 식물과 동물은 모두 후손의 유익을 위해 수고하고 고통을 겪고 죽게 됩니다. 인간 세계에도 부모가 자식

위해 기꺼이 기쁜 마음으로 고통을 감수합니다. 인간의 죄를 대신하여 식물과 동물이 대신 제물이 되어 희생하였고 친족의 재산과 생명을 위해 근친된 자는 대신 빚을 갚아주고 재산을 되찾아주는 고엘제도가 있었습니다(룻2:20). 속죄절에 소나 양이나 비둘기가 대신 희생되듯 예수 그리스도는 우리의 대리 희생제물이 되어주셨습니다. 그러므로 그가 우리의 질고를 지고 슬픔을 당하셨고(사53:4) 우리 허물을 인하여 그가 찔리셨고 우리의 죄악을 인하여 그가 상처를 입으셨습니다. 하나님과 평화를 이루기 위하여 징계를 받으셨고 우리를 고치시려고 채찍에 맞으셨으며 우리는 양과 같이 그릇 행하며 각기 제 길로 갔거늘 여호와께서 우리의 죄악을 그에게 담당시키셨습니다(사53:4~6).

  -한 마리의 희생 제물-이라는 실화가 있습니다.

  어느 선교사가 정글 속에서 강을 건너가려다가 무심코 물 속을 들여다보니 수십만 마리나 될 것 같은 피라니아(Pirania)들이 우글거리고 있었습니다. 피라니아라는 물고기는 턱과 이빨이 강해서 짐승이나 사람이 강물 속에 빠지면 떼로 몰려들어 뜯어먹는 육식성의 포악한 물고기이므로 한 번 그 속에 빠지면 도저히 살아서 나올 수가 없는 것입니다.

  "이런 큰일인데, 여길 어떻게 건너가지"

  선교사가 혼자 걱정하고 있을 때 몇 명의 원주민들이 가축을 몰고 오고 있었습니다.

  여보시오, 이 많은 가축들을 이끌고 어떻게 여길 무사히 건널 수 있습니까하고 물었습니다.

  그러자 그들은 "다 방법이 있으니 걱정하지 마시고 당신도 강을 무사히 건너고 싶거든 우리를 따라 오십시오" 하고 그들은 먼저 자신들이 끌고 온 가축 중에서 한 마리를 끌어내더니 피라니아들이 우글 거리는 강물 속으로 던져 넣었습니다.

"자, 바로 지금입니다. 물고기들이 가축을 다 뜯어 먹기 전에 어서 강을 건너갑시다" 하였습니다. 선교사는 그들을 따라 황급히 강을 안전하게 건널 수 있었습니다. 한 마리의 희생된 가축으로 인하여 모두 무사히 강을 건넜습니다.

이와 같이 예수님도 우리를 구하고자 대신 희생제물이 되셨습니다. 실로 우리에게 평화와 치유의 은혜를 주시기 위해 징계와 채찍을 감당하시고 십자가에서 피 흘려 죽으신 주님 앞에 우리는 어떻게 살아야 할지 깊이 생각해 볼 일입니다(The Grand Bible Commentary vol IX, pp.1180~1181).

기쁨의 사람

이사야 54장 1~8절

"잉태치 못하며 생산치 못한 너는 노래할지어다 구로치 못한 너는 외쳐 노래할지어다 홀로 된 여인의 자식이 남편 있는 자의 자식보다 많음이니라 여호와의 말이니라 네 장막터를 넓히며 네 처소의 휘장을 아끼지 말고 널리 펴되 너의 줄을 길게 하며 너의 말뚝을 견고히 할지어다 이는 네가 좌우로 퍼지며 네 자손은 열방을 얻으며 황폐한 성읍들로 사람 살 곳이 되게 할 것임이니라 두려워 말라 네가 수치를 당치 아니하리라 놀라지 말라 네가 부끄러움을 보지 아니하나니 네가 네 청년 때의 수치를 잊겠고 과부 때의 치욕을 다시 기억함이 없으리니 이는 너를 지으신 자는 네 남편이시라 그 이름은 만군의 여호와시며 네 구속자는 이스라엘의 거룩한 자시라 온 세상의 하나님이라 칭함을 받으실 것이며 여호와께서 너를 부르시되 마치 버림을 입어 마음에 근심하는 아내 곧 소시에 아내되었다가 버림을 입은 자에게 함같이 하실 것임이니라 네 하나님의 말씀이니라 내가 잠시 너를 버렸으나 큰 긍휼로 너를 모을 것이요 내가 넘치는 진노로 내 얼굴을 네게서 잠시 가리웠으나 영원한 자비로 너를 긍휼히 여기리라 네 구속자 여호와의 말이니라"

이사야 52장은 메시아 되신 예수 그리스도의 출현을 예언하였고 53장은 고난 받으실 메시아에 대하여, 54장은 메시아의 대속의 고난과 죽음의 결과로 나타난 성도와 교회의 영광을 증거하고 있습니다.

1. 기쁨의 사람(사53:10~11)

이사야 53:10 "여호와께서 그로 상함을 받게 하시기를 원하사 질고를 당케 하셨은 즉 그 영혼을 속건제물로 드리기에 이르면 그가 그 씨를 보게 되며 그날은 길 것이요 또 그의 손으로 여호와의 뜻을 성취하리로다"

메시아로 오실 여호와의 종은 대리희생으로 수많은 수난을 당하심으로 슬픔의 사람이란 칭호를 듣게 되었으나(사53:3~4) 그가 속건제물 되어 죽음에서 다시 살아나실 때 기쁨의 사람이 되셨습니다. 고진감래(苦盡甘來)라는 말이 있듯이 그리스도의 고난과 죽음의 수고 후에 보상이 그에게 있을 것을 말씀하고 있습니다. 예수님은 자신의 죽음을 앞에 놓고 밀알 하나가 땅에 떨어져 죽지 아니하면 한 알 그대로 있고 죽으면 많은 열매를 맺을 것이라(요12:24)고 말씀하셨습니다.

"그가 그 씨를 보게 되며"(사53:10)라는 말씀은 영원히 죽지 아니하는 분의 씨인 그리스도의 사람을 가리키고 있습니다. 디모데전서 6장 16절에 "오직 그에게만 죽지 아니함이 있고 가까이 가지 못할 빛에 거하시고"라고 하였습니다. 이사야 53장 10절 말씀에서 자신의 고난으로 나타난 '씨'를 보시는 것은 그분에게 크나큰 기쁨이시며 그분은 당신의 모든 씨를 기쁨으로 영원토록 지켜보실 것입니다. -C. H. Spurgeon-(The Biblical Illustrator vol ⅩⅩⅠ, pp.631~632).

창세기 15장 5절에 하나님은 하늘에 있는 별을 바라보게 하시며 네 자손이 이와 같으리라 하셨습니다. 창세기 22장에 보면 그 후 아브라함이 아들을 제물로 드리려 하였을 때 "그 아이에게 손을 대지 말라 … 네가 네 독자라도 내게 아끼지 아니하였으니 이제야 네가 하나님을 경외하는 줄을 아노라"(창22:12) 하시고 "네게 큰 복을 주고 네 씨로 크게 성하여 하늘의 별과 같고 바닷가의 모래와 같게 하리라"(창22:16~17) 하셨습니다.

아브라함이 사랑하는 독자 이삭을 바친 후에 받은 복이 "씨"의 복입니다. 그 씨가 아브라함의 후손이며 많은 후손 가운데 나타나실 그리스도(갈3:16) 이십니다. 아브라함이 씨의 복을 받아 하늘의 별을 바라보며 기쁨의 사람이 되었음과 같이 예수 그리스도는 자신을 속건제물로 드리신 후에 "그의 씨를 보며 기뻐하게 될 것"(사53:10)이라 하였습니다. 주님은 고난과 죽음의 대리희생을 당하신 후에 큰 보상을 받게 되셨는데 바로 씨의 복을 받게 되었습니다.

2. 새롭게 출현하는 세계적인 교회(사54:1~3)

> 이사야 54:1 "잉태치 못하며 생산치 못한 너는 노래할찌어다 구로치 못한 너는 외쳐 노래할찌어다 홀로 된 여인의 자식이 남편 있는 자의 자식보다 많음이니라 여호와의 말이니라"

아담을 잠들게 한 후 그의 갈비뼈를 취하여 아담의 신부인 하와를 지어주셨음같이 그리스도의 죽음 이후에 그의 신부된 교회와 성도들을 나타나게 하셨습니다. 주님은 자신의 고난과 죽음으로 말미암아 나타난 그의 씨인 성도들을 바라보시고 한없는 기쁨을 누리시게 되셨습니다.

칼빈(John Calvin, 1509. 7. 10~1564. 5. 27)은 "그리스도의 죽음을 이야기한 후에 선지자는 교회로 시선을 옮긴다"라고 했으며, 루터(Martin Luther, 1483. 11. 10~1546. 2. 18) 역시 "53장에서 선지자는 그 나라의 머리 되신 그리스도를 묘사하였는데 54장에서는 그의 몸인 교회가 묘사되고 있으며 그는 교회를 위로하시고 많은 후손을 약속한다"고 했습니다(The Grand Bible Commentary vol Ⅸ, p.1187).

이사야 54장 1절의 말씀에서 홀로된 여인의 자식은 이방인의 성도를 말하며 남편 있는 자의 자식은 유대인 성도를 뜻하는 말로 하나님은 이스라엘의 친 남편 같이 지대한 관심과 세심한 사랑을 베풀어 주셨으나 홀로 된 여인같은 이방인 교회는 오히려 더 많은 수를 이루게 될 것이라는 사실을 예언하였습니다(사54:1).

그리스도의 씨인 성도들은 핍박을 받아 세계 각처로 흩어져 이방 세계로 복음이 들어갔으며 로마로부터 전 세계에 퍼져나가게 되었습니다. 사도행전 1장 8절에 "오직 성령이 너희에게 임하시면 너희가 권능을 받고 예루살렘과 온 유대와 사마리아와 땅끝까지 이르러 내 증인이 되리라"(행1:7~8) 하셨습니다. 기독교 복음이 땅 끝까지 전 세계적으로 퍼져 갈 것을 말씀하신 것입니다.

존 웨슬리(John Wesley, 1703. 6. 17~1791. 3. 2) 목사님이 1744년 8월 24일 옥스퍼드 대학(Oxford University) 성 마리아 교회에서 "성서적인 기독교"라는 제하의 설교를 하였습니다. 성서적인 기독교는 (1)개인 안에 존재하는 기독교, (2)이웃에게 퍼져가는 기독교, (3)세상을 뒤덮는 기독교라는 내용으로 세계적인 기독교가 될 것을 설교하였습니다. 웨슬리 목사님은 세계적인 기독교를 전망하는 세계적인 설교를 하였습니다(존 웨슬리 총서 vol Ⅰ, p.59). 이사야는 "네 장막터를 넓히며 네 처소의 휘장을 아끼지 말고 널리 펴되 너의 줄을 길게 하며 너의 말뚝을 견고히 할찌어다 이는 네가 좌우로 퍼지며 네 자손은 열방을 얻으며 황폐한 성읍들로 사람 살 곳이 되게 할 것임이니라"(사54:2~3) 하였습니다.

3. 보석으로 꾸며진 영광스런 교회(사54:11~12)

이사야 54:11~12 "너 곤고하며 광풍에 요동하여 안위를 받지 못한 자여 보라 내가 화려한 채색으로 네 돌 사이에 더하며 청옥으로 네 기초를 쌓으며 홍보석으로 네 성첩을 지으며 석류석으로 네 성문을 만들고 네 지경을 다 보석으로 꾸밀 것이며"

이사야 54장 11~12절의 말씀은 예수 그리스도의 씨로 나타날 신약교회는 보석같이 아름다운 모습으로 나타나리라고 말씀하였습니다. 요한계시록 21장 10~27절의 신천신지의 새예루살렘은 보석으로 아름답게 꾸며진 모습을 증거하고 있습니다. "하나님의 영광이 있으매 그 성의 빛이 지극히 귀한 보석 같고 벽옥과 수정같이 맑더라

… 그 성곽은 벽옥으로 쌓였고 그 성은 정금인데 맑은 유리 같더라 그 성의 성곽의 기초석은 각색 보석으로 꾸몄는데 첫째 기초석은 벽옥이요 둘째는 남보석이요 세째는 옥수요 네째는 녹보석이요 다섯째는 홍마노요 여섯째는 홍보석이요 일곱째는 황옥이요 여덟째는 녹옥이요 아홉째는 담황옥이요 열째는 비취옥이요 열한째는 청옥이요 열두째는 자정이라 그 열두 문은 열두 진주니 문마다 한 진주요 성의 길은 맑은 유리 같은 정금이더라"(계21:11~21) 하였습니다.

이사야 선지자가 예언한 신약교회는 각양각색의 보석으로 꾸며진 영광스런 교회의 모습으로 나타날 것이라고 하였으며 성(城)에 있는 파수탑인 성첩은 홍보석으로 쌓게 되며 청옥으로 기초석을 쌓고 성문은 석류석으로 만들고 지경은 모두 보석으로 꾸며질 것이라(사 54:11~12) 하였습니다. 예수 그리스도의 보배로운 피로 세워진 교회는 하늘의 별같이 보석같은 아름다운 성도들로 가득하게 채워질 것이라고 하였습니다.

미국 오렌지카운티에 로버트 슐러 목사님이 계신 수정교회에 가보았습니다. 유리창마다 성도의 이름들이 기록되어 있고 교회 마당의 대리석 위에도 성도들의 이름이 기록되어 있었습니다. 영광스런 교회에서 성도들은 복을 받게 되며 지난날의 아픈 기억들을 다 잊어버리고 위로를 받게 될 것입니다.

이사야 54장 4절에 "두려워 말라 네가 수치를 당치 아니하리라 놀라지 말라 네가 부끄러움을 보지 아니하리라 네가 네 청년 때의 수치를 잊겠고 과부 때의 치욕을 다시 기억함이 없으리라" 하였으며 또한 이사야 54장 8~10절에는 "내가 넘치는 진노로 내 얼굴을 네게서 잠시 가리웠으나 영원한 자비로 너를 긍휼히 여기리라 네 구속자 여호와의 말이니라 …" 하였습니다.

하나님의 위대한 초청

이사야 55장 1~5절

"너희 목마른 자들아 물로 나아오라 돈 없는 자도 오라 너희는 와서 사 먹되 돈 없이, 값없이 와서 포도주와 젖을 사라 너희가 어찌하여 양식 아닌 것을 위하여 은을 달아 주며 배부르게 못할 것을 위하여 수고하느냐 나를 청종하라 그리하면 너희가 좋은 것을 먹을 것이며 너희 마음이 기름진 것으로 즐거움을 얻으리라 너희는 귀를 기울이고 내게 나아와 들으라 그리하면 너희 영혼이 살리라 내가 너희에게 영원한 언약을 세우리니 곧 다윗에게 허락한 확실한 은혜니라 내가 그를 만민에게 증거로 세웠고 만민의 인도자와 명령자를 삼았었나니 네가 알지 못하는 나라를 부를 것이며 너를 알지 못하는 나라가 네게 달려올 것은 나 여호와 네 하나님 곧 이스라엘의 거룩한 자를 인함이니라 내가 너를 영화롭게 하였느니라"

이사야 55장은 성경에서 '초청장'이라 불리우는 유명한 장(章)입니다. 이사야 54장은 그리스도의 씨로 나타날 교회의 출현에 대하여 말씀하였고 55장에서는 교회에 베푸신 구원의 잔치에 만민을 초청하시는 초청장입니다.

하나님의 초청의 말씀이 이사야 55장 1절입니다. "너희 목마른 자들아 물로 나아오라 돈 없는 자도 오라 너희는 와서 사 먹되 돈 없이, 값없이 와서 포도주와 젖을 사라" 하셨습니다.

예수님의 초청의 말씀은 마태복음 11장 28절의 말씀으로 "수고하고 무거운 짐 진 자들아 다 내게로 오라 내가 너희를 쉬게 하리라" 하셨습니다.

성령님의 초청의 말씀은 요한계시록 22장 17절의 "성령과 신부가 말씀하시기를 오라 하시는도다 듣는 자도 오라 할 것이요 목마른 자도 올 것이요 또 원하는 자는 값 없이 생명수를 받으라 하시더라"는 말씀입니다. 성부, 성자, 성령께서 만민을 향하여 초청하며 부르고 계십니다.

1. 하나님의 초청장(사55:1)

이사야 55:1 "너희 목마른 자들아 물로 나아오라 돈 없는 자도 오라 너희는 와서 사 먹되 돈 없이, 값없이 와서 포도주와 젖을 사라"

하나님께서 초청하시는 초청의 범위는 전 세계적입니다. 이사야 55장 5절에 "네가 알지 못하는 나라를 부를 것이며 너를 알지 못하는 나라가 네게로 달려올 것은 나 여호와 네 하나님 곧 이스라엘의 거룩한 자를 인함이라" 하였습니다. 그리고 초청의 대상은 목마른 자, 돈 없는 자, 배부르게 못하는 것을 위하여 수고하는 자들입니다.

(1) 목마른 자(사55:1)

이사야 55:1 "너희 목마른 자들아 물로 나아오라"

이사야 55장 1절에 "너희 목마른 자들아 물로 나아오라" 하였습니다. 요한복음 4장에 보면 예수께서 사마리아 수가성 야곱의 우물가에서 물 길러온 여인을 만났습니다. 그의 남편은 다섯이 있었고 현재 동거하는 남자도 정식 남편이 아니라고 하였습니다. 남편 다섯과 살았으며 여섯 번째 다른 남자와 동거하고 있었으나 여전히 목말라 물동이를 이고 야곱의 우물을 찾아왔습니다. 예수님은 그 여인에게 "이 물을 먹는 자는 다시 목마르려니와 내가 주는 물을 먹는 자는 영원히 목마르지 아니하리니 나의 주는 물은 그 속에서 영생하도록 솟아나는 샘물이 되리라"(요4:14) 하셨습니다.

권력에 목마른 사울 왕은 제사장 85명을 하루에 죽였고 압살롬은 아버지 다윗을 죽이고 권좌를 빼앗으려 하였고 헤롯은 왕좌를 지키려고 두 명의 아내와 처남을 죽였으며 또한 세 아들을 죽이고 장모를 죽였으며 아기 예수를 죽이려고 베들레헴의 두 살 아래된 아이들을 죽였습니다(마2:16)(신성종, 구조적 성경 연구 p.199). 이사야 55장 1절에서 "너희 목마른 자들아 물로 나아오라" 하였고, 요한계시록 22장 17절에서는 "성령과 신부가 말씀하시기를 듣는 자도 오라 할 것이요 목마른 자도 올 것이요 또 원하는 자는 값 없이 생명수를 받으라" 하였습니다.

성경에서 말하는 물은 어떤 물입니까.

첫째, 갈증을 해소시키는 물입니다.

이사야 58장 11절에 "나 여호와가 너를 항상 인도하여 가물 때에도 네 영혼을 만족케하며 너는 물 댄 동산 같겠고 물이 끊어지지 아니하는 샘 같을 것이라" 하였습니다.

둘째, 죄에서 깨끗하게 하는 물입니다.

에스겔 36장 25절에 "맑은 물로 너희에게 뿌려서 너희로 정결케 하되 곧 너희 모든 더러운 것에서와 모든 우상을 섬김에서 너희를 정결케 할 것이며" 하였습니다.

셋째, 소성케 하는 물입니다.

에스겔 47장 8~9절에 "이 물이 동방으로 향하여 흘러 아라바로 내려가서 바다에 이르리니 이 흘러내리는 물로 그 바다의 물이 소성함을 얻을찌라 이 강물이 이르는 곳마다 번성하는 모든 생물이 살고 또 고기가 심히 많으리니 이 물이 흘러들어 가므로 바닷물이 소성함을 얻겠고 이 강이 이르는 각처에 모든 것이 살 것이며" 하였습니다.

넷째, 거듭나게 하는 물입니다.

요한복음 3장 5절에 "사람이 물과 성령으로 나지 아니하면 하나님 나라에 들어갈 수 없느니라" 하였습니다.

다섯째, 영원히 목마르지 아니한 물입니다.

요한복음 4장 14절에 "내가 주는 물을 먹는 자는 영원히 목마르지 아니하리니 나의 주는 물은 그 속에서 영생하도록 솟아나는 샘물이 되리라" 하였습니다.

(2) 돈 없는 자(사55:1)

이사야 55:1 "돈 없는 자도 오라"

하나님의 초청의 대상자 첫째는 목마른 자이며 두 번째는 돈 없는 자입니다. 현대인들은 돈 가지고 모든 것을 다 살수 있다고 생각합니다. 명예와 권세, 행복과 영생까지도 돈 가지면 살 수 있다고 생각합니다. 사도행전 8장 11절에 시몬이란 사람이 베드로가 안수함으로 사람들이 성령 받는 것을 보고 돈을 드려 이 권능을 내게도 주어 누구든지 내가 안수하는 사람은 성령을 받게 하여 달라고 간청하였습니다. 이에 베드로가 그에게 "네가 하나님의 선물을 돈 주고 살줄로 생각하였으니 네 은과 함께 망할찌어다" 하였습니다. 돈 없고 가난한 자에게 복음이 전파되는 것은 하나님의 섭리입니다.

(3) 배부르게 못하는 것을 위하여 수고하는 자(사55:2)

이사야 55:2 "너희가 어찌하여 양식 아닌 것을 위하여 은을 달아 주며 배부르게 못할 것을 위하여 수고하느냐"

마셔도 목마르고 먹어도 배부르지 않는 것이 세상입니다. "노인과 바다"란 단편소설이 있습니다. 노인은 고기를 잡으려고 작은 배를 타고 심해로 나갔습니다. 며칠 만에 큰 고기가 잡혔습니다. 필사의 사투 끝에 그 고기를 배 옆에 묶어 매고 돌아올 때 상어 떼들이 달려들어 고기를 뜯어 먹으려 하였습니다. 노인은 상어 떼를 쫓으려고 힘을 다해 싸우면서 간신히 포구에 있는 작은 항구에 돌아왔습니다. 그가 돌아왔을 때 온 동리 사람들이 나와서 잡아온 고기를 보려고 하였습니다. 배에 묶어가지고온 큰 고기는 뼈만 앙상하게 남아 있었습니다. 헤밍웨이가 쓴 이 작품은 배부르게 못하는 인간의 수고와 허무에 대하여 말하고자 한 것입니다. 그러나 예수님은 "그가 자기 영혼의 수고한 것을 보고 만족히 여길 것이라"(사53:11) 하였습니다. 하나님은 "나를 청종하라 그리하면 너희가 좋은 것을 먹을 것이며 너희 마음이 기름진 것으로 즐거움을 얻으리라"(사55:2) 하였고, "너희는 귀를 기울이고 내게 나아와 들으라 그리하면 너희 영혼이 살리라"(사55:3) 하셨습니다.

2. 하나님께 돌아오는 자가 받는 축복(사55:7)

이사야 55:7 "악인은 그 길을, 불의한 자는 그 생각을 버리고 여호와께로 돌아오라 그리하면 그가 긍휼히 여기시리라 우리 하나님께로 나아오라 그가 널리 용서하시리라"

누가복음 15장의 탕자의 비유에 보면 탕자가 타국에 가서 장사하여 이를 남기려는 마음으로 아버지를 떠나갔습니다. 그러나 허랑방탕하여 모든 재물을 탕진하고 다 죽게 되었을 때 아버지를 생각하고 아버지께서 계신 집으로 돌아왔습니다. 아버지는 돌아온 아들을 반겨 맞아주시고 잔치를 열고 아들에게 새 옷을 입히고 가락지를 끼워주며 기뻐하였습니다.

탕자의 비유는 아버지를 떠나감이 불행이며 아버지께 돌아감이 행복임을 보여주신 말씀입니다. 하나님께 돌아가는 자에게 부탁하신 말씀이 있습니다. "악인은 그 길을, 불의한 자는 그 생각을 버리고 여호와께로 돌아오라"(사55:7)는 말씀입니다. 이는 회개를 촉구하는 말씀으로 '악인'은 공개적으로 죄를 범한 자이고, '불의한 자'는 내면적

실상이 죄악된 자를 의미합니다.

회개의 진행은 소극적인 변화인 '그의 행실을 버림'으로 시작되어 적극적인 회개인 '여호와께로 돌아가 여호와를 나의 하나님으로 섬기는' 데까지 이르는 것입니다(The Chokmah Commentary vol XⅦ, p.652). 회개하고 하나님께 돌아가는 자는 긍휼히 여기심 즉 불쌍히 여기심을 받고 용서하시는 사죄의 은총을 받게 됩니다. "여호와께로 돌아오라 그리하면 그가 긍휼히 여기시리라 우리 하나님께로 돌아오라 그가 널리 용서하시리라"(사55:7) 하셨습니다.

인간은 죄 때문에 고민하는 존재입니다. 개가 죄 때문에 고민한다든지 소가 죄 때문에 불안해한다든지 닭이 죄 때문에 자살했다든지 말이 죄 때문에 미쳤다는 말을 들어본 적이 있습니까.

하나님께 나아가면 사죄의 은총을 받습니다. 시편 103편 12절에 "동이 서에서 먼 것 같이 우리 죄과를 우리에게서 멀리 옮기셨으며" 하였고, 이사야 1장 18절에 "여호와께서 말씀하시되 오라 우리가 서로 변론하자 너희 죄가 주홍 같을찌라도 눈과 같이 희어질 것이요 진홍 같이 붉을찌라도 양털 같이 되리라" 하셨습니다. 이사야 44장 22절에는 "네 죄를 안개의 사라짐같이 도말하였도다" 하였고 예레미야 31장 34절에도 "내가 그들의 죄악을 사하고 다시는 그 죄를 기억지 아니하리라" 하셨습니다.

하나님은 회개하는 자의 지난날 모든 허물과 죄를 모두 말소시켜 주셔서 맷돌을 바다에 던짐같이 다시 기억지 아니하시며 주홍같이 붉은 죄, 먹과 같이 검은 죄를 흰 눈같이, 양털같이 깨끗하게 씻어주신다고 약속하여 주셨습니다. 하나님께 나아가는 자가 받는 축복은 불쌍히 여기심을 받고 모든 죄를 다 용서 받는 사죄의 은총입니다. 참으로 놀라운 축복입니다.

성수주일의 복

이사야 56장 4~8절

"여호와께서 이같이 말씀하시기를 나의 안식일을 지키며 나를 기뻐하는 일을 선택하며 나의 언약을 굳게 잡는 고자들에게는 내가 내 집에서, 내 성안에서 자녀보다 나은 기념물과 이름을 주며 영영한 이름을 주어 끊치지 않게 할 것이며 또 나 여호와에게 연합하여 섬기며 나 여호와의 이름을 사랑하며 나의 종이 되며 안식일을 지켜 더럽히지 아니하며 나의 언약을 굳게 지키는 이방인마다 내가 그를 나의 성산으로 인도하여 기도하는 내 집에서 그들을 기쁘게 할 것이며 그들의 번제와 희생은 나의 단에서 기꺼이 받게 되리니 이는 내 집은 만민의 기도하는 집이라 일컬음이 될 것임이라 이스라엘의 쫓겨난 자를 모으는 주 여호와가 말하노니 내가 이미 모은 본백성 외에 또 모아 그에게 속하게 하리라 하셨느니라"

이사야 52장은 구세주의 내림을 예언하였고 53장은 구세주의 대속의 고난과 죽음에 대한 예언이었으며, 54장은 교회 안으로 돌아오라는 하나님의 초청의 말씀이 기록되어 있습니다.

오늘 본문말씀인 이사야 56장은 성전에 들어와서 성일을 지키는 자에게 베푸시는 축복에 대하여 말씀하고 있습니다. 구약시대의 안식일은 복된 날이라 하였고(출20:11), 하나님께서 안식하신 날, 하나님께서 거룩케 하신 날이라 하였습니다. 신약시대에 와서 안식일은 예수님의 부활을 기념하는 주의 날(Lord's Day)이라고 하였습니다. 안식일을 지키라는 말씀 중에 보면 ① 출애굽기 20장 8절에 "거룩히 지키라", ② 이사야 58장 13절에 "네 발을 금하며", "오락을 행치 말며", ③ 이사야 56장 2절에 "악을 행치 아니하여야 한다" 하였고, ④ 누가복음 14장 5절에 "생명을 구하고 선을 행하는 날"이라 하였고, ⑤ 마태복음 12장 6～8절에 "예수님은 안식일의 주인"이라 하셨습니다. 신명기 5장 15절에 보면 "너는 기억하라 네가 애굽에서 종이 되었었더니 너의 하나님 여호와가 강한 손과 편 팔로 너를 거기서 인도하여 내었나니 그러므로 하나님 여호와가 너를 명하여 안식일을 지키라 하느니라" 하였습니다.

1. 성일을 붙잡는 자는 복이 있습니다(사56:2)

이사야 56:2 "안식일을 지켜 더럽히지 아니하며 그 손을 금하여 모든 악을 행치 아니하여야 하나니 이같이 행하는 사람, 이같이 굳이 잡는 인생은 복이 있느니라"

시간에는 두 종류의 시간이 있습니다. 세월이 유수같이 흘러가는 자연적 시간이 있습니다. 이런 시간을 크로노스(κρωνος)라고 합니다. 또 다른 시간은 하나님께서 구별하여 놓은 영원과 연결된 시간이 있습니다. 이런 시간을 카이로스(καιρος)라고 합니다. 하나님은 물 중에도 생수를 구별하심같이 시간 속에 영원한 축복의 시간을 구별하여 놓으셨습니다. 그 시간이 바로 예배하는 주일입니다. 이 날 이 시간을 굳게 붙잡는 자는 복이 있다고 하셨습니다. 이 날이 영원과 연결된 날입니다. 하나님과 예수님과 성령님과 연결된 날입니다. 일주일 모든 날이 똑같은 날이 아닙니다. 예배하는 주일날은 육신의 만나가 내리지 않는 날이지만 하나님의 영원한 생명의 떡이신 예수의 만나를 먹는 복된 날입니다. 이사야 56장 2절에 "이같이 굳이 잡는 인생은 복이 있느니라" 하셨습니다.

유수 같은 시간, 화살같이 빨리 지나가는 시간, 문틈으로 지나가는 말과 같이 빠른 세월을 어떻게 붙잡을 수 있습니까. 나이야가라 폭포, 빅토리아 폭포나 이과수 폭포를 누가 막을 수 있겠습니까. 흘러가는 시간을 어느 인생도 막을 수 없습니다. 그러나 이사야 선지자는 성전에 나와서 성일을 붙잡는 자는 복을 받으리라 하였습니다. 주일을 지켜 주일을 일년 52주 하루도 놓치지 말고 성일을 꽉 붙잡는 자가 되라고 권고하고 있습니다. 어떤 분은 교회 다니는 것을 절에 다니는 것처럼 가끔 오시는 분이 있습니다. 농사철이나 바쁜 계절이라고 주일 낮에는 안나오고 밤에 왔다 가는 사람도 있습니다. 그러나 이사야 56장 2절에서 성일, 주일을 붙잡는 인생은 복이 있다 하셨습니다. 다른 시간은 다 놓쳐도 주일만은 놓치지 말고 꽉 붙잡는 성도가 되어야 할 것입니다.

2. 성일을 거룩하게 지키는 자에게 안식을 주십니다(사56:2)

이사야 56:2 "안식일을 지켜 더럽히지 아니하며 그 손을 금하여 모든 악을 행치 아니하여야 하나니 이같이 행하는 사람, 이같이 굳이 잡는 인생은 복이 있느니라"

마태복음 12장 6~8절에서 예수님은 안식일의 주인이라 하셨습니다. 또한 요한복음 14장 27절에 "평안을 너희에게 끼치노니 곧 나의 평안을 너희에게 주노라" 하셨습니다.

마태복음 11장 28절에 예수님은 두 팔 벌리시고 수고하고 무거운 짐 진 자들아 다 내게로 오라 내가 너희를 쉬게 하리라 하셨습니다. 죄를 씻어 주시니 사유의 은총으로 쉼을 얻게 되고 육신의 병이 만병의 대 의사 되신 주님의 치료하심을 받고 눈 먼 자가 실로암 못에 가서 씻어 보게 하라 하셨습니다. 실로암이란 보냄을 받았다는 뜻입니다. 하나님께로부터 보냄 받은 실로암 연못되신 예수께 나가면 밝히 보게 될 것입니다. 그리고 깨끗이 치료받게 될 것입니다.

3. 성일을 지키는 자에게 기쁨을 주십니다(사56:7)

> 이사야 56:7 "내가 그를 나의 성산으로 인도하여 기도하는 내 집에서 그들을 기쁘게 할 것이며 그들의 번제와 희생은 나의 단에서 기꺼이 받게 되리니 이는 내 집은 만민의 기도하는 집이라 일컬음이 될 것임이라"

성일을 지키는 자에게 기도하는 하나님의 집에서 그들을 기쁘게 할 것이라 하셨습니다. 그리고 그들이 바치는 예물을 받으신다고 하셨습니다. 우리가 세상에서 엿새 동안 살다보면 죄에 감염되고 생각과 몸이 부정해집니다. 심신이 피곤하고 걱정, 근심으로 기쁨을 상실 당하게 됩니다.

이런 말이 있습니다. "돈을 잃는 것은 조금 잃은 것이요, 명예를 잃는 것은 많이 잃는 것이며, 건강을 잃는 것은 모두 잃는 것이다"라는 말이 있습니다. 그러나 기쁨을 잃어버리는 것은 인생전부, 행복을 잃는 것과 같습니다. 이사야 56장 7절에 "내가 그를 나의 성산으로 인도하여 기도하는 내 집에서 그들을 기쁘게 할 것이며 …" 하셨습니다.

진정한 기쁨을 어디서 찾을 수 있습니까. 잃어버린 기쁨을 어디서 회복할 수 있습니까. 성경말씀은 분명히 교회에 나와 예배하여 기도하는 자에게 하늘의 기쁨으로 옷을 입혀 주신다고 하셨습니다. 근심, 걱정은 마귀가 주는 것이라면 기쁨은 예수께서 우리에게 주십니다.

전사의 모습으로 오시는 하나님

이사야 59장 16~21절

"사람이 없음을 보시며 중재자 없음을 이상히 여기셨으므로 자기 팔로 스스로 구원을 베푸시며 자기의 의를 스스로 의지하사 의로 호심경을 삼으시며 구원을 그 머리에 써서 투구를 삼으시며 보수로 속옷을 삼으시며 열심을 입어 겉옷을 삼으시고 그들의 행위대로 갚으시되 그 대적에게 분노하시며 그 원수에게 보응하시며 섬들에게 보복하실 것이라 서방에서 여호와의 이름을 두려워하겠고 해돋는 편에서 그의 영광을 두려워 할 것은 여호와께서 그 기운에 몰려 급히 흐르는 하수같이 오실 것임이로다 여호와께서 가라사대 구속자가 시온에 임하며 야곱 중에 죄과를 떠나는 자에게 임하리라 여호와께서 또 가라사대 내가 그들과 세운 나의 언약이 이러하니 곧 네 위에 있는 나의 신과 네 입에 둔 나의 말이 이제부터 영영토록 네 입에서와 네 후손의 입에서와 네 후손의 후손의 입에서 떠나지 아니하리라 하시니라 여호와의 말씀이니라"

하나님께 나아갈 수 있는 유일한 길은 예배입니다. 이스라엘 백성은 예배 자체가 무너져 형식과 외식의 껍데기만 남았으므로 불 꺼진 등대와 같이 희망을 잃어버리고 말았습니다. 로마서 3장 23절에 "모든 사람이 죄를 범하였으매 하나님의 영광에 이르지 못하더니"라고 말씀하였습니다. 죄의 극치는 예배가 무너지는 상황입니다. 이사야 59장에서 이사야 선지자는 예배가 무너진 이스라엘 스스로의 힘으로 죄에서 구원받을 수 없으므로 하나님께서 중보자를 보내어 주시므로 구원의 길을 열어주실 것이라는 희망을 선포하고 있습니다.

1. 전사의 모습으로 오신 하나님(사59:17)

이사야 59:17 "의로 호심경을 삼으시며 구원을 그 머리에 써서 투구를 삼으시며 보수로 속옷을 삼으시며 열심을 입어 겉옷을 삼으시고"

이사야 59장 15~21절의 말씀은 "보수(報讎)로 속옷을 삼으시며 열심을 입어 겉옷을 삼으시고"(사59:17) 임하시는 하나님에 대하여 말씀하고 있습니다.

칼빈(Calvin)은 "하나님은 의와 권능과 은혜와 그의 백성에 대한 열렬한 사랑으로 그 자신을 완전무장 하셨다"고 하였는데 이는 바울 사도가 에베소 교인들에게 마귀와 대적하기 위하여 하나님의 전신갑주를 입으라 하신 말씀과 같습니다. 바울 사도는 에베소서 6장 13~17절에서 진리로 허리띠를 띠고, 의의 흉배를 붙이고, 평안의 복음의 신을 신고, 믿음의 방패를 가지고, 구원의 투구를 쓰고, 성령의 검 곧 하나님의 말씀을 가지라 하였습니다.

이사야 선지자는 이스라엘과 인류구원을 위하여 임하시는 하나님은 무장을 갖춘 전사의 모습으로 오실 것이라고 하였습니다. 전사의 모습으로 오시는 하나님 속옷은 보수(報讎) 즉, 원수에 대한 복수심으로 속옷을 입으셨습니다. 인간을 죄로 사로잡아 종으로 삼고 괴롭히는 마귀에 대한 원한의 복수심으로 속옷을 입으셨습니다. 보수로 속옷을 입으셨던 의미의 '보'(報)자는 '갚을 보'자이며, '수'(讎)자는 '원수 수'자로 '복수', '앙갚음', '원수갚음'의 뜻입니다. 바울 사도는 우리의 싸움은 악의 영들에 대함이라 하였습니다(엡6:12). 하나님은 열심으로 겉옷을 삼으셨는데(사59:17) 이 겉옷은 인간의 영혼을 구원하는데 절대 필요한 겉옷이었습니다.

2. 전사의 복장을 입으신 예수(마21:13)

마태복음 21:13 "저희에게 이르시되 기록된 바 내 집은 기도하는 집이라 일컬음을 받으리라 하였거늘 너희는 강도의 굴혈을 만드는도다 하시니라"

요한복음 2장 13~17절에 보면 "예수께서 예루살렘으로 올라가셨더니 성전 안에서 소와 양과 비둘기 파는 사람들과 돈 바꾸는 사람들의 앉은 것을 보시고 노끈으로 채찍을 만드사 양이나 소를 다 성전에서 내어 쫓으시고 돈 바꾸는 사람들의 돈을 쏟으시며 상을 엎으시고", "내 집은 만민의 기도하는 집이라 일컬음을 받으리라 하였거늘 너희가 강도의 굴혈을 만들었도다"(마21:13) 하셨습니다. 예수님의 이러한 행동은 하나님께 대한 사랑의 열심을 나타내고 있습니다.

그리고 예수님은 인간 영혼구원에 대한 겉옷을 입으셨습니다.

요한복음 4장에 사마리아 수가성 우물곁에서 물길러온 여인과 대화하셨습니다. 남편 다섯이 있었고 현재 여섯 번째 남자와 동거하고 있는 여자와 대화하셨습니다. 제자들이 점심식사를 준비해 가지고 와서 잡수시기를 청하니 예수께서 "내게 먹을 양식이 따로 있느니라"(요4:34) 하셨습니다. 한 여인의 영혼구원이 점심식사보다 더 급하고 중요한 마음 때문이었습니다. 우리도 하나님을 섬기려면 열심의 겉옷을 입고 일해야 할 것입니다. 그러므로 바울 사도는 "열심을 품고 주를 섬기라"(롬12:11) 하였습니다.

주님을 섬기는 자는 열심을 다하여 섬겨야 할 것입니다. 예수님은 공생에 기간에 얼마나 열심히 사역하셨는지 때와 장소를 개의치 않고 천국복음을 열심히 증거하셨습니다. 또한 주님은 기도하시는 일에 열심의 겉옷을 입으셨습니다. 밤에는 겟세마네, 감람산에서 기도로 밤을 지새우셨고 광야에서 사십일 금식기도 하셨으며 십자가상에서 마지막 순간까지 기도하셨습니다. 아버지여, 내 영혼을 당신의 손에 맡기나이다(눅23:46) 하셨습니다. 영혼구원을 위해 자기 생명을 대속물로 버리기까지(마20:28) 인간을 사랑하셨습니다. 그렇게 열심의 겉옷을 삼으신 예수님이셨기에 원수들은 예수께서 십자가에 못 박히셨을 때 십자가 밑에서 예수님의 속옷을 제비뽑아 가져가고(요19:24) 겉옷을 네 조각으로 찢어 나눠가져 갔습니다(요19:23). 이는 예수님의 열심의 겉옷을 찢어버리려 한 것입니다. 예수께서 입으신 겉옷은 하나님에 대한 사랑과 인간에 대한 사랑의 열심의 겉옷이었습니다. 그러나 구원은 회개하는 자에게 국한된 것입니다. 이것이 바로 구원의 제한성입니다. "여호와께서 가라사대 구속자가 시온에 임하며 야곱 중에 죄과를 떠나는 자에게 임하리라"(사59:20) 하였습니다. 예수께서 "회개하라 천국이 가까왔느니라"(마4:17) 하셨고, 세례 요한도 "회개하라 천국이 가까왔느니라"(마3:2) 하였습니다.

  구속주가 완전무장하여 열심의 겉옷을 입고 오시나 회개하는 자만 구원을 받을 수 있다는 것입니다. 보수의 속옷을 입고, 열심의 겉옷을 입으시고 쉬지 않고 성취하신 하나님은 예수 그리스도를 중보자로 보내어 주셨습니다. 이 땅에 오신 예수님은 눈물과 땀과 피 한 방울을 남기지 아니하시고 목숨을 버리기까지 열심의 겉옷을 입고 일하셔서 오늘 우리가 구원받았고 세계가 구원받게 된 것입니다. "누구든지 주의 이름을 부르는 자는 구원을 얻으리라"(행2:21) 하신 말씀이 이루어졌습니다. 우리 또한 원수마귀에 대한 보수의 속옷을 입고 열심의 겉옷을 입어 맡겨주신 사명을 감당하도록 하여야 할 것입니다.

빛으로 오신 메시아

이사야 60장 1~3절

"일어나라 빛을 발하라 이는 네 빛이 이르렀고 여호와의 영광이 네 위에 임하였음이니라 보라 어두움이 땅을 덮을 것이며 캄캄함이 만민을 가리우려니와 오직 여호와께서 네 위에 임하실 것이며 그 영광이 네 위에 나타나리니 열방은 네 빛으로, 열왕은 비춰는 네 광명으로 나아오리라"

성경에는 메시아 출현에 대한 예언이 여러 가지 형태로 묘사되고 있습니다. 여인의 후손(창3:3), 사다리(창28:12), 실로(창49:8~12), 만나(출16:4), 반석에서 솟아나는 물(출17:6), 놋뱀(민21:9), 별·홀(민24:17).

1. 야곱의 별(민24:17)

민수기 24:17 "내가 그를 보아도 이 때의 일이 아니며 내가 그를 바라보아도 가까운 일이 아니로다 한 별이 야곱에게서 나오며 한 홀이 이스라엘에게서 일어나서 모압을 이 편에서 저 편까지 쳐서 파하고 또 소동하는 자식들을 다 멸하리로다"

발람 선자자의 네 번째 예언 중에 그는 노래를 지어 말한 내용 중에 한 별이 야곱에게서 나오며 한 홀이 이스라엘에게서 일어날 것이라 하였습니다. 별은 성경에서 왕의 위엄과 영광을 나타내는 상징물로 나타났습니다(마2:2, 계22:16). 별이 야곱에게서 라는 말은 야곱의 혈통에서 만백성의 왕으로 임하실 것을 말하는 것입니다.

예수님 탄생 시 베들레헴 상공에 별이 나타났고(마2:8~10) 이를 보고 동방박사가 찾아왔으며(마2:2) 예수께서 자신을 가리켜 "나는 광명한 새벽별이라"(계22:16)고 하였습니다. 예수 그리스도만이 인류의 진정한 통치자와 주관자가 되십니다(삼하7:12~16, 겔34:24, 겔37:24, 호3:5).

예수께서 나는 길이라고(요14:6) 말씀하신 것처럼 밤하늘에 별은 어두운 밤바다를 항해하는 항해사의 길을 안내하여 줍니다.

2. 의로운 해(말4:2)

말라기 4:2 "내 이름을 경외하는 너희에게는 의로운 해가 떠올라서 치료하는 광선을 발하리니 너희가 나가서 외양간에서 나온 송아지 같이 뛰리라"

하나님을 경외하는 자에게 주시는 구원와 상급은 의로운 해가 떠올라서 치료의 광선을 발하여 영육이 치료받아 구원받고 빛의 아들, 딸이 되게 하시는 일입니다. 의로운 해에 대하여 칼빈(Calvin)은 태양보다 더 강력한 빛을 발하는 빛의 근원되신 예수 그리스도라고 하였고, 다른 학자들은 의로운 해는 빛 되신 예수 그리스도를 지칭하는 것이라고 하였습니다.

누가복음 2장 25절에 "예루살렘에 시므온이라 하는 사람이 있으니 이 사람이 의롭고 경건하여 이스라엘의 위로를 기다리는 자라 성령이 그 위에 계시더라" 했습니다. "저가 주의 그리스도를 보기 전에 죽지 아니하리라 하는 성령의 지시를 받았더니 성령의 감동으로 성전에 들어가매 마침 부모가 율법의 전례대로 행하고자 하여 그 아기 예수를 데리고 오는지라 시므온이 아기를 안고 하나님을 찬송하여 가로되 주재여 이제는 말씀하신대로 종을 평안히 놓아 주시는도다 내 눈이 주의 구원을 보았사오니 이는 만민 앞에 예비하신 것이요 이방을 비추는 빛이요 주의 백성 이스라엘의 영광이니이다 하니"(눅 2:26~32) 라고 하였습니다.

마태복음 4장 16절에 예수께서 요한의 잡힘을 듣고 나사렛을 떠나 해변에 있는 가버나움에 가서 사시니 이는 선지자 이사야로 하신 말씀을 이루려 하심이니 "흑암에 앉은 백성이 큰 빛을 보았고 사망의 땅과 그늘에 앉은 자들에게 빛이 비춰었도다 하였느니라"고 하였습니다.

요한복음에서도 "참 빛 곧 세상에 와서 각 사람에게 비취는 빛이 있었나니"(요1:9), "내가 세상에 있는 동안에는 세상의 빛이로라"(요9:5), "나는 빛으로 세상에 왔나니 무릇 나를 믿는 자로 어두움에 거하지 않게 하려 함이로라"(요12:46)고 하였습니다. 사도행전 9장 3절에 보면 "사울이 행하여 다메섹에 가까이 가더니 홀연히 하늘로서 빛이 저를 둘러 비추는지라" 하였습니다. 이 빛으로 사울은 변하여 바울이 되었습니다. 고린도후서 4장 6절에서도 "어두운데서 빛이 비춰리라 하시던 그 하나님께서 예수 그리스도의 얼굴에 있는 하나님의 영광을 아는 빛을 우리 마음에 비춰셨느니라" 하였습니다.

은혜의 해(年)

이사야 61장 1~3절

"주 여호와의 신이 내게 임하였으니 이는 여호와께서 내게 기름을 부으사 가난한 자에게 아름다운 소식을 전하게 하려 하심이라 나를 보내사 마음이 상한 자를 고치며 포로된 자에게 자유를, 갇힌 자에게 놓임을 전파하며 여호와의 은혜의 해와 우리 하나님의 신원의 날을 전파하여 모든 슬픈 자를 위로하되 무릇 시온에서 슬퍼하는 자에게 화관을 주어 그 재를 대신하며 희락의 기름으로 그 슬픔을 대신하며 찬송의 옷으로 그 근심을 대신하시고 그들로 의의 나무 곧 여호와의 심으신 바 그 영광을 나타낼 자라 일컬음을 얻게 하려 하심이니라"

이사야 58장은 하나님과 관계 회복으로 이루어지는 복된 예배의 삶에 대하여 말씀드렸고, 이사야 59장에서는 인류 구원을 위해 오실 메시아는 보수로 속옷을 입으시며 열심의 겉옷을 입으시고 사역하실 것을 예언하였습니다. 이사야 60장에서 "일어나라 빛을 발하라"하는 말씀을 중심해서 에덴동산에서 첫째아담이 빛의 옷을 잃어버렸고 둘째아담 되신 예수 그리스도께서 빛으로 강림하셔서 어둠에 잠자는 사망을 당한 자에게 비춰주시고 빛의 옷을 입혀주심에 대하여 말씀하고 있습니다.

이사야 61장은 이 땅에 오신 메시아는 새로운 은혜의 해, 은혜시대의 문을 활짝 열어주셔서 은혜시대의 축복을 펼쳐 가실 것에 대한 예언의 말씀입니다. 요한계시록 5장에 보면 요한 사도가 보니 하나님의 보좌에 하나님이 앉으셨는데 하나님의 오른 손에 책이 들려 있는데 일곱 인봉한 책이었습니다. 힘 있는 천사가 큰 음성으로 외치기를 누가 책을 펴며 그 인을 떼기에 합당하냐 하니 하늘 위에나 땅 위에나 땅 아래에 능히 책을 펴거나 보거나 할 이가 없더라고 했습니다. 그래서 요한이 크게 울었더니 24장로 중 하나가 울지 말라 유다지파의 사자 다윗의 뿌리가 이기었으니 이 책과 그 일곱 인을 떼시리라 하였습니다. 요한 사도가 보니 보좌와 네 생물과 장로들 사이에 어린 양이 섰는데 일찍 죽임을 당한 것 같더라고 했습니다. 어린 양이 나와서 보좌에 앉으신 이의 오른 손에서 책을 취하시니 책을 취하실 때 네 생물과 24장로들이 "새 노래를 노래하여 가로되 책을 가지시고 그 인봉을 떼기에 합당하시도다 일찍 죽임을 당하사 각 족속과 방언과 백성과 나라 가운데서 사람들을 피로 사서 하나님께 드리시고 저희로 우리 하나님 앞에서 나라와 제사장을 삼으셨으니 저희가 땅에서 왕 노릇 하리로다"(계5:9~10) 하였습니다. 또 보고 들으매 그 수가 만만이요 천천인 수많은 천사들이 큰 음성으로 "죽임을 당하신 어린 양이 능력과 부와 지혜와 힘과 존귀와 영광과 찬송을 받으시기에 합당하도다"(계5:12) 하였습니다. 요한 사도가 또 들으니 하늘 위에와 땅 아래와 바다 위에와 또 그 가운데 모든 만물이 가로되 "보좌에 앉으신 이와 어린 양에게 찬송과 존귀와 영광과 능력을 세세토록 돌릴지어다 하니 네 생물이 가로되 아멘 하고 장로들은 엎드려 경배하더라"(계5:13~14) 하였습니다.

  예수 그리스도는 죽었다가 다시 부활하심으로 하늘과 땅의 모든 권세를 다 받으시고 하나님의 오른손에 놓인 인봉한 책을 받으셔서 그 인봉한 책을 떼실 때마다 한 세대는 가고 새로운 세대의 문이 열려 다가왔습니다. 주께서 인을 떼심으로 죄악이 지배하는 어두운 시대는 물러가고 은혜의 새 시대를 열어 놓으셨습니다.

1. 메시아를 통하여 은혜의 해가 돌아올 것을 예언하였습니다 (사49:8)

이사야 49:8 "여호와께서 또 가라사대 은혜의 때에 내가 네게 응답하였고 구원의 날에 내가 너를 도왔도다 내가 장차 너를 보호하여 너로 백성의 언약을 삼으며 나라를 일으켜 그들로 그 황무하였던 땅을 기업으로 상속케 하리라"

이사야 선지자는 이사야 49장 8절에서 "여호와께서 또 가라사대 은혜의 때에 내가 네게 응답하였고 구원의 날에 내가 너를 도왔도다 …"라고 예언하면서 은혜의 때(時)를 예언하였습니다.

이사야 61장 1~3절에서는 하나님께서 보내실 메시아에게 성령을 충만히 부어주셔서 여호와의 은혜의 해, 은혜의 시대의 문을 활짝 열어놓으실 것을 말씀하고 있습니다. 은혜의 해, 은혜의 때가 언제인지 성경은 분명히 말씀하고 있습니다.

은혜의 때가 있습니다. 안식일, 속죄일, 안식년, 희년은 은혜의 때이며 은혜의 해입니다. 매년 종교력으로 7월 10일(일반력 1월 10일)은 매년 속죄일로 짐승의 피를 바쳐 속죄제를 드림으로 죄 씻음 받는 은혜의 날이었습니다.

2. 하나님은 은혜의 해를 제정하셨습니다 (레25:8~13)

레위기 25:13 "이 희년에는 너희가 각기 기업으로 돌아갈지라"

하나님은 시내 산에서 모세에게 안식년 제도와 희년(禧年)의 제도를 만들도록 하셨습니다(레25:8~13). 희년이란 길한 해, 가장 복된 해, 가장 은혜로운 해란 뜻입니다. 희년이란 히브리어로 '요벨'(יֹבֵל)인데 '수양의 뿔'이란 뜻으로 수양의 뿔로 만든 나팔을 불어 희년을 알리는데서 유래된 말입니다. 그래서 이스라엘 사람들은 희년을 '요벨의 해'라고 부릅니다. 희년의 시기는 안식년의 일곱 번 반복된 이듬

해 곧 50년째 되는 해의 종교력으로 7월 10일(일반력으로 1월 10일)부터 다음해 속죄일까지 만 1년 동안 지켜왔습니다. 50년마다 돌아오는 희년은 이스라엘 역사에서 가장 축복된 시간이며 새로운 질서가 회복되는 축복의 해입니다. 희년의 7월 10일이 되면 전국에서 일제히 수양의 뿔로 만든 나팔을 불어 희년도래를 선포합니다. 이 나팔소리는 은총의 나팔소리입니다. 이 나팔 소리가 울려 퍼지면 이스라엘 백성들은 모두 함성을 지르며 거리로 뛰어나와 춤을 추며 기뻐하였습니다. 환호하고 기뻐 뛰는 것은 희년의 3대 축복이 실현되기 때문입니다.

① 49년 동안 종살이 하던 사람은 자유인으로 해방되며,
② 아무리 많은 빚진 채무자라도 모두 탕감되었고,
③ 모든 땅은 본래의 주인에게 되돌려 주어서 모두 평등한 지위와 재산을 가지고 새롭게 출발하는 날이었습니다.

이스라엘 백성이 땅을 기업으로 분배받았습니다(여호수아 13~24장). 가나안 남부지역의 열여섯 왕과 북부지역의 열다섯 왕 도합 31명의 가나안 왕을 정복하고 가나안 일곱 족속을 물리치고 열두 지파에게 땅을 기업으로 분배하였습니다. 희년이 되면 본래 주인에게 땅이 되돌아 가도록한 제도입니다. 레위기 25장 10절에 "제 오십년을 거룩하게 하여 전국 거민에게 자유를 공포하라 이 해는 너희에게 희년(禧年)이니 너희는 각각 그 기업으로 돌아가며 각각 그 가족에게로 돌아갈지며"라고 말씀하셨습니다. 또한 레위기 25장 23~28절에 보면 희년이 되기 전이라도 되무르는 법을 제정하였습니다. 어떤 사람이 토지를 팔았으나 자신이 돈을 벌었거나 친족 중에서 갚아주면 되무를 수 있게 하였습니다. 친족 중에서도 근족이 대신 값을 지불하고 땅을 찾아주도록 하였는데 대신 기업 무를 자를 '고엘'(גאל)이라 하였

습니다. 그 뜻은 '구속자'란 말입니다.

3. 예수 그리스도는 은혜의 해, 희년의 새 시대를 열어주셨습니다(사61:1~3)

이사야 61:2 "여호와의 은혜의 해와 우리 하나님의 신원의 날을 전파하여 모든 슬픈 자를 위로하되"

메시아는 희년의 축복을 회복시키기 위해 빛을 입으시고 성령이 충만하여 큰 권능으로 임하셔서 여호와의 은혜의 해와 신원의 날을 전파하리라 하였습니다(사61:1~2). 이사야 61장 1~3절에 "주 여호와의 신이 내게 임하였으니 이는 여호와께서 내게 기름을 부으사 가난한 자에게 아름다운 소식을 전하게 하려 하심이라 나를 보내사 마음이 상한 자를 고치며 포로된 자에게 자유를, 갇힌 자에게 놓임을 전파하며 여호와의 은혜의 해와 우리 하나님의 신원의 날을 전파하여 모든 슬픈 자를 위로하되 무릇 시온에서 슬퍼하는 자에게 화관을 주어 그 재를 대신하며 희락의 기름으로 그 슬픔을 대신하며 찬송의 옷으로 그 근심을 대신하고 그들로 의의 나무 곧 여호와의 심으신 바 그 영광을 나타낼 자라 일컬음을 얻게 하려 하심이니라" 하셨습니다. 예수님은 희년을 선포하시기 위해 이 땅에 오셨습니다. 은혜의 새 시대를 열어주시려고 이 땅에 오신 것입니다. 예수님은 나사렛에서 최초의 설교를 하셨는데 나사렛 설교는 희년 선포의 설교였습니다(눅 4:16~30). 누가복음 4장 18~19절에 "주의 성령이 내게 임하셨으니 이는 가난한 자에게 복음을 전하게 하시려고 내게 기름을 부으시고 나를 보내사 포로된 자에게 자유를, 눈먼 자에게 다시 보게 함을 전파하며 눌린 자를 자유케 하고 주의 은혜의 해를 전파하게 하려 하심이라 하였더라" 하셨습니다. 곧 이사야 61장 1~3절의 말씀을 그대로 인용하여 말씀하셨습니다. 예수님은 이 땅에 오셔서 근친 근족이 되고 기업 무를 자 되어 대신 값을 지불하여 주셔서 빼앗겼던 땅을 찾아주셨습니다. 예수님은 사탄의 어두움의 권세를 멀리 밀어내시고 새로운 은혜 시대의 문을 활짝 열어주셨습니다. 바울 사도 역시 예수께서 이 땅에 오셔서 은혜의 시대를 열어놓으실 것을 알았습니다. 고린도후서 6장 2절에 "가라사대 내가 은혜 베풀 때에 너를 듣고 구원의 날에 너를 도왔다 하셨으니 보라 지금은 은혜 받을 만한 때요 보라 지금은 구원의 날이로다" 하였습니다. 이사야 49장과 이사야 61장에서 예언되어진 은혜의 해는 예수님께서 친히 세상의 빛으로 임하셔서 열어 놓으신 은혜의 희년(禧年)입니다.

헵시바와 뿔라

이사야 62장 1~5절

"나는 시온의 공기가 빛 같이, 예루살렘의 구원이 횃불 같이 나타나도록 시온을 위하여 잠잠하지 아니하며 예루살렘을 위하여 쉬지 아니할 것인즉 열방이 네 공의를, 열왕이 다 네 영광을 볼 것이요 너는 여호와의 입으로 정하실 새이름으로 일컬음이 될 것이며 너는 또 여호와의 손의 아름다운 면류관, 네 하나님의 손의 왕관이 될 것이라 다시는 너를 버리운 자라 칭하지 아니하며 다시는 네 땅을 황무지라 칭하지 아니하고 오직 너를 헵시바라 하며 네 땅을 뿔라라 하리니 이는 여호와께서 너를 기뻐하실 것이며 네 땅이 결혼한바가 될 것임이라 마치 청년이 처녀와 결혼함 같이 네 아들들이 너를 취하겠고 신랑이 신부를 기뻐함 같이 네 하나님이 너를 기뻐하시리라"

인간은 관계 속에서 살아가는 존재입니다. 이스라엘 백성은 불순종과 죄로 말미암아 하나님과의 관계가 단절된 상태로 하나님께 대한 신앙은 외식과 형식만 남아있었습니다. 하나님은 중보자를 보내셔서 하나님의 백성을 구원하실 것을 말씀하셨습니다(사59:20~21). 메시아 되신 주께서 빛으로 임하셔서 어두움을 물리치시고 은혜의 해, 은혜의 새 시대를 열어놓으시고(이사야 60~61장), 하나님과 이스라엘 백성과의 관계가 사랑의 관계로 회복될 것을 예언하였습니다(이사야 62장). 하나님은 관계회복이 이루어진 백성들에게 은혜를 입혀주십니다.

1. 하나님은 성도에게 새 이름을 주십니다(사62:2)

이사야 62:2 "열방이 네 공의를, 열왕이 다 네 영광을 볼 것이요 너는 여호와의 입으로 정하실 새이름으로 일컬음이 될 것이며"

　새이름을 주시는 것은 관계회복을 의미합니다. 이스라엘 백성이 바벨론 포로에서 귀환하였을 때 그들은 이름을 바꾸었습니다. 우리나라도 일본의 압제에서 벗어나 해방되었을 때 일본식 이름을 다 버리고 우리의 이름을 다시 찾았습니다. 아브람의 신앙생활 25년이 지났을 때 그의 이름을 '아브라함', 즉 '열국의 아비'란 새이름을 받았으며, 야곱도 이스라엘이란 새이름을 받았습니다.

2. 성도들을 자랑으로 삼으십니다(사62:3)

　이사야 62:3 "너는 또 여호와의 손의 아름다운 면류관, 네 하나님의 손의 왕관이 될 것이라"

　이사야 62장 3절의 말씀은 하나님과의 관계가 회복된 이스라엘 백성 곧, 성도들이 하나님의 자랑이 되고 영광이 된다는 말씀입니다. 아하수에로 왕은 와스디 왕후의 아름다운 용모를 뭇 백성과 방백들에게 자랑하려 하였습니다(에1:11). 이와같이 아름다운 아내는 남편의 자랑이며 영광이 됩니다. 뿐만 아니라 아름다운 성도, 신실하고 경건한 성도는 하나님의 자랑이 되는 것입니다. 그러므로 하나님께서 욥을 사단 앞에서 자랑하고 크게 칭찬하셨습니다(욥1:8, 2:3).

　하나님의 손에 있는 면류관과 하나님 손의 왕관이 된다는 것은 면류관과 왕관 같이 소중하고 존귀하게 여기신다는 말씀입니다. 하나님의 손에 있는 면류관같이 소중한 성도를 어느 누가 감히 손댈 수 있겠습니까. 이 세상에서 어느 누구보다 귀중히 여김 받는 존재가 되었다는 것은 상상할 수 없는 영광스런 축복된 자의 모습입니다.

3. 성도는 하나님께 기쁨의 대상입니다(사62:4)

　이사야 62장 4절 "다시는 너를 버리운 자라 칭하지 아니하며 다시는 네 땅을 황무지라 칭하지 아니하고 오직 '너를 헵시바라하며 네 땅을 뿔라라 하리니 이는 여호와께서 너를 기뻐하실 것이며 네 땅이 결혼한바가 될 것임이라"

이사야 62장 4절에 "… 너를 헵시바 하며 …" 하였는데 하나님께서 이스라엘 백성, 성도를 '헵시바'라고 칭하신다는 말입니다. '헵시바'(חֶפְצִי־בָהּ)의 문자적인 뜻은 '나의 기쁨은 그녀 안에 있다' 입니다. 하나님 앞에서 버리운 자, 황무지라 칭함 받던 자(사62:4), 남편에게서 끊어짐을 당한 여인과 황무지같이 소망 없는 땅, 버려진 백성이었으나 이제는 '헵시바'라 부르시니 하나님의 기쁨의 대상이란 말입니다.

누가복음 3장 22절에 예수께서 세례 받으실 때 "이는 내 사랑하는 아들이라 내가 너를 기뻐하노라" 하였고, 마태복음 3장 27절에서도 "이는 내 사랑하는 아들이요 내 기뻐하는 자라 하시니라" 하였습니다. 예수께서 기쁨이 되셨던 것처럼 구원받은 성도들 역시 하나님의 기쁨이 되어 '헵시바'라 부르실 것이라고 하셨습니다.

야곱의 아내 라헬이 아들을 낳고 죽을 때 아들의 이름을 '베노니' 즉, '슬픔의 자식'이라 하였습니다. 아내를 위로하는 야곱은 그 아이의 이름을 '베냐민'이라고 불렀습니다. '베냐민'은 '오른 팔의 아들'이란 뜻입니다. 자식이 있으나 슬픔의 자식과 근심의 자식도 있으며 기쁨의 자식도 있습니다. '헵시바', '나의 기쁨이 그녀 안에 있다' 하심같이 우리는 하나님께 기쁨의 자식이 되어야 하겠습니다. 하나님의 기쁨은 하늘에 있는 것도 아니며 땅에 있는 것도 아니라 바로 구원받은 성도된 우리 안에 하나님의 기쁨이 있다 하셨습니다. 스바냐 3장 17절에 "너의 하나님 여호와가 너의 가운데 계시니 그는 구원을 베푸실 전능자시라 그가 너로 인하여 기쁨을 이기지 못하여 하시며 너를 잠잠히 사랑하시며 너로 인하여 즐거이 부르며 기뻐하시리라" 하였습니다.

4. 성도는 하나님께 사랑의 대상입니다(사62:4)

이사야 62:4 "다시는 너를 버리운 자라 칭하지 아니하며 다시는 네 땅을 황무지라 칭하지 아니하고 오직 너를 헵시바라하며 네 땅을 뿔라라 하리니 이는 여호와께서 너를 기뻐하실 것이며 네 땅이 결혼한바가 될 것임이라"

'뿔라'(בְּעוּלָה)는 '결혼한 자', '결혼한 부인'이란 의미입니다. 시온백성과 그 땅을 '뿔라'라 한 것은 하나님은 이스라엘의 남편으로서 그들을 사랑하심을 나타낸 말입니다. 호세아 2장 19~20절에 "내가 네게 장가들어 영원히 살되 의와 공변됨과 은총과 긍휼히 여김으로 네게 장가들며 진실함으로 네게 장가들리니 네가 여호와를 알리라" 하였습니다. 하나님께서 시온 백성을 사랑하기를 마치 청년이 처녀와 결혼함같이 '신랑이 신부를 기뻐함같이'(사62:5) 한다고 하였습니다. 예레미야 선지자는 이러한 사랑을 '소년 때의 우의'와 '결혼 때의 사랑'에 비유했습니다(렘2:2). 신랑이 신부를 사랑함같이 하나님은 성도된 우리를 사랑하십니다.

우리는 주님의 '헵시바'이며, 주님의 '뿔라'입니다.

예레미야
터진 웅덩이
유브라데 강변의 썩은 베띠
하나님의 위로
물가에 심기운 나무
토기장이와 진흙
두 광주리의 무화과 환상
투옥되는 예레미야
돌아오는 시온 백성

예레미야 애가
슬픈날의 기도

터진 웅덩이

예레미야 2장 9~13절

"그러므로 내가 여전히 너희와 다투고 너희 후손과도 다투리라 여호와의 말이니라 너희는 깃딤 섬들에 건너가 보며 게달에도 사람을 보내어 이같은 일의 유무를 자세히 살펴보라 어느 나라가 그 신을 신 아닌 것과 바꾼 일이 있느냐 그러나 나의 백성은 그 영광을 무익한 것과 바꾸었도다 너 하늘아 이 일을 인하여 놀랄지어다 심히 떨지어다 두려워할지어다 여호와의 말이니라 내 백성이 두 가지 악을 행하였나니 곧 생수의 근원되는 나를 버린 것과 스스로 웅덩이를 판 것인데 그것은 물을 저축지 못할 터진 웅덩이니라"

이스라엘 백성은 친구의 우의를 버리고 사랑하는 남편을 버리고 떠나가는 여인같이 하나님을 떠나갔습니다(렘2:2). 어거스틴은 "나는 하나(一者)이신 당신을 떠나(ab uno te) 여럿인 세계로 떨어져서 산산조각이나 흩어져 버렸으니 이제 나를 거두어 모아주소서"(St. Augustine's Confessions, p.53)라고 탄식하였습니다.

1. 생수의 근원 되신 하나님을 버린 이스라엘(렘2:13)

예레미야 2:13 "내 백성이 두 가지 악을 행하였나니 곧 생수의 근원되는 나를 버린 것과 스스로 웅덩이를 판 것인데 그것은 물을 저축지 못할 터진 웅덩이니라"

이스라엘 백성은 하나님을 떠나서 두 가지 죄악을 범하였습니다(렘2:13). 예레미야 2장 13절에 "내 백성이 두 가지 악을 행하였나니 곧 생수의 근원되는 나를 버린 것과 스스로 웅덩이를 판 것인데 그것은 물을 저축지 못할 터진 웅덩이니라" 하였습니다.

하나님은 생수의 근원이십니다(겔47:1～5). 예수님은 수가성 우물 가에서 물 길러온 여인에게 "내가 주는 물을 먹는 자는 영원히 목마르지 아니하리니 나의 주는 물은 그 속에서 영생하도록 솟아나는 샘물이 되리라"(요4:14) 하셨습니다. 이스라엘 백성은 생수의 근원되신 하나님을 버리고 다른 물을 찾아 나섰습니다. 예레미야 2장 18～19절에 보면 "네가 시홀의 물을 마시려고 애굽 길에 있음은 어찜이며 또 그 하수를 마시려고 앗수르 길에 있음은 어찜이뇨 네 악이 너를 징계하겠고 네 패역이 너를 책할 것이라 그런즉 네 하나님 여호와를 버림과 네 속에 나를 경외함이 없는 것이 악이요 고통인줄 알라 주 만군의 여호와의 말이니라" 하셨습니다. 시홀(שִׁיחוֹר, 시호르)은 '검은', '흐린'이란 뜻으로 흙탕물을 흘려보내는 나일 강을 가리키는 말이며 "하수를 마시려고 앗수르 길에 있음은 어찜이뇨" 하신 말씀은 하나님을 버리고 하수라고 일컫는 유브라데 강에서 생수를 구하려는 불신앙적인 유다 백성의 잘못을 지적하시는 말씀입니다. 어리석기 짝이 없는 유다 백성의 모습을 지적하고 있습니다. 예레미야 17장 5～6절에 보면 "나 여호와가 이같이 말하노라 무릇 사람을 믿으며 혈육으로 그 권력을 삼고 마음이 여호와에게서 떠난 그 사람은 저주를 받을 것이라 그는 사막의 떨기나무 같아서 좋은 일의 오는 것을 보지 못하고 광야 간조(乾燥)한 곳, 건건한 땅, 사람이 거하지 않는 땅에 거하리라" 하였습니다.

2. 터진 웅덩이를 판 이스라엘(렘2:13)

예레미야 2:13 "내 백성이 두 가지 악을 행하였나니 곧 생수의 근원되는 나를 버린 것과 스스로 웅덩이를 판 것인데 그것은 물을 저축지 못할 터진 웅덩이니라"

"터진 웅덩이"는 웅덩이를 파서 웅덩이의 내부를 석회석으로 발라 물이 빠지지 않도록 만든 것인데 물이 고여 있으면 물이 썩고 웅덩이 내부에 바른 석회석이 금이 가고 터져서 물이 다 빠져버리게 됩니다. 이는 하나님께 속한 가치 있고 귀한 것을 이 세상 헛되고 무익한 것과 바꾸려는 자들에게 그러한 불신앙적인 행위가 얼마나 어리석은 행동인가를 지적하시는 말씀입니다(프리처스 설교 성경 vol ⅩⅩⅠ, p.49).

나폴레옹(Bonaparte Napoleon, 1769~1821)은 코카서스 섬 출신의 사람으로 그는 모든 열정을 쏟아 부어 제국을 건설하고 프랑스 황제가 되었으나 그의 수고는 터진 웅덩이를 파는데 불과 하였으며 헬레나 섬에 유배되어 터진 웅덩이에서 쓸쓸히 다가오는 죽음을 맞이하였습니다. 하나님 없는 문화와 예술과 학문, 그리고 명예와 출세 성공은 모두 터진 웅덩이에 불과한 것입니다. 자신을 위하여 수고하는 모든 인본주의적인 행위는 모두 터진 웅덩이에 지나지 아니하는 것들입니다.

지난 5월 14일부터 6월 1일까지 남미 여행 시에 잉카문명의 유적지를 돌아보던 중 페루에 있는 쿠스코(Cusco-Peru)에 당도하였습니다. 쿠스코는 당시 왕국의 수도였으며 '엘도라도'(El Dorado) 즉 '황금의 도시'로 불리는 곳입니다. 왕국의 9대 왕인 빠차쿠텔(Pacha Cutel)은 265명의 아내를 거느렸으며 450명의 아들을 두었습니다. 당시의 수도였던 쿠스코의 중앙도로는 넓은 도로를 대리석으로 깔았으며 그 위에 은을 덧입혔고 그 위로 물이 잔잔히 흐르게 하였습니다. 왕은 이렇게 은빛 찬란한 도로를 걸어 거닐었습니다. 찬란한 잉카 문명의 옛도시는 전설 속에 존재할 뿐 퇴락하고 피곤에 지친 시민의 모습만 지켜보면서 '터진 웅덩이'를 생각하였습니다. 하나님 없는 인간의 수고는 터진 웅덩이처럼 헛된 것입니다.

하나님은 이스라엘 백성을 향하여 돌아오라고 부르셨습니다(렘

4:1). 예레미야 3장 12절에 "배역한 이스라엘아 돌아오라", 예레미야 3장 14절에 "배역한 자식들아 돌아오라 나는 너희 남편임이라" 하였습니다. 예레미야 4장 1절에는 "이스라엘아 네가 돌아오려거든 내게로 돌아오라", 예레미야 4장 3~4절에 "묵은 땅을 갈고(렘4:3) 스스로 할례를 행하여 너희 마음 가죽을 베고 나 여호와께 속하라(렘4:4)"고 하였습니다. 또한 신명기 10장 16절에 "그러므로 너희 마음에 할례를 행하고 다시는 목을 곧게 하지 말라" 하였으며 요엘 2장 13절에는 "옷을 찢지 말고 마음을 찢으라" 하였습니다. 요한일서 2장 15~17절에는 "이 세상이나 세상에 있는 것들을 사랑치 말라 누구든지 세상을 사랑하면 아버지의 사랑이 그 속에 있지 아니하니 이는 세상에 있는 모든 것이 육신의 정욕과 안목의 정욕과 이생의 자랑이니 다 아버지께로 좇아 온 것이 아니요 세상으로 좇아 온 것이라 이 세상도 그 정욕도 지나가되 오직 하나님의 뜻을 행하는 이는 영원히 거하느니라" 하였습니다.

세례 요한과 예수님의 복음의 제 일성이 "회개하라"(μετανοέω, 메타노에오)는 말씀이었습니다. 탕자의 불행은 아버지를 버리고 떠난데 있었으며 아버지께로 돌아온 것이 그의 행복이었습니다. 하나님을 떠나서 터진 웅덩이를 파는 수고를 멈추고 우리를 기다리시는 아버지 하나님께로 돌아가야 할 것입니다. 하나님은 돌아오는 자녀를 위하여 풍성한 자비의 용서와 쌓아두신 은혜를 아낌없이 쏟아 부어주실 것입니다.

유브라데 강변의 썩은 베띠

예레미야 13장 1~11절

"여호와께서 이같이 내게 이르시되 너는 가서 베띠를 사서 네 허리에 띠고 물에 두지 말라 하시기로 내가 여호와의 말씀대로 띠를 사서 내 허리에 띠니라 여호와의 말씀이 다시 내게 임하니라 가라사대 너는 사서 네 허리에 띤 띠를 가지고 일어나 유브라데로 가서 거기서 그것을 바위 틈에 감추라 하시기로 내가 여호와께서 내게 명하신 대로 가서 그것을 유브라데 물가에 감추니라 여러 날 후에 여호와께서 내게 이르시되 일어나 유브라데로 가서 내가 네게 명하여 거기 감추게 한 띠를 취하라 하시기로 내가 유브라데로 가서 그 감추었던 곳을 파고 띠를 취하니 띠가 썩어서 쓸데없이 되었더라 여호와의 말씀이 내게 임하니라 가라사대 나 여호와가 말하노라 내가 유다의 교만과 예루살렘의 큰 교만을 이같이 썩게 하리라 이 악한 백성이 내 말 듣기를 거절하고 그 마음의 강퍅한 대로 행하며 다른 신들을 좇아 그를 섬기며 그에게 절하니 그들이 이 띠의 쓸데없음같이 되리라 나 여호와가 말하노라 띠가 사람의 허리에 속함같이 내가 이스라엘 온 집과 유다 온 집으로 내게 속하게 하여 그들로 내 백성이 되게 하며 내 이름과 칭예(稱譽)와 영광이 되게 하려 하였으나 그들이 듣지 아니하였느니라"

하나님께서 예레미야에게 베띠를 사서 유브라데 강변에 묻게 하셨다가 여러 날 지난 뒤에 다시 유브라데 강변 바위 틈에서 취하라고 하셨습니다. 말씀대로 가서 취하여보니 베띠가 썩어 못쓰게 되었더라는 말씀입니다. 이러한 사실을 통하여 우리에게 주시는 교훈의 의미가 무엇인지 찾아보면서 은혜 받도록 하겠습니다.

1. 예레미야의 허리에 띤 베띠(렘13:1~2)

예레미야 13:1~2 "여호와께서 이같이 내게 이르시되 너는 가서 베띠를 사서 네 허리에 띠고 물에 두지 말라 하시기로 내가 여호와의 말씀대로 띠를 사서 내 허리에 띠니라"

-거룩한 백성-

예레미야는 하나님께서 명하신대로 베띠를 사서 허리에 띠었습니다. 띠란 일반인들이 사용하는 허리띠를 가리키지만 여기서 말씀하고 있는 허리띠는 제사장들이 에봇 위에 두르던 띠를 가리키는 듯 합니다. 출애굽기 28장 8절에 보면 "에봇 위에 매는 띠는 에봇 짜는 법으로 금실과 청색 자색 홍색실과 가늘게 꼰 베실로 에봇에 공교히 붙여 짤지며" 하였고 28장 40절에는 "너는 아론의 아들들을 위하여 속옷을 만들며 그들을 위하여 띠를 만들며 그들을 위하여 관을 만들어서 영화롭고 아름답게 하되"라고 하셨습니다. 여기서 말하는 베띠는 하나님의 부르심을 받고 제사장 나라가 된 유다를 상징하는 것으로 볼 수 있습니다.

출애굽기 19장 6절에 "너희가 내게 대하여 제사장 나라가 되며 거룩한 백성이 되리라 너는 이 말을 이스라엘 자손에게 고할지니라" 하였고 베드로전서 2장 9절에는 "오직 너희는 택하신 족속이요 왕 같은 제사장들이요 거룩한 나라요 그의 소유된 백성이니 …"라고 하셨습니다.

-하나님과 연합-

하나님은 선택된 유다 백성을 허리띠같이 하나님 자신에게 묶어 놓으셨습니다. 예레미야 13장 11절에 "나 여호와가 말하노라 띠가 사람의 허리에 속함 같이 내가 이스라엘 온 집과 유다 온 집으로 내게 속하게 하여 그들로 내 백성이 되게 하며 내 이름과 칭예와 영광이 되게 하려 하였으나 그들이 듣지 아니하였느니라" 하였습니다. 비콘 주석에 보면 "하나님은 이스라엘을 언약의 관계를 통해서 자신에게 묶으셨으며, 하나님을 따르겠노라고 고백한 자들을 옷으로 여기시고 자신이 입으신다는 것을 기억할 때 감동할 수밖에 없다"고 하였습니다(Beacon Bible Commentary, p.417).

하나님은 이스라엘 백성을 옷 같이 입으시며 허리띠 같이 가까이 묶어 놓으셨습니다. 유다 백성은 하나님 가까이 있던 백성이었습니다. 에녹은 하나님의 허리띠 같이 300년 동안 동행하여 하나님 가까이서 행하였으며, 하나님은 야곱에게 네가 어디를 가든지 내가 함께 하리라 하시고 허리띠 같이 야곱을 자기 몸에 묶어 가까이 두셨습니다.

예수님도 연합을 위하여 말씀하셨습니다. 요한복음 15장 5절에 "나는 포도나무요 너희는 가지니 저가 내 안에, 내가 저 안에 있으면 이 사람은 과실을 많이 맺나니 나를 떠나서는 너희가 아무 것도 할 수 없음이라" 하셨으며 예수님의 마지막 기도장인 요한복음 17장 11절에서 "… 아버지여 내게 주신 아버지의 이름으로 저희를 보전하사 우리와 같이 저희도 하나가 되게 하옵소서"라고 기도하셨습니다. 하나님과 연합하여 있을 때 존귀하고 열매가 풍성한 영광스런 생애가 될 것을 교훈하고 있습니다.

2. 유브라데 강변에, 바위 틈에 감추인 베띠(렘13:3~5)

예레미야 13:3~5 "여호와의 말씀이 다시 내게 임하니라 가라사대 너는 사서 네 허리에 띤 띠를 가지고 일어나 유브라데로 가서 거기서 그것을 바위 틈에 감추라 하시기로 내가 여호와께서 내게 명하신 대로 가서 그것을 유브라데 물가에 감추니라"

-성도가 있어야 할 자리-

예레미야는 하나님의 말씀을 따라 예루살렘으로부터 640km나 떨어진 유브라데 강변 바위 틈 흙 속에 베띠를 묻어 두었습니다(The

Grand Bible Commentary vol Ⅹ, p.184).

거룩한 허리띠, 베띠는 제사장의 허리에 있어야 하고 유다 예루살렘 성전이 있는 성도(聖都)와 성지(聖地)에 있어야 함이 당연한 것입니다. 그러나 거룩한 베띠가 640km나 떨어진 바벨론 강변에 묻히게 된 것은 성도가 있어야 할 자리를 상실할 것이라는 사실을 예시하고 있습니다. 인간의 마음은 부패하기 쉬운 여름실과와 같습니다(암8:2). 또한 "만물보다 거짓되고 심히 부패한 것은 마음이라"(렘17:9) 하였습니다.

여러 날 후에 여호와께서 예레미야에게 다시 유브라데에 가서 거기 감추게 한 베띠를 취하라 하시기로 다시 유브라데로 가서 그 감추었던 곳을 파고 띠를 취하니 띠가 썩어서 쓸데없이 되었더라(렘 13:6~7) 하였습니다. 여러 날 후에 라는 말에 대하여 스펄전(Charles H. Spurgeon, 1834~1892) 목사님은 그의 설교에서 70일 후에 라고 의역하였습니다(The Biblical Illustrator vol ⅩⅩⅡ, p.152).

거룩한 백성이 있어야 할 자리는 거룩한 땅입니다. 탕자가 있어야 할 자리는 아버지 집에 있어야 하듯 거룩한 백성인 유다 백성은 거룩한 성전과 거룩한 약속의 땅에 있어야만 했습니다. 가나안 약속의 땅 성지, 성도를 떠나 유브라데 강변에 묻히는 것은 불행한 일이었습니다. 찬송가 446장 3절에 보면 "주 떠나가시면 내 생명 헛되네 기쁘고 슬플 때 늘 계시옵소서 …"라고 되어있습니다. 성도가 있어야 할 자리는 참으로 중요합니다. 그래서 하나님께서 아담에게 "아담아 네가 어디 있느냐"(창3:9)라고 지금 있는 자리를 물으셨습니다.

시편 1편 1~3절에 "복 있는 사람은 악인의 꾀를 따르지 아니하며 죄인의 길에 서지 아니하며 오만한 자들의 자리에 앉지 아니하고"라고 기록되었습니다. 복 있는 사람은 결코 하나님 곁을 떠나지 아니하는 사람입니다.

3. 썩어 못쓰게 된 베띠(렘13:7)

예레미야 13:7 "내가 유브라데로 가서 그 감추었던 곳을 파고 띠를 취하니 띠가 썩어서 쓸데없이 되었더라"

-썩으면 무용지물-

베띠가 예레미야 선지자의 허리에 있음 같이 유다 백성과 성도는 하나님 몸에 붙어 연합한 자로 있어야 함이 하나님의 뜻이건만 하나님을 거역하고 자신의 뜻대로 불순종의 삶을 살았던 유다 백성은 하나님의 거룩한 도성 예루살렘을 떠나 600km(Beacon Bible Commentary, p.416) 또는 640km(The Grand Bible Commentary vol X, p.184)나 멀리 떨어져 있는 바벨론 유브라데 강변까지 떠나가는 불행한 운명을 당하게 될 것이라는 예언적 사실을 보여주고 있습니다.

베띠가 선지자나 제사장의 허리에 매여 있게 되면 영광스럽게 되며 하나님과 연합될 때 성도는 영광스런 존재가 될 것입니다. 그러나 띠가 허리를 떠나게 되었을 때 썩어 못쓰게 되었다고 하였습니다. 하나님과의 연합이 깨져 분리되면 포도나무 가지가 원 둥치에서 떠나서 말라 죽게 됨 같이(요15:5) 성도의 생애는 하나님 허리를 떠나면 무가치하고 쓸모없게 되고 말 것입니다. 예레미야의 예언대로 유다 백성은 바벨론 그발 강가 버드나무에 수금을 걸고 슬퍼하며 울어야 했습니다(시137:1~2). 가문이나 학벌과 명예와 지위고하를 불문하고 우리 생애의 행불행을 결정짓는 문제는 오직 선지자의 허리에 붙어 있는 베띠같이 하나님과 가까이, 하나님과 연합하는데 있음을 말씀하고 있습니다. 지금부터 2,700년 전에 살았던 예레미야 선지자를 통하여 주시는 영원한 진리의 말씀에 귀를 기울이는 복된 성도되시기를 바랍니다.

하나님의 위로

예레미야 15장 10~4절

"내게 재앙이로다 나의 모친이여 모친이 나를 온 세계에게 다툼과 침을 당할 자로 낳으셨도다 내가 꾸어 주지도 아니하였고 사람이 내게 꾸이지도 아니하였건마는 다 나를 저주하는도다 여호와께서 가라사대 내가 진실로 너를 강하게 할 것이요 너로 복을 얻게 할 것이며 내가 진실로 네 대적으로 재앙과 환난의 때에 간구하게 하리라 누가 능히 철 곧 북방의 철과 놋을 꺾으리요 그러나 네 모든 죄로 인하여 네 사경의 모든 재산과 보물로 값 없이 탈취를 당하게 할 것이며 너로 네 대적과 함께 네가 알지 못하는 땅에 이르게 하리니 이는 나의 진노의 맹렬한 불이 너희를 사르려 함이니라"

예레미야 선지자는 삼차에 걸쳐 중보기도를 드렸습니다(렘14:7~9, 14:13~18, 14:19~22). 그러나 그들은 회개하지 아니하였으며 오히려 예레미야 선지자를 박해하고 죽이려고 음모를 꾸미고 있었습니다. 이런 상황에서 예레미야 선지자는 소명의식도 흔들리고 삶의 용기마저 상실하여 세상에 태어난 것을 원망스럽게 생각하기에 이르렀습니다.

예레미야 15장 10절에 그의 심정을 이렇게 기록하였습니다. "내게 재앙이로다 나의 모친이여 모친이 나를 온 세계에 다툼과 침을 당할 자로 낳으셨도다 내가 꾸어주지도 아니하였고 사람이 내게 꾸이지도 아니하였건마는 다 나를 저주하는도다" 이렇게 실의에 빠진 예레미야 선지자에게 하나님께서 어떻게 위로를 베푸셨는지 살펴보도록 하겠습니다.

1. 예레미야의 낙심(렘 15:10)

예레미야 15:10 "내게 재앙이로다 나의 어머니여 어머니께서 나를 온 세계에 다투는 자와 싸우는 자를 만날 자로 낳으셨도다 내가 꾸어 주지도 아니하였고 사람이 내게 꾸이지도 아니하였건마는 다 나를 저주하는도다"

예레미야는 하나님께 충성스런 종으로서 백성들을 위하여 사랑으로 중보기도를 드렸으나 그는 백성들에게 버림당하고 말았습니다.

예레미야의 낙심은 하나님과 사람으로부터 동시에 버림받은 실망감에서 오는 이중적인 실망감이었습니다. 어떤 사람이 받는 실망감보다 배나 더하는 실망이었습니다. 예레미야 15장 10절에 보면 그의 심정을 이렇게 나타내고 있습니다. "내게 재앙이로다 나의 모친이여 모친이 나를 온 세계에 다툼과 침을 당할자로 낳으셨도다 내가 꾸어 주지도 아니하였고 사람이 내게 꾸이지도 아니하였건마는 다 나를 저주하는 도다." 자신을 낳아준 모친을 원망하는 예레미야의 심정은 욥의 실망감에 견줄만한 깊은 실망감이었습니다.

욥기 3장 1~4절의 말씀은 욥이 자기 생일을 저주한 내용입니다. "욥이 입을 열어 자기의 생일을 저주하니라 … 나의 난 날이 멸망하였더라면, 남아를 배었다하던 밤도 그러하였더라면, 하나님이 위에서 돌아보지 마셨더라면 빛도 그날을 비춰지 않았었더라면 …" 이라고 탄식하였습니다.

가수 이용복씨가 데뷔곡으로 부른 노래가 있습니다.

-1943년 3월 4일생-

바람이 휘몰던 어느 날 밤 그 어느 날 밤에
떨어진 꽃잎처럼 나는 태어났는데

내 눈에 보이던 아름다운 세상 잊을 수가 없어
가엾은 어머니 왜 날 낳으셨나요
봄, 여름, 가을이 또 겨울이 수 없이 지나도
딩구는 낙엽처럼 나는 외로웠다네

모두들 정답게 어울릴 때도 내 친구는 없어
그림자 밟으며 남몰래 울었다네
단 한번 사랑한 그녀마저 내 곁을 떠난 뒤
흐르는 구름처럼 나는 갈 곳 없었다네
그리운 사람아 지금은 나만 홀로 두고서
어디로 어디로 멀리 사라졌나요.

이렇게 세상을 한탄하며 나를 낳아준 어머니를 원망하며 실의에 빠져 슬퍼하는 사람이 어디 한 두 사람이겠습니까. 예레미야도 실의에 빠져 "나의 모친이여 모친이 나를 온 세계에 다툼과 침을 당할자로 낳으셨도다"라고 탄식하였고 하늘에서 불을 끌어내리던 위대한 선지자 예레미야도 광야 로뎀나무 밑에서 죽기를 구하였습니다. "여호와여 넉넉하오니 지금 내 생명을 취하옵소서 나는 내 열조보다 낫지 못하니이다"(왕상19:4)하였습니다.

사람은 누구를 막론하고 실망하고 낙심하기 쉬운 연약한 상한 갈대 같은 존재입니다. 하나님의 종인 예레미야의 실망은 하나님과 유다백성에게서 동시에 받는 실망감이기에 세상 사람이 받는 실망감보다 더 깊고도 아픈 실망이었습니다.

2. 하나님의 위로(렘15:11)

예레미야 15:11 "여호와께서 이르시되 내가 진실로 너를 강하게 할 것이요 너에게 복을 받게 할 것이며 내가 진실로 네 원수로 재앙과 환난의 때에 네게 간구하게 하리라 누가 능히 철 곧 북방의 철과 놋을 꺾으리요"

하나님은 이렇게 실의에 빠진 예레미야에게 위로의 말씀을 주셨습니다. 예레미야 15장 11절에 "여호와께서 가라사대 내가 너를 강하게 할 것이요 너로 복을 얻게 할 것이며 네 대적으로 재앙과 환난의 때에 네게 간구하게 하리라" 하셨습니다.

하나님은 사사들을 보내시고 선지자를 보내며 백성들을 위로하여 주셨습니다. 그리고 메시아를 보내시고, 성령을 보내주셔서 위로하여 주셨고 말씀을 보내어 위로해주셨습니다. 노아에게는 구름 속에 무지개를 보여주셔서 놀란 가슴에 위로를 주셨습니다.

이사야 66장 13절에 "어미가 자식을 위로함 같이 내가 너희를 위로 할 것인즉 너희가 예루살렘에서 위로를 받으리라" 하였고, 고린도후서 1장 3~4절에 "찬송하리로다 그는 우리 주 예수그리스도의 하나님이시요 환난 중에서 우리를 위로하사 우리로 하여금 하나님께 받는 위로로서 모든 환난 중에 있는 자들을 능히 위로하게 하시는 이시로다" 했습니다. 데살로니가후서 22장 16~17절에 "… 우리를 사랑하시고 영원한 위로와 좋은 소망을 은혜로 주신 하나님 우리 아버지께서 너희 마음을 위로하시고 모든 선한일과 말에 굳게하시기를 원하노라" 하였습니다.

마틴루터(Martin Luther)도 종교개혁당시 실의에 빠져 자리에서 일어나지 못하고 있었습니다. 루터의 아내가 상복을 입고 루터 앞에서 울고 있었습니다. 루터가 깜짝 놀라 '누가 돌아가셨소'라고 물어보았습니다. 루터의 아내는 '하나님이 돌아가셨답니다' 하였습니다. 루터는 자리에서 일어나 앉으면서 '무슨 소리요 하나님이 돌아가셨다니, 그런말이 어디있소' 이 때 루터의 아내는 '여보, 하나님이 안 돌아가셨으면 왜 당신이 실망하고 누워계십니까? …' 이에 루터는 자신의 믿음이 약함을 뉘우치고 다시 일어나 종교개혁을 완수 할 수 있었던 것입니다.

　실의에 빠진 예레미야에게 하나님은 "내가 너로 이 백성 앞에 견고한 성벽이 되게 하리니 그들이 너를 칠지라도 너를 이기지 못할 것은 내가 너와 함께하여 너를 구원하여 건짐이니라"(렘15:20) 하셨습니다.

물가에 심기운 나무

예레미야 17장 5~8절

"나 여호와가 이같이 말하노라 무릇 사람을 믿으며 혈육으로 그 권력을 삼고 마음이 여호와에게서 떠난 그 사람은 저주를 받을 것이라 그는 사막의 떨기나무 같아서 좋은 일의 오는 것을 보지 못하고 광야 간조한 곳, 건건한 땅, 사람이 거하지 않는 땅에 거하리라 그러나 무릇 여호와를 의지하며 여호와를 의뢰하는 그 사람은 복을 받을 것이라 그는 물가에 심기운 나무가 그 뿌리를 강변에 뻗치고 더위가 올지라도 두려워 아니하며 그 잎이 청청하며 가무는 해에도 걱정이 없고 결실이 그치지 아니함 같으리라"

본문에서 사막에 심기운 떨기나무와 물가에 심기운 나무를 말씀하시면서 불행한 사람과 행복한 사람을 보여주고 있습니다. 시편 1편에서 복 있는 사람과 악인의 모습을 비교하면서 행복한 사람을 소개한 것과 같은 형식을 따르고 있습니다.

1. 사막의 떨기나무(렘17:5~6)

예레미야 17:5~6 "나 여호와가 이같이 말하노라 무릇 사람을 믿으며 혈육으로 그 권력을 삼고 마음이 여호와에게서 떠난 그 사람은 저주를 받을 것이라 그는 사막의 떨기나무 같아서 좋은 일의 오는 것을 보지 못하고 광야 간조한 곳, 건건한 땅, 사람이 거하지 않는 땅에 거하리라"

성경에는 여러 종류의 나무들이 소개되고 있습니다. 사사기 9장 7~15절에도 감람나무, 무화과나무, 포도나무, 가시나무에 대한 기사가 기록되어 있습니다. 이러한 나무는 사람을 지칭하였으며, 의인화(擬人化)하여 사용되었습니다.

예레미야 17장 5~6절에 나오는 사막의 떨기나무는 불행한 사람을 가리키는 말입니다. 그는 사람을 믿고, 혈육으로 그 권력을 삼고 마음이 여호와에게서 떠난 사람으로 그런 사람을 가리켜 저주받은 사람(렘7:5)이라고 하였습니다. 그런 사람은 사막의 떨기나무 같아서 좋은 일이 오는 것을 보지 못하고 광야 간조한곳, 건건한 땅, 사람이 살지 않는 땅에 살게 될 것이라고 하였습니다.

사람이 살지 않는 곳에 있는 사막의 떨기나무처럼 고독하게 버려진다는 것은 하나님을 떠난 인생의 말로가 비참함 그 자체라는 것을 시사하고 있습니다. 이와 같은 인본주의 인생관을 가지고 사는 사람의 말로는 좋은 일을 전혀 볼 수 없는 생애임을 보여주고 있습니다.

2. 물가에 심기운 나무(렘17:7~8)

예레미야 17:7~8 "그러나 무릇 여호와를 의지하며 여호와를 의뢰하는 그 사람은 복을 받을 것이라 그는 물가에 심기운 나무가 그 뿌리를 강변에 뻗치고 더위가 올지라도 두려워 아니하며 그 잎이 청청하며 가무는 해에도 걱정이 없고 결실이 그치지 아니함 같으리라"

사막에 심겨진 떨기나무 같은 기구한 운명의 나무가 있는 반면 물가에 심기운 나무가 있습니다. 이 나무는 행복한 사람을 가리키고 있습니다. 이런 사람은 신본주의로 살아가는 사람이며 하나님을 의지하고 사는 신앙의 사람을 말합니다.

시편 1편의 시냇가의 나무(시1:3), 샘 곁의 무성한 가지(창49:22), 물가에 심기운 나무(렘 17:8)는 모두 축복 받은 행복한 신앙의 사람을 말하고 있습니다. 행복한 사람을 지칭하는 물가에 심기운 나무는 그 뿌리를 강변에 깊이 뻗치고 있기 때문에 더위가 올지라도 두려워 아니하며 그 잎이 청청하고 가무는 해에도 걱정이 없으며 결실이 그치지 아니함 같다고 하였습니다.

　물가에 심기운 나무는 네 가지 특징을 가지고 있습니다.

　두려움이 없고, 늘 푸르르고, 걱정이 없으며, 결실이 그치지 않는 것입니다. 그 이유는 물가에 심기웠기 때문에 풍부한 수분과 영양분을 공급 받기 때문입니다. 물가에 심기운 나무는 생명수의 근원이신 하나님에게로부터 모든 것을 공급받아 부족함이 없습니다. 뿐만 아니라 모든 사람들에게 기여하는 행복한 사람이 됩니다.

　'행복'이란 헬라어로 '마카리오스'(μακαριος)입니다. 마카리오스의 뜻은 '복되신 하나님', '하나님께 바친다', '사막의 오아시스', '기여한다'는 의미를 함축하고 있습니다.

　물가에 심기운 나무는 시냇물을 공급받아 잎이 청청하고 결실이 그치지 아니하여 피곤에 지친 길가는 나그네에게 쉬어갈 수 있는 그늘을 드리워주고 큰 나무는 기대어 쉬게 하여주며 푸르른 나뭇잎은 새들이 깃들게 하여주고 나무열매는 시장한 사람에게 새 힘을 공급하여 줍니다. 그리고 시원한 산소를 뿜어내줍니다. 이처럼 기여하는 나무는 그래서 행복한 것입니다. 물가에 심기운 나무는 자신이 행복할 뿐만 아니라 다른 사람을 행복하게 해줍니다. 진정으로 행복한 사람은 자신이 행복할 뿐만 아니라 다른 사람까지 행복하게 해 주는 사람입니다.

　미국 시카고 태생 쉘 실버스타인(Shel Silverstein, 1932~1999)의 '아낌없이 주는 나무'라는 이야기가 있습니다. 그 이야기에서 나무는 그가 사랑하는 소년에게 자신의 모든 것을 내어줍니다. 놀이 대상과 휴식처가 되어주고, 자신의 열매를 내어주며, 자신의 가지들로 집이 되어 주었고, 줄기로 소년이 필요한 배가 되어주었습니다. 그리고 그 소년이 늙어서 왔을 때 그에게 앉아서 쉴 자리가 되어주었습니다.

　그러므로 나무는 행복하였습니다.

토기장이와 진흙

예레미야 18장 1~10절

"여호와께로부터 예레미야에게 임한 말씀에 가라사대 너는 일어나 토기장이의 집으로 내려가라 내가 거기서 내 말을 네게 들리리라 하시기로 내가 토기장이의 집으로 내려가서 본즉 그가 녹로로 일을 하는데 진흙으로 만든 그릇이 토기장이의 손에서 파상하매 그가 그것으로 자기 의견에 선한 대로 다른 그릇을 만들더라 때에 여호와의 말씀이 내게 임하니라 가라사대 나 여호와가 이르노라 이스라엘 족속아 이 토기장이의 하는 것같이 내가 능히 너희에게 행하지 못하겠느냐 이스라엘 족속아 진흙이 토기장이의 손에 있음같이 너희가 내 손에 있느니라 내가 언제든지 어느 민족이나 국가를 뽑거나 파하거나 멸하리라 한다고 하자 만일 나의 말한 그 민족이 그 악에서 돌이키면 내가 그에게 내리기로 생각하였던 재앙에 대하여 뜻을 돌이키겠고 내가 언제든지 어느 민족이나 국가를 건설하거나 심으리라 한다고 하자 만일 그들이 나 보기에 악한 것을 행하여 내 목소리를 청종치 아니하면 내가 그에게 유익케 하리라 한 선에 대하여 뜻을 돌이키리라"

본문 말씀에 나오는 "토기장이의 비유"는 여호야김의 통치(B.C 609~598년) 초기에 주신 말씀으로 추정하며 본문에서 강조하는 것은 하나님은 절대적인 주권을 가지고 계시며 나라의 흥망성쇠와 개인의 생사화복을 주관하시는 분이시며 인간은 그의 손에 있는 진흙과 같다는 사실을 교훈하고 있습니다. 성서학자 그레이(Gray)는 토기장이는 하나님, 진흙은 이스라엘 백성, 녹로는 삶의 환경이라고 해석하였습니다(헤세드 vol XXVII, p.252).

1. 인간은 한 줌의 진흙에 불과합니다(렘18:4)

>예레미야 18:4 "진흙으로 만든 그릇이 토기장이의 손에서 파상하매 그가 그것으로 자기 의견에 선한 대로 다른 그릇을 만들더라"

태초에 하나님께서는 천지를 창조하실 때 인간을 흙으로 만드셨습니다(창2:7). 하나님께서 예레미야에게 "토기장이의 집으로 내려가라"(렘18:2) 하였습니다. 예레미야는 예루살렘 남쪽 힌놈의 골짜기에 있는 토기공의 집으로 내려갔습니다. 그곳 토기장이의 집에 내려가서 토기장이가 진흙으로 만든 그릇들을 파상하여 다시 다른 모양의 그릇을 만들고 있는 것을 보았습니다. 그리고 녹로 위에 파상한 진흙 덩어리가 놓여 있었습니다. 본래 인간은 한 덩어리의 진흙에 불과한 존재였습니다. 그래서 바울 사도는 인간의 육체를 가리켜 흙으로 만든 질그릇(고후4:7)이라고 하였습니다. 흙으로 지음 받은 인간이 땅 위에서 살다가 다시 흙으로 돌아간다(창3:19)고 하였습니다.

2. 토기장이의 손에 있는 진흙(렘18:6)

>예레미야 18:6 "나 여호와가 이르노라 이스라엘 족속아 이 토기장이의 하는 것같이 내가 능히 너희에게 행하지 못하겠느냐 이스라엘 족속아 진흙이 토기장이의 손에 있음같이 너희가 내 손에 있느니라"

목수는 나무를 다듬어 집을 짓거나 가구를 만들고 석공은 돌을 다듬어 조각합니다. 토기장이 즉, 도공은 진흙으로 그릇을 만듭니다. 귀한 그릇이나 천히 쓰는 그릇이나 큰 그릇이나 작은 그릇으로 만드는 것은 모두 도공의 의지에 달려 있습니다. 창세기 1장 26~27절에 "하나님이 가라사대 우리의 형상을 따라 우리의 모양대로 우리가 사람을 만들고 … 하나님이 자기 형상 곧 하나님의 형상대로 사람을 창조하시되 남자와 여자를 창조하시고"라고 하였으며 창세기 2장 7

절에는 "여호와 하나님이 흙으로 사람을 지으시고 생기를 그 코에 불어 넣으시니 사람이 생령이 된지라" 하였습니다. 예레미야는 토기장이의 집에서 녹로 위에 올려진 진흙덩어리를 그릇으로 만들었다가 마음에 들지 아니하면 다시 부수었다가 또 다시 만들고 다시 파상하였다가 다시 만들고 … 이렇게 몇 번이나 반복하다가 결국에 좋은 그릇을 만드는 것을 보았습니다. 이러한 광경을 지켜보고 있는 예레미야에게 "진흙이 토기장이의 손에 있음같이 너희가 내 손에 있느니라"(렘18:6) 하시는 하나님의 말씀이 들려왔습니다.

인생은 진흙덩어리같이 무가치한 존재입니다. 그러나 이스라엘은 하나님의 손 안에 있는 진흙덩어리입니다. 그리스도 안에 있는 오늘의 성도들 역시 하나님의 손 안에 있는 진흙과 같이 하나님의 손 안에서 가치 있는 새로운 존재로, 제사장 나라로, 왕 같은 제사장으로 지음받기 위해 기다리고 있는 것입니다. 토기장이 같은 하나님은 절대주권자로서 그의 뜻대로 귀히 쓰는 그릇과 천히 쓰는 그릇을 만드십니다. 예수님은 말씀하시기를 하나님은 돌들로도 아브라함의 자손을 만들 수 있다(마3:9)고 말씀하였습니다. 욥기 10장 9절에 "주께서 내 몸 지으시기를 흙을 뭉치듯 하셨거늘 다시 나를 티끌로 돌려보내려 하시나이까" 하였고 욥기 33장 6절에 "나와 네가 하나님 앞에서 일반이니 나도 흙으로 지으심을 입었다"고 하였습니다.

3. 하나님은 걸작품을 만드십니다(렘18:4)

예레미야 18:4 "흙으로 만든 그릇이 토기장이의 손에서 파상하매 그가 그것으로 자기 의견에 선한 대로 다른 그릇을 만들더라"

토기장이가 진흙으로 토기를 만드는 것은 바로 하나님이 인간을 다루시는 것과 동일합니다. 토기를 만드는 것도 중요한 과정을 거쳐야 하는 것입니다. 밀이 소제물이 되기 위하여 몇 번이나 부서져야 하고 수 없이 깨어지고 부서져서 고운가루로 되어지듯 하나님의 손에서 고운 가루가 되기까지 몇 번이고 반복하여 깨어지고 부서져서 고운가루가 될 때 하나님께서 의도하시는 떡과 전병을 만들어 거룩한 소제물이 되게 하십니다. 녹로에 흙덩이가 올라가기 까지는 이물질을 다 제거한 다음 진흙을 적당히 반죽하여 녹로 위에 올려놓고 토공은 자기 의도대로 그릇의 형태를 만들어 냅니다. 진흙이 적당히 반죽이 되어 그릇을 만들 만한 완전한 재료가 되려면 이물질을 모두 제거하여야 하고 녹로 위에 올려진 후 그릇의 형태가 되기까지 진흙은 녹로 위에서 수십 수백바퀴를 어지럽고 속이 울렁거리도록 계속 돌아야 합니다. 이것은 쓸데없는 고통이 아닙니다. 어지럽고 속이 울렁거리지만 녹로와 같은 환경에서 빙글빙글 어지럽게 돌아야만 하는 것입니다. 조용히 살고 싶어도 녹로의 환경 속에 올려놓아 계속 돌아가게 하십니다. 도망쳐 나올 수도 없는 환경에서 계속 돌아야 하고 계속 참고 어지러운 현실을 감내하여야 합니다. 그런 과정을 통하여 진흙덩어리는 토기장이의 손에서 아름다운 그릇이 제 모습을 나타내게 되는 것입니다. 토기장이가 의도한 형태로 그릇의 모양이 갖춰지면 서서히 그릇을 말리는 작업을 계속 합니다. 토기장이는 그릇을 당장 불붙는 가마에 넣지 아니합니다. 도공은 만들어진 그릇을 천천히 증기로 말렸습니다. 지켜보는 사람이 왜 그렇게 오래 말리느냐고 묻자 도공의 대답은 그릇을 단번에 불가마에 집어넣으면 깨져버린다는 것이었습니다. 그래서 증기로 서서히 말리는 작업이 우선되어야 한다는 것이었습니다. 우리 조물주 하나님도 우리를 이렇게 부드럽게 대하시는 것입니다. 하나님은 우리를 당장 불붙는 가마에 넣지 아니하십니다. 그분은 우리를 통과할 수 있는 정도의 불 시험으로 준비시키십니다.
 모든 사람들은 자신의 내부에 있는 좋지 못한 육성이 빠져 나올 수 있도록 하기 위해 반드시 불가마를 통과해야 합니다. 하나님은 우리에게 감당 못할 시험을 허락지 아니하십니다(고전10:13). 그리고 불가마에 넣을 때 그릇끼리 연결되지 않게 하여 줍니다. 그릇이 맞닿으면 불속에서 서로 붙어버려 두개 모두 쓸모없게 되기 때문입니다. 그러므로 불 시험을 당할 때는 우리 각자가 혼자서 통과하여야 합니다.
 프랑스 파리에 있는 루브르 박물관에 가보면 세계적인 걸작품이 수 없이 많이 있습니다. 화가의 손에서 걸작품이 나옵니다. 음악가의 손에서 위대한 작곡이 완성됩니다. 하나님은 위대한 조물주이십니다. 하나님은 하나님의 손에 있는 진흙 같은 우리를 걸작품으로 만들어 내시는 위대한 조물주이십니다.
 하나님은 흙덩이로 사람을 만드시고 그 코에 기운을 불어 넣어 주셔서 생령이 되게 하셨습니다. 에스겔 37장에는 생기로 육체에 불어 넣으시니 여호와의 군대가 되게 하셨습니다. 하나님은 진흙과 같은 우리를 거듭나게 하시고 성령을 부어주셔서 권능의 사람, 능력의 사람이 되게 하셨으며(사도행전 2장), 성령으로 성령의 사람(갈5:22), 사랑의 사람(고린도전서 13장)을 만드십니다. 혈기 많은 모세를 미디안 광야 생활 40년 만에 온유함이 지면의 모든 사람보다 승하더라(민12:3) 하는 온유한 사람을 만드셨습니다. 하나님은 아브람을 아브라함으로 야곱을 이스라엘로 사울을 바울로 만드셨습니다. 하나님은 욥, 다윗, 웨슬리, 칼빈, 루터, 어거스틴, 성프랜시스, 성다미엔, 썬다싱, 무디 등 역사상 빛나는 걸작품 같은 위대한 인물들을 만드셨습니다. 사람이 육신적으로는 수분과 염분, 칼슘과 비누 몇 장 만들 지방으로 불과 몇 푼 안되는 육체입니다. 그러나 걸작품의 청자, 백자, 이

조자기, 고려자기는 값을 따질 수 없도록 값이 고가품입니다. 사람도 유명가수의 공연이나 강연료는 어마어마한 값을 주어야 합니다. 하나님께서 만드신 걸작품은 하나님의 형상을 꼭 닮은 사람을 만드십니다. 위대한 걸작품 빌리그레이엄 같은 목사님은 돈으로 계산할 수 없는 분입니다. 타락한 인간을 예수 그리스도의 피로 사죄의 은총을 입혀주시고 성령으로 거듭나게 하시고 하나님 형상을 닮은 걸작품 인간으로 다시 창조하여 주십니다. 그래서 하나님께서 의도하신 사람으로 살게 하시는 것입니다. "주여 진흙과 같은 날 빚으사 당신의 형상 만드소서"(425장)의 찬송과 기도가 계속되어야 할 것입니다.

두 광주리의 무화과 환상

예레미야 24장 1~7절

"바벨론 왕 느부갓네살이 유다 왕 여호야김의 아들 여고냐와 유다 방백들과 목공들과 철공들을 예루살렘에서 바벨론으로 옮긴 후에 여호와께서 여호와의 전 앞에 놓인 무화과 두 광주리로 내게 보이셨는데 한 광주리에는 처음 익은 듯한 극히 좋은 무화과가 있고 한 광주리에는 악하여 먹을 수 없는 극히 악한 무화과가 있더라 여호와께서 내게 이르시되 예레미야야 네가 무엇을 보느냐 내가 대답하되 무화과이온데 그 좋은 무화과는 극히 좋고 그 악한 것은 극히 악하여 먹을 수 없게 악하니이라 여호와의 말씀이 또 내게 임하니라 가라사대 이스라엘의 하나님 여호와가 이같이 말하노라 내가 이곳에서 옮겨 갈대아 인의 땅에 이르게 한 유다 포로를 이 좋은 무화과같이 보아 좋게 할 것이라 내가 그들을 돌아보아 좋게 하여 다시 이 땅으로 인도하고 세우고 헐지 아니하며 심고 뽑지 아니하겠고 내가 여호와인 줄 아는 마음을 그들에게 주어서 그들로 전심으로 내게 돌아오게 하리니 그들은 내 백성이 되겠고 나는 그들의 하나님이 되리라"

시편 137편 1~9절에 보면 바벨론 포로가 된 이스라엘 백성 중 한 사람이 기록한 슬픈 노래가 기록되어 있습니다. "우리가 바벨론의 여러 강변 거기 앉아서 시온을 기억하며 울었도다 그 중의 버드나무에 우리가 우리의 수금을 걸었나니 이는 우리를 사로잡은 자가 거기서 우리에게 노래를 청하며 우리를 황폐케 한 자가 기쁨을 청하고 자기들을 위하여 시온 노래 중 하나를 노래하라 함이로다 우리가 이방에 있어서 어찌 여호와의 노래를 부를꼬 예루살렘아 내가 너를 잊을진대 내 오른손이 그 재주를 잊을지로다"(시137:1~5).

오늘 본문말씀인 예레미야 24장 1~7절의 말씀은 바벨론 왕 느부갓네살이 두 번째 유다를 침공한 B.C 597년 때의 일로 이스라엘 멸망 10년 전의 일입니다. 느부갓네살은 처음 침공하였을 때 다니엘을 비롯한 유력한 인사들과 성전기명을 탈취하여 갔습니다. 두 번째도 여호야김의 아들 여고냐(19대 왕위에 올라 3개월 만에 바벨론에 포로로 잡혀간 여호야긴(Jehoiachin))와 유다 방백들과 목공들과 철공들을 포로로 잡아갔습니다. 이 때 하나님은 예레미야에게 환상을 보여주셨습니다. 이는 "무화과 두 광주리 비유"로 불리는 환상입니다.

1. 무화과 두 광주리의 비유(렘24:1~2)

예레미야 24:1~2 "바벨론 왕 느부갓네살이 유다 왕 여호야김의 아들 여고냐와 유다 방백들과 목공들과 철공들을 예루살렘에서 바벨론으로 옮긴 후에 여호와께서 여호와의 전 앞에 놓인 무화과 두 광주리로 내게 보이셨는데 한 광주리에는 처음 익은 듯한 극히 좋은 무화과가 있고 한 광주리에는 악하여 먹을 수 없는 극히 악한 무화과가 있더라"

두 광주리의 무화과는 다같이 유다 백성을 상징하는데, 좋은 무화과 광주리는 바벨론에 포로로 잡혀간 자들(5절)을 가리키며, 극히 악하여 먹을 수 없는 무화과는 유다 땅에 남아있는 자들을 가리키고 있습니다. 포로 되어 바벨론에 끌려간 자들은 아직 유다 땅에 남아있는 자들에 비하여 불행한 자들처럼 보였으나 하나님은 포로 되어 끌려간 자들을 좋게 하여 그들은 하나님의 백성이 되게 하고 하나님은 그들의 하나님이 될 것이라(렘24:5~7) 하셨습니다.

무화과 비유는 인간적인 입장에서 볼 때 불행한 것 같이 볼 수밖에 없는 일들이 오히려 하나님께서 좋게 하시는 일이라는 것을 보여주고 있습니다. 어느 누가 바벨론 포로로 잡혀간 유대인을 가리켜 그 길이 행복의 길, 축복의 길, 영광의 길이라고 할 수 있겠습니까. 유대인들이 가는 바벨론 포로의 행렬은 슬픔의 길, 한숨과 탄식만 있는 절망의 길이었음에 틀림없습니다. 그러나 하나님은 예레미야에게 정반대로 유다 땅에 아직 남아있는 자들은 나쁜 무화과 같이 불행한 자들이며 포로된 자들은 복 받은 자들이라고 말씀하고 있습니다.

2. 고난은 축복의 전주곡(렘24:6~7)

예레미야 24:6~7 "내가 그들을 돌보아 좋게 하여 다시 이 땅으로 인도하고 세우고 헐지 아니하며 심고 뽑지 아니하겠고 내가 여호와인 줄 아는 마음을 그들에게 주어서 그들로 전심으로 내게 돌아오게 하리니 그들은 내 백성이 되겠고 나는 그들의 하나님이 되리라"

이스라엘 백성들이 출애굽당시 이스라엘 백성이 가데스에 당도하였을 때 에돔 지역에 연결된 왕의 도로로 진행하려고 하였습니다. 그러나 에돔 족속이 이를 저지함으로 광야 길로 들어서서 험한 길을 가야했습니다. 이 일로 인하여 백성들이 모세를 원망하였습니다. 그러나 어느 누구 하나도 험한 광야 길이 무화과 비유같이 더 좋게 하시려는 하나님이 주신 축복의 길 인줄을 알지 못했고 원망만 하였습니다.

모세가 애굽 사람이 히브리 사람을 치고 학대하는 것을 목도하고 울분을 참지 못하여 애굽인을 쳐서 죽인 일이 발생하였습니다. 모세는 이 일로 인하여 바로 왕을 피하여 미디안 광야로 들어가 양을 치며 사십년을 숨어 살게 되었습니다. 이러한 모세를 복 받은 사람이라고 말할 수 있겠습니까. 그러나 하나님은 모세를 더 좋게 하시려고 계획하셨습니다. 모세에게 광야는 하나님 만나는 장소였고 광야에서 연단 받아 하나님의 일꾼으로 새롭게 지음 받는 자리였습니다. 하나님은 오히려 잘되는 길로 그를 이끄셨습니다(출3:1~10). 바울 사도에게 찌르는 가시처럼 괴롭히는 질병이 있었습니다. 바울은 이러한 질병이 떠나기를 위해 세 번 특별 기도를 드렸습니다. 바울의 기도에

"내 은혜가 네게 족하도다 이는 네 능력이 약한데서 온전하여 짐이니라"(고후12:7~9)고 응답하셨습니다. 누가 육체의 질병을 축복이라 하겠습니까. 모두 불행의 원인이라고 생각합니다. 그러나 하나님은 질병을 온전한 사람을 만드시려는 축복의 도구로 사용하셨습니다.

옛날 이스라엘의 역사적 암흑기에 예레미야는 하나님만이 이스라엘의 참 희망이 되심을 증거하였습니다. 이스라엘 백성이 바벨론에 포로로 잡혀가는 마당에도 오늘 당하는 수모와 슬픔의 행렬은 더 좋게 하여 다시 데려오시려는 하나님의 축복의 행군으로 보았습니다. 예레미야는 오늘도 고생 길, 실패의 길, 병든 길, 이러한 일들은 슬픔과 멸망의 길이 아니라 더 좋게 되는 축복의 길, 영광의 길, 희망의 길이라고 외치고 있습니다. 예레미야는 끌려가는 이스라엘 백성을 바라보며 헤어지는 부모와 자녀간의 애통하고 슬퍼하며 낙담하는 백성들 틈에서도 "나 여호와가 말하노라 너희를 향한 나의 생각은 내가 아나니 재앙이 아니라 곧 평안이요 너희 장래에 소망을 주려하는 생각이라 너희는 내게 부르짖으며 와서 내게 기도하면 내가 너희를 들을 것이요 너희가 전심으로 나를 찾고 찾으면 나를 만나리라"(렘 29:11~13)는 하나님의 약속의 말씀을 믿고 슬픔의 길 같지만 이 길은 생명의 길이 될 것이라는 하나님의 말씀을 떠올리고 있었습니다. 하나님을 떠나가는 길이 슬픔과 비탄의 길이라면 하나님께 돌아감이 희망의 길입니다.

미국의 강철 왕 카네기의 일화가 있습니다. 카네기의 재산목록 제 1호는 벽에 걸린 초라한 그림 한 장입니다. 그 그림은 썰물이 되어 물이 다 빠진 모래 위에 파선되다시피 한 초라한 배 한척이 아무렇게나 던져져 있는 모습입니다. 그 그림 밑에는 "반드시 밀물의 때가 온다"라는 글이 쓰여 있었습니다. 카네기는 참모들을 모아놓고 한 애기가 있습니다. "내가 저 그림을 제일 귀하게 여기는 것은 저 그림에 하나님의 메시지가 있기 때문입니다. 내가 젊은 나이에 세일즈맨으로 사방으로 돌아다닐 때 그 날도 어떤 집에서 허탕을 치고 낙심하여 나오는데 벽에 걸린 그림을 보는 순간 직관적인 영감이 왔습니다. 그래서 나는 그에게 당신이 세상을 떠날 때 저 그림을 나에게 주십시오 라고 간청했습니다. 그분이 세상을 떠나면서 이 그림을 나에게 보내 주었습니다. 나는 그림을 보면서 희망을 가지고 밀물의 때를 기다렸습니다."

하나님을 바라보십시오. 하나님은 희망이십니다. 하나님은 밀물의 때를 주실 것입니다.

투옥되는 예레미야

예레미야 37장 11~15절

"갈대아 인의 군대가 바로의 군대를 두려워하여 예루살렘에서 떠나매 예레미야가 베냐민 땅에서 백성 중 분깃을 받으려고 예루살렘을 떠나 그리로 가려 하여 베냐민 문에 이른즉 하나냐의 손자요 셀레먀의 아들인 이리야라 이름하는 문지기의 두목이 선지자 예레미야를 붙잡아 가로되 네가 갈대아 인에게 항복하려 하는도다 예레미야가 가로되 망령되다 나는 갈대아 인에게 항복하려 하지 아니하노라 이리야가 듣지 아니하고 예레미야를 잡아 방백들에게로 끌어가매 방백들이 노하여 예레미야를 때려서 서기관 요나단의 집에 가두었으니 이는 그들이 이 집으로 옥을 삼았음이더라"

예레미야는 유다 백성에게 바벨론이 침공하여 오리니 그들에게 항복하면 죽지 아니하고 항거하면 이 성이 성전과 함께 불타고 파멸당할 것을 계속 외쳤습니다. 예레미야의 눈물로 호소하는 예언의 보수는 결국 치욕과 수난뿐이었습니다.

1. 투옥되는 예레미야(렘37:12~15)

예레미야 37:15 "방백들이 노하여 예레미야를 때려서 서기관 요나단의 집에 가두었으니 이는 그들이 이 집으로 옥을 삼았음이더라"

예레미야가 아나돗에 가려고 베냐민 문에 이르렀을 때 하나냐의 손자 이리야라는 문지기의 두목이 예레미야가 바벨론 군에게 항복하러 간다고 하여 그를 붙잡아 방백들에게 끌고 가매 방백들이 노하여 예레미야를 때리고 서기관 요나단의 집에 가두었습니다(렘37:12~15).

이들은 공정한 재판도 거치지 않고 때리고 투옥까지 서슴치 아니 하였습니다. 예레미야는 토굴, 음실, 지하 감옥에 갇혀서 여러 날 옥 중생활을 하였습니다(렘37:16). 예레미야는 시드기야가 불러들여 하 나님의 전하신 말씀을 듣고자 하였을 때까지 상당기간동안 지하 감 옥에 갇혀 있었습니다(렘37:17).

2. 진흙 구덩이에 갇힌 예레미야(렘38:4~6)

> 예레미야 38:6 "그들이 예레미야를 취하여 시위대 뜰에 있는 왕의 아들 말기야의 구덩이에 던져 넣을 때에 예레미야를 줄로 달아 내리웠는데 그 구 덩이에는 물이 없고 진흙뿐이므로 예레미야가 진흙 중에 빠졌더라"

예레미야는 대적하는 거짓 예언자와 반 바벨론주의자들이 예레미 야가 백성들에게 이 성이 함락되며 바벨론에게 무너진다고 하며 항 거하지 말고 항복하고 섬기라고 하여 백성들의 손을 약하게 한다고 (렘38:4) 시드기야 왕에게 고할 때 왕은 너의 소견대로 하라고 하여 예레미야를 시위대 뜰에 있는 구덩이에 달아 내리였는데 이 구덩이 에는 물이 없고 진흙뿐이므로 예레미야가 진흙 중에 빠졌더라고 했 습니다(렘38:6).

3. 에벳멜렉의 구출(렘38:7~13)

> 예레미야 38:9 "내 주 왕이여 저 사람들이 선지자 예레미야에게 행한 모든 일은 악 하니이다 성 중에 떡이 떨어졌거늘 그들이 그를 구덩이에 던져 넣었 으니 그가 거기서 주려 죽으리이다"

왕궁 환관장 구스(아프리카)인 에벳멜렉이 예레미야가 진흙 구덩 이에 던져 넣었음을 듣고 왕께 나아가 "내 주 왕이여 저 사람들이 선 지자 예레미야에게 행한 모든 일은 악하니이다 성 중에 떡이 떨어졌 거늘 그들이 그를 구덩이에 던져 넣었으니 그가 거기서 주려 죽으리이다"(렘38:9) 하며 예레미야를 모함하는 무리가 하는 일이 악하다고 하며 예레미야를 살려줄 것을 탄원하였습니다. 이에 시드기야 왕이 에벳멜렉에게 명하여 "너는 여기서 삼십 명을 데리고 가서 선지자 예레미야의 죽기 전에 그를 구덩이에서 끌어내라"(렘38:10)하니 에벳멜렉이 사람들을 데리고 왕궁 곳간 밑 방에 들어가서 거기서 헝겊과 낡은 옷을 취하고 그것을 구덩이에 있는 예레미야에게 줄로 내리우매 에벳멜렉이 "너는 이 헝겊과 낡은 옷을 네 겨드랑이에 대고 줄을 그 아래 대라" 하니 예레미야가 그대로 하매 그들이 줄로 예레미야를 끌어내었습니다(렘38:12~13).

4. 예루살렘 함락(렘39:1~18)

예레미야 39:2 "시드기야의 제 십일 년 사월 구일에 성이 함락되니라 예루살렘이 함락되매"

예루살렘 성이 2년여 동안 포위된 후 B.C 593년 4월 9일 예루살렘 성이 완전히 함락되었습니다. 먼저 항복한 자들이 바벨론에 가서 예레미야가 유다 백성들에게 바벨론에 항복하고 섬기라고 하였다는 소식을 전달하였습니다. 바벨론 왕은 느부사라단에게 예레미야를 보호하라 하였습니다. 느부사라단은 아히감에게 특별히 예레미야를 선대하고 해하지 말며 보호하고 돌보아 줄 것을 지시하였습니다. 이에 바벨론 왕의 모든 장관이 예레미야를 시위대 뜰에 갇힌 데서 데려와서 자유를 주었습니다.

5. 에벳멜렉에 대한 약속(렘39:15~18)

예레미야 39:17 "나 여호와가 말하노라 내가 그 날에 너를 구원하리니 네가 그 두려워하는 사람들의 손에 붙이우지 아니하리라"

예레미야를 구덩이에서 구원하여준 에벳멜렉에게 하나님의 축복이 약속되었습니다. 여호와의 말씀이 "내가 그 날에 너를 구원하리니 네가 그 두려워하는 사람들의 손에 붙이우지 아니하리라 내가 단정코 너를 구원할 것인즉 네가 칼에 죽지 아니하고 네 생명이 노략물을 얻음 같이 되리니 이는 네가 나를 신뢰함이니라" 하였습니다(렘 39:17~18).

하나님의 선지자 예레미야를 후대하고 위험할 때 돌보아준 에벳멜렉은 반드시 상을 받게 될 것을 약속하여 주셨습니다. 주의 종을 선대한 라합이 정탐군을 숨겨준 일로 이스라엘이 여리고 성에 입성했을 때 붉은 줄을 내려 그와 그 가족이 구원 받았습니다(수2:14~21, 6:25). 그 외에도 엘리야를 환대한 사르밧 과부(왕상17:8~16)와 엘리사를 접대한 수넴 여인(왕하4:8~37)이 큰 복을 받았습니다. 예수께서 "이 소자 중 하나에게 냉수 한 그릇이라도 주는 자는 내가 진실로 너희에게 이르노니 그 사람이 결단코 상을 잃지 아니하리라"(마10:42) 하심 같이 예수님을 선대한 나사로, 마르다, 마리아에게 큰 축복으로 나사로가 병들어 죽었으나 다시 살려주시는 축복을 받았습니다. 어린 아이가 보리떡 다섯 개와 물고기 두 마리를 대접하려 하였을 때 오천 명이 먹고도 남는 기적의 축복이 있었습니다.

돌아오는 시온 백성

예레미야 50장 1~5절

"여호와께서 선지자 예레미야로 바벨론과 갈대아인의 땅에 대하여 하신 말씀이라 너희는 열방 중에 광고하라 공포하라 기를 세우라 숨김이 없이 공포하여 이르라 바벨론이 함락되고 벨이 수치를 당하며 므로닥이 부스러지며 그 신상들은 수치를 당하며 우상들은 부스러진다 하라 이는 한 나라가 북방에서 나와서 그를 쳐서 그 땅으로 황폐케 하여 그 중에 거하는 자가 없게 함이라 사람이나 짐승이 다 도망하여 가느니라 나 여호와가 말하노라 그 날 그 때에 이스라엘 자손이 돌아오며 그와 함께 유다 자손이 돌아오되 그들이 울며 그 길을 행하며 그 하나님 여호와께 구할 것이며 그들이 그 얼굴을 시온으로 향하여 그 길을 물으며 말하기를 너희는 오라 잊어 버리지 아니할 영영한 언약으로 여호와와 연합하자 하리라"

'예레미야'라는 뜻은 '여호와께서 세워 주신다'입니다. 예레미야는 제사장 가문의 출신이며 그는 예루살렘에서 약 10리쯤 떨어진 아나돗이라는 작은 마을에서 자랐고 하박국, 스바냐, 에스겔, 다니엘, 나훔과 같은 시대에 활동한 대선지자였으며 40여 년간 하나님의 말씀을 외쳤습니다. 그는 인간적으로 불행한 사람 중 하나였습니다. 그는 결혼도 못하였고 40여 년간 나라의 멸망을 경고하며 바벨론에 승복하여 섬기라고 하였습니다. 그래서 백성들은 귀를 막고 듣지 아니하였으며 백성들을 위하여 기도하면 하나님은 그의 기도를 듣지 아니하시고 그들을 위하여 기도하지 말라고 하셨습니다. 그래서 예레미야는 많이 울었습니다. 예레미야는 백성들에게 매 맞고 토굴속 음실과 물 없는 웅덩이에 갇히는 시련도 있었으며 호시탐탐 예레미야의 목숨을 취하려는 무리들의 위협 속에 살았습니다. 백성들이 애굽으로 피신하면서 같이 따라갔으나 죽임을 당했다고 하는 말이 전해왔을뿐 어떻게 죽었는지도 알 수 없으며 무덤도 찾을 길이 없습니다.

1. 포로로 잡혀가는 백성(렘25:8~14)

예레미야 25:11 "이 온 땅이 황폐하여 놀램이 될 것이며 이 나라들은 칠십년 동안 바벨론 왕을 섬기리라"

열왕기하 25:11 "성중에 남아 있는 백성과 바벨론 왕에게 항복한 자와 무리의 남은 자는 시위대 장관 느부사라단이 다 사로잡아가고"

히스기야가 병들었다가 하나님의 은혜로 치료되고 십오 년의 생명 연장의 축복까지 받게 되었습니다. 바벨론 왕 므로닥발라단이 사신을 보내어 편지와 예물을 들고 히스기야 왕을 찾아왔습니다. 이 때 히스기야는 사신들에게 왕궁의 보물과 군기고와 성전의 모든 것을 보여주었습니다. 이 일로 인하여 이사야 선지자는 왕이 보여준 모든 물건들이 바벨론에 옮겨갈 것이라고 예언하였습니다(왕하20:12~19). B.C 586년경 유다 왕 시드기야 구년 시월 십일에 바벨론 왕 느부갓네살이 모든 군대를 이끌고 예루살렘을 치러 올라와서 진을 치고 사방으로 토성을 쌓고 성을 포위하였고 시드기야 왕 십일 년 사월 구일(만 1년 7개월)에 성벽을 뚫고 쳐들어와 예루살렘이 함락되었습니다(The Chokmah Commentary vol Ⅸ, p.528).

북왕국 사마리아가 멸망(B.C 722년)한지 136년 후에 남왕국 유다가 멸망하게 되었습니다(B.C 586년). 이 때 시드기야 왕은 두 성벽사이에 있는 동산 곁문(실로암 못 부근에서 기드론 골짜기를 따라 남쪽으로 계속 내려가서 여리고로 가는 길로 도망하였음)길로 도망하여 아라바 길로 도망가다가 여리고 평지에 이르렀을 때 뒤쫓아 온 바벨론 군대에 사로잡혔습니다. 시드기야 왕은 바벨론 왕 앞에 끌려 나가 아들들이 죽임을 당하는 것을 목격하였고 그의 두 눈을 빼고 사슬로 결박하여 끌고 갔으며 바벨론에서 세상을 떠나게 되었습니다. 예루살렘 멸망 후 (B.C 586년 4월 9일) 한 달 지나서 시위대장 느부사라단이 예루살렘에 군대를 이끌고 와서 여호와의 전과 왕궁을 불사르고(성전은 솔로몬이 건축한지 453년 만에, 왕궁은 440년 만에 파괴되었음. The Chokmah Commentary vol IX, p.531) 예루살렘에 있는 모든 집 즉 큰 집 전부와 귀인의 집까지 모두 불살랐고(왕하25:9) 예루살렘 사면 성벽을 헐었으며(왕하25:10) 끝까지 항거하던 자들을 다잡아 처형시켰습니다(왕하25:21). 남은 백성 중 귀인, 기술공과 일반 백성을 4차에 걸쳐 포로로 잡아갔습니다(1차포로(B.C 605년, 단1:1~5), 2차포로(B.C 597년, 왕하24:8~16), 3차포로(B.C 586년, 왕하25:11), 4차포로(B.C 582년)). 그리고 성전 기둥을 깨뜨리고 5400점의 귀금속을 옮겨갔습니다.

열왕기하 25장 11절에 "이와 같이 유다가 사로잡혀 본토에서 떠났더라" 하였습니다. 유다 나라 마지막을 이렇게 기록하고 있습니다. 이는 여호수아에 의하여 약속의 땅 가나안을 정복한 후(B.C 1405년, 수3:1~17) 약 820여년이 경과된 시점에서 일어난 불행스런 일입니다. 예레미야 선지자에 의하면 느부갓네살 7년에 3,023명, 제 18년에 832명, 제 23년에 745명 등 총 4,600여명이 사로잡혀간 것으로 되어 있습니다(렘52:28~30). 그뿐 아니라 여자와 아이를 포함하면 약 18,000여명은 될 것으로 추측됩니다. 그러나 열왕기하 24장 10절에는 1차 포로가 1만이라고 하면서 용사가 7천, 대장장이가 1천이라고 언급하고 있습니다.

2. 바벨론 포로생활(시137:1~6)

시편 137:1~2 "우리가 바벨론의 여러 강변 거기 앉아서 시온을 기억하며 울었도다 그 중의 버드나무에 우리가 우리의 수금을 걸었나니"

바벨론에 포로로 잡혀간 이스라엘 백성들은 슬픔과 한숨으로 비탄의 세월을 살아가게 되었습니다. 이스라엘 백성이 애굽을 떠나 광야 사십년의 세월을 살았던 것처럼 나라 없는 백성으로 광야 같은 바벨론 포로생활의 칠십년이 시작되었습니다. 이 백성은 예배하는 백성이었고 일곱 절기를 지키는 백성이었고 십계명을 지키는 백성이었으며 언약백성으로 약속을 지니고 사는 백성이었습니다. 이들은 나라를 잃고, 성전을 잃어버린 이후에 예레미야 선지자의 그토록 애절하게 부르짖던 말씀을 외면하였던 모든 일들을 후회하며 울기 시작하였습니다. 조상의 죄를 회개하며 자신과 자신의 자녀들의 죄를 회개하며 울었습니다. 애통하기 시작하였습니다. 그발 강가에 앉아 고국의 예루살렘 성전을 향해 머리 숙여 경배하며 왕궁과 성전과 성벽이 모두 불타고 무너졌다는 소식을 듣고 울며 또 울었습니다. 우리와 우리 조상들이 잘 못살아 성전이 무너지고 나라가 망했다는 사실 앞에 회개하며 자신의 죄를 자복하며 울었으며 가족이 모여 예배드리며 모두 울었습니다.

이스라엘 백성은 우는 백성입니다. 예루살렘에 가면 솔로몬 성전의 서쪽벽 하나만 남아있습니다. 서쪽 벽은 가난한 사람들에게 쌓도록 하였는데 그들이 얼마나 정성껏 쌓았던지 바벨론 군들이 다 허물어 버릴 수가 없었다고 합니다. 무너진 성전벽 앞에서 이스라엘 백성들이 얼마나 울었던지 그 이름을 '통곡의 벽'(Wailing Wall)이라고 합니다. 예루살렘에 전쟁기념관이 있습니다. 2차 대전 때 이스라엘 백성들의 수난의 역사를 살펴보면서 그 기념관에서 눈물을 닦는 모습을 지금도 볼 수 있습니다. 지난 날 잘못을 돌이켜 보며 우는 백성은 복이 있습니다. 예수께서도 "애통하는 자는 복이 있나니 저희가 위로를 받을 것임이요"(마5:4)라고 말씀하셨습니다. 어린 자녀들은 부모 형제의 눈에서 뜨거운 눈물이 뚝뚝 떨어지는 모습을 바라보며 같이 울었습니다. 그들이 성인이 되어서도 그 때의 눈물 흘리던 부모님의 모습을 잊을 수 없었을 것입니다. 하나님은 바벨론 이라는 광야에서 이스라엘 백성을 새롭게 재창조하시기 시작하셨습니다.

사드락과 메삭과 아벳느고와 다니엘 등 젊은 청년들은 경건하게 사는 운동을 일으켰습니다. 왕궁에서 우상의 제물을 거부하고 깨끗한 채식을 요구하였으며(단1:12~13), 다니엘은 왕의 꿈을 해몽하기 위하여 친구들에게 기도를 부탁하였고(단2:17), 우상 앞에 절하지 않고 죽기를 결심하였습니다. 이들은 기도의 사람들이었습니다. 사드락과 메삭과 아벳느고가 풀무불 속에 들어가게 되었습니다. 이스라엘 백성들은 세 청년이 불 속에 던짐 받는다는 소식을 듣고 모두 한 마음이 되어 전심으로 하나님을 찾고 찾았습니다. 예레미야 29장 18절에 "너희가 전심으로 나를 찾고 찾으면 나를 만나리라" 하셨는데 유다 땅에 있을 때는 전심으로 하나님을 찾지 못하였습니다. 바벨론 포로가 되어 유다 백성 중 경건한 청년 세 명이 우상 앞에 절하지 아니하였다고 풀무불 속에 던짐 받는다는 소식을 들은 유다 국민은 하나같이 모여 전심으로 기도하였습니다. 바벨론에 와서야 전심으로 전심기도를 드리게 되었습니다. 하나님은 불 속에 던진 세 청년과 함께 불 속에 들어가셔서 그들과 함께 걸으며 그들을 구원하여 주셨습니다(단3:26).

이를 지켜본 포로된 백성들은 하나님을 체험하며 이제야 진심으로 의지하는 백성으로 지어져가고 있었습니다. 한 달 동안 왕만 섬기고 다른 신에게 제사하거나 기도하면 사자굴 속에 던짐 받는 다는 왕의 조서가 반포되었음에도 다니엘은 하루 세 번씩 기도하다가 사자 굴에 던짐 받게 되었습니다. 이때도 유다 백성들은 이 비보를 듣고 어찌 지켜만 볼 수 있었겠습니까. 다니엘뿐만 아니라 모두 모여 하나님께 기도드렸을 것입니다. 하나님은 다니엘을 사자굴 속에서 구원하여 주셨습니다. 이러한 사건은 다니엘 한 사람만을 위한 것이 아니라 유다 백성 전체를 위한 것이었습니다(단6:24~27).

예레미야 24장에는 무화과 두 광주리에 대한 환상이 기록되어 있습니다. 좋은 무화과는 "이곳에서 옮겨 갈대아 인의 땅에 이르게 한 유다 포로를 이 좋은 무화과같이 보아 좋게 할 것이라 내가 그들을 돌아보아 좋게 하여 다시 이 땅으로 인도하고 세우고 헐지 아니하며 심고 뽑지 아니하겠고 내가 여호와인 줄 아는 마음을 그들에게 주어서 그들로 전심으로 내게 돌아오게 하리니 그들은 내 백성이 되겠고 나는 그들의 하나님이 되리라"(렘24:5~7) 하였습니다.

3. 고국으로 돌아오는 백성(렘50:1~5)

> 예레미야 50:5 "그들이 그 얼굴을 시온으로 향하여 그 길을 물으며 말하기를 너희는 오라 잊어버리지 아니할 영영한 언약으로 여호와와 연합하자 하리라"

이스라엘 백성이 바벨론에서 70년간 포로생활을 마치고 고국으로 돌아오는 사실에 대하여 제 2의 출애굽이라고 합니다. 70년 만에 돌아오는 백성은 빼앗겼던 성전기명과 보물 5,400점과 함께 백성들이 돌아왔습니다. 1차포로 귀환 시 B.C 537년 스룹바벨과 함께 약 42,360명이 돌아왔고(스2:64), 2차포로 귀환 B.C 458년에 학사겸 제사장 에스라와 함께 남자 1,737명 대략 남녀 합하여 5천명이 3차포로 귀환; B.C 444년에는 팔레스틴 총독으로 느헤미야와 백성들이 돌아왔습니다. 예레미야 29장 10절에는 "나 여호와가 이같이 말하노라 바벨론에서 칠십 년이 차면 내가 너희를 권고하고 나의 선한 말을 너희에게 실행하여 너희를 이곳으로 돌아오게 하리라" 하였습니다. 예레미야의 예언과 같이 이스라엘 백성이 그 복역의 때를 마친 후 좋은 무화과같이 되어 고국으로 돌아오게 되었습니다.

첫째, 울며 돌아오는 백성(렘50:4)

예레미야 50장 1~5절에 보면 돌아오는 백성들이 울며 그 길을 행하고(렘50:4), 그들의 얼굴을 시온으로 향하여 올라오고 있었습니다(렘50:5). 에스라 8장에는 2차포로 귀한 시의 상황을 기록하고 있습니다. 그리고 에스라 8장 21절에는 "아하와(Ahava) 강가에서 금식을 선포하고 우리 하나님 앞에서 스스로 겸비하여 우리와 우리 어린 것과 모든 소유를 위하여 평탄한 길을 그에게 간구하였으니"라고 하였습니다. 바벨론에서 예루살렘까지 대략 5,000여명의 백성을 이끌고 가는 에스라와 백성들은 길 떠나기 전에 금식기도하며 평탄한 길을 하나님께 기도 드렸습니다. 길 떠나기 전 평탄한 길을 기도한 그들은 포로로 잡혀갈 때의 모습과 완전히 다른 사람의 모습으로 돌아오고 있습니다. 돌아오는 백성의 모습은 정말 성도의 모습을 보여주고 있습니다. 유다 백성들이 70년 만에 고국으로 돌아올 때 예루살렘 성 가까이 이르렀을 때 여기저기서 흐느껴 우는 소리가 들렸습니다. 그들의 발자국에 눈물을 흘리며 돌아오고 있었습니다. 감격의 눈물이며 감사의 눈물입니다. 이런 날이 있을 줄을 감히 상상조차 하지 못한 일입니다.

둘째, 얼굴을 시온을 향하여 돌아오는 백성(렘50:5)

유다 백성은 바벨론 포로 생활 중 70년을 슬픔과 탄식의 절망 속에서 땅을 바라보며 살아왔음에 틀림없습니다. 그러나 해방과 함께 바벨론 포로 생활을 끝내고 꿈에 그리던 고국을 향해 돌아오는 백성들은 얼굴을 들고 시온을 향하여 돌아오고 있었습니다. 예레미야의 예언이 그대로 이루어졌습니다. 8,000km의 거리를 넉 달이 되어서 예루살렘에 가까이 이를 때 누가 시킨바 없으나 모두가 시온을 향하여 바라보고 걸어오는 그들의 모습은 마음이 하나며 시선이 하나로 시온 성을 바라보고 있었습니다. 이러한 광경을 어떻게 표현할 길이 없습니다.

 영광일세 영광일세 내가 누릴 영광일세
 은혜로 주 낯을 뵈옵나니
 참 아름다운 내 영광이로다(찬송가 610장).

슬픈 날의 기도

예레미야애가 1장 12절~22절

"무릇 지나가는 자여 너희에게는 관계가 없는가 내게 임한 근심 같은 근심이 있는가, 볼지어다 여호와께서 진노하신 날에 나를 괴롭게 하신 것이로다 위에서부터 나의 골수에 불을 보내어 이기게 하시고 내 발 앞에 그물을 베푸사 나로 물러가게 하셨음이여 종일토록 고적하여 곤비케 하셨도다 내 죄악의 멍에를 그 손으로 묶고 얽어 내 목에 올리사 내 힘을 피곤케 하셨음이여 내가 당할 수 없는 자의 손에 주께서 나를 붙이셨도다 주께서 내 지경 안 모든 용사를 없는 것같이 여기시고 성회를 모아 내 소년들을 부수심이여 처녀 유다를 술 틀에 밟으셨도다 이를 인하여 내가 우니 내 눈에 눈물이 물같이 흐름이여 나를 위로하여 내 영을 소성시킬 자가 멀리 떠났음이로다 원수들이 이기매 내 자녀들이 외롭도다 시온이 두손을 폈으나 위로할 자가 없도다 여호와께서 야곱의 사면에 있는 자를 명하여 야곱의 대적이 되게 하셨으니 예루살렘은 저희 가운데 불결한 자 같도다 여호와는 의로우시도다 내가 여호와의 명령을 거역하였도다 너희 모든 백성들아 내 말을 듣고 내 근심을 볼지어다 나의 처녀와 소년들이 사로잡혀 갔도다 내가 내 사랑하는 자를 불렀으나 저희가 나를 속였으며 나의 제사장들과 장로들은 소성시킬 식물을 구하다가 성중에서 기절하였도다 여호와여 돌아보옵소서 내가 환난 중에서 마음이 괴롭고 마음이 번뇌하오니 나의 패역이 심히 큼이니이다 밖으로는 칼의 살륙이 있고 집에는 사망 같은 것이 있나이다 저희가 나의 탄식을 들었으나 나를 위로하는 자가 없고 나의 모든 원수가 나의 재앙을 들었으나 주께서 이렇게 행하심을 기뻐하나이다 주께서 반포하신 날을 이르게 하시리니 저희가 나와 같이 되겠나이다 저희 모든 악을 주 앞에 나타내시고 나의 모든 죄악을 인하여 내게 행하신 것같이 저희에게 행하옵소서 나의 탄식이 많고 나의 마음이 곤비하니이다"

예레미야애가는 다섯 장으로 이루어진 애가(哀歌)로 바벨론에 의한 이스라엘의 비극적 멸망을 슬퍼하고 있습니다. 예레미야애가는 시편 119편과 같은 알파벳 시로 이루어져 있습니다. 예레미야애가를 알파벳으로 작사한 것은 예레미야의 슬픔이 형언할 수 없는 비탄의 시이기 때문으로 보입니다. 예레미야애가는 예루살렘의 함락을 슬퍼하라는 내용이 아니라 예루살렘의 참상이 나 자신의 모습으로 생각하고 슬퍼하며 통곡해야한다는 교훈을 주고 있습니다. 성서학자 맥기는 "예레미야애가는 눈물과 슬픔으로 얼룩져 있다. 그것은 고통의 운문이고, 연민의 시이며 슬픔의 시이고 눈물의 교향곡이며 성경의 통곡의 벽이다"라고 말했습니다(『성경개관』, Briefing the Bible, p.232).

1. 슬프다!(애1:1~2)

> 애 1:1~2 "슬프다 이 성이여 본래는 거민이 많더니 이제는 어찌 그리 적막히 앉았는고 본래는 열국 중에 크던 자가 이제는 과부같고 본래는 열방 중에 공주 되었던 자가 이제는 조공 드리는 자가 되었도다 밤새도록 애곡하니 눈물이 뺨에 흐름이여 사랑하던 자 중에 위로 하는 자가 없고 친구도 다 배반하여 원수가 되었도다"

예레미야애가는 바벨론에 멸망당한 예루살렘의 참상을 무너진 성루에 앉아 넋을 잃고 울며 기록한 시가입니다. 전승에 따르면 예레미야는 예루살렘 북쪽 성 밖 골고다 언덕 아래 앉아 울었다고 합니다. 후일 이곳에서 우리 주님께서 십자가에 처형당하셨습니다(Harold. L. Willmington, 본문중심 성경연구, p.494).

주전 1,000년경에 다윗은 예루살렘을 수도로 정했습니다(사무엘하 6장). 하나님은 그 후 400여 년 동안 예루살렘을 사랑하시고 축복하셨습니다. 하나님은 북왕국 이스라엘이 앗수르에게 멸망당할 때도 남유다 예루살렘은 지켜주시고 그 후 115년 동안 보호하여 주셨습니다. 그러나 유다는 범죄하고 하나님을 버림으로 바벨론에 멸망당하게 되었습니다(B.C 586).

"슬프다 이 성이여"라는 말씀에서 '슬프다'로 번역된 히브리어 '에카'(איכה)는 우리나라의 '아이고'라는 비극적인 감탄사로 아, 얼마나! 라는 비통함의 표현입니다. 예레미야애가는 슬프다! 라는 말로 시작되고 있습니다. 예레미야애가 1장 1절 "슬프다 이 성이여 본래는 거민이 많더니 이제는 어찌 그리 적막히 앉았는고 …", 1장 4절 "시온의 도로가 처량함이여 절기에 나아가는 사람이 없음이로다 …", 2장 1절 "슬프다 주께서 어찌 그리 진노하사 처녀 시온을 구름으로 덮으셨는고 …", 4장 1절 "슬프다 어찌 그리 금이 빛을 잃고 정금이 변하였으며 성소의 돌이 각 거리 머리에 쏟아졌는고." 예레미야 선지자는 밤새도록 애곡하니 눈물이 뺨에 흐름이여(애1:2)라고 탄식하였습니다. 예수님도 장차 망할 예루살렘을 바라보시고 우셨습니다(눅23:28). 에스겔도 "너는 예루살렘 성읍 중에 순행하여 그 가운데서 행하는 모든 가증한 일로 인하여 탄식하며 우는 자의 이마에 표하라"(겔9:4) 하셨습니다. 아브라함도 멸망당할 소돔과 고모라를 위하여 중보기도를 드렸습니다(창18:23~30). 요한 사도는 밧모 섬에서 환상 중에 하나님의 손에 들려진 인봉한 책을 받아서 뗄 사람이 없으므로 크게 울었습니다(계5:4). 한 시대의 멸망을 내다보고 우는 이러한 울음이야말로 거룩한 울음이며 거룩한 눈물입니다. 슬픈 날의 기도는 '슬프다!'로 시작된 기도입니다.

2. 신명기 28장의 저주 선포를 자인하는 기도(애1:16~18)

애 1:18 "여호와는 의로우시도다 내가 여호와의 명령을 거역하였도다 …"

예루살렘의 멸망과 그 참상은 유다 백성의 죄로 말미암아 당하는 하나님의 주권적 진노에 의한 것임을 예레미야 선지자는 자인하며 기도하기를 "여호와는 의로우시도다 내가 여호와의 명령을 거역하였도다"(애1:18) 하였습니다.

신명기 28장 15~19절에 "네가 만일 네 하나님 여호와의 말씀을 순종하지 아니하여 내가 오늘날 네게 명하는 그 모든 명령과 규례를 지켜 행하지 아니하면 이 모든 저주가 네게 임하고 네게 미칠 것이니 네가 성읍에서도 저주를 받으며 들에서도 저주를 받을 것이요 또 네 광주리와 떡반죽 그릇이 저주를 받을 것이요 네 몸의 소생과 네 토지의 소산과 네 우양의 새끼가 저주를 받을 것이며 네가 들어와도 저주를 받고 나가도 저주를 받으리라" 하였습니다. B.C 588년부터 586년까지 바벨론 군대가 예루살렘 성벽을 포위하고 있었습니다(왕하25:1~10). 유다의 다른 도시들이 차례차례 함락되었고 예루살렘만 남았습니다. 굶주린 자들은 자기 자녀들을 먹기도 하였습니다(애2:20, 4:10). 다급해진 백성들은 어떤 신이든지 상관하지 않고 모든 신에게 빌며 구원해 달라고 부르짖으므로 우상숭배가 성행하였습니다. B.C 586년 7월 18일 포위되었던 성벽이 뚫리고 바벨론 군대가 도시 안으로 들어오기 시작했습니다(왕하25:2~4). 시드기야 왕과 군사들이 도망치려다가 포로로 잡혔습니다(왕하25:4~7).

느부갓네살 왕이 예루살렘을 점령하기까지는 수 주일이 걸렸고 점령한 후 그들은 귀중품을 약탈하기 시작하여 B.C 586년 8월 14일까지 약탈이 끝나자 이제는 도시를 파괴하기 시작하였습니다(왕하25:8~10, B.C 586년 7월 18일과 8월 14일로 추정됨, 『히브리 왕의 신비스런 숫자』, p.190).

바벨론 군대는 성전과 왕궁 그리고 도시의 모든 중요한 건물을 불태웠습니다. 그리고 성벽까지 허물었습니다. 바벨론 군사들이 모든 것을 파괴하고 포로들을 데리고 예루살렘을 떠났을 때 그곳에는 불에 그슬려 깨진 벽돌 조각들만 남아있었습니다. 이러한 결과에 대하여 요한 A. 마르틴은 "애가서의 저자는 신명기 28장의 저주의 성취를 보여주려고 한다"고 하였습니다(구속역사에 대한 애가서 공헌, Th. M. Dallas Thelogical Seminary, 1975, p.44, pp.236~237). 애가 서에 나타난 예루살렘의 참상은 모세에 의해서 약 900년 전에 예언되어졌습니다. 모세는 신명기 28장에서 축복에 관하여는 신명기 28장 1~14절까지 말씀하였고, 저주에 관한 경고는 신명기 28장 15~68절까지 계속되었습니다.

예레미야는 현재 당한 예루살렘의 비극은 유다 백성과 자신의 죄악 때문이며 신명기 28장에 말씀하신 저주가 임한 것이라고 자인하였습니다. 그는 하나님을 원망하지 아니하고 "여호와는 의로우시도다"(애1:18)라고 고백하면서 "내가 여호와의 명령을 거역하였도다"(애1:18), "나의 패역이 심히 큼이니이다"(애1:20)라고 기도드렸습니다.

3. 신명기 30장의 희망을 기도함(애3:19~24)

> 애 3:21~22 "중심에 회상한즉 오히려 소망이 있사옴은 여호와의 자비와 긍휼이 무궁하시므로 우리가 진멸되지 아니함이니이다"

예레미야는 신명기 28장에서 말한 저주를 불러오신 하나님은 신명기 30장에서 약속하신 축복을 가져오실 것으로 믿었습니다. 하나님은 환난도 지으시고 평안과 축복도 불러오시는 분이십니다. 신명기 30장에서 여호와께로 돌아와 순종하면 여호와께서 마음을 돌이키시고 긍휼히 여기사 너를 흩으신 모든 백성 중에서 너를 모으시리니 너의 쫓겨 간 자들이 하늘 가에 있을지라도 거기서 너를 모으실 것이며 거기서부터 너를 이끄실 것이며 너를 네 열조의 땅으로 돌아오게 하사 너로 다시 그것을 얻게 하실 것이며, 번성케 하실 것이며, 생명을 얻게 하실 것이라는 예언의 말씀이 성취될 것이라고 하였습니다(신 30:1~14).

예레미야는 고초와 재난을 생각하고 낙심이 되나 중심에 하나님을 향하여 회상한즉 오히려 소망이 있사옴은 여호와의 자비와 긍휼이 무궁하시므로 우리가 진멸되지 아니함이니이다 이것이 아침마다 새로우니 주의 성실이 크도소이다(애3:19~23) 하였습니다.

예레미야애가 5장은 기억하소서! 우리를 주께로 돌이키소서! 그리하면 우리가 주께로 돌아가겠사오니 우리의 날을 다시 새롭게 하사 옛적 같게 하옵소서라고 희망의 기도를 드리고 있습니다. 예레미야애가는 '슬프다'로 시작하여 '우리를 주께로 돌이키소서, 우리가 돌아가리이다'라는 희망의 기도로 끝을 맺고 있습니다.

에스겔

두루마리를 먹으라
중보자의 사명
떠나가는 영광
참 목자와 새 영
골짜기의 부흥
희망의 골짜기
성전 환상(1)
성전 환상(2)
돌아오는 영광
축복의 강물
이상적인 도성

두루마리를 먹으라

에스겔 3장 1~3절

"그가 또 내게 이르시되 인자야 너는 받는 것을 먹으라 너는 이 두루마리를 먹고 가서 이스라엘 족속에게 고하라 하시기로 내가 입을 벌리니 그가 그 두루마리를 내게 먹이시며 내게 이르시되 인자야 내가 네게 주는 이 두루마리로 네 배에 넣으며 네 창자에 채우라 하시기에 내가 먹으니 그것이 내 입에서 달기가 꿀 같더라"

에스겔 3장은 하나님의 계시의 전달자인 에스겔에게 선지자의 사명을 주신 표시로 말씀이 적힌 두루마리 책을 받아먹을 것을 명하시고 에스겔이 순종하여 받아먹은즉 달기가 꿀 같이 달았다는 사실을 기록하고 있습니다. 이는 하나님의 종은 말씀을 선포하기 전에 먼저 하나님의 말씀이 기록된 두루마리를 먹어야 한다는 진리를 말씀해 주시고 있습니다.

1. 먹이시는 하나님(마6:25~26)

마태복음 6:25 "그러므로 내가 너희에게 이르노니 목숨을 위하여 무엇을 먹을까 무엇을 마실까 몸을 위하여 무엇을 입을까 염려하지 말라 목숨이 음식보다 중하지 아니하며 몸이 의복보다 중하지 아니하냐"

하나님은 선하시고 인자하신 하나님 이십니다. 욥기 38장 41절에 "까마귀 새끼가 하나님을 향하여 부르짖으며 먹을 것이 없어서 오락가락 할 때에 그것을 위하여 먹을 것을 예비하는 자가 누구냐" 하였습니다. 하나님은 까마귀 새끼를 위하여 먹을 것을 예비하시는 분이라고 말씀하고 있습니다. 하나님은 먹이시는 인자하신 분이십니다. 하나님은 이스라엘 백성을 광야에서 사십년 동안 하늘에서 내리는 만나를 먹여 주셨고 메추라기를 주시고 반석에서 생수를 솟아나게 하셔서 마시게 하여 주셨습니다. 열왕기상 17장 1~7절에는 그릿 시냇가에 숨어있는 엘리야에게 까마귀들을 시켜 아침저녁으로 떡과 고기를 가져와 먹게 하셨습니다. 깊은 산골짜기에 반반한 반석 위에 베풀어주신 식탁은 얼마나 낭만적인지요. 빵과 고기를 먹고 시냇물을 마셨습니다. 열왕기상 18장 8~14절에는 사르밧 지방 과부를 통하여 밀가루 단지에 밀가루가 떨어지지 아니하며, 기름 그릇에 기름이 끊어지지 아니하게 하여 엘리야를 먹여주셨습니다. 열왕기상 19장 1~8절에 보면 엘리야가 이세벨의 위협하는 말을 듣고 실망하여 로뎀나무 밑에서 죽기를 구하며 쓰러져 있을 때 천사가 나타나 두 번이나 물과 떡을 먹여 주셨습니다.

2. 두루마리를 먹으라(겔3:1)

에스겔 3:1 "그가 또 내게 이르시되 인자야 너는 받는 것을 먹으라 너는 이 두루마리를 먹고 가서 이스라엘 족속에게 고하라 하시기로"

에스겔 3장 1~3절에 보면 하나님께서 에스겔에게 두루마리를 먹게 하신 말씀이 기록되어 있습니다. 에스겔 3장 1~3절에 "그가 또 내게 이르시되 인자야 너는 받는 것을 먹으라 너는 이 두루마리를 먹고 가서 이스라엘 족속에게 고하라 하시기로 내가 입을 벌리니 그가 그 두루마리를 내게 먹이시며 내게 이르시되 인자야 내가 네게 주는 이 두루마리로 네 배에 넣으며 네 창자에 채우라 하시기에 내가 먹으니 그것이 내 입에서 달기가 꿀 같더라" 하였습니다. 요한계시록 10장 1~11절에 보면 "내가 본 바 바다와 땅을 밟고 섰는 천사가 하늘을 향하여 오른손을 들고 세세토록 살아계신 자 곧 하늘과 그 가운데 있는 물건이며 땅과 그 가운데 있는 물건이며 바다와 그 가운데 있는 물건을 창조하신 이를 가리켜 맹세하여 가로되 지체하지 아니하리니 일곱째 천사가 소리 내는 날 그 나팔을 불게 될 때에 하나님의 비밀이 그 종 선지자들에게 전하신 복음과 같이 이루리라 하늘에서 나서 내게 들리던 음성이 또 내게 말하여 가로되 네가 가서 바다와 땅을 밟고 섰는 천사의 손에 펴 놓인 책을 가지라 하기로 내가 천사에게 나아가 작은 책을 달라 한즉 천사가 가로되 갖다 먹어 버리라 네 배에는 쓰나 네 입에는 꿀같이 달리라 하거늘 내가 천사의 손에서 작은 책을 갖다 먹어 버리니 내 입에는 꿀같이 다나 먹은 후에 내 배에서는 쓰게 되더라"(계10:5~10) 하였습니다. 그러므로 예수님도 사탄에게 "사람이 떡으로만 살 것이 아니요 하나님의 입으로 나오는 모든 말씀으로 살 것이라 하였느니라" 하였습니다. 시편 기자도 시편 119편 103절에서 "주의 말씀의 맛이 내게 어찌 그리 단지요 내 입에 꿀보다 더하니이다" 하였습니다.

하나님의 백성된 성도는 세상 사람들이 먹는 육신의 양식 외에 또 다른 영적인 영혼의 양식이 있습니다. 성도는 세상의 육신적 양식으로 배불리 먹었을지라도 만족이 없고 여전히 배고픔을 느끼게 됩니다. 성도에게 주시는 신령한 양식을 배불리 먹어야 포만감이 들어 만족하게 됩니다. 신령한 양식은 바로 하나님의 말씀입니다. 이사야 55장 1절에는 "너희 목마른 자들아 물로 나아오라"고 초청하셨습니다. 하나님께 청종하면 "너희가 좋은 것을 먹을 것이며 너희 마음이 기름진 것으로 즐거움을 얻으리라"(사55:2) 하셨습니다. 예수님은 "썩는 양식을 위하여 일하지 말고 영생하도록 있는 양식을 위하여 하라 이 양식은 인자가 너희에게 주리니 …"(요6:27) 하셨고 "나는 하늘로서 내려온 산 떡이니 사람이 이 떡을 먹으면 영생하리라 나의 줄 떡은 곧 세상의 생명을 위한 내 살이로라"(요6:51) 하셨으며 "내 살은 참된 양식이요 내 피는 참된 음료로다"(요6:55) 하셨습니다. 또한 요한복음 4장 14절에 "내가 주는 물을 먹는 자는 영원히 목마르지 아니하리니 나의 주는 물은 그 속에서 영생하도록 솟아나는 샘물이 되리라" 하셨습니다. 바울 사도는 "지금은 은혜 받을 만한 때요 보라 지금은 구원의 날이로다" 하였습니다. 지금은 은혜 시대, 은혜 받을 만한 때입니다. 그러나 이러한 은혜 시대는 언젠가는 문이 닫히듯 끝이 있습니다. 아모스 선지자는 "주 여호와께서 가라사대 보라 날이 이를지라 내가 기근을 땅에 보내리니 양식이 없어 주림이 아니며 물이 없어 갈함이 아니요 여호와의 말씀을 듣지 못한 기갈이라 사람이 이 바다에서 저 바다까지 북에서 동까지 비틀거리며 여호와의 말씀을 구하려고 달려 왕래하되 얻지 못하리니 그 날에 아름다운 처녀와 젊은 남자가 다 갈하여 피곤하리라"(암8:11~13) 하였습니다.

중보자의 사명

에스겔 4장 4~8절

"너는 또 좌편으로 누워 이스라엘 족속의 죄악을 담당하되 네 눕는 날수대로 그 죄악을 담당할지니라 내가 그들의 범죄한 햇수대로 네게 날수를 정하였나니 곧 삼백구십 일이니라 너는 이렇게 이스라엘 족속의 죄악을 담당하고 그 수가 차거든 너는 우편으로 누워 유다 족속의 죄악을 담당하라 내가 네게 사십 일로 정하였나니 일 일이 일 년이니라 너는 또 에워싼 예루살렘을 향하여 팔을 벗어 메고 예언하라 내가 줄로 너를 동이리니 네가 에워싸는 날이 맞도록 몸을 이리 저리 돌리지 못하리라"

본문 말씀은 에스겔에게 이스라엘과 유다를 위하여 사명자로서 중보자의 삶을 살아갈 것을 지시하신 말씀입니다. 선지자의 삶이 어떤 삶인지 살펴보면서 우리의 삶을 다시 살펴보는 중에 은혜와 축복이 있어지기를 바랍니다.

1. 징조가 되리라(겔4:3)

에스겔 4:3 "또 전철을 가져다가 너와 성읍 사이에 두어 철성을 삼고 성을 향하여 에워싸는 것처럼 에워싸라 이것이 이스라엘 족속에게 징조가 되리라"

하나님은 에스겔에게 "너 인자야 박석을 가져다가 네 앞에 놓고 한 성읍 곧 예루살렘을 그 위에 그리고 그 성읍을 에워싸되 운제를 세우고 토둔을 쌓고 진을 치고 공성 퇴를 둘러 세우고 또 전철을 가져다가 너와 성읍 사이에 두어 철성을 삼고 성을 향하여 에워싸는 것처럼 에워싸라 이것이 이스라엘 족속에게 징조가 되리라"(겔4:1~3) 하였습니다. 이곳에서 말하는 '박석'이란 히브리어로 '레베나'(לְבֵנָה)인데 이는 종이 대용으로 글을 쓰는 점토 석판을 의미합니다. 석판 위에 예루살렘 모형을 그리고 바벨론 느부갓네살에게 포위되고 공격당하며 함락될 것을 알려주도록 하셨습니다. 선지자에게 주신 중보자의 사명은 하나님의 뜻을 미리 깨닫고 그 사실을 백성들에게 알려주는 일이었습니다.

예수님도 "예루살렘아 예루살렘아 선지자들을 죽이고 네게 파송된 자들을 돌로 치는 자여 암탉이 그 새끼를 날개 아래 모음같이 내가 네 자녀를 모으려 한 일이 몇 번이냐 그러나 너희가 원치 아니하였도다 보라 너희 집이 황폐하여 버린바 되리라"(마23:37~38) 하시면서 땅에서 흘린 의로운 피가 다 너희에게 돌아가리라(마23:35) 하셨습니다.

2. 그 죄악을 담당하라(겔4:4~16)

에스겔 4:4 "너는 또 좌편으로 누워 이스라엘 족속의 죄악을 당하되 네 눕는 날수대로 그 죄악을 담당할지니라"

에스겔 4장 4절의 말씀은 이스라엘의 대표자로서 훗날 이스라엘 백성이 당할 고난에 동참하는 것이며 이와 같은 고난을 백성들이 당하리라는 것을 보여주고 있습니다. 390일간 좌편으로 누워 이스라엘 백성의 죄악을 담당하며 40일 동안 우편으로 누워 유다 족속의 죄악을 담당하라 하셨습니다.

예수님을 가리켜 세례 요한은 "보라 세상 죄를 지고 가는 하나님의 어린 양이로다"(요1:29) 하였습니다. 이러한 상징적인 행위에 관하여 성서학자 엉거(Unger)는 "그가 좌편으로 390일 동안의 불편함과 우편으로 누워 지내는 40일 동안의 불편함은 430년 애굽의 속박 시대를 상기시켜 주시면서(출12:40~41) 이와 유사한 바벨론 시대가 닥쳐 올 것을 예시하는 것이며 북왕국 이스라엘의 포로기간이 더 길 것이라는 의미로 보았습니다"(Unger's Bible Hand Book p.367).

이사야 선지자에게도 애굽과 구스가 앗수르에 포로가 될 것을 예언하기 위해 3년 동안 옷을 벗고 맨발로 거리를 활보하게 하셨습니다(사20:1~2). 또한 예레미야에게도 유다 백성의 바벨론 포로 생활의 고통을 예시하기 위하여 나무 멍에를 메고 다녔습니다(렘27:2). 선지자에게 주신 중보자의 사명은 앞날에 있어질 일을 알리는 일 뿐만 아니라 그들이 당할 죄의 짐을 담당하는 일을 맡겨주셨습니다. 바울 사도는 골로새서 1장 24절에서 "내가 이제 너희를 위하여 받는 괴로움을 기뻐하고 그리스도의 남은 고난을 그의 몸된 교회를 위하여 내 육체에 채우노라" 하였습니다.

열심 있는 성도들이 범하는 실수 중 하나가 다른 사람을 향하여 심판하고 정죄하려는 자세입니다. 성도에게는 다른 사람을 정죄하고 심판할 수 있는 권한이 주어져 있지 않습니다. 본문에서 에스겔에게 주신 명령은 다만 이스라엘과 유다의 죄악으로 당할 고통을 네 몸에 담당하라는 것이었습니다. 어떤 성도는 병자들을 위하여 기도하면 병자의 몸에서 아픈 고통이 자기 몸에 그대로 옮겨 와서 고통을 당하게 된다는 말을 들었습니다. 어떤 사람을 위하여 기도하다 보면 너무도 딱하고 마음이 아파서 같이 우는 경우가 있습니다. 바로 다른 사람의 아픔을 담당하는 것이 선지자에게 주신 사명입니다.

3. 중보자의 기도(암7:1~3)

아모스 7장 2절 "황충이 땅의 풀을 다 먹은지라 내가 가로되 주 여호와여 청컨대 사하소서 야곱이 미약하오니 어떻게 서리이까 하매"

'중보자'(仲保者)란 '하나님과 사람 사이를 화해시키고 교제를 유지하도록 하는 자'(한글사전) 라고 정의하고 있습니다. 하나님은 여러 사람에게 당신의 백성 중 범죄한 자들을 위한 중보자의 사명을 주어 세상에 보내어 주셨습니다. 아브라함은 소돔과 고모라 성의 심판을 거두어 주시기 위해 중보의 기도를 드렸고(창18:22~23), 모세도 가데스 바네아에서 백성들의 죄를 사해달라고 중보의 기도를 드렸으며(출32:32), 욥이 세 친구를 위하여 중보의 기도를 드렸습니다(욥42:7~9). 그리고 아모스도 백성들을 위하여 중보기도를 드렸습니다. "주 여호와여 청컨대 사하소서 야곱이 미약하오니 어떻게 서리이까 하매 여호와께서 이에 대하여 뜻을 돌이켜 가라사대 이것이 이루지 아니하리라 하시니라"(암7:2~3) 하였습니다.

에스겔에게 주신 거룩한 중보자의 사명은 하나님의 이루시고자 하는 뜻을 전하는 일과 이스라엘의 죄악으로 인하여 당할 고난을 자신의 몸에 담당하는 일과 백성들을 위하여 기도하는 사명이었습니다. 예수님은 하나님과 세상 사람의 중간에서 중보자로 담당하시고 그리고 우리를 위해 저들의 죄를 사해 주소서(눅23:34)라고 기도하셨습니다. 우리 또한 중보자로 살았던 선지자와 예수님을 본받아 중보자로서의 삶을 영위하는 복된 삶이 되어야 하겠습니다.

떠나가는 영광

에스겔 8장 5~6절

"그가 내게 이르시되 인자야 이제 너는 눈을 들어 북편을 바라보라 하시기로 내가 눈을 들어 북편을 바라보니 제단문 어귀 북편에 그 투기의 우상이 있더라 그가 또 내게 이르시되 인자야 이스라엘 족속의 행하는 일을 보느냐 그들이 여기서 크게 가증한 일을 행하여 나로 내 성소를 멀리 떠나게 하느니라 너는 다시 다른 큰 가증한 일을 보리라 하시더라"

이사야 6장에 보면 웃시야 왕이 50년의 치세 끝에 세상을 떠났고 백성들은 불안과 초조함에 처하여 있을 때 이사야가 성전에 들어가 기도하다가 주께서 높이 들린 보좌에 앉아계시고 그의 옷자락이 성전에 가득한 모습을 보게 되었습니다. 이러한 환상을 보면서 이사야는 하나님께서 여전히 이스라엘과 함께 하시며 보호하신다는 확신을 갖게 되었습니다.

본문 말씀은 에스겔이 여호야긴 왕과 함께 포로 되어 바벨론에 끌려간 지 5년 되었을 때 그발 강가에서 엎드려 기도하면서 성전과 고국을 떠나 수천리 떨어진 이곳에서 슬퍼하는 이스라엘 백성들을 하나님은 기억하고 계실까 … 하는 생각에 잠겨있을 때 하나님 보좌에 대한 환상을 보게 되었습니다. 이러한 환상을 통하여 무소부재하신 하나님의 위대하심과 여전히 이스라엘을 버리지 않고 계시며 왜 하나님께서 이스라엘 백성과 성전을 떠나가셨는지를 깨닫게 하여 주셨습니다.

1. 하나님의 거룩하심에 대한 환상(겔1:1~28)

에스겔 1:28 "그 사면 광채의 모양은 비 오는날 구름에 있는 무지개 같으니 이는 여호와의 영광의 형상의 모양이라 내가 보고 곧 엎드리어 그 말씀하시는 자의 음성을 들으니라"

에스겔이 포로 된지 5년 된 후, 예루살렘이 멸망하기 5년 전 B.C 593년 7월 31일 그의 나이 30세 생일날입니다. 어느 누구 하나 생일축하노래를 불러주는 이도 없고 쓸쓸한 마음으로 그발 강변을 거닐다 조용히 앉아 기도하면서 시편 137편의 슬픈 노래를 힘없이 부르고 있었습니다. "우리가 바벨론의 여러 강변 거기 앉아서 시온을 기억하며 울었도다 그 중의 버드나무에 우리가 우리의 수금을 걸었나니 이는 우리를 사로잡은 자가 거기서 우리에게 노래를 청하며 우리를 황폐케 한 자가 기쁨을 청하고 자기들을 위하여 시온 노래 중 하나를 노래하라 함이로다 우리가 이방에 있어서 어찌 여호와의 노래를 부를꼬"(시137:1~4).

이때 하늘이 열리며 하나님의 거룩하심에 대한 이상을 보게 되었습니다. 약속의 땅이 아닌 이방 바벨론에서 환상을 통하여 하나님이 우리 곁에 계시다는 사실을 깨닫게 된 것은 얼마나 큰 위안이 되었는지 말로 표현할 수 없는 일이었습니다.

그발 강가에서 본 환상은 네 가지의 환상입니다.

첫째는 네 생물의 환상(겔1:4~14). 합성체의 네 생물의 얼굴은 사자의 얼굴, 사람의 얼굴, 소의 얼굴, 독수리 얼굴이며

둘째는 네 바퀴의 환상(겔1:15~21).

셋째는 궁창의 환상(겔1:22~25)으로 네 생물의 머리 위에 펼쳐진 궁창은 수정같이 맑고 보기에 두려웠다고 했습니다.

넷째, 궁창 위에 펼쳐진 하늘 보좌(겔1:26~28)는 예루살렘 성의

기초석인 남보석 같고 보좌 위에 사람의 모양 같은 형상을 보게 되었습니다. 그분의 모습은 허리 이상은 단쇠 같고 불같으며 허리 이하는 불 같이 광채가 나며 사면에 무지개 같이 빛나는 하나님의 영광의 형상을 보았습니다.

이상의 네 가지 환상은 하나님의 거룩하심에 대한 환상입니다. 거룩하신 하나님은 영광의 형상으로 에스겔 앞에 나타나셨습니다. 에스겔은 그 앞에 엎드리어 그 말씀하시는 자의 음성을 들었습니다.

2. 하나님의 거룩하심을 훼손시키는 자들의 환상(겔8:1~18)

> 에스겔 8:5 "그가 내게 이르시되 인자야 이제 너는 눈을 들어 북편을 바라보라 하시기로 내가 눈을 들어 북편을 바라보니 제단문 어귀 북편에 그 투기의 우상이 있더라"

첫 번째 이상을 본 후 413일 즉 1년 2개월 지난 B.C 592년 6월에 두 번째 환상을 보게 되었습니다. 두 번째 본 이상은 포로 된지 제 6년 6월 5일에 에스겔이 유대 원로 장로들과 함께 앉아 있을 때 불같은 형상이 나타났습니다. 그가 손을 펴서 에스겔의 머리털을 한 움큼 잡고 주의 영이 에스겔을 들어 천지사이로 올리시고 하나님의 환상 가운데로 이끌어 예루살렘 성전 안뜰로 들어가는 북향한 문에 이르렀습니다. 이곳은 하나님의 영광이 머물러 있는 자리였습니다. 에스겔은 성전 안뜰로 들어가는 북향한 문에 이르러 네 가지 광경을 보게 되었습니다(겔8:5~18).

첫째광경, 투기의 우상이 서 있는 것을 보았습니다(겔8:5).

투기의 우상은 바알 신의 아내 아세라 신을 지칭하는 말입니다. "눈을 들어 북편을 보라 하시기로 바라보니 제단문 어귀 북편에 그 투기의 우상이 있더라"(겔8:5) 하였습니다.

둘째광경, 뜰 문 앞 담을 헐고 들어가 보니 각양 곤충과 가증한 짐승과 모든 우상을 사방 벽에 그렸고 이스라엘 족속의 장로 중 70명이 그 앞에 섰고 각기 손에 향로를 들었는데 향연이 구름 같이 오르고 있었습니다(겔8:7~11).

셋째광경, 여호와의 전으로 들어가는 북문에 이르러보니 여인들이 앉아 담무스를 위하여 애곡하고 있었습니다(겔8:14). 담무스는 겨울에 죽었다가 봄에 다시 살아나는 신이며 곡물을 풍요케 하는 신으로 섬기고 있었습니다.

넷째광경, 여호와의 전 문 앞 현관과 제단 사이에서 약 이십오 인이 여호와의 전을 등지고 낯을 동으로 향하여 동방 태양에 경배하고 있었습니다(겔8:16). 현관과 제단 사이는 제사장이 백성위해 중보기도 하는 장소였습니다. 이상과 같은 우상숭배의 행실은 여호와 하나님의 거룩하심을 노골적으로 훼손하는 행위였습니다.

3. 떠나가는 여호와의 영광(겔11:23)

에스겔 11:23 "여호와의 영광이 성읍 중에서부터 올라가서 성읍 동편 산에 머물고"

에스겔 8장 6절에 "그가 또 내게 이르시되 인자야 이스라엘 족속의 행하는 일을 보느냐 그들이 여기서 크게 가증한 일을 행하여 나로 내 성소를 멀리 떠나게 하느니라 …" 하였습니다. 레위기 18장 28절에 "너희도 더럽히면 그 땅이 너희 있기 전 거민을 토함 같이 너희를 토할까 하노라" 하였습니다. 이스라엘 백성이 성전에서 투기의 우상을 섬기고(겔8:5) 어두운 방에 장로 70인이 우상을 섬기고 북문 앞에서 여인들이 담무스를 애곡하고 현관과 제단 사이에서 25인이 여호와의 전을 등지고 동방 태양을 경배하고 있었습니다. 이런 가증한 일을 자행하는 자들로 인하여 하나님의 영광이 떠나가시게 되었습니다.

　에스겔 10장 4절에 "여호와의 영광이 그룹에서 올라 성전 문지방에 임하니 구름이 성전에 가득하며 여호와의 영화로운 광채가 뜰에 가득하였고", 에스겔 10장 18~19절에 "여호와의 영광이 성전 문지방을 떠나서 그룹들 위에 머무르니 그룹들이 날개를 들고 땅에서 올라가는데 그들이 나갈 때에 바퀴도 그 곁에서 함께 하더라 그들이 여호와의 전으로 들어가는 동문에 머물고 …" 하였으며, 에스겔 11장 23절에 "여호와의 영광이 성읍 중에서부터 올라가서 성읍 동편 산에 머물고"라고 하였습니다.

　하나님의 영광이 떠나가는 노정을 간추려 보면 다음과 같습니다. 하나님의 영광이 북쪽에서 → 성전 문지방에 옮겨지고 → 다시 성전 동문에 잠시 머물고 → 영광은 그룹들 위에 머물다가 → 성읍 중에서 올라가서 성읍 동편 산에 머물다가 떠나갔습니다.

　사무엘상 4장 11~22절에 보면 엘리 제사장의 두 아들이 블레셋 족속과의 전쟁터에 나갔다가 아들 형제가 전사했습니다. 이 소식을 들은 엘리가 성전 앞에 앉았다가 쓰러져 목이 부러져 죽었습니다. 이때 그의 며느리가 아들을 낳았습니다. 애기를 받은 자가 아들이나이다 하니 그는 이가봇(אִיכָבוֹד, 하나님의 영광이 떠났다)이라 하고 숨이 끊어졌습니다. 가문이나 국가, 개인이라도 하나님의 영광이 떠나가면 소망이 없습니다. 이러한 사실들을 통하여 이스라엘의 멸망의 원인을 깨닫게 해주시고 있습니다. 하나님의 영광이 떠나가니 이스라엘 나라는 망하고 백성들은 죽임을 당하고 포로 되어 끌려가게 되었고 가정은 깨어지고 칠십년 동안 방황하는 삶을 살게 되었습니다. 하나님의 영광이 교회와 성도들의 가정과 그리고 우리 모두에게 영원히 함께 하시기를 축원합니다.

참 목자와 새 영

에스겔 34장 23~24절
"내가 한 목자를 그들의 위에 세워 먹이게 하리니 그는 내 종 다윗이라 그가 그들을 먹이고 그들의 목자가 될지라 나 여호와는 그들의 하나님이 되고 내 종 다윗은 그들 중에 왕이되리라 나 여호와의 말이니라"

이사야 1장에서 39장까지 심판과 정죄의 메시지를 선포하다가 40장에서 66장에는 구약 속의 신약(New Testament Book of O.T)이라는 위로와 구원의 선포가 나타남같이 에스겔서에도 하나님의 영광이 떠나간(11장) 이후에 심판과 애가의 말씀이 계속되다가 에스겔 34장과 36장에는 희망의 예언이 선포되고 있는데 참목자의 출현 예언과 새 영과 새 마음(겔36:25~31)을 주시리라는 예언입니다.

1. 참목자의 출현에 대한 예언(겔37:17~24)

에스겔 37:23 "내가 한 목자를 그들의 위에 세워 먹이게 하리니 그는 내 종 다윗이라 그가 그들을 먹이고 그들의 목자가 될지라"

거룩한 성전이 우상의 전각으로 타락되어 하나님의 영광이 떠나간 이후부터 이스라엘과 유다는 심판과 멸망의 어두운 절망적인 역사가 계속되고 있었습니다. 밤이 깊어지면 새벽별이 떠오르듯 새로운 목자의 출현에 대한 예언이 선포되었습니다(겔34:23). 이러한 소식은 이스라엘 백성들에게 미래를 있어지게 하여 주셨습니다. 참목자의 출현 예언은 새로운 미래를 보여주시는 사건이 아닐 수 없었습니다. 절망과 어두움만 있는 자들에게 미래의 밝은 세상을 보여주시는 것은 미래가 존재하도록 하여주는 축복이었습니다. 참목자 예수 그리스도는 성도들에게 있어서 미래 그 자체입니다. 예수 그리스도가 없으면 우리의 미래는 없습니다. 예수 그리스도는 성도의 미래이며 우리 자신의 미래입니다. 요한복음 10장 10~11절에 "도적이 오는 것은 도적질하고 죽이고 멸망시켜려는 것뿐이요 내가 온 것은 양으로 생명을 얻게 하고 더 풍성히 얻게 하려는 것이라 나는 선한 목자라…" 하였습니다. 에스겔 34장 25~26절에 "내가 또 그들과 화평의 언약을 세우고 악한 짐승을 그 땅에서 그치게 하리니 그들이 빈들에 평안히 거하며 수풀 가운데서 잘지라 내가 그들에게 복을 내리며 내 산 사면 모든 곳도 복되게 하여 때를 따라 비를 내리되 복된 장마비를 내리리라" 하였습니다.

2. 새 영과 새 마음에 대한 예언(겔36:25~38)

에스겔 36:26 "또 새 영을 너희 속에 두고 새 마음을 너희에게 주되 너희 육신에서 굳은 마음을 제하고 부드러운 마음을 줄 것이며"

이스라엘 백성은 땅을 빼앗기고 포로가 되었습니다. 그러나 여전히 땅과 이스라엘 백성은 하나님의 소유입니다. 에스겔 34장에서 새로운 목자를 보내어 주실 것을 말씀하였고, 에스겔 36장에서는 "새 영과 새 마음"을 주시겠다고 하였습니다. 이스라엘 백성을 돌아오게 하고(겔36:24) 맑은 물로 뿌려서 정결케 하고(겔36:25) 새 영을 너희 속에 두고 새 마음을 너희에게 주되 너희 육신에서 굳은 마음을 제하고 부드러운 마음을 줄 것이며(겔36:26)라고 말씀하셨습니다. 에스겔 36장 26절의 말씀은 이스라엘을 귀환시킬 것과 물로 씻어(민8:7,

19:9) 죄 사함 받게 하시고 새 영과 새 마음을 주셔서 새 언약 백성으로 회복시키실 것을 보여주신 말씀입니다.

새 영(겔36:24), 내 신(겔36:27)은 성령을 가리키는 말씀입니다. 본토에 돌아오게 하셔서 맑은 물로 씻어 정결케 하고(정결예식, 민8:7, 19:9) 성령을 부어주셔서 "내 율례를 행하게 하리니"(겔36:26) 성령을 부어주시면 예배의 생활이 가능합니다. 그리고 하나님의 말씀을 지켜 살아갈 수 있습니다.

요엘 2장 28절에 "그 후에 내가 내 신을 만민에게 부어 주리니 너희 자녀들이 장래 일을 말할 것이며 너희 늙은이는 꿈을 꾸며 너희 젊은이는 이상을 볼 것이며" 하였고, 이사야 42장 1절에 "내가 붙드는 나의 종, 내 마음에 기뻐하는 나의 택한 사람을 보라 내가 나의 신을 그에게 주었은즉 그가 이방에 공의를 베풀리라" 하였으며, 이사야 44장 3절에 "… 나의 신을 네 자손에게, 나의 복을 네 후손에게 내리리니"라고 하였습니다. 또한 이사야 59장 21절에는 "네 위에 있는 나의 신과 네 입에 둔 나의 말이 이제부터 영영토록 네 입에서와 네 후손의 입에서 … 떠나지 아니하리라" 하였습니다. 에스겔 36장 26절에서 "부드러운 마음을 주리라"는 말씀은 사막 같은 마음, 광야 같은 마음, 길가와 같은 마음, 가시덤불 같은 마음 … 이러한 마음을 깊이 갈아엎어 옥토같이 부드러운 마음의 소유자, 새 마음의 소유자가 되게 하실 것이라는 예언의 말씀입니다.

골짜기의 부흥

에스겔 37장 1~10절

"여호와께서 권능으로 내게 임하시고 그 신으로 나를 데리고 가서 골짜기 가운데 두셨는데 거기 뼈가 가득하더라 나를 그 뼈 사방으로 지나게 하시기로 본즉 그 골짜기 지면에 뼈가 심히 많고 아주 말랐더라 그가 내게 이르시되 인자야 이 뼈들이 능히 살겠느냐 하시기로 내가 대답하되 주 여호와여 주께서 아시나이다 또 내게 이르시되 너는 이 모든 뼈에게 대언하여 이르기를 너희 마른 뼈들아 여호와의 말씀을 들을지어다 주 여호와께서 이 뼈들에게 말씀하시기를 내가 생기로 너희에게 들어가게 하리니 너희가 살리라 너희 위에 힘줄을 두고 살을 입히고 가죽으로 덮고 너희 속에 생기를 두리니 너희가 살리라 또 나를 여호와인 줄 알리라 하셨다 하라 이에 내가 명을 좇아 대언하니 대언할 때에 소리가 나고 움직이더니 이 뼈, 저 뼈가 들어 맞아서 뼈들이 서로 연락하더라 내가 또 보니 그 뼈에 힘줄이 생기고 살이 오르며 그 위에 가죽이 덮이나 그 속에 생기는 없더라 또 내게 이르시되 인자야 너는 생기를 향하여 대언하라 생기에게 대언하여 이르기를 주 여호와의 말씀에 생기야 사방에서부터 와서 이 사망을 당한 자에게 불어서 살게 하라 하셨다 하라 이에 내가 그 명대로 대언하였더니 생기가 그들에게 들어가매 그들이 곧 살아 일어나서 서는데 극히 큰 군대더라"

주전 592년부터 588년 사이에 바벨론 포로로 잡혀간 에스겔과 이스라엘 백성은 그발 강 상류에서 우거하고 있었습니다. 그발 강은 알메니아 고원 유브라데스 강에서부터 흘러 페르시아 만으로 흘러내리는 길이 약 2,000㎞의 강으로 이 강가에서 에스겔은 소명을 받았습니다. 이스라엘 백성들은 그발 강가에서 버드나무에 수금을 걸어 놓고 슬픈 애가를 부르면서 옛날에 가족끼리 모여 성전을 향해 예배드리러 가던 일을 생각하며 울었습니다(시137:1). 하나님은 어느 날 에스겔에게 환상을 보여주셨습니다. 어느 골짜기에 죽은지 오래된 사람들의 마른 뼈가 골짜기에 가득하게 흩어져 있는 모습이었습니다. 환상 중에 보여주신 골짜기에 흩어져 있는 마른 뼈들은 바로 포로로 잡혀온 이스라엘의 상태였습니다. 하나님은 에스겔에게 당시 이스라엘의 상태를 보여주셨습니다. 그들은 완전히 죽었으며 절망적인 상태에 처하여 있었습니다. 본문은 하나님께 이런 절망적인 이스라엘을 다시 회복시켜 살아나게 하시고 여호와의 군대로 세워주실 것을 보여주고 있는 말씀입니다.

1. 하나님은 믿음의 사람을 통하여 부흥을 주십니다(겔37:3)

에스겔 37:3 "그가 내게 이르시되 인자야 이 뼈들이 능히 살겠느냐 하시기로 내가 대답하되 주 여호와여 주께서 아시나이다"

하나님은 에스겔에게 마른 뼈를 보여주셨습니다. 골짜기에 뼈가 가득한데 그 뼈 사방으로 지나게 하시기로 본즉 "그 골짜기 지면에 뼈가 심히 많고 아주 말랐더라"(겔37:2)고 했습니다. 하나님께서 "에스겔아" 부르시며 "이 뼈들이 능히 살겠느냐"고 물으셨습니다. 에스겔은 "주 여호와여 주께서 아시나이다"라고 대답했습니다. 이 대답은 신앙적인 믿음의 대답인 동시에 "주께서 하시고자 하시면 할 수 있나이다"하는 긍정적인 가능성을 믿는 위대한 신앙인의 대답이었습니다. 하나님은 이러한 신앙의 사람 에스겔을 통하여 이스라엘에 회복의 은총을 내려주셨습니다. 하나님은 민족이나 교회나 가정이나 개인에게 회복의 은총을 주실 때는 언제나 믿음의 사람을 통하여 역사하셨습니다.

초대 교회의 부흥도 사도 바울을 통하여 주신 "내게 능력 주시는 자 안에서 내가 모든 것을 할 수 있다"(빌4:13)고 한 그의 신앙에 근거하여 일어난 부흥입니다. 뿐만 아니라 루터와 웨슬리, 전도자 무디가 그러했으며, 오늘 한국 교회도 믿음의 사람을 들어 크게 역사 하시고 부흥을 일으켜 주셨습니다.

미국의 로버트 슐러 목사(R. Schuller)는 "불가능이란 없다"라는 그의 신앙으로 교회를 세계적인 대 교회로 부흥시켰습니다. 마가복음 9장 14~29절에 보면 "예수께서 이르시되 할 수 있거든이 무슨 말이냐 믿는 자에게는 능치 못할 일이 없느니라"고 말씀하셨습니다.

2. 하나님은 말씀을 통하여 부흥을 주십니다(겔37:4)

에스겔 37:4 "또 내게 이르시되 너는 이 모든 뼈에게 대언하여 이르기를 너희 마른 뼈들아 여호와의 말씀을 들을지어다"

빛이 없는 시간을 밤이라 한다면 하나님의 말씀이 없는 시대를 가리켜 암흑시대라고 할 수 있습니다. 하나님이 천지를 말씀으로 창조하셨듯이 개인이나 교회에 있어서 새로운 회복의 역사, 새로운 창조, 새로운 부흥을 이루실 때에는 하나님의 말씀을 통하여 부흥을 일으켜 주십니다.

에스겔은 하나님이 주시는 말씀을 대언하였습니다. 그랬더니 뼈가 움직이고 제 위치에 들어맞게 되고 살이 오르며 힘줄이 생기고 가죽이 덮이게 되었습니다. 하나님의 말씀이 나타나면 질서가 세워지고 하나님의 말씀 앞에 모두 움직이는 역사가 일어납니다.

말씀은 '로고스'(λόγος)와 '레마'(ῥῆμα) 두 가지가 있습니다. '로고스'는 '선포되어진 말씀'을 의미하며, '레마'는 '움직이는 말씀'(히4:12)으로 생명력이 있고, 운동력이 있는 말씀이며, 다시 들려지는 말씀, 즉 다시 살아서 내게 들려주시는 말씀입니다. 에스겔이 하나님께서 들려주신 말씀을 외쳤을 때 다시 살아 움직이는 생명의 역사가 일어났습니다.

3. 하나님은 성령을 통하여 부흥을 주십니다(겔37:9)

> 에스겔 37:9 "또 내게 이르시되 인자야 너는 생기를 향하여 대언하라 생기에게 대언하여 이르기를 주 여호와의 말씀에 생기야 사방에서부터 와서 이 사망을 당한 자에게 불어서 살게 하라 하셨다 하라"

에스겔에게 보여주신 환상은 사람의 형체는 이루어졌으나 아직 생명은 없었습니다. 에스겔은 생기야 사방에서부터 와서 이 사망을 당한 자에게 불어서 살게 하라고 외쳤을 때 죽은 뼈가 이스라엘의 큰 군대로 일어섰습니다. 하나님이 주시는 민족적 부흥은 성령을 통하여 이루어 집니다.

스가랴 4장 6절에 "힘으로 되지 아니하며 능으로 되지 아니하고 오직 나의 신으로 되느니라"고 말씀하셨습니다. 오순절 마가의 다락방에 성령으로 부흥의 불이 일어났던 것처럼 하나님의 신이 임재하셔야 크고 위대한 부흥이 일어나게 되는 것입니다.

하나님의 말씀을 때를 얻든지 못 얻든지 힘써 외칠 때 생기가 불어와 살아나는 기적적인 축복의 역사가 일어나게 될 것입니다.

희망의 골짜기

에스겔 37장 1~6절

"여호와께서 권능으로 내게 임하시고 그 신으로 나를 데리고 가서 골짜기 가운데 두셨는데 거기 뼈가 가득하더라 나를 그 뼈 사방으로 지나게 하시기로 본즉 그 골짜기 지면에 뼈가 심히 많고 아주 말랐더라 그가 내게 이르시되 인자야 이 뼈들이 능히 살겠느냐 하시기로 내가 대답하되 주 여호와여 주께서 아시나이다 또 내게 이르시되 너는 이 모든 뼈에게 대언하여 이르기를 너희 마른 뼈들아 여호와의 말씀을 들을지어다 주 여호와께서 이 뼈들에게 말씀하시기를 내가 생기로 너희에게 들어가게 하리니 너희가 살리라 너희 위에 힘줄을 두고 살을 입히고 가죽으로 덮고 너희 속에 생기를 두리니 너희가 살리라 또 나를 여호와인 줄 알리라 하셨다 하라"

에스겔 34장에서 참목자의 출현을 예언하였고 에스겔 36장은 새 영과 새마음을 주실 것에 대하여, 그리고 37장에서는 희망의 환상을 보여주고 있습니다. 하나님께서 이스라엘 백성에게 희망을 주시기 위한 골짜기 환상에 대하여 살펴보도록 하겠습니다.

1. 절망의 골짜기(겔37:1~3)

에스겔 37:1 "여호와께서 권능으로 내게 임하시고 그 신으로 나를 데리고 가서 골짜기 가운데 두셨는데 거기 뼈가 가득하더라"

이스라엘은 B.C 586년 바벨론의 침공으로 나라를 빼앗겼습니다. 당시 바벨론 왕 느부갓네살은 예루살렘을 침공하여 성전 안까지 들어와 이스라엘 백성을 목 베어 죽였다고 역대하 36장 17절에서 증거하고 있습니다. 유다 왕 여호야긴은 쇠사슬에 결박되어 바벨론에 끌려갔고 시드기야 왕은 두 눈이 뽑힌 채로 끌려가 죽었습니다. 그 후 예루살렘 성전은 훼파되고 불태워 졌으며 모든 집이 거의 무너져 버리고 말았습니다. 그리고 포로로 잡혀가지 않고 남은 사람들은 애굽과 기타 여러 지역으로 흩어졌습니다.

이스라엘 백성이 바벨론에 포로생활 십여 년 되었을 때 에스겔에게 놀라운 환상을 보여주셨습니다. 하나님은 에스겔을 죽은 사람의 뼈가 가득한 음산한 골짜기로 이끌어 가셨습니다. 그곳에 있는 뼈들은 죽은지 오래되어 들짐승이 뜯어먹고 나머지는 독수리 떼들이 다 쪼아 먹고 햇볕에 쪼여 뽀얗게 말라 있었습니다. 골짜기에는 죽음의 어둔 그늘과 절망의 허망함만이 바람결에 흩날리고 있었습니다. 에스겔은 환상 중에서 절망의 현장을 보고 있었습니다. 에스겔 37장 11절에서 하나님은 에스겔에게 "인자야 이 뼈들은 이스라엘 온 족속이라 그들이 이르기를 우리의 뼈들이 말랐고 우리의 소망이 없어졌으니 우리는 다 멸절되었다 하느니라" 하셨습니다. 지금 처한 절망의 현실은 죄로 인한 이스라엘의 참상이었습니다. 에스겔 37장 11절의 "우리의 소망이 없어졌으니"라는 말은 예루살렘과 성전이 무너진 조국의 멸망을 두고 하는 한탄의 말입니다. 이스라엘의 죄는 '희망을 잃은 죄'입니다. 죄는 희망을 잃어버리게 하는 것입니다. 우리에게 주신 믿음, 소망, 사랑은 가장 귀중한 보배들입니다. 이스라엘 백성들이 바벨론 포로 되어 잃어버린 것은 바로 희망입니다. 저들은 소망을 잃어버린 자들로 편안한 죽음만을 바라고 사는 자들이었습니다. 사는 것보다 죽는 것이 더 복되다고 말하는 자들입니다.

덴마크 코펜하겐 대학에 가면 퇴색된 동상이 하나 서있는데 쇠렌 키에르케고르(Søren Aabye Kierkegaard, 1813.5.5~1855.11.11)의 동상입니다. 그분은 30세 밖에 못살았으나 세계적인 철학자입니다. 그는 절망을 가리켜 "죽음에 이르는 병"이라고 하였습니다. 이스라엘 백성들의 불행은 나라를 잃어버린 것보다 마음속에 희망을 모두 잃어버린 것이었습니다. 오늘도 불행한 사람이 있다면 그의 불행은 실패하고 망한 것들이 아니라 희망 자체를 잃어버린 것 때문일 것입니다. 에스겔은 희망을 잃어버린 이스라엘 백성의 절망의 모습을 보고 있었습니다. 그의 마음속에는 만감이 교차하면서 망했어도 철저히 망해서 희망을 찾아볼 수 없는 참상 앞에 어안이 벙벙하여 서있었습니다.

2. 희망의 골짜기(겔37:4~14)

> 에스겔 37:12 "그러므로 너는 대언하여 그들에게 이르기를 주 여호와의 말씀에 내 백성들아 내가 너희 무덤을 열고 너희로 거기서 나오게 하고 이스라엘 땅으로 들어가게 하리라"

하나님은 에스겔에게 "이 뼈들이 능히 살겠느냐"(겔37:3)라고 물으셨습니다. 이에 에스겔은 "주 여호와여 주께서 아시나이다"(겔37:3)라고 대답하였습니다. 하나님은 절망의 골짜기에서 희망을 보게 하셨습니다.

첫째, "여호와의 말씀을 들을찌어다"(겔37:4)

여호와의 말씀이 있는 한 희망이 있다는 사실을 깨우쳐 주셨습니다. 예수님도 "내 말을 듣는 자는 살아나리라"(요5:25) 하셨습니다. 하나님은 천지를 말씀으로 창조하셨습니다. 이 뼈들이 하나님 말씀을 들으면 살아난다는 사실을 가르쳐 주셨습니다. 예수님은 나사로의 무덤 앞에서 "나사로야 나오너라"(요11:43) 하시니 죽은지 나흘된 나사로가 베로 동인채로 그대로 살아서 일어났습니다. "사람이 떡으로만 사는 것이 아니라 하나님의 입으로 나오는 모든 말씀으로 살 것이라"(마4:4) 하였습니다. 하나님의 말씀은 선포되어진 말씀(λογος)도 있으며 움직이는 말씀(ῥῆμα)이 있습니다. 히브리서 4장 12절에 "하나님의 말씀은 살았고 운동력이 있어 좌우에 날선 어떤 검보다도 예리하여 혼과 영과 및 관절과 골수를 찔러 쪼개기까지 하며 또 마음의 생각과 뜻을 감찰하시나니"라고 하였습니다. 에스겔이 하나님의 말씀을 대언하여 "너희 마른 뼈들아 여호와의 말씀을 들을찌어다"(겔37:4)라고 외치니 대언할 때 "소리가 나고 움직이며 이 뼈 저 뼈가 들어맞아서 뼈들이 서로 연락하더라"(겔37:7) 하였습니다. 에스겔은 하나님의 말씀을 대언할 때 소리가 나고 움직이는 희망의 사건을 직시하였습니다.

둘째, 생기가 오실 때 희망이 있습니다(겔37:5, 9)

에스겔은 "생기야 사방에서부터 와서 이 사망을 당한 자에게 불어서 살게 하라"(겔37:9) 하였더니 그들이 살아 일어서는데 극히 큰 군대더라고 하였습니다(겔37:10). 스가랴 4장 6절에 "만군의 여호와께서 말씀하시되 이는 힘으로 되지 아니하며 능으로 되지 아니하고 오직 나의 신으로 되느니라" 하셨습니다. 부활하신 예수님은 제자들이 모인 자리에 나타나셔서 숨을 내쉬면서 "성령을 받으라"(요20:22) 하셨습니다. 사도행전 1장 8절에 "오직 성령이 너희에게 임하시면 너희가 권능을 받고 예루살렘과 온 유대와 사마리아와 땅 끝까지 이르러 내 증인이 되리라" 하셨습니다. 그러므로 바울 사도는 "성령의 충만을 받으라"(엡5:18)고 하였습니다. 성령이 오시면 희망이 있습니다. 성령이 없으면 죽은 자와 같습니다. 하나님의 생기라고 말한 성령이 오실 때 그 사람에게 생명이 있어 능력의 삶을 살아갈 수 있게 됩니다. 에스겔은 절망의 골짜기에 사방에서 불어오는 생기로 인하여 살아 일어나는 기적적인 사건에서 희망을 보게 되었습니다. 에스겔 37장 14절에 "내가 또 내 신을 너희 속에 두어 너희로 살게 하고 내가 또 너희를 너희 고토에 거하게 하리니 나 여호와가 이 일을 말하고 이룬 줄을 너희가 알리라" 하셨습니다.

에스겔은 절망의 골짜기에서 희망을 보았으며 죽음에서 생명을 보았습니다. 에스겔은 절망의 골짜기를 직시하면서 현재 이스라엘의 상태가 바로 이와 같다는 사실을 깨닫고 있을 때 하나님은 그에게 희망을 보게 하셨습니다. 그 희망은 아무리 절망적인 상황이라 하여도 하나님의 말씀만 있으면 희망이 있다는 것과 하나님의 생기, 성령이 임하시면 희망은 있다는 것이었습니다. '절망은 없다'는 책이 있었습니다. 그러나 성경은 '희망은 있다'는 책입니다. 오늘 희망을 찾아가시는 여러분 되시기를 축원합니다.

성전 환상(1)

에스겔 40장 5~16절

"내가 본즉 집 바깥 사면으로 담이 있더라 그 사람의 손에 척량하는 장대를 잡았는데 그 장이 팔꿈치에서 손가락에 이르고 한 손바닥 넓이가 더한 자로 육척이라 그 담을 척량하니 두께가 한 장대요 고도 한 장대며 그가 동향한 문에 이르러 층계에 올라 그 문통을 척량하니 장이 한 장대요 그 문 안통의 장도 한 장대며 그 문간에 문지기 방들이 있는데 각기 장이 한 장대요 광이 한 장대요 매방 사이 벽이 오척이며 안 문통의 장이 한 장대요 그 앞에 현관이 있고 그 앞에 안 문이 있으며 그가 또 안 문의 현관을 척량하니 한 장대며 안 문의 현관을 또 척량하니 팔척이요 그 문 벽은 이척이라 그 문의 현관이 안으로 향하였으며 그 동문간의 문지기 방은 좌편에 셋이 있고 우편에 셋이 있으니 그 셋이 각각 한 척수요 그 좌우편 벽도 다 한 척수며 또 그 문통을 척량하니 광이 십척이요 장이 십 삼척이며 방 앞에 퇴가 있는데 이편 퇴도 일척이요 저편 퇴도 일척이며 그 방은 이편도 육척이요 저편도 육척이며 그가 그 문간을 척량하니 이 방 지붕가에서 저 방 지붕가까지 광이 이십 오척인데 방 문은 서로 반대되었으며 그가 또 현관을 척량하니 광이 이십척이요 현관 사면에 뜰이 있으며 바깥 문통에서부터 안문 현관 앞까지 오십척이며 문지기 방에는 각각 닫힌 창이 있고 문안 좌우편에 있는 벽 사이에도 창이 있고 그 현관도 그러하고 그 창은 안 좌우편으로 벌여있으며 각 문 벽 위에는 종려나무를 새겼더라"

에스겔은 사독계열 제사장인 부시의 아들로 태어났으며, 그는 제사장이며 동시에 선지자였습니다. B.C 623년경 태어나서 25년을 유다 본토에서 살다가 바벨론 느부갓네살 왕에 의해 B.C 597년에 포로가 되어 잡혀갔습니다. 포로생활 5년이 지난 B.C 593년 그의 나이

30세 때 선지자의 소명(召命)을 받고 유대인이 모여 살던 그발 강가 텔아빕(Tel-Abib)에서 살면서 B.C 571년까지 22년간 예언활동을 했습니다. 에스겔 선지자의 예언 중, 33장~39장에서는 이스라엘 나라의 회복을 증거하면서, 이스라엘 백성이 가나안 땅으로 귀환하여 하나님과의 관계 회복이 될 때의 새로운 삶에 대하여 예언하였고, 40장~48장까지의 내용은 이상적인 하나님의 성전이 세워질 것에 대한 예언입니다. 하나님이 그의 백성 중에 거하심의 상징으로 새 성전이 건축될 것이며(40장~43장), 새로운 예배의식이 확립되어 이스라엘 백성들이 하나님께로 나아가게 될 것이며(44장~46장), 새로운 땅의 분배가 이루어질 것에 대하여 예언하였습니다(47장~48장). 새 성전 건축의 환상은 진정한 이스라엘의 회복을 의미하며 하나님 중심의 삶이 진정한 축복임을 보여주고 있습니다. 이곳에서 말하는 새 성전은 신약 시대의 교회로 예시하고 있습니다. 에스겔 선지자의 예언을 통하여 신약시대의 이상적인 교회의 모습을 찾아보면서 은혜 받도록 하겠습니다.

이제 천사(天使)에게 이끌리어 성전에 오르고 있는 에스겔을 따라 우리도 그 거룩한 성전 안으로 들어가 보겠습니다. 그리고 정문을 통하여 들어섰을 때, 가장 먼저 보게 되는 바깥뜰의 정경을 통해 우리에게 주시는 교훈을 찾아보도록 하겠습니다.

1. 사면에 두터운 담이 있습니다(겔40:5)

> 에스겔 40:5 "내가 본즉 집 바깥 사면으로 담이 있더라 그 사람의 손에 척량하는 장대를 잡았는데 그 장이 팔꿈치에서 손가락에 이르고 한 손바닥 넓이가 더한 자로 육척이라 그 담을 척량하니 두께가 한 장대요 고도한 장대며"

"내가 본즉 집 바깥 사면으로 담이 있더라"(겔40:5) 에스겔이 본 환상 속의 성전은 사방이 담으로 둘러싸여 있었습니다. 이 담은 높이와 넓이가 각각 여섯척 곧 3.2미터나 되었습니다. 감히 성전 내부를 들여다보거나 넘어갈 수 없을 만큼 넓고 높은 담이 있는 이유는 무엇이겠습니까. 그것은 바로 외부의 부정한 자들이나 짐승에 의해 하나님의 성전이 부정해지거나 더럽혀지는 것을 방지하기 위함이었습니다. 이상적인 신약교회는 거룩하신 하나님이 친히 임재하시고 당신의 뜻을 드러내시는 항상 거룩하고 성결하게 보전되어져야 하는 곳이기 때문에 높은 담이 있었습니다. '우리 개인은 하나님의 성령이 거하는 성전'이라고(고전6:19) 바울 사도는 말씀하셨습니다. 우리 안에 거룩한 성전을 지키기 위해 높은 담이 세워져 있어야 할 것입니다.

아가서 4장 12절에 "나의 누이, 나의 신부는 잠근 동산"이라 했습니다. 아름다운 동산을 지키기 위하여 문을 만들고 잠가 놓았다고 했습니다. 우리 마음에 거룩한 성전을 지키기 위해 높은 담이 설치되어야 하고, 아가서 2장 15절에 "포도원을 허는 작은 여우를 잡으라"고 하셨음과 같이 단단한 담을 세워야 할 것입니다. 그래서 그리스도께서 돈 바꾸는 자, 비둘기파는 자의 상을 둘러 엎으셨습니다. 우리교회에도 높은 담이 세워져서 하나님 없는 세상문화, 신앙을 왜곡 시키는 그릇된 신학 사상, 이단 사상, 그리고 물질주의와 쾌락을 추구하는 모든 향락주의, 기쁨과 감사가 없는 언어, 인본주의 사상이 들어오지 못하도록 하여야 할 것입니다. 이 거룩한 담은 세상을 지배하고 있는 사상, 하나님을 거부하는 거짓된 증거, 악으로 만족케 하는 사악한 삶의 방법, 우상을 숭배하는 가증한 신앙행위 등을 막는 위력을 갖게 될 것입니다. '거룩'이란 말은 '구별'이란 뜻입니다. '하나님의 성전'은 '세상과 구별되어 있다'는 뜻입니다. 우리교회에도 이와 같이 세상적인 것들이 들어오지 못하도록 기도로 담을 높이 쌓아야 할 것입니다.

2. 외벽 삼면에 세 개의 문이 있습니다(겔40:9~16)

에스겔 40:9~16 "안 문의 현관을 또 척량하니 팔 척이요 그 문 벽은 이 척이라 그 문의 현관이 안으로 향하였으며 그 동문간의 문지기 방은 좌편에 셋이 있고 우편에 셋이 있으니 그 셋이 각각 한 척수요 그 좌우편 벽도 다 한 척수며"

성전 뒷부분인 서쪽을 제외한 삼면, 즉 동쪽, 남쪽, 북쪽에 문이 하나씩 있었습니다(겔40:9~16). 어느 곳에서든지 쉽게 들어오고 나가게 하기 위함이었습니다. 이상적인 하나님의 성전은 세계를 향해 활짝 열려 있어서 누구나 하나님께 나오기 원하는 사람은 지위나 재물, 지식 등 어떤 특별한 자격이나 조건에 관계없이 나올 수 있게 하셨습니다. 예수님은 '양의 문(門)'이라고(요10:1) 말씀하셨습니다. 구원의 문 되신 예수님은 "수고하고 무거운 짐 진 자들아 다 내게로 오라"고 두 팔 벌리고 초청하시고 계십니다. 어느 누구나 구원의 문으로 들어오는 길을 제한하지 않으십니다. 요한계시록 21장 12절에 천성의 성곽이 보석같이 아름답고 열두 대문이 있다고 하였습니다. 동서남북의 각각 세문씩 있어서 하나님의 백성은 누구든지 들어올 수 있도록 여러 개의 문을 만드셨습니다.

3. 성전으로 들어가는 계단이 있습니다(겔40:22)

에스겔 40:22 "그 창과 현관의 장광과 종려나무가 다 동향한 문간과 같으며 그 문간으로 올라가는 일곱 층계가 있고 그 안에 현관이 있으며"

"그 창과 현관의 장광과 종려나무가 다 동향한 문간과 같으며 그 문간으로 올라가는 일곱 층계가 있고 그 안에 현관이 있으며"(겔40:22) 성전 바깥 뜰 출입문에 일곱 층계가 있다고 했습니다. 에스겔

40장 31절에는 안뜰 출입문에는 여덟 층계가 있고, 에스겔 40장 49절에 열 층계가(고대 사본에 열자가 있음) 있다고 했습니다(The Chokmah Commentary vol ⅩⅨ, p.505). 일곱, 여덟, 열 층계 모두 한걸음 한걸음씩 높이 올라가도록 되어 있습니다. 골로새서 3장 1절에 "위엣 것을 찾으라 그곳에 그리스도가 계시다"고 했습니다. 마태복음 6장 33절에는 "먼저 그의 나라와 그의 의를 구하라"고 했습니다. 이상적인 교회의 성도는 위엣 것을 찾고 바라보는 자들입니다. 위를 추구하는 일은 말세 성도에게 가장 어려운 일입니다. 많은 일이 우리를 가로막고 있기 때문입니다. 요한계시록 3장 14~22절까지는 라오디게아 교회에 대한 말씀인데, 마지막 일곱 번째 교회인 라오디게아 교회의 특징은 차지도 덥지도 않은 나태한 모습입니다. 라오디게아 교회를 향하여, "회개하라 열심을 내라" 하셨습니다. 간절히 추구하면 신앙은 한 계단 한 계단 진보의 신앙에 이르게 될 것입니다.

　에스겔 47장에도 4천척의 물에 대하여 점점 깊어지는 강물을 말씀하셨습니다. 에스겔이 본 이상적인 교회는 일곱 계단이 있고(40:22), 바깥뜰 출입문에 여덟 층계(40:31), 성전 출입문에 열 층계가(40:49) 있다고 했습니다. 열심을 내어 계단을 올라가야 할 것입니다. 꾸중 듣는 라오디게아 교회처럼 열심이 점점 줄어드는 교회가 되어서는 안됩니다. 이상적인 교회의 모습은 계단이 있음같이, 진보의 신앙이 있는 교회가 이상적인 교회입니다. 높이 올라갈수록 올바른 분별력을 갖게 되는 것입니다. 우리의 삶이 주님께 가까이, 계단을 올라가는 삶이 되어야 하며 독수리 같이 올라가는 신앙이 되어야 할 것입니다.

성전 환상(2)

에스겔 41장 21~26절

"외전 문설주는 네모졌고 내전 전면에 있는 식양은 이러하니 곧 나무 제단의 고가 삼척이요 장이 이척이며 그 모퉁이와 옆과 면을 다 나무로 만들었더라 그가 내게 이르되 이는 여호와의 앞의 상이라 하더라 내전과 외전에 각기 문이 있는데 문마다 각기 두 문짝 곧 접치는 두 문짝이 있어 이 문에 두 짝이요 저 문에 두 짝이며 이 성전 문에 그룹과 종려나무를 새겼는데 벽에 있는 것과 같고 현관 앞에는 나무 디딤판이 있으며 현관 좌우편에는 닫힌 창도 있고 종려나무도 새겼고 전의 골방과 디딤판도 그러하더라"

　에스겔 선지자가 22년간 선지자 활동을 하는 동안 열 두가지의 환상을 보았습니다. 그는 바벨론에 거하면서 환상 중에 하나님의 권능으로 천사의 인도를 받아 하나님께서 세우신 성전에 이끌려가서 성전 외부와 내부를 자세히 보게 되었습니다. 성전에 대한 영광스런 환상을 통하여 장차 그리스도를 통하여 이 땅에 이루어질 이상적인 교회를 보게 된 것입니다.

　에스겔이 본 성전 외부는 사면에 두터운 담이 성전을 에워싸고 있었고, 외벽 삼면에 세 개의 문이 있었으며, 성전에 들어가는 층계가 있었습니다. 이런 모습은 이상적인 교회의 외부를 표현하고 있었는데, 세속의 물결이 범람하지 못하도록 지키는 담이 튼튼히 세워져 있는 교회이며, 양의 문이 되신 그리스도를 통하여 하나님께 나가는 문이 있는 교회이고, 층계가 있음같이 진보의 신앙이 있는 교회였습니다. 이제는 성전 내부의 모습을 살펴보도록 하겠습니다.

1. 문, 벽 위에 종려나무의 모양이 있었습니다(겔40:31)

에스겔 40:31 "현관이 바깥뜰로 향하였고 그 문 벽 위에도 종려나무를 새겼으며 그 문간으로 올라가는 여덟 층계가 있더라"

에스겔 40장 31절에 "현관이 바깥뜰로 향하였고, 그 문 벽 위에도 종려나무를 새겼으며 …"라고 말씀했습니다. 또 에스겔 40장 16절에는 "… 각 문벽 위에는 종려나무를 새겼더라" 에스겔 41장 18~20절에 "널판에는 그룹들과 종려나무를 새겼는데 두 그룹 사이에 종려나무 하나가 있으며 매 그룹에 두 얼굴이 있으니 하나는 사람의 얼굴이라 이편 종려나무를 향하였고 하나는 어린 사자의 얼굴이라 저 편 종려나무를 향하였으며 온 전 사면이 다 그러하여 땅에서부터 문통 위에까지 그룹들과 종려나무들을 새겼으니 성전 벽이 다 그러하더라"고 했습니다.

성전에 있는 문마다 그리고 전 사면이 전부 그룹과 종려나무의 모양이 새겨져 있는 모습을 보게 되었습니다. 그룹은 고급 천사를 의미하며 종려나무는 승리의 상징이었습니다. 이상적인 교회는 이 세상에서 하나님의 지혜와 하나님의 능력으로 승리하는 교회의 특징을 지니고 있음을 말합니다. 이상적인 교회는 승리하는 교회입니다.

기독교 역사는 세상권세의 박해로 환난을 당해왔고 이단 사상에 의해 교회내의 시험으로 싸워온 역사입니다. 이상적인 교회는 세상과 싸워 승리한 교회이며 자신과 싸워 승리한 교회, 마귀와 싸워 승리한 교회입니다. "우리가 세상을 이긴 이김은 이것이니 우리의 믿음이라"(요일5:4)고 하였습니다.

2. 제사장의 방이 있었습니다(겔41:5)

에스겔 41:5 "전의 벽을 척량하니 두께가 육 척이며 전 삼면에 골방이 있는데 광이 각기 사척이며"

에스겔 40장 10절에는 "문지기 방이 세 개가 있다" 했고, 42장에는 "제사장의 방"이 있고, 41장 5~6절에는 "전의 벽을 척량하니 두께가 육척이며 전 삼면에 골방이 있는데 광이 각기 사척이며 골방은 삼층인데 골방 위에 골방이 있어 모두 삼십이라 그 삼면 골방이 전 벽 밖으로 그 벽에 의지하였고 전 벽 속은 범하지 아니하였으며"라고 했습니다. 3층으로 되어 있는 골방은 모두 90개 입니다. 이 방은 제사장들을 위한 방으로 쉬며 기도하고 제물을 저장하거나 남은 음식을 먹기도 하는 장소였습니다. 또한 거룩한 의복, 즉 예복을 갈아입는 방입니다. 제사장들만이 하나님께 예배를 위하여 헌신 봉사하기 위하여 구별된 방이 있었습니다. 이상적인 교회의 내부는 이와 같은 골방이 많았으니 제사장의 방은 큰 방이 둘, 제사장이 사용하는 골방이 90개, 문지기의 방이 세 개가 있었습니다. 우리의 마음에도 여러 개의 방이 있어야 합니다. 제물을 쌓아 두는 방, 기도하는 방, 거룩하고 깨끗한 옷을 입는 방, 봉사하고 하나님 섬기는 마음의 방이 있어야 합니다.

베들레헴에는 예수님을 모실 방이 하나도 없었습니다. 그러나 이상적인 교회는 거룩한 손님을 모실 방이 많이 있었습니다. 하나님께 예배하기 위하여 90개의 방이 있었던 것 같이 신령과 진정으로 예배하는 자로서 마음에 하나님 예배를 위하여 90개 이상의 구별된 거룩한 방이 있어야 합니다. 엘리사를 모시기 위하여 거룩하게 구별된 방을 준비한 수넴 여인 같이 구별된 거룩한 방을 마련하는 교회와 성도가 되어야 할 것입니다.

3. 하나님의 영광이 가득하였습니다(겔43:1~2)

에스겔 43:1~2 "그 후에 그가 나를 데리고 문에 이르니 곧 동향한 문이라 이스라엘 하나님의 영광이 동편에서부터 오는데 하나님의 음성이 많은 물 소리 같고 땅은 그 영광으로 인하여 빛나니"

 천사의 손에 이끌려 성소에 들어간 에스겔 선지자는 하나님의 영광이 가득한 것을 바라보게 되었습니다. 에스겔 43장 1~2절에 "그 후에 그가 나를 데리고 문에 이르니 곧 동향한 문이라 이스라엘 하나님의 영광이 동편에서부터 오는데 하나님의 음성이 많은 물소리 같고 땅은 그 영광으로 인하여 빛나니 … 내가 곧 얼굴을 땅에 대고 엎드렸더니 여호와의 영광이 동문으로 말미암아 전으로 들어가고 … 여호와의 영광이 전에 가득하더라"고 했습니다. 하나님의 이상적인 교회는 하나님의 영광이 가득한 교회입니다. 본문에 보면 "이스라엘 하나님의 영광이 동편에서부터 온다고 했고, 하나님 영광으로 인하여 땅이 빛나고 하나님의 영광이 동문으로부터 성전으로 들어가고 여호와의 영광이 전에 가득하더라" 했습니다. 하나님의 교회는 하나님의 영광으로 가득한 교회가 되어야 합니다. 하나님은 영광중에 거하십니다. 우리의 심령도 하나님의 영광으로 가득차 있어야 할 것입니다. 엘리 제사장의 며느리가 세상을 떠나면서 '이가봇'이라 하였는데(삼상 4:21) 하나님의 영광이 떠났으니 아들을 얻어도 소용이 없다는 말입니다. 하나님의 영광이 떠나면 모든 것이 헛될 수밖에 없습니다.

 이상적인 교회 내부는 종려나무의 모양이 새겨지는 승리의 교회이며 구별된 방이 있어야 하고, 하나님의 영광으로 가득한 교회였습니다. 이와 같은 교회와 가정 그리고 우리 모든 성도가 되시기를 축원합니다.

돌아오는 영광

에스겔 43장 1~5절

"그 후에 그가 나를 데리고 문에 이르니 곧 동향한 문이라 이스라엘 하나님의 영광이 동편에서부터 오는데 하나님의 음성이 많은 물 소리 같고 땅은 그 영광으로 인하여 빛나니 그 모양이 내가 본 이상 곧 전에 성읍을 멸하러 올 때에 보던 이상 같고 그발 하숫가에서 보던 이상과도 같기로 내가 곧 얼굴을 땅에 대고 엎드렸더니 여호와의 영광이 동문으로 말미암아 전으로 들어가고 성신이 나를 들어 데리고 안뜰에 들어가시기로 내가 보니 여호와의 영광이 전에 가득하더라"

에스겔이 포로 된지 5년 후 예루살렘이 멸망하기 5년 전 그의 나이 30세 생일날 B.C 593년 7월 31일 그발 강가에서 첫 번째 환상을 보게 되었습니다. 그 환상은 하나님의 거룩하심에 대한 환상이었습니다(겔1:1~28). 413일 즉, 1년 2개월 지나서 B.C 592년 6월에 두 번째 환상을 보게 되었습니다. 이때가 포로 된지 6년 6월 5일에 하나님께서 에스겔을 천지사이로 이끌고 올라가서 예루살렘 성전 앞으로 데리고 가셨습니다. 그리고 성전에서 하나님의 거룩하심을 훼손시키는 우상숭배자들의 가증한 행위와(겔8:5~18) 이러한 일들로 인하여 하나님의 영광이 떠나가게 되는 것을 보여주셨습니다(겔8:6). 이러한 환상을 보여주신 후에 나라는 망하게 되었고 백성은 포로로 잡혀가고 가정은 깨어지고 방황하는 삶이 시작되었습니다.

1. 성전 환상(겔40:1~4)

에스겔 40:1 "우리가 사로잡힌 지 이십오 년이요 성이 함락된 후 십사 년 정월 십일 곧 그 날에 여호와의 권능이 내게 임하여 나를 데리고 이스라엘 땅으로 가시되

하나님의 영광이 떠나가는 환상을 받은 이후 에스겔 선지자는 에스겔 34장에서 참목자 출현에 대한 예언과 에스겔 36장에서 백성들에게 새마음을 부어주실 것에 대한 예언을 선포하고 에스겔 37장에서는 죽어 마른 뼈들이 살아 일어나서 여호와의 군대가 되는 환상을 보여주셨습니다. 이런 환상을 보여주심으로 오직 하나님께만 소망이 있음을 깨닫게 하여 주셨습니다. 그리고 에스겔 40장과 41장에서 성전 계시를 보여주셨습니다.

창세기 3장에서 실낙원을 보여주고 요한계시록 22장에서 복낙원의 광경을 기록하여 주신 것 같이 에스겔 8장과 11장에서 떠나가는 하나님의 영광에 대하여 기록하였으며 에스겔 43장에는 돌아오는 영광에 대한 모습을 자세히 보여주고 있습니다. 하나님의 영광이 떠나기 직전에 성전의 부정한 모습을 보여주셨으며 하나님의 영광이 돌아오기 직전에 새로운 성전의 모습을 환상을 통하여 보여주셨습니다(겔40:5~41:26).

새로운 성전 환상을 받게 된 때는 포로 된지 이십오 년 되는 해 예루살렘 성과 성전이 무너진 지 십사 년 정월 십일에 환상을 보게 되었습니다. 이때가 B.C 573년 1월 10일 입니다. 그리고 처음 환상을 받은 후 20년 지난 때 다시 환상을 받았습니다. 에스겔은 두 번째 예루살렘으로 여행을 떠나게 되었습니다. 에스겔 40장 2절에 "하나님이 … 나를 지극히 높은 산 위에 내려놓으시는데 …"라고 기록되었는데 하나님께서 성전의 모습을 보여주시려고 그를 데리고 가셨습

니다. 에스겔 40장은 성전 외부의 모습과 에스겔 41장은 성전 내부의 구조를 기록하고 있습니다.

(1) 성전 외부 구조(겔41:1~49)

첫째로 두터운 담이 있었습니다(겔40:5). 성전 바깥 모양은 사면으로 두터운 담이 세워져 있었습니다. 두껍게 쌓은 담은 두께와 높이가 3.2m로 되어있었습니다. 이는 거룩한 것과 속된 것을 구별하기 위한 것이었습니다. 에스겔 42장 20절에 "… 그 담은 거룩한 것과 속된 것을 구별하는 것이더라" 하였습니다.

둘째로 세 면에 문이 있었습니다(겔40:6~7). 성전에 들어가려면 바깥뜰과 안뜰의 문들을 통과하여야 했습니다. 예수 그리스도는 구원의 문입니다(요10:9~10).

셋째로 계단이 있었습니다(겔40:6). 성전 담을 통과하여 바깥뜰로 들어가는 세 문(동, 북, 남)에 일곱 계단이 있고(겔40:26) 바깥뜰에서 성전 안 뜰로 들어가는 세문의 층계가 각각 여덟 계단이 있고(겔40:31) 안 뜰에서 성소로 올라가는 계단이 열 계단으로 되어 있었습니다(겔40:48~49). 성전 바깥뜰은 성전 담 밖의 지면보다 일곱 계단 높고 성전 안 뜰은 바깥뜰보다 여덟 계단 높고, 성소의 지면은 안 뜰보다 열 계단 더 높았습니다(The Chokmah Commentary vol ⅩⅣ, p.505).

(2) 성전 내부 구조(겔41:1~42:20)

각문 위와 벽에 그룹과 종려나무 형상이 새겨져 있고(겔41:25) 제사장의 방이 있고(겔40:44~46), 제사장의 성구실(겔42:1~14), 제물방(겔40:38), 바깥방(겔41:9~10), 제단(겔43:13~17), 부엌(겔49:19~24), 성전(겔40:48~41:11), 예배자들의 방(겔40:17)은 30개의 방이 3층으로 되어 있어 도합 90개의 방이 있었습니다.

2. 돌아오는 영광(겔43:1~5)

에스겔 43:1~2 "그 후에 그가 나를 데리고 문에 이르니 곧 동향한 문이라 이스라엘 하나님의 영광이 동편에서부터 오는데 하나님의 음성이 많은 물 소리 같고 땅은 그 영광으로 인하여 빛나니"

하나님의 영광이 떠날 때 "여호와의 영광이 성읍 중에서부터 올라가서 성읍 동편 산에 머물고"(겔11:23)라고 했는데 여호와의 영광이 돌아올 때의 장면도 "그 후에 그가 나를 데리고 문에 이르니 곧 동향한 문이라 이스라엘 하나님의 영광이 동편에서부터 오는데 … 여호와의 영광이 동문으로 말미암아 전으로 들어가고 성신이 나를 들어 데리고 안 뜰에 들어가시기로 내가 보니 여호와의 영광이 전에 가득하더라"(겔43:4~5) 하였습니다.

하나님의 영광이 동문에서 떠나갔고 돌아올 때도 동문으로 돌아왔습니다. 에스겔이 본 환상 중에 보여주신 성전은 실제적으로 지어지지 아니하였습니다. 포로귀환 후 스룹바벨에 의해 세워진 성전도 에스겔이 환상에서 본 그런 성전으로 세우지 아니하였습니다. 이사야 선지자는 하나님이 거하시는 곳은 '높고 거룩한 곳'과 '통회하고 마음이 겸손한 자와 함께 거하신다'(사57:15)고 하였습니다. 겸손한 인간의 마음은 하나님의 성전이 될 수 있습니다. 바울 사도는 고린도전서 6장 19절에서 "너희 몸은 … 너희 가운데 계신 성령의 전인 줄을 알지 못하느냐 …"고 하였습니다. 예수님은 자신을 성전이라고 말씀하셨습니다. "너희가 성전을 헐라 내가 사흘 동안에 일으키리라"(요2:19) 하셨고, 에스겔 47장 1~12절에서 성전 문지방 밑에서 생수의 강물이 흘러나오는데 예수님은 "누구든지 목마르거든 내게로 와서 마시라 나를 믿는 자는 성경에 이름과 같이 그 배에서 생수의 강이 흘러나리라"(요7:37~38) 하셨습니다. 하나님의 영광은 거룩한 교회에 거하십니다. 그리고 거룩한 가정에 임재하시며 거룩한 마음에 성전 삼고 거하십니다. 범죄하여 성전을 더럽히면 하나님의 영광이 떠나가시고 거룩한 성전이 세워지면 떠나갔던 하나님의 영광은 다시 돌아옵니다. 하나님의 영광이 우리 교회와 성도들의 가정과 심령에 다시 돌아오는 축복이 있으시기를 축원합니다.

축복의 강물

에스겔 47장 1~12절

"그가 나를 데리고 전 문에 이르시니 전의 전면이 동을 향하였는데 그 문지방 밑에서 물이 나와서 동으로 흐르다가 전 우편 제단 남편으로 흘러 내리더라 그가 또 나를 데리고 북문으로 나가서 바깥 길로 말미암아 꺾어 동향한 바깥 문에 이르시기로 본즉 물이 그 우편에서 스미어 나오더라 그 사람이 손에 줄을 잡고 동으로 나아가며 일천척을 척량한 후에 나로 그 물을 건너게 하시니 물이 발목에 오르더니 다시 일천척을 척량하고 나로 물을 건너게 하시니 물이 무릎에 오르고 다시 일천척을 척량하고 나로 물을 건너게 하시니 물이 허리에 오르고 다시 일천척을 척향하시니 물이 내가 건너지 못할 강이 된지라 그 물이 창일하여 헤엄할 물이요 사람이 능히 건너지 못할 강이더라 그가 내게 이르시되 인자야 네가 이것을 보았느냐 하시고 나를 인도하여 강가로 돌아가게 하시기로 내가 돌아간즉 강 좌우편에 나무가 심히 많더라 그가 내게 이르시되 이 물이 동방으로 향하여 흘러 아라바로 내려가서 바다에 이르리니 이 흘러 내리는 물로 그 바다의 물이 소성함을 얻을지라 이 강물이 이르는 곳마다 번성하는 모든 생물이 살고 또 고기가 심히 많으리니 이 물이 흘러 들어가므로 바닷물이 소성함을 얻겠고 이 강이 이르는 각처에 모든 것이 살 것이며 또 이 강가에 어부가 설 것이며 엔게디에서부터 에네글라임까지 그물 치는 곳이 될 것이라 그 고기가 각기 종류를 따라 큰 바다의 고기같이 심히 많으려니와 그 진펄과 개펄은 소성되지 못하고 소금 땅이 될 것이며 강 좌우 가에는 각종 먹을 실과나무가 자라서 그 잎이 시들지 아니하며 실과가 끊어지지 아니하고 달마다 새 실과를 맺으리니 그 물이 성소로 말미암아 나옴이라 그 실과는 먹을만하고 그 잎사귀는 약 재료가 되리라"

에스겔 40~47장은 성전에 관한 계시로서 40장은 성전의 외부 구조를, 41장과 42장은 성전의 내부 구조와 44장과 46장은 성전에 있어지는 제사의 규례에 관한 것과 47장은 성전에서 흘러나오는 생명수에 관한 내용이 기록되어 있습니다.

1. 거룩한 물의 근원(겔47:1~2)

> 에스겔 47:1 "그가 나를 데리고 전 문에 이르시니 전의 전면이 동을 향하였는데 그 문지방 밑에서 물이 나와서 동으로 흐르다가 전 우편 제단 남편으로 흘러 내리더라"

에스겔은 이상 중에 성전 안 뜰의 문 앞으로 인도되었습니다(겔 46:21~24). 그는 성전 동문의 문지방 밑에서부터 솟아 흘러나오는 물을 보았습니다. 그리고 그 물이 계속 스며 나와 계속 흘러내리고 있었습니다. 우리가 주목할 것은 거룩한 강물의 발원지인데 그곳은 "성전 문지방 밑"이었습니다. 곧 성전이 물의 발원지라는 것입니다. 창세기 2장 10~14절에 에덴동산을 적시며 흘러내리는 네 개의 강물이 있습니다. 시편 46편 4절에 "한 시내가 있어 나뉘어 흘러 하나님의 성 곧 지극히 높으신 자의 장막의 성소를 기쁘게 하도다" 하였고, 요엘 3장 18절에 "그 날에 … 여호와의 전에서 샘이 흘러 나와서 싯딤 골짜기에 대리라" 하였습니다. 스가랴 14장 8절에는 "그 날에 생수가 예루살렘에서 솟아나서 절반은 동해로, 절반은 서해로 흐를 것이라 여름에도 겨울에도 그러하리라" 하였고 요한계시록 22장 1~2절에 "또 저가 수정 같이 맑은 생명수의 강을 내게 보이니 하나님과 및 어린 양의 보좌로부터 나서 길 가운데로 흐르더라 …" 하였습니다.

성경에서 "물"은 하나님의 구원과 은혜를 상징합니다. 창세기에서 요한계시록까지 모든 성경에서 언급하는 물은 하나님의 구원 역사를 이루어가는 하나의 생명의 물줄기라고 할 수 있습니다. 에스겔은 생명을 살리는 축복의 강물이 성전에서 솟아나온다는 사실을 기록하고 있습니다. 성전은 하나님이 임재하시는 처소로서 구약시대에 하나님을 만날 수 있는 공간이었습니다. 예수님은 자신이 곧 성전이라고 선포하셨습니다. 요한복음 2장 19~21절에 "예수께서 대답하여 가라사대 너희가 이 성전을 헐라 내가 사흘 동안에 일으키리라 유대인들이 가로되 이 성전은 사십 육년 동안에 지었거늘 네가 삼일 동안에 일으키겠느뇨 하더라 그러나 예수는 성전된 자기 육체를 가리켜 말씀하신 것이라" 하였습니다. 또 요한복음 7장 37~38절에는 "… 누구든지 목마르거든 내게로 와서 마시라 나를 믿는 자는 성경에 이름과 같이 그 배에서 생수의 강이 흘러나리라 하시니 이는 그를 믿는 자의 받을 성령을 가리켜 말씀하신 것이라" 하였습니다. 이는 성전되신 예수 그리스도를(요2:19~21) 믿는 자들에게 성령을 강물같이 부어주심으로 영생을 얻게 하실 것을 의미하고 있습니다.

2. 흘러가는 축복의 강물(겔47:3~5)

에스겔 47:3 "그 사람이 손에 줄을 잡고 동으로 나아가며 일천척을 척량한 후에 나로 그 물을 건너게 하시니 물이 발목에 오르더니"

성전 문지방 밑에서 솟아나온 물은 계속 흘러가고 있었습니다. 일천척의 강물에 들어가니 물이 발목에 오르고, 이천척의 강물에 들어가니 물이 무릎에 오르고, 삼천척의 강물에 들어가니 물이 허리에 오르고, 사천척의 강물에 들어가니 물이 창일하여 헤엄칠 강물이었습니다. 축복의 강물은 점점 깊어가는 강물이며 흘러가는 강물입니다. 깊은 바다가 깊은 바다를 부르듯 성령의 강물은 더욱 신령한 곳으로, 더욱 능력의 깊은 곳으로, 더욱 사랑의 세계로 이끌어 주십니다. 물이 계속 쉬지 않고 흘러가는 모습은 복음의 전진에 대한 사실을 보여주고 있습니다. 복음은 물과 같이 소리 없이 계속 흘러갑니다. 축복의 강물에 일천척을 들어가니 물이 발목에 올랐다는 것은 발목에 힘이 왔다는 표현이며 무릎에 올랐음은 기도의 능력이 임하였음과 물이 허리에 오른 것은 큰 능력이 임재 하였다는 사실과 사천척의 물은 성령의 충만한 상태에 이르게 되었음을 말하고 있습니다. 축복의 강물은 쉬지 않고 흐르는 물입니다. 사해 바다의 물은 고여 있는 죽은 물입니다. 그러나 흘러가는 요단 강물은 생명과 풍요를 가져다주는 살아있는 물입니다.

3. 축복의 강물의 효능(겔47:6~12)

에스겔 47:8 "그가 내게 이르시되 이 물이 동방으로 향하여 흘러 아라바로 내려가서 바다에 이르리니 이 흘러 내리는 물로 그 바다의 물이 소성함을 얻을지라"

축복의 강물은 놀라운 효능을 나타내 줍니다. 스가랴 13장 1절에 "그 날에 죄와 더러움을 씻는 샘이 다윗의 족속과 예루살렘 거민을 위하여 열리리라" 하였고 스가랴 14장 8절에 "그 날에 생수가 예루살렘에서 솟아나서 절반은 동해로, 절반은 서해로 흐를 것이라 여름에도 겨울에도 그러하리라" 하였습니다. 이 축복의 강물이 흘러가는 곳마다 강물이 살아나고, 땅이 살아나며, 바다가 살아나는 소생의 역사가 일어났습니다. 강가에 많은 고기가 살게 되고 수많은 어부가 살고 강 좌우에 있는 나무는 각종 과실이 열려있었습니다. 축복의 강물은 흘러가는 곳마다 풍성한 열매를 맺히게 되며 치유의 역사가 일어납니다. 그리고 번성의 역사가 일어났습니다. 그리스도의 복음이 들어가는 곳마다 살아나는 생명의 역사가 일어나는 것을 보여주고 있습니다.

이상적인 도성

에스겔 48장 1~12절

"모든 지파의 이름대로 이 같을지니라 극북에서부터 헤들론 길로 말미암아 하맛 어귀를 지나서 다메섹 지계에 있는 하살에논까지 곧 북으로 하맛 지계에 미치는 땅 동편에서 서편까지는 단의 분깃이요 단 지계 다음으로 동편에서 서편까지는 아셀의 분깃이요 아셀 지계 다음으로 동편에서 서편까지는 납달리의 분깃이요 납달리 지계 다음으로 동편에서 서편까지는 므낫세의 분깃이요 므낫세 지계 다음으로 동편에서 서편까지는 에브라임의 분깃이요 에브라임 지계 다음으로 동편에서 서편까지는 르우벤의 분깃이요 르우벤 지계 다음으로 동편에서 서편까지는 유다의 분깃이요 유다 지계 다음으로 동편에서 서편까지는 너희가 예물로 드릴 땅이라 광이 이만오천 척이요 장은 다른 분깃의 동편에서 서편까지와 같고 성소는 그 중앙에 있을지니 곧 너희가 여호와께 드려 예물로 삼을 땅의 장이 이만오천 척이요 광이 일만 척이라 이 드리는 거룩한 땅은 제사장에게 돌릴지니 북편으로 장이 이만오천 척이요 서편으로 광이 일만 척이요 동편으로 광이 일만 척이요 남편으로 장이 이만오천 척이라 그 중앙에 여호와의 성소가 있게 하고 이 땅으로 사독의 자손 중 거룩히 구별한 제사장에게 돌릴지어다 그들은 직분을 지키고 이스라엘 족속이 그릇할 때에 레위 사람의 그릇한 것처럼 그릇하지 아니하였느니라 이 온 땅 중에서 예물로 드리는 땅 곧 레위 지계와 연접한 땅을 그들이 지극히 거룩한 것으로 여길지니라"

하나님의 성전이 세워진 후(에스겔40~42장) 하나님의 영광이 돌아오며(에스겔43장) 새로운 예배의식이 회복되고(에스겔44~46장) 성전 문지방 밑에서 생수가 솟아오르는 축복의 강이 계시되었습니다(에스겔47장). 그리고 에스겔서 끝장인 48장에는 이상적인 도시의 모습을 보여주면서 에스겔서를 마무리하고 있습니다.

1. 중앙에 성소의 위치가 자리하고 있습니다(겔48:8~10, 21)

> 에스겔 48:8 "유다 지계 다음으로 동편에서 서편까지는 너희가 예물로 드릴 땅이라 광이 이만오천 척이요 장은 다른 분깃의 동편에서 서편까지와 같고 성소는 그 중앙에 있을지니"

에스겔 48장에는 회복될 이스라엘 영토를 다시 열두 지파에게 분배하는 과정을 소개하고 있습니다. 에스겔 48장 1~7절은 북방 일곱 지파의 기업(단, 아셀, 납달리, 므낫세, 에브라임, 르우벤, 유다)이, 8절은 성지 중심부에 있는 성전을, 9~12절은 제사장의 기업, 13~14절은 레위인의 기업, 15~20절은 일반인의 땅, 21~22절은 왕의 땅에 대하여 기록하고 있습니다.

에스겔48장 23~29절은 남방 다섯 지파의 기업(베냐민, 시므온, 잇사갈, 스불론, 갓)을, 48장 30~34절은 성읍의 열두 문이 기록되어 있습니다.

북문 : 르우벤, 유다, 레위

동문 : 요셉, 베냐민, 단

남문 : 시므온, 잇사갈, 스불론

서문 : 갓, 아셀, 납달리

이스라엘 열두지파에게 땅을 분배하고 그 중앙에 여호와의 성소가 있게 하였습니다(겔48:10). 이스라엘 땅의 좌편에 지중해와 우편에 요단강이 위치하여 있고 지중해와 요단강의 내륙지역에 왕의 땅을 지정하여 주고 중앙에 성소를 세우고 성소 위에 제사장과 레위인의 땅을 지정하여 주었습니다. 각 지파들의 기업의 중심에는 하나님께 구별하여 드린 거룩한 땅이 자리 잡고 있었습니다. 이상적인 도시는 중앙에 성소를 세웠다는 사실입니다.

이스라엘 백성들이 출애굽 여정에서 유진할 때는 언제나 성막을 중앙에 모시고 사방으로 세지파씩 진을 쳤습니다. 이상적인 도시는 성소를 중심에 모시는 형태를 유지하고 있었으니 하나님 중심, 율법 중심, 예배 중심의 삶을 추구하고 있었음을 보여주고 있습니다. 하나님을 중심하여 살 때에만 참된 평안과 번영을 누릴 수 있습니다. 이러한 사실이 이스라엘 중심부에 하나님의 성전이 위치하도록 하신데서 확인할 수 있습니다. 진실로 하나님을 떠나 자기중심적인 삶의 결과는 허무와 절망과 불행뿐임을 명심하여야 할 것입니다.

2. 충성된 자들에게 명예로운 지위가 부여됩니다(겔48:7, 23)

에스겔 48:7 "르우벤 지계 다음으로 동편에서 서편까지는 유다의 분깃이요"

에스겔 48:23 "그 나머지 모든 지파는 동편에서 서편까지는 베냐민의 분깃이요"

유다지파와 베냐민지파는 다른 지파들이 배반했을 때도 여전히 여호와께 충성을 바쳤습니다(왕상12:21). 그러므로 두 지파에게는 가장 거룩한 곳의 상단의 땅 즉 북쪽을 유다지파가 분배받았고 베냐민 지파는 거룩한 땅 하단의 남쪽 땅을 분배받았습니다(유다지파와 베냐민지파는 북이스라엘 왕국에 동참한 10지파를 대항해 이스라엘 왕국의 정통성을 이어갔기 때문). 그리고 레위인들이 그릇되게 행동할 때도 직분을 지켰던 제사장들 즉 사독의 자손들이 중앙 성소 윗부분의 땅을 받았습니다(겔48:11).

※ 사독 : 아론의 자손, 사울의 사 후 나라를 다윗에게 맡기기 위해 헤브론의 다윗에게 갔었고(대상12:27-28), 다윗의 정권 초기에 아비아달과 같이 제사장이 되었다(삼하 8:17). 압살롬의 반역 때 사독은 아비아달과 예루살렘에서 도망쳐 언약궤를 메고 다윗을 쫓았었다(삼하15:24-29). 압살롬의 반역이 진정된 후 사독과 아비아달은 제사장이 되었다(삼하 20:25). 다윗의 만년 아도니야의 왕위 찬탈 음모에 아비

아달은 아도니야의 편에 섰으나 사독은 다윗을 배반하지 않고 다윗의 명을 쫓아 나단과 함께 솔로몬에게 기름을 부어 왕으로 세웠다. 그 후에 사독은 일평생 혼자서 제사장의 직분을 맡아 충성했다(왕상 2:26,27,4:4). 그는 평생에 걸쳐서 다른 제사장과는 달리 다윗의 왕가에 배반하지 않았다.

베이커 주석에는 "진리와 의를 결연히 지킴으로써 사람이 잃는 것은 아무것도 없다. 세상 사람들에 의해 낮게 평가되고 그가 고난을 받을지 모르나 하나님이 사람을 낮게 평가하는 것만이 파멸적인 일이다"라고 하였으며 또한 "진리를 위해 싸우는 충성스러운 투사는 현생애에서 승리를, 그리고 내생에서는 훌륭한 보상을 얻게 될 것이다"라고 하였습니다(The Baker Commentary vol XXXI, p.869).

예수님 좌우편에 두 아들을 앉게 해 달라고 부탁한 세베대의 아들의 어미(마20:20)에게 예수님은 내 좌우편에 앉는 것은 나의 줄 것이 아니라 내 아버지께서 누구를 위하여 예비하셨든지 그들이 얻을 것이니라(마20:20~23) 하시면서 "나의 마시려는 잔을 너희가 마실 수 있느냐"(마20:22)고 물으셨습니다. 고난의 쓴잔을 마시며 끝까지 충성한 자에게 보상이 내려질 것을 말씀하셨습니다. 앞으로 이루어질 이상적인 도성은 충성한대로, 수고한대로 그 수고가 평가되어지는 사회를 예시하고 있습니다. 거룩한 자가 높임 받고 진실 되게 산 자가 높이 인정받는 세상이 될 것이라고 하셨습니다. 그런 세상만이 참으로 지상천국이 될 것입니다.

3. 여호와삼마(יְהוָה שָׁמָּה, 여호와께서 거기 계시다) (겔48:35)

에스겔 48:35 "그 사면의 도합이 일만팔천 척이라 그날 후로는 그 성읍의 이름을 여호와삼마라 하리라"

이스라엘 성전은 이제 하나님께서 임재하시기 때문에 여호와삼마(יְהוָה שָׁמָּה, 여호와께서 거기 계시다)라 하리라는 말씀을 하심으로 에스겔서를 끝내고 있습니다. "여호와삼마" 이는 가장 이상적인 도성입니다. 여기가 지상낙원이며 영원 천국의 모습입니다. 하나님이 다스리시고 통치하시는 도성, 하늘의 빛과 영광과 기쁨, 그리고 영원한 평강이 엄위로 옷 입고 계시며 비길 데 없는 영광스런 아름다움과 찬란한 순수함과 황홀함이 넘치는 찬송소리 그윽한 향기에 출렁이는 도성, 지켜보는 사람과 만물이 모두 "여호와께서 거기 계시다, 여호와삼마"라고 탄성이 계속되는 곳입니다.

다니엘

뜻을 정한 사람
잊혀진 꿈
뜨인 돌
사랑의 무게
기도의 사람 다니엘

뜻을 정한 사람

다니엘 1장 8-16절

"다니엘은 뜻을 정하여 왕의 진미와 그의 마시는 포도주로 자기를 더럽히지 아니하리라 하고 자기를 더럽히지 않게 하기를 환관장에게 구하니 하나님이 다니엘로 환관장에게 은혜와 긍휼을 얻게 하신지라 환관장이 다니엘에게 이르되 내가 내 주 왕을 두려워하노라 그가 너희 먹을 것과 너희 마실 것을 지정하셨거늘 너희의 얼굴이 초췌하여 동무 소년들만 못한 것을 그로 보시게 할 것이 무엇이냐 그렇게 되면 너희 까닭에 내 머리가 왕 앞에서 위태하게 되리라 하니라 환관장이 세워 다니엘과 하나냐와 미사엘과 아사랴를 감독하게 한 자에게 다니엘이 말하되 청하오니 당신의 종들을 열흘 동안 시험하여 채식을 주어 먹게 하고 물을 주어 마시게 한 후에 당신 앞에서 우리의 얼굴과 왕의 진미를 먹는 소년들의 얼굴을 비교하여 보아서 보이는 대로 종들에게 처분하소서 하매 그가 그들의 말을 좇아 열흘을 시험하더니 열흘 후에 그들의 얼굴이 더욱 아름답고 살이 더욱 윤택하여 왕의 진미를 먹는 모든 소년보다 나아 보인지라 이러므로 감독하는 자가 그들에게 분정된 진미와 마실 포도주를 제하고 채식을 주니라"

에스겔서는 제사장적인 관점에서 하나님의 성전을 더럽힌 일로 인하여 하나님의 영광이 떠났다가 성전이 다시 세워지고 성전 예배가 회복되므로 다시 돌아오는 영광에 대한 말씀을 주축으로 하여 하나님의 구원섭리를 증거하고 있습니다. 다니엘서는 예언자적인 입장에서 예언을 선포함으로 구약의 계시록이라고 칭하는 예언서입니다.

다니엘은 1차 포로기(B.C 605년)에 왕족과 귀족의 일부가 포로로 잡혀갈 때 함께 포로가 되어 바벨론에 끌려갔습니다. 2차포로(B.C 597년, 왕하24:4)와 3차포로(B.C 586년)및 예루살렘 멸망 등 가장 불행한 시대에 처하여 포로의 몸으로 바벨론 왕궁에서 신앙을 지킴으로 하나님이 역사의 절대 주권자이심을 증거하고 있습니다.

1. 바벨론에서도 믿음을 지킨 다니엘(단1:1~7)

> 다니엘 1:4 "곧 흠이 없고 아름다우며 모든 재주를 통달하며 지식이 구비하며 학문에 익숙하여 왕궁에 모실만 한 소년을 데려오게 하였고 그들에게 갈대아 사람의 학문과 방언을 가르치게 하였고"

하나님을 거역하며 온갖 죄악을 저지르면서도 성전이 자신들의 안전을 보장해 줄 것이라고 여겼던 유다는 바벨론의 침공으로 멸망당하였습니다. 바벨론의 침략은 세 차례에 걸쳐 이루어 졌는데 B.C 605, 597, 586년에 일어났습니다.

첫 번째 침공 시에 왕족과 귀족들을 데리고 갈 때 다니엘과 그의 세친구도 함께 잡혀갔습니다. 성경은 우리에게 세 가지를 묻고 있습니다. 광야에서도 믿음을 지킬 수 있느냐, 가나안의 풍요의 땅에서도 믿음을 지킬 수 있느냐, 포로의 땅 바벨론에서도 믿음을 지킬 수 있느냐는 것입니다.

바벨론 왕은 환관장 아스부나스에게 왕족과 귀족을 포로로 잡아가서 유다의 신앙과 문화를 바벨론화 시키려고 하였습니다. 붙잡혀간 귀족출신의 젊은이들에게 바벨론의 학문과 언어를 배우게 하였으며 이들은 합숙하여 왕이 주는 음식을 먹어야 했습니다(단1:5). 이러한 생활로 삼년 동안 훈련을 받게 되어 있었습니다. 그리고 그들의 이름은 바벨론식 새 이름이 주어졌습니다. 다니엘과 세친구의 히브리 이름의 의미와 바벨론 이름은 다음과 같습니다.

※ 히브리 이름과 의미
다니엘 : "나의 하나님은 재판장이시다."
하나냐 : "하나님은 은혜로우시다."
미사엘 : "하나님 같은 분은 누구인가."
아사랴 : "여호와는 나의 도움이시다."

※ 바벨론 이름과 의미
벨드사살 : "벨이 그의 보호자이다"(바벨론 신).
사드락 : "아쿠의 명령"(달의 신).
메삭 : "아쿠와 같은 자 누구인가."
아벳느고 : "느보의 종"(바벨론 신 가운데 하나)

고대 역사가 플라토(Plato, BC 428/427 ~ BC 348/347)는 페르시아에서 궁중에 들어간 소년들은 14세에서 17세까지 보통 3년간 교육을 받았다고 말했습니다. 왕립학교에 교육받기 위하여 뽑힌 다니엘과 하나냐, 미사엘, 아사랴는 바벨론식 이름으로 개명하고 바벨론 학문과 언어를 배우고 우상에게 바쳤던 음식을 먹고 포도주를 마셔야 했습니다. 다니엘과 세 청년은 바벨론에서, 어려운 환경에서도 믿음을 저버리지 아니하였습니다.

2. 뜻을 정한 다니엘(단1:8)

> 다니엘 1:8 "다니엘은 뜻을 정하여 왕의 진미와 그의 마시는 포도주로 자기를 더럽히지 아니하리라 하고 …"

바벨론 왕은 자신에게 충실한 신복을 만들기 위하여 왕의 음식을 먹도록 규정하고 있었습니다. 왕의 진미란 첫째, 우상에게 드려진 음식(호9:3, 고전10:27 ~ 29), 둘째, 율법에 금하는 부정한 음식을 의미하며(레11:10 ~ 12), 셋째, 피를 먹도록 만든 음식(신12:23 ~ 24)입니다. 다니엘은 고민하고 기도한 후에 환관장에게 왕의 진미 대신 채식을 먹게 하여 달라고 간청하였습니다. 이 일을 위하여 십일 동안 왕의 진미를 먹는 청년들과 채식을 먹은 다니엘과 친구 세 사람과 함께 각각 음식을 먹게 하고 심사하여 허락해 줄 것을 요청하였습니다. 다니엘과 세 청년들은 왕의 음식인 산해진미를 먹은 청년들보다 더욱 아름답게 보였습니다. 그러므로 다니엘과 그의 친구들은 음식으로 범죄치 않고 깨끗한 채식으로 몸을 정결케 지킬 수 있었습니다.

3. 뜻을 정한 자들에게 주신 은혜(단1:17)

다니엘 1:17 "하나님이 이 네 소년에게 지식을 얻게 하시며 모든 학문과 재주에 명철하게 하신 외에 다니엘은 또 모든 이상과 몽조를 깨달아 알더라"

언제 어디서나 먹고 마시고 사는 일에 범죄치 아니하기로 뜻을 정한 다니엘과 세 청년에게는 하나님께로부터 지식과 명철과 이상과 몽조를 깨닫게 하는 신령한 영적 은혜를 받게 하여 주셨습니다. 우리도 이 세상사는 동안 먹고 마시는 일로 범죄치 아니하고 오직 믿음을 지키기로 뜻을 정하여 살면 신령한 은혜까지 주실 줄 믿습니다.

뜻을 정하여 세상을 살아간 사람이 많이 있습니다. 시편 기자는 "내가 주께 범죄치 아니하려 하여 주의 말씀을 내 마음에 두었나이다"(시119:11) 하였고, 에스더는 "죽으면 죽으리이다"하고 아하수에로 왕 앞에 나아갔으며(에4:16), 안이숙씨도 죽으면 죽으리이다의 신앙으로 일본군의 박해를 대항하며 옥중생활을 하였으며 주기철 목사님은 "일사각오"의 신앙으로 우상 앞에 절하지 않고 순교의 자리로 나아갔습니다.

잊혀진 꿈

다니엘 2장 1~9절

"느부갓네살이 위에 있은지 이 년에 꿈을 꾸고 그로 인하여 마음이 번민하여 잠을 이루지 못한지라 왕이 그 꿈을 자기에게 고하게 하려고 명하여 박수와 술객과 점장이와 갈대아 술사를 부르매 그들이 들어와서 왕의 앞에 선지라 왕이 그들에게 이르되 내가 꿈을 꾸고 그 꿈을 알고자 하여 마음이 번민하도다 갈대아 술사들이 아람 방언으로 왕에게 말하되 왕이여 만세수를 하옵소서 왕은 그 꿈을 종들에게 이르시면 우리가 해석하여 드리겠나이다 왕이 갈대아 술사에게 대답하여 가로되 내가 명령을 내렸나니 너희가 만일 꿈과 그 해석을 나로 알게 하지 아니하면 너희 몸을 쪼갤것이며 너희 집으로 거름터를 삼을 것이요 너희가 만일 꿈과 그 해석을 보이면 너희가 선물과 상과 큰 영광을 내게서 얻으리라 그런즉 꿈과 그 해석을 내게 보이라 그들이 다시 대답하여 가로되 청컨대 왕은 꿈을 종들에게 이르소서 그리하시면 우리가 해석하여 드리겠나이다 왕이 대답하여 가로되 내가 분명히 아노라 너희가 나의 명령이 내렸음을 보았으므로 시간을 천연(遷延)하려 함이로다 너희가 만일 이 꿈을 나로 알게 하지 아니하면 너희를 처치할 법이 오직 하나이니 이는 너희가 거짓말과 망령된 말을 내 앞에서 꾸며 말하여 때가 변하기를 기다리려 함이니라 이제 그 꿈을 내게 알게 하라 그리하면 너희가 그 해석도 보일 줄을 내가 알리라"

본문 말씀은 바벨론 왕 느부갓네살이 왕위에 있은지 이 년에 한 꿈을 꾸고 그 꿈으로 인하여 마음이 번민에 빠져 잠을 이루지 못하고 있었습니다. 이러한 상황에서 혜성같이 나타난 다니엘이 왕의 꿈과 꿈의 내용을 해석하므로 역사를 주관하시는 하나님을 증거하고 있습니다.

1. 느부갓네살의 꿈(단2:1~3)

다니엘 2:1 "느부갓네살이 위에 있은지 이 년에 꿈을 꾸고 그로 인하여 마음이 번민하여 잠을 이루지 못한지라"

느부갓네살이 장래 일을 생각하다가 잠이 들었는데 그 때 꿈을 꾸었습니다. 그런데 그 꿈이 생각나지 아니하였습니다. 일반적으로 사람들은 꿈을 꾸고 있습니다. 훨훨 날아가는 꿈을 꾸기도 하고 벼랑길을 올라가기도 하고, 길을 가다가 빨리 달려가야 하는데 빨리 가지 못하며 애쓰는 꿈도 있고 밤새도록 꿈을 꾸었는데 깨고 나면 꿈이 생각나지 않는 때도 있습니다. 어떤 때는 꿈에 맛있는 음식을 먹다가 깨어보면 먹을 것이 없는 빈방에 홀로 있는 자신을 발견하기도 합니다. 또 어릴 때는 꿈에 소변을 보다가 깨어보니 그만 잠자리를 흠뻑 적셔놓고 어머님께 야단맞고 머리에 키를 쓰고 이웃집에 소금을 얻으러 가기도 하였습니다. 어떤 사람은 자기 집에서 꿈을 꾸는 것이 아니라 예배당에서 설교를 듣다가 앉은 채로 꿈을 꾸면서 하필 먹는 꿈을 꾸는 일이 있었습니다. 김영삼 대통령께서 어린이 프로 TV에 출연한 일이 있었습니다. 어느 어린이가 "대통령 할아버지, 꿈을 꾸시나요"라고 질문하였습니다. 김 대통령은 "나는 꿈을 꾸지 않아 …"라고 대답하였습니다.

2. 잊혀진 왕의 꿈(단2:1~3)

다니엘 2:3 "왕이 그들에게 이르되 내가 꿈을 꾸고 그 꿈을 알고자 하여 마음이 번민하도다"

느부갓네살 왕이 한 꿈을 꾸었는데 그 꿈이 잊혀져 생각이 나지 아니하였고 여전히 그 꿈 때문에 번뇌로 가득차 잠을 잘 수도, 마음의 쉼을 얻을 수도 없었습니다. 느부갓네살은 수많은 도시를 휩쓸고, 수없이 많은 나라를 정복했으며 그를 따르는 군인들은 그의 지휘아래 가는 곳마다 승전의 개가를 울리고 있었습니다. 이렇게 권위를 지니고 있는 느부갓네살 왕이 전장에서 싸우는 모습은 마치 폭풍우 속을 뚫고 위로 치솟아 올라가는 한 마리의 독수리와 같았습니다(The Biblical Illustrator vol XXIV, p.51).

이렇게 두려움을 모르는 용맹스러운 느부갓네살 왕이 하룻밤의 꿈에 번민에 빠져 두려워하게 된 것입니다. 느부갓네살처럼 위대한 왕이 여호와께서 내려주신 꿈으로 인하여 하룻밤 사이에 나약함에 빠졌다는 것은 인간을 다스리시는 하나님의 위대하심과 인간의 연약함을 동시에 보여주고 있습니다. 훗날 하나님의 거룩한 빛에 의해 우리 자신의 죄악된 폐부가 낱낱이 드러날 때 하나님 앞에서 얼마나 두려움에 사로잡히게 될 것인지 참으로 두려운 일입니다. 느부갓네살 왕은 자신이 한 꿈을 꾸었다는 사실과 꿈의 내용을 잊어버렸음에도 불구하고 그 꿈이 몹시 마음을 번민케 하고 있었습니다.

그리스 신화에 다모크레스의 칼(Damocles)이라는 이야기가 있습니다. 디오니시우스(Dionicius) 왕이 다모크레스의 머리 위에 머리카락 하나로 칼을 매달아 놓아 왕의 자리에는 언제나 위험이 따른다는 것을 가르친 이야기입니다. 이와 같이 느부갓네살 왕은 왕의 침실 주변에 높은 외벽과 내벽 사이에 강물이 흐르고 굳게 닫은 대문과 무장한 수호군사가 겹겹이 왕을 지키고 있었으나 느부갓네살의 영혼에 번민이 스며드는 것을 막아낼 수 없었습니다. 이사야 45장 7절에 보면 "나는 빛도 짓고 어두움도 창조하며 나는 평안도 짓고 환난도 창조하나니 나는 여호와라 이 모든 일을 행하는 자니라" 하였습니다. 요한복음 14장 27절에 예수님은 "평안을 너희에게 주노라 … 너희는 마음에 근심도 말고 두려워하지도 말라" 하셨습니다.

3. 기도하는 다니엘(단2:2~13)

다니엘 2:2 "왕이 그 꿈을 자기에게 고하게 하려고 명하여 박수와 술객과 점장이와 갈대아 술사를 부르매 그들이 들어와서 왕의 앞에 선지라"

지난밤에 꾼 꿈을 잊어버리고 번민에 빠진 느부갓네살이 바벨론 박수와 술객과 점장이와 갈대아 술사를 왕궁으로 소집하여 내가 꿈을 꾸고 잊어버린 그 꿈을 알아내고 그 꿈을 해몽하라 하였습니다. 그들은 "왕의 물으신 것은 희한한 일이라 육체와 함께 거하지 아니하는 신들 외에는 왕 앞에 그것을 보일 자가 없나이다"(단2:11) 하였습니다. 왕의 꿈을 찾아주지 못하는 바벨론 술객들은 죽게 되었고 다니엘과 그의 동무들도 죽이려고 찾아 나섰습니다. 이미 다니엘과 세 청년들은 먹고 마시는 일로 인하여 범죄치 아니하려 뜻을 정한 사람들이었습니다. 다니엘과 그의 친구들은 환관장에게 은혜를 입게 되었고(단1:9) 특별한 지혜와 꿈을 꾸고 해몽하는 은사를 받았습니다(단1:17).

왕의 시위대장 아리옥이 박사들을 죽이러 나갈 때 다니엘이 왕 앞에 나가 잠시 기한을 주시면 꿈과 그 해석을 보여드리겠나이다(단2:16) 하였습니다. 그리고 다니엘은 자기 집으로 돌아가는 길에 동무인 사드락과 메삭과 아벳느고에게 기도를 부탁하고 집에 돌아가서 기도하기 시작하였습니다. 기도는 하늘의 보고를 여는 열쇠라 하지만 기도는 은혜의 보좌 가까이 나아갈 수 있는 통로입니다. 기도는 하나님 백성의 특권입니다. 다니엘과 세 친구는 합심하여 기도드렸습니다. 전도서 4장 9절에 "두 사람이 한 사람보다 나음은 …"이라고 하였는데 이것은 백지장도 맞들면 낫다는 우리의 격언과도 같은 말인데 이것은 노동에 있어서만 아니라 기도에 있어서도 그러한 것입니다. 마태복음 18장 19절에 "너희 중에 두 사람이 땅에서 합심하여 무엇이든지 구하면 하늘에 계신 내 아버지께서 저희를 위하여 이루게 하시리라" 하셨습니다. 에스더가 위경에서 합심기도를 요청하였고(에4:16), 베드로가 옥에 갇혔을 때 교회는 베드로를 위하여 합심기도를 드렸습니다. 우리가 어려운 문제를 놓고 우리와 연합하여 은혜의 보좌 앞에 무릎을 꿇을 수 있는 친구가 있는 자는 행복한 사람입니다. "하나님에게는 알기에 너무 어려운 것이 없고 하시기에 너무 힘든 일도 없으며 기도하는 자에게 허락하기에 너무 큰일도 없는 것입니다"(Baker Commentary vol ⅩⅩⅩⅡ, p.69).

4. 응답된 다니엘의 기도(단2:11)

다니엘 2:11 "왕의 물으신 것은 희한한 일이라 육체와 함께 거하지 아니하는 신들 외에는 왕 앞에 그것을 보일 자가 없나이다 한지라"

바벨론 박사들은 그들의 모든 학식과 학문에도 불구하고 그들이 처한 난국을 헤쳐 나갈 방도나 능력이 없었습니다. 폭풍 속에 휘말린 선원처럼 그들은 어찌할 바를 몰라 당황하고 있었습니다. 그들은 자신들이 믿고 있는 신들이 왕에게 그 꿈을 말할 수 있을 것으로 믿고 있었으나 그 신들에게 접근할 방법을 알지 못하고 있었습니다. 그들의 신은 "육체와 함께 하지 않는 신들"(단2:11) 이었습니다. 그러나 다니엘과 그의 세 친구가 믿고 있는 하나님은 육신이 되셨기 때문에 (요1:14) 땅 위에 있는 사람들과 함께 거하시며 성령으로 우리와 함께 계시는 임마누엘의 하나님이십니다. 하나님은 "환난 중에 만날 큰 도움이시며"(시46:1), "자기에게 간구하는 모든 자 곧 진실하게 간구하는 모든 자에게 가까이 하시는도다"(시145:18) 하였습니다. 꿈 자체도 하나님께로부터 오는 경우가 많습니다. 기억의 능력도 하나님께로부터 오는 것입니다. 다니엘과 세 친구의 합심기도는 다니엘에게 왕이 꾼 신상과 그 꿈이 의미하는 뜻을 깨닫게 되었습니다.

성령의 직무는 첫째, 장래 일을 알게 하시는 일입니다.

요한복음 16장 13절에 "진리의 성령이 오시면 그가 너희를 진리 가운데로 인도하시리니 … 장래 일을 너희에게 알리시리라" 하였습니다.

둘째, 성령은 생각나게 하십니다.

"보혜사 곧 아버지께서 내 이름으로 보내실 성령 그가 너희에게 모든 것을 가르치시고 내가 너희에게 말한 모든 것을 생각나게 하시리라"(요14:26) 하였습니다. 모든 것을 생각나게 하시는 성령께서 느부갓네살의 꿈과 그 꿈이 의미하는 바를 깨닫게 하여 주셨습니다. "이에 이 은밀한 것이 밤에 이상으로 다니엘에게 나타나 보이매 다니엘이 하늘에 계신 하나님을 찬송하니라"(단2:19) 하였습니다.

우리가 믿는 하나님은 우리의 기도에 응답하시는 하나님이십니다. 바알 선지자의 기도에는 응답이 없었으나 엘리야의 기도에는 불로 응답하시고 비로 응답하셨습니다. 시편 3편 4절에 "내가 나의 목소리로 여호와께 부르짖으니 그 성산에서 응답하시는도다" 하였고 예레미야 33장 3절에 "너는 내게 부르짖으라 내가 네게 응답하겠고 네가 알지 못하는 크고 비밀한 일을 네게 보이리라" 하였습니다.

뜨인 돌

다니엘 2장 31~35절

"왕이여 왕이 한 큰 신상을 보셨나이다 그 신상이 왕의 앞에 섰는데 크고 광채가 특심하며 그 모양이 심히 두려우니 그 우상의 머리는 정금이요 가슴과 팔들은 은이요 배와 넓적다리는 놋이요 그 종아리는 철이요 그 발은 얼마는 철이요 얼마는 진흙이었나이다 또 왕이 보신즉 사람의 손으로 하지 아니하고 뜨인 돌이 신상의 철과 진흙의 발을 쳐서 부서뜨리매 때에 철과 진흙과 놋과 은과 금이 다 부서져 여름 타작 마당의 겨같이 되어 바람에 불려 간 곳이 없었고 우상을 친 돌은 태산을 이루어 온 세계에 가득하였었나이다"

주전 605년에 다니엘이 느부갓네살의 1차 포로가 되어(1차 B.C 605, 2차 597, 3차 586년) 바벨론 왕궁에 있는 왕립학교에 있을 때 느부갓네살이 한 꿈을 꾸었으나 그 꿈의 진상을 잊어버리고 번민에 빠져있었습니다. 바벨로니아 왕 느부갓네살은 박사와 점성술사와 술객들과 지혜자들을 불러 꿈을 알아내고 해석하라 하였으나 어느 누구도 알아내거나 해석할 수 없었습니다. 왕은 이들을 죽이라는 명을 내리게 되었습니다. 이러한 상황에서 다니엘이 세 친구들과 합심하여 하나님께 기도하여 꿈을 알아내고 해몽까지 하였습니다. 이런 일로 왕은 다니엘 앞에 엎드려 경의를 표하였다고 하였습니다.

1. 꿈의 내용과 꿈에 대한 해몽(단2:31~35)

다니엘 2:31 "왕이여 왕이 한 큰 신상을 보셨나이다 그 신상이 왕의 앞에 섰는데 크고 광채가 특심하며 그 모양이 심히 두려우니"

다니엘의 환상에 느부갓네살의 꿈에 나타났던 몽상이 나타났는데 이는 큰 신상이었고 광채가 나면서 그 모양을 볼 때 심히 두려워졌습니다. 그 신상의 머리는 정금이며 가슴과 팔은 은이며 배와 넓적다리는 놋으로 되어 있고 그 종아리는 철이며 발은 철과 진흙으로 되어 있었습니다. 왕이 이러한 광경을 보고 있을 때 사람의 손으로 하지 아니하고 뜨인 돌이 신상의 철과 진흙으로 된 발을 쳐서 부서뜨리매 이 신상이 다 부서져 여름 타작마당의 겨와 같이 되어 바람에 불려간 곳이 없었고 우상을 친 돌은 태산을 이루어 온 세계에 가득하였습니다.

다니엘은 이어서 꿈을 해석하였습니다(단2:36~46). 성서학자들의 일반적인 해석은 다음과 같습니다.

(1) 정금으로 된 머리

느부갓네살의 나라 곧 바벨론 제국(단2:37~38, B.C 605~538년)을 의미합니다. 바벨론 제국은 막대한 부의 강국으로 "금"으로 묘사되고 있으며 바벨론 자체는 "정금성(精金城)" 또는 KJV의 난외주와 같이 "금의 강제 징수자", "강포한 성"(사14:14)으로 불리고 있었습니다. 바벨론은 하나님의 백성을 잔인하게 압제하였고(시137:8) 우상숭배의 본거지였으며(렘51:7) 마술과 점성술로 악명 높았습니다. 또한 범죄가 극에 달하여 멸망이 이미 예정되었습니다(렘51:35, 시137:8). 바벨론은 "성도들의 피와 예수의 증인들의 피에 취한 자"들로(계17:5~6) 증거되고 있습니다. 바빌로니아 제국은 B.C 606~605년경 느부갓네살의 통치로 시작되어 약 68년 후 벨사살 왕의 죽음으로 그 종말을 고하였습니다(단5:30~31).

역사가들은 바벨론의 마지막 밤을 이렇게 증언하고 있습니다. "고레스가 유프라테스 강물을 끊고 이어 강바닥에서 바벨론 성 안으로 열려있는 놋문들을 통해 성 안으로 들어가 바벨론을 점령하였다. 그 날 밤은 벨사살 왕이 바벨론 제국의 귀인 일천 명과 함께 대연을 베풀고 술과 향연에 취해 있었다"(단5:30~31)고 하였습니다(Baker Commentary vol XXXⅡ, p.99).

(2) 은으로 된 가슴과 팔

메데·파사 제국(B.C 538~333년)을 의미합니다. "은"에 해당되는 파사 제국은 메데와 파사를 고레스 왕이 통치하면서 파사 제국시대를 열었습니다. 파사 제국은 고레스에 의해 세워져 마지막 왕 다리우스 코도마누스(Darius Codomanus)의 죽음까지 약 200년 동안 지속되었습니다. 파사 제국 치하에서 에스라, 느헤미야, 모르드개와 에스더가 살았고 학개와 스가랴, 말라기 선지자가 살았으며 다니엘도 그의 생애 말년을 파사 제국 치하에서 보냈습니다.

(3) 놋으로 된 배와 넓적다리

헬라제국(B.C 333~63년)을 의미합니다. 파사 제국은 수많은 싸움 끝에 결국 마케도니아의 알렉산더 대왕 치하의 그리스인들에 의해 정복되었습니다. 알렉산더 대왕이 마케도냐 왕이었기 때문에 마케도냐 제국이라는 말과 함께 그리스 제국을 세웠습니다. 세 번째 대 제국인 그리스 제국의 상징의 금속은 "놋"이었으며 호메로스 시대의 칭호였던 "놋 갑옷을 입은 그리스인들"이란 말에 일치하고 있습니다. 알렉산더는 "더 이상 정복할 세상이 없어 울었다"고 했습니다. 그러나 방탕으로 인하여 서른 두 살의 나이로 바벨론에서 죽었습니다(Baker Commentary vol XXXⅡ, p.100).

(4) 철로 된 종아리

로마 제국을 의미합니다(B.C 63～A.D 476, 단2:40). 로마인들은 극히 강한 철과 같아서 알렉산더와 그의 후계자들의 제국을 정복해 부서뜨렸습니다. 그들은 B.C 65년에 시리아를 로마의 한 지방으로 만들어 버렸고, 3년 후에는 애굽을 그렇게 정복하였습니다. 두 종아리는 동로마와 서로마로 나뉘어질 것을 보여주었으며 철과 같이 강한 로마제국은 오백여년 강성하였고 로마에 의해 기독교가 박해받았으며 로마에 의해 기독교가 세계로 퍼져나가게 되기도 하였습니다.

(5) 철과 진흙으로 된 발(A.D 476～ , 단2:41～43)

철과 진흙으로 된 발이 열 개의 발가락으로 되었음은 여러 나라가 연합국의 형태를 이루게 될 것을 보여주는 것입니다. 로마 제국 이후에 로마는 쇠퇴하고 강한 나라와 진흙같이 약한 나라가 연합하여 연합국으로 형성되어 각 나라의 민족주의를 벗어나 유럽 연합, 아메리카 합중국, 아세아, 아프리카 연합국 형태의 국제사회가 형성되어 가게 될 것을 보여준 꿈이었습니다. 하나님은 느부갓네살에게 앞으로 전개될 미래사회를 꿈으로 예시해 주셨습니다.

2. 뜨인 돌(손대지 않은 돌, 단2:34～35)

> 다니엘 2:34~35 "또 왕이 보신즉 사람의 손으로 하지 아니하고 뜨인 돌이 신상의 철과 진흙의 발을 쳐서 부서뜨리매 때에 철과 진흙과 놋과 은과 금이 다 부서져 여름 타작 마당의 겨같이 되어 바람에 불려 간 곳이 없었고 우상을 친 돌은 태산을 이루어 온 세계에 가득하였었나이다"

다니엘은 또 왕이 마지막으로 본 것은 "뜨인 돌" 즉, 손대지 아니한 큰 돌이 나와서 쇠와 진흙으로 된 발을 쳐 부서뜨리매 쇠와 진흙과 놋과 은과 금으로 이루어진 신상이 다 부서져 여름 타작마당의 겨 같이 되어 바람에 불려간 곳이 없었고 신상을 친 돌은 태산을 이루어 온 세계에 가득하였다고 하였습니다.

다니엘은 다섯 번째 나타날 영원히 무너지지 않는 한 나라의 출현을 설명하였습니다. 다니엘 2장 44~46절에 "이 열왕의 때에 하늘의 하나님이 한 나라를 세우시리니 이것은 영원히 망하지도 아니할 것이요 그 국권이 다른 백성에게로 돌아가지도 아니할 것이요 도리어 이 모든 나라를 쳐서 멸하고 영원히 설 것이라 왕이 사람의 손으로 아니하고 산에서 뜨인 돌이 철과 놋과 진흙과 은과 금을 부서뜨린 것을 보신 것은 크신 하나님이 장래 일을 왕께 알게 하신 것이라 이 꿈이 참되고 이 해석이 확실하니이다 이에 느부갓네살 왕이 엎드려 다니엘에게 절하고 명하여 예물과 향품을 그에게 드리게 하니라" 하였습니다.

그랜드 성서 주석에서는 "뜨인 돌 자체는 하나님 나라를 건설하실 예수 그리스도를 가리킨다"고 하였습니다(Grand Bible Commentary vol XI, p.63). 예수님은 자신을 가리켜 "돌"이라고 말씀하셨습니다. 누가복음 20장 17~18절에 "저희를 보시며 가라사대 그러면 기록된바 건축자들의 버린 돌이 모퉁이의 머릿돌이 되었느니라 함이 어찜이뇨 무릇 이 돌 위에 떨어지는 자는 깨어지겠고 이 돌이 사람 위에 떨어지면 저를 가루로 만들어 흩으리라 하시니라" 하였습니다.

"뜨인 돌"이란 개역개정 성경에는 "손대지 않은 돌"이라고 번역하였습니다. 베드로 사도는 산돌(Living Stone)이라 하였으며 요한계시록에서는 흰돌(White Stone)이라고 하였습니다. 예수 그리스도는 사람에 의해서 출현하신 분이 아니라 하나님에 의하여 출현하신 분입니다. 예루살렘은 건축물의 소재가 90% 이상이 모두 돌입니다. 건축

자들이 쓸모없는 돌은 집어 던져버리고 좋은 것을 골라서 건축에 사용하는데 이스라엘 종교지도자들과 관원들이 예수는 쓸모없다고 갈보리 언덕의 형장에 던져버렸습니다. 나사렛에서 버림받아 가버나움으로 갔습니다. 가족들에게 미친 사람으로 취급받았습니다. 사마리아 사람들에게도 버림받았고 제사장과 율법사, 서기관들에게 버림받았습니다. 유대 민족주의자들에게 버림받아 민족 반역자로 몰렸고 로마 사람에게 버림받아 십자가 형틀을 매었고 가룟 유다에게 버림받아 은 30에 팔렸으며 수제자 베드로에게까지 버림받아 외면당하였습니다. 예수님은 버림받은 고통을 견디기 힘들어 "엘리 엘리 라마 사박다니 … 하나님이여 어찌하여 나를 버셨나이까 …"(마27:46) 하였습니다. 철저하게 건축자들에게 버림받았습니다. 시편 118편 22~23절에도 "건축자의 버린 돌이 집 모퉁이의 머릿돌이 되었나니 이는 여호와의 행하신 것이요 우리 눈에 기이한 바로다" 하였습니다. 예수님은 버림받은 돌이었으나 하나님나라 메시아 왕국의 머릿돌, 기초석이 되셨습니다.

3. 태산을 이룬 돌(단2:35)

다니엘 2:35 "… 우상을 친 돌은 태산을 이루어 온 세계에 가득하였었나이다"

뜨인 돌이 날아와 우상의 발을 치니 그 우상은 부서져 겨같이 되어 바람에 불려간 곳이 없었고 우상을 친 돌은 태산을 이루어 온 세계에 가득한 것을 보았습니다. 신상으로 나타난 대제국들의 모습보다 그들은 다 없어져 바람 앞에 겨같이 사라지는 것도 놀라운 것이었으나 신상을 친 "뜨인 돌"이 태산을 이루어 온 세상에 가득차 있는 광경은 느부갓네살을 더욱 놀라게 하였습니다. 이는 "대저 물이 바다를 덮음같이 여호와의 영광을 인정하는 것이 세상에 가득하리라"(합2:14)는 하박국 선지자의 말과 같고 "여호와의 영광이 나타나고 모든 육체가 그것을 함께 보리라"(사40:5)는 말씀과 같은 광경이었습니다. 다니엘 2장 44절에 "이 열왕의 때에 하늘의 하나님이 한 나라를 세우시리니 이것은 영원히 망하지도 아니할 것이요 그 국권이 다른 백성에게로 돌아가지도 아니할 것이요 도리어 이 모든 나라를 쳐서 멸하고 영원히 설 것이라" 하였습니다. 다니엘은 다니엘 2장 45절에 "왕이 사람의 손으로 아니하고 산에서 뜨인 돌이 철과 놋과 진흙과 은과 금을 부서뜨린 것을 보신 것은 크신 하나님이 장래 일을 왕께 알게 하신 것이라 이 꿈이 참되고 이 해석이 확실하니이다" 하므로 꿈에 대한 설명을 끝맺고 있습니다. 이는 역사의 주관자 되시는 하나님께서 이루어 가시는 세계 역사를 꿈을 통하여 느부갓네살과 다니엘에게 보여주신 것입니다. 어느 성서학자는 다니엘서 2장이 성서의 중심이라고 해석하기도 합니다. 역사를 주관하시는 하나님 앞에 우리는 하늘에서 뜻이 이루어진 것 같이 땅에서도 이루어지이다라고 기도드려야 할 것입니다.

사랑의 무게

다니엘 5장 24~28절

"이러므로 그의 앞에서 이 손가락이 나와서 이 글을 기록하였나이다 기록한 글자는 이것이니 곧 메네 메네 데겔 우바르신이라 그 뜻을 해석하건대 메네는 하나님이 이미 왕의 나라의 시대를 세어서 그것을 끝나게 하셨다 함이요 데겔은 왕이 저울에 달려서 부족함이 뵈었다 함이요 베레스는 왕의 나라가 나뉘어서 메대와 바사 사람에게 준 바 되었다 함이니이다"

바벨론 왕 느부갓네살의 아들 벨사살이 왕이 되어 바벨론을 다스릴 때 벨사살 왕은 귀인 일천명을 초대하여 대 연회를 배설하고 그 일천명과 술을 마실 때 그 부친 느부갓네살이 예루살렘 성전에서 취하여 온 금과 은으로 만든 성전 기명(器皿)을 가져다가 왕과 왕후들과 빈궁들과 귀인들이 그것으로 술을 마시며 금과 은과 동과 목석으로 만든 신상들을 찬양하며 벨사살 왕의 권세를 과시하고 있었습니다. 이 때 벨사살 왕이 앉은 맞은편 벽에 손가락이 나타나 글을 쓰고 있는 것을 보았습니다. 이에 왕은 얼굴빛이 변하고 생각이 번민하여 넙적다리 마디가 녹는 듯하고 무릎이 서로 부딪히며 두려움에 빠지게 되었습니다. 왕은 소리치며 술객과 박사들을 불러들여 이러한 사실을 알고자 하였으나 아무도 아는 사람이 없었습니다. 이 때 태후가 잔치하는 궁에 들어왔다가 이 사실을 알고 다니엘을 왕에게 천거하여 왕 앞에 불려 나오게 되었습니다. 그리고 다니엘은 분벽에 나타난 '메네 메네 데겔 우바르신' 이라는 글씨를 해석하여 주었습니다. 그 뜻을 해석하면, '메네 메네'는 하나님이 왕의 나라의 시대는 끝나게 하셨다는 뜻이요, '데겔'은 '왕이 저울에 달려 부족함이 뵈었다'는 뜻이라고 해석하여 주었습니다.

1. 우리의 무게는 얼마나 됩니까(단5:27)

다니엘 5:27 "데겔은 왕이 저울에 달려서 부족함이 뵈었다 함이요"

오늘 본문 말씀의 내용은 하나님께서 벨사살 왕을 저울에 달아보셨다는 내용을 다루고 있습니다. 이러한 사실은 하나님은 모든 사람을 저울에 달아보신다는 것입니다. 군 입대할 때나 학교에 입학할 때도 건강을 검진하며 우리의 무게를 달아봅니다. 병원에서도 환자의 몸무게를 달아보아 치료하는데 참고합니다. 오늘날은 건강에 관심이 많은 때입니다. 건강유지에 가장 중요한 것이 체중조절입니다. 너무 많이 먹고 운동하지 아니함으로 과체중이 되어 건강에 나쁜 영향을 끼치게 된다고 합니다. 체중을 줄이기 위해 많은 노력을 기울이고 있습니다. 뿐만 아니라 어떤 사람은 체중이 너무 가벼운 사람도 있습니다.

오늘 이 시간에 우리는 나의 무게는 얼마나 되는가라는 문제를 알아보아야 하겠습니다. 어거스틴은 그의 고백록에서 "나의 사랑은 나의 무게입니다. 내가 어떤 방향으로 움직이든지 간에 나는 사랑이 이끄는 대로 움직이게 됩니다"라고 말했습니다(어거스틴 고백록, 선한용 p.481).

그리고 어거스틴은 사랑하는 것이 나의 무게라고 했는데, 세상을 사랑하면 세상으로 기울어져서 세상 사람이 되고 그러나 세상 보다 하나님을 사랑하면 그는 하나님의 사람이 됩니다. 바울 사도는 에베소 교인들에게 그리스도의 사랑을 알아 그 넓이와 길이와 높이와 깊이가 어떠함을 깨닫게 되기를 기도하였습니다(엡3:18~19). 그는 세상의 모든 것을 잃어버리고 배설물로 여김은 그리스도를 얻고 그 안에서 발견되려 함이라(빌3:8~9)고 하였습니다. 바울 사도는 하나님을 사랑하는 무게가 누구보다도 무거웠던 사람입니다. 이는 그 마음에 그리스도를 품고 있었기 때문입니다. 하나님께 대한 사랑이 무거운 사람은 가볍게 살지 아니하고 무게있는 사람으로 살게 됩니다. 하나님은 벨사살 왕을 저울에 달아 보았습니다. 벨사살 왕은 그의 선왕 느부갓네살이 사는 동안 지극히 높으신 하나님이 인간 나라를 다스리는 줄 알도록 깨닫게 해주신 사실들을 지켜보았음에도 불구하고 여전히 교만하여 예루살렘 성전 기명으로 술을 마시며 하나님을 모독하였습니다. 그는 하나님을 존중하는 마음이 전혀 없는 가벼운 마음의 사람이었습니다. 하나님께서 우리 무게를 달아보시는 것은 우리의 몸무게가 아니라 우리의 마음을 달아보십니다.

2. 자리(Locus)가 어디입니까(단5:1)

다니엘 5:1 "벨사살 왕이 그 귀인 일천 명을 위하여 큰 잔치를 배설하고 그 일천 명 앞에서 술을 마시니라"

벨사살 왕이 왕위에 있어 귀인 일천 명을 초대하여 술좌석을 만들어 놓고 술에 취해 있었다는 것은 왕이 있어야 할 올바른 자리가 아니었습니다. 사실 타락한 인간은 인간이 있어야 할 자리를 떠나 방황하는 삶을 사는 것입니다. 어거스틴은 그의 고백록에서, "당신의 선물이 우리의 안식이요, 우리의 안식은 우리가 본래 있어야 할 자리(Locus)입니다. 바로 그 자리로 사랑은 우리를 밀어 올리며 당신의 좋으신 영은 비천한 우리를 죽음의 문에서(시9:13) 이끌어 올리십니다" 하였습니다(st. Augustine's Confessions, 선한용, p.480). 하늘에는 수많은 별들이 있습니다. 화성, 목성, 금성, 천왕성, 토성, 북극성 등 모두 각자 위치가 있고 자전과 공전을 계속하며 자기의 길을 가고 있습니다. 그러나 해가 빛을 잃고 하늘의 별들이 낙엽처럼 떨어지게 되며 천체가 자기 자리를 벗어나게 되는 그 때가 세상 끝이라고 하였습니다(마24:27~31).

우리 몸의 각 지체도 다 제자리가 있습니다. 머리는 위에 있어야 하고•목은 머리 밑에, 가슴은 중간에, 다리는 밑에 있어야 합니다. 지체가 있어야 할 자리에서 조금만 벗어나도 큰 문제입니다. 인간의 신체 구조가 제 위치를 지켜야 하듯 우리의 마음도 인간 이상이 되려고 하여 하나님보다 더 높은 곳에 서려고 하다가 에덴동산을 잃어버리고 말았습니다. 에덴동산에서 추방된 인간이 세상을 방황할 때 하나님은 사사들을 보내어 주셨고 대선지자와 소선지자들을 보내어 주셨으며 하나님의 독생자 예수 그리스도까지 보내주셔서 "수고하고 무거운 짐진 자들아 다 내게로 오라"(마11:28)고 부르셨습니다. 그리고 예수님을 십자가에서 대속의 죽음을 당하게 하시므로 인간을 잃어버린 본래의 자리로 돌아오게 하셨습니다.

3. 우리가 본래의 자리로 돌아가려면 성령의 도움이 필요합니다 (롬8:26)

로마서 8:26 "이와 같이 성령도 우리 연약함을 도우시나니 우리가 마땅히 빌 바를 알지 못하나 오직 성령이 말할 수 없는 탄식으로 우리를 위하여 친히 간구하시느니라"

물체는 자체 무게로 인해 제자리를 향해서 움직입니다. 무게란 반드시 밑으로만 내려가는 것이 아니고 제자리를 향해서 움직이는 것입니다. 예를 들면 돌은 밑으로, 불은 위로 제각각 자기의 무게로 인하여 제자리를 찾아 운동합니다. 물에 기름을 부으면 기름은 물위에 떠오르고 물은 기름 밑으로 가라앉습니다. 이와 같이 모든 것은 제 무게로 인하여 제자리를 찾아 움직입니다. 그것들이 제자리를 벗어나면 불안정하여 흔들리고 다시 돌아가면 안식을 찾게 됩니다(st. Augustine's Confessions,

선한용 p.480). 그러나 악의 세력과 죄의 세력이 상존하는 세상에서 하나님께 가까이 나가는 것은 쉬운 일이 아닙니다. 어거스틴은 "당신은 우리를 결코 떠나 계시지 않으시나 우리가 당신에게로 돌아가기란 그렇게도 어렵습니다"라고 고백하였습니다(st. Augustine's Confessions, 선한용, p.241). 그리고 우리가 본래의 자리로 돌아가려면 성령의 도우심이 절대로 필요함에 대하여 다음과 같이 말하고 있습니다.

"우리의 사랑은 당신의 선물인 성령으로 인하여 불붙어 오르게 됩니다. 우리의 마음은 그 불에 타며 앞으로 나아갑니다. 우리는 우리 마음에 있는(시온으로 가는) 당신의 길을 오르면서 즐거운 노래를 부릅니다. 우리의 마음이 당신의 불 그 좋은 불에 타며 앞으로 나아감은 우리가 예루살렘의 평안(시122:6)을 향해서 위로 오르기 때문입니다. 그래서 사람들이 주님의 집으로 가자고 말할 때에 나는 기뻐하였습니다(시122:6). 당신의 선하신 뜻은 우리를 거기에 거하게 할 것이며 우리는 당신의 집에 영원히 거하는 것 외에 다른 것을 더 바라지 않을 것입니다(시23:6)"(st. Augustine's Confessions, 선한용, p.481).

바벨론 포로 생활 70년 수난의 시대를 뒤로 하고 바사 왕 고레스의 해방선포로 이스라엘 백성이 고국으로 돌아오게 될 때 삼차에 걸쳐 시온을 향하여 얼굴을 들고 돌아왔습니다. 에스라와 그 일행이 백성들과 함께 돌아올 때 바사 왕 아닥사스다 7년(B.C 458년경) 정월 초하루에 바벨론에서 길을 떠났고 하나님의 선한 손의 도우심을 입어 오월 초하루(만 4개월)에 예루살렘에 도착했습니다. 이들이 돌아올 때 고레스 왕은 바벨론 느부갓네살 왕 때 빼앗아 간 모든 성전 기명과 보물들을 돌려보내라고 하였습니다. 포로되었던 이스라엘 백성과 빼앗겼던 성전 기명 등 도합 5,400점을 되찾아 돌아올 때 하나님의 선한 손의 도우심으로 무사히 귀환하게 되었습니다(스7:9).

기도의 사람 다니엘

다니엘 6장 10~17절

"다니엘이 이 조서에 어인이 찍힌 것을 알고도 자기 집에 돌아가서는 그 방의 예루살렘으로 향하여 열린 창에서 전에 행하던 대로 하루 세 번씩 무릎을 꿇고 기도하며 그 하나님께 감사하였더라 그 무리들이 모여서 다니엘이 자기 하나님 앞에 기도하며 간구하는 것을 발견하고 이에 그들이 나아가서 왕의 금령에 대하여 왕께 아뢰되 왕이여 왕이 이미 금령에 어인을 찍어서 이제부터 삼십 일 동안에 누구든지 왕 외에 어느 신에게나 사람에게 구하면 사자 굴에 던져 넣기로 하지 아니하였나이까 왕이 대답하여 가로되 이 일이 적실하니 메대와 바사의 변개치 아니하는 규례대로 된 것이니라 그들이 왕 앞에서 대답하여 가로되 왕이여 사로잡혀 온 유다 자손 중에 그 다니엘이 왕과 왕의 어인이 찍힌 금령을 돌아보지 아니하고 하루 세 번씩 기도하나이다 왕이 이 말을 듣고 그로 인하여 심히 근심하여 다니엘을 구원하려고 마음을 쓰며 그를 건져 내려고 힘을 다하여 해가 질 때까지 이르매 그 무리들이 또 모여 왕에게로 나아와서 왕께 말씀하되 왕이여 메대와 바사의 규례를 아시거니와 왕의 세우신 금령과 법도는 변개하지 못할 것이니이다 이에 왕이 명하매 다니엘을 끌어다가 사자 굴에 던져 넣는지라 왕이 다니엘에게 일러 가로되 너의 항상 섬기는 네 하나님이 너를 구원하시리라 하니라 이에 돌을 굴려다가 굴 아구를 막으매 왕이 어인과 귀인들의 인을 쳐서 봉하였으니 이는 다니엘 처치한 것을 변개함이 없게 하려 함이었더라"

바벨론의 마지막 왕 벨사살(B.C 550~539년)이 귀인 일천 명을 초청하여 화려한 대 연회를 열고 이스라엘서 탈취하여온(B.C 605년) 성전기명을 가져다가 술을 따라 마실 때 연회장 분벽에 손이 나타나 "메네 메네 데겔 우바르신"이라는 글자를 쓰고 있는 광경을 목도한 왕은 그날 밤 살해되고 메데 파사의 고레스에 의해 바벨론 제국의 막이 내려졌습니다. 그 후 2년여 동안 메데 나라의 마지막 왕인 다리오가(B.C 539~538년) 제국을 통치할 때에 120명을 세워 전국의 각 도를 치리하게 하였고 그 위에 총리 셋을 세워 나라를 다스리게 하였습니다. 왕은 다니엘을 수석 총리로 세우려고 할 즈음에 다니엘을 모함하는 자들이 한 달 동안 왕 외에 다른 신에게 절하고 섬기면 사자 굴에 넣으리라는 법령을 발표하였습니다. 이는 기도하는 다니엘을 처형하려는 악한 무리의 계책이었습니다. 이러한 법령이 반포되었으나 다니엘은 여전히 기도하다가 붙잡혀 사자 굴에 던지우게 되었습니다. 다니엘은 기도의 사람입니다.

1. 기도의 사람 다니엘(단6:10)

다니엘 6:10 "다니엘이 이 조서에 어인이 찍힌 것을 알고도 자기 집에 돌아가서는 그 방의 예루살렘으로 향하여 열린 창에서 전에 행하던 대로 하루 세 번씩 무릎을 꿇고 기도하며 그 하나님께 감사하였더라"

첫째, 다니엘은 기도의 방을 가지고 있었습니다.

에스겔이 본 성전 환상에 보면 삼층으로 된 성전에는 각 층마다 30개씩 90개의 예배자의 방이 있었습니다. 기도의 방 즉 기도실이 있었다는 것입니다. 다니엘 6장 10절에 "윗방"이란 말씀이 있는데 '방'은 원어 상으로 '이층 방', '독방'이란 뜻으로 다니엘이 조용하게 기도에 전념할 때 사용하던 지붕 위에 위치한 다락방을 지칭하는 것으로 보여집니다(NIV, The Chokmah Commentary vol ⅩⅨ, p.688).

기도가 생활 습관이 된 성도에게는 다니엘과 같이 기도의 방을 가지고 있으며 기도의 자리가 있고 마음속에 기도의 방, 예배하는 방이 있기 마련입니다. 영국 런던에 웨슬리 목사님이 살았던 주택에 가보면 이층에 작은 기도의 방이 있습니다.

둘째, 다니엘은 예루살렘을 향하여 창문이 열려있었습니다.

다니엘의 관저에 있는 이층 독방에는 언제나 예루살렘을 향하여 창문이 열려있었습니다. 그는 예루살렘 방향의 창문 앞에서 기도하였습니다. 다니엘이 예루살렘을 향하여 기도하였다는 것은 이스라엘 백성의 생활습관입니다. 이스라엘 백성이 광야를 통과할 때 유진 시에는 하나님의 법궤가 중앙에 위치하고 동서남북 사방에 세 지파씩 장막을 펴도록 하였습니다(민2:1～2). 성전이 건축된 후에도 모든 사람이 성전을 향하여 기도하는 것이 관습으로 되어 있었습니다(왕상8:33～48, 시5:7). 시편 5편 7절에도 "오직 나는 주의 풍성한 인자를 힘입어 주의 집에 들어가 주를 경외함으로 성전을 향하여 경배하리이다" 하였습니다.

다니엘이 창문을 예루살렘 쪽으로 열어놓은 것은 솔로몬의 기도를 따라서 그렇게 하였을 것입니다. 솔로몬은 성전을 봉헌하면서 드린 그의 기도에서 "자기를 사로잡아 간 적국의 땅에서 온 마음과 온 뜻으로 주께 돌아와서 주께서 그 열조에게 주신 땅 곧 주의 빼신 성과 내가 주의 이름을 위하여 건축한 전 있는 편을 향하여 주께 기도하거든 주는 계신 곳 하늘에서 저희 기도와 간구를 들으시고 저희의 일을 돌아보옵시며 주께 범죄한 백성을 용서하시며 주께 범한 그 모든 허물을 사하시고 저희를 사로잡아 간 자의 앞에서 저희로 불쌍히 여김을 얻게 하사 그 사람들로 저희를 불쌍히 여기게 하옵소서"(왕상8:48～50) 하였습니다. 다니엘은 예루살렘을 향하여 창문을 열고 포로가 되어 잡혀온 이스라엘 백성들이 비참한 상황에 처하게 된 것은 선조와 자신들의 죄의 결과임을 깨닫고 불쌍히 여김을 받게 하여 주시기를 기도하였습니다.

셋째, 하루 세 번씩 습관적으로 기도하였습니다.

모든 사람에게는 생활 습관이 있습니다. 불신자는 불신자의 생활 습관이 있고 믿는 자는 신자로서의 생활 습관이 있습니다. 예수님도 생활 습관으로서 "기도의 습관"이 있었습니다. 그래서 습관을 좇아 기도하러 가셨다고 하였습니다(눅22:39).

본문에 보면 다니엘이 "자기 집에 돌아가서 … 전에 행하던 대로 하루 세 번씩 무릎을 꿇고 기도하며"(단6:10)라고 기록되어 있습니다. 다니엘은 하루에 세 번씩 기도하는 기도의 사람이었습니다. 그는 느부갓네살 밑에서도 기도하였고, 벨사살 왕의 치하에서는 궁중에서 쫓겨나 조용히 은둔생활 했을 때도 기도했으며 다리오(메데) 왕 밑에서도 기도하였으니 다니엘은 평생 네 분의 왕을 보필하며 기도하였습니다.

본문의 사건은 다니엘이 80세가 넘었을 때의 일을 다루고 있습니다(세 왕 밑에서 일한 것을 보면 약 60년 + 청년기 20세 = 80). 다니엘은 전에 하던 대로 바벨론 포로가 된 후 60여 년 동안 하루 같이 자기의 기도 방에서 예루살렘 성을 향한 창문을 열고 하루에 세 번씩 기도하였습니다. 시편 55편 17절에 "저녁과 아침과 정오에 내가 근심하여 탄식하리니 여호와께서 내 소리를 들으시리로다" 하였습니다. 다니엘은 기도의 사람이었습니다. 성도가 듣는 이름 중 "기도의 사람"이란 칭호는 가장 귀한 일입니다. 종교개혁 당시 멜랑톤(Philip Melanchthon, 1497~1560)이 루터에게 편지하기를 "나는 너무 바빠서 기도하지 못하네" 할 때 루터는 답장에 "나는 너무 바빠서 기도를 한 시간 더하네" 하였습니다.

넷째, 하나님께 감사하였습니다.

시편 69편 30절에 "내가 노래로 하나님의 이름을 찬송하며 감사함으로 하나님을 광대하시다 하리니" 하였습니다. 다니엘이 이층 기도의 방에 올라간 것은 감사하기 위해서였습니다. 예수님도 "천지의 주재이신 아버지여 감사하나이다"(마11:25) 하였습니다. 데살로니가전서 5장 18절에 "범사에 감사하라" 하였고 빌립보서 4장 6절에 "아무것도 염려하지 말고 오직 모든 일에 기도와 간구로 너희 구할 것을 감사함으로 하나님께 아뢰라" 하였습니다. "다니엘은 기도하며 그 하나님께 감사하였더라"(단6:10)고 하였습니다. 살아서나 죽어서나 하나님이 "나의 하나님"이라는 것 자체가 감사할 충분한 근거가 되는 것입니다.

2. 기도를 들으시는 하나님(단6:16~24)

다니엘 6:22 "나의 하나님이 이미 그 천사를 보내어 사자들의 입을 봉하셨으므로 사자들이 나를 상해치 아니하였사오니 이는 나의 무죄함이 그 앞에 명백함이오며 또 왕이여 나는 왕의 앞에도 해를 끼치지 아니하였나이다"

다니엘을 시기하고 모함한 자들은 다니엘을 사자굴 속에 던져 넣었습니다. 그리고 굴 문을 돌로 막고 봉인하였습니다. 악인들은 "악을 행하지 못하면 자지 못하며 사람을 넘어뜨리지 못하면 잠이 오지 아니한다"(잠4:16) 하였고 "그 발은 피 흘리는데 빠른지라"(롬3:15) 하였습니다. 악한 자들은 "사자가 그 굴혈(窟穴)에 엎드림 같이 저가 은밀한 곳에 엎드려 가련한 자를 잡으려고 기다리며 자기 그물을 끌어 가련한 자를 잡나이다"(시10:9)고 함같이 다니엘을 잡아 사자 굴에 던져 넣었습니다.

하나님은 첫 번째 바벨론 제국을 시작할 때도 느부갓네살에게 하나님의 전능하심을 보이신 것 같이 메데 파사 제국의 시발점에서도 사자 굴에서 다니엘을 구원하심으로 천지의 주재이신 하나님이 세상을 다스리신다는 사실을 보여주셨습니다. 다니엘이 사자 굴속에 던짐 받은 후 왕은 밤새도록 잠을 이루지 못하다가 새벽에 달려가 다니엘을 부르며 "다니엘아 너의 항상 섬기는 네 하나님이 사자에게서 너를 구원하시기에 능하셨느냐"(단6:20) 하였습니다. 이에 다니엘은 "원컨대 왕은 만세수를 하옵소서 나의 하나님이 이미 그 천사를 보내어 사자들의 입을 봉하셨으므로 사자들이 나를 상해치 아니하였사오니 이는 나의 무죄함이 그 앞에 명백함이오며 또 왕이여 나는 왕의 앞에도 해를 끼치지 아니하였나이다"(단6:21~22) 하였습니다. 사자의 입을 봉하신 하나님은 우리의 모든 적들의 입을 봉할 것입니다. 참소한 자들은 사자 굴속에 던져 사자 밥이 되었으나 기도를 들으시는 하나님은 사드락과 메삭과 아벳느고를 불 속에서 구원하셨고(단3:26) 다니엘을 사자 굴속에서 구원하셨습니다(단6:22).

칼빈은 "하나님의 기묘한 보호는 우리를 우리의 적들의 광포와 광기 가운데서 매일 안전하게 지켜준다"고 하였습니다(Baker Commentary vol ⅩⅩⅩⅡ, p.215). 시편 50편 15절에 "환난 날에 나를 부르라 내가 너를 건지리니 네가 나를 영화롭게 하리로다"라고 말씀하셨습니다. 하나님은 기도의 사람 다니엘을 구원으로 응답하셨습니다.

호세아
요엘
아모스

호세아
여호와께로 돌아가자
뒤집지 않은 전병
바람을 먹는 자들

요엘
만민에게 부어주시는 성령
판결 골짜기

아모스
너희는 나를 찾으라 그리하면 살리라
다림줄
야곱이 미약하오니 어떻게 서리이까

여호와께로 돌아가자

호세아 6장 1~3절
"오라 우리가 여호와께로 돌아가자 여호와께서 우리를 찢으셨으나 도로 낫게 하실 것이요 우리를 치셨으나 싸매어 주실 것임이라 여호와께서 이틀 후에 우리를 살리시며 제삼일에 우리를 일으키시리니 우리가 그 앞에서 살리라 그러므로 우리가 여호와를 알자 힘써 여호와를 알자 그의 나오심은 새벽 빛같이 일정하니 비와 같이, 땅을 적시는 늦은 비와 같이 우리에게 임하시리라 하리라"

옛날 어느 산골에 숯 굽는 영감이 있었습니다. 그가 어느 날 거울을 얻었습니다. 조그마한 물체를 들여다보니까 수염이 덥수룩한 영감이 그 속에 보였습니다. 그는 일하다 쉴 때면 그것을 꺼내어 보면서 신기하여 웃곤 하였습니다. 어느 날 영감이 집에 들어왔는데 방에서 혼자 무엇을 보고 웃는 것이었습니다. 영감의 아내가 "여보, 무엇을 보고 그리 좋아서 싱글벙글해요. 이리 내봐요" 아내가 빼앗아보니 동그란 물체 안을 쳐다보니 예쁜 부인이 있었습니다. "그러면 그렇지…" 그 부인은 영감을 부르며 "여보 이 속에 있는 예쁜 새댁이 누구요" 하였습니다. 아니 여자라니 영감이 들어 있던데 … 하였다는 이야기입니다.

1. 호세아의 결혼 생활(호1:1~9)

호세아 1:8~9 "고멜이 로루하마를 젖 뗀 후에 또 잉태하여 아들을 낳으매 여호와께서 이르시되 그 이름을 로암미라 하라 너희는 내 백성이 아니요 나는 너희 하나님이 되지 아니할 것임이니라"

　호세아는 이블라임의 딸 고멜이라는 여인을 아내로 맞아들였습니다. 호세아는 고멜을 아내로 맞아 첫 번째 아들을 얻었습니다. 하나님은 그의 이름을 '이스르엘'이라고 지으라 하셨습니다. '이스르엘'이라는 의미는 '하나님이 흩으시다'라는 뜻으로 이스라엘의 파멸과 심판을 예고하고 있습니다. 둘째 딸을 낳았는데 '로루하마'라 이름 지었습니다. 그 뜻은 '동정 받지 못하는 여자'라는 뜻입니다. 이는 이 아이가 사생아였음을 지적하는 말입니다. 세번째로 아들을 낳았는데 이름을 '로암미'라고 지었습니다. 이는 '내 백성이 아니다'라는 뜻입니다. 세 번째 아들도 역시 다른 남자를 통하여 얻은 사생아였습니다. 고멜은 호세아를 떠나 정부와 거하고 있었습니다. 하나님은 호세아에게 네 아내를 버리지 말고 사랑하고 그를 찾아오라 하셨습니다. 호세아는 고멜을 은 열다섯 개와 보리 한 호멜 반으로 다시 사고 집으로 데리고 와서 너는 다른 남자를 좇지 말고 행음하지 말라(호3:3) 하였습니다. 호세아의 가정 얘기는 본 남편 되신 하나님을 떠나 세상 남편을 따르는 이스라엘의 이야기이며 하나님을 떠나 세상을 본받고 사는 우리들의 이야기입니다.

　뿐만 아니라 남편을 버리고 세상 남편과 행음하여 다른 사람의 자녀를 생산하는 불륜의 행위로 인하여 고통과 아픔을 감당하기 힘들어하는 호세아의 심정은 바로 하나님의 아픔이며 슬픔인 것을 보여주며, 한 가정의 비극을 통하여 하나님과 이스라엘 관계에서 오는 불행을 보여주고 있습니다.

　호세아서는 호세아의 가정생활을 통해서 하나님의 심정을 보여주고 있습니다. 아픔 중에서 가장 큰 아픔은 사랑의 아픔입니다.

　남편 되시는 하나님을 버리고 세상 남편인 바알신과 이방신을 섬기는 것이 바로 행음하는 것이며 음란한 음녀의 행위인 것입니다. 고멜이 그런 것처럼 이스라엘이 이러한 죄를 범하였고 우리 또한 음란한 길을 따르고 있는 것입니다. 이것이 바로 세상 죄입니다.

2. 돌아가자고 부르는 마지막 호소(호6:1, 14:1)

> 호세아 6:1 "오라 우리가 여호와께로 돌아가자 여호와께서 우리를 찢으셨으나 도로 낫게 하실 것이요 우리를 치셨으나 싸매어 주실 것임이라"

하나님은 "내가 내 곳으로 돌아가서 저희가 그 죄를 뉘우치고 내 얼굴을 구하기까지 기다리리라"(호5:15)하셨습니다. 호세아 선지자는 "오라 우리가 여호와께로 돌아가자 여호와께서 우리를 찢으셨으나 도로 낫게 하실 것이요 우리를 치셨으나 싸매어 주실 것임이라"(호6:1)하셨고 호세아 14장 1절에서도 "이스라엘아 네 하나님 여호와께로 돌아오라"고 하였습니다. 호세아 6장 1절에서는 "돌아가자"고 하였고 14장 1절에서는 "돌아오라"고 호소하고 있습니다.

인간은 하나님과 멀리 떨어져 살고 있습니다. 자연적인 거리만이 아니라 도덕적인 거리와 거룩함의 거리가 있습니다. 죄는 하나님과 우리 사이에 깊고도 넓은 간격을 만들어 놓았습니다. 이스라엘 백성이 유진 및 진행할 때 성막과 장막 사이에 2,000규빗(약 900m, 수3:4)의 간격이 있었음 같이 거룩함의 거리가 있었습니다(The Chokmah Commentary vol Ⅵ, p.82).

호세아는 하나님께 돌아가자고 호소합니다. 회개는 돌아가는 것입니다. 탕자가 아버지 집으로 돌아가듯 하나님께로 돌아가야 합니다. '여호와께로 돌아가면 우리를 찢으셨으나 도로 낫게 하실 것이요 우리를 치셨으나 싸매어 주실 것임이라'(호6:1)고 하셨습니다. 밤이 지나면 새벽이 오듯, 이른 비와 늦은 비가 해마다 내리듯 하나님은 변함없이 다가오셔서 고치시고 소생시켜주시고 살려주실 것이라고 하였습니다. 어머니의 사랑이 일평생 변함없음같이 하나님의 사랑은 영원히 변함없는 여전하신 사랑입니다. 돌아가기만 하면 모든 일이 다 해결됩니다.

돌아가자고 마지막 회개를 촉구하는 이유는 하나님의 사랑 때문입니다. 요한 1서 4장 16절에 "하나님은 사랑이라 사랑 안에 거하는 자는 하나님 안에 거하고 하나님도 그 안에 거하느니라"하였습니다. 이스라엘은 심판을 당하여야 마땅합니다. 우리 또한 심판 받아 마땅합니다. 그러나 하나님은 그의 사랑 안에서 이스라엘을 멸망시킬 수 없었습니다.

호세아 11장 8~9절에 "에브라임이여 내가 어찌 너를 놓겠느냐 이스라엘이여 내가 너를 어찌 버리겠느냐 내가 어찌 너를 아드마 같이 놓겠느냐 어찌 너를 스보임 같이 두겠느냐 내 마음이 내 속에서 … 긍휼이 온전히 불붙는 듯하도다 내가 나의 맹렬한 진노를 발하지 아니하며 내가 다시는 에브라임을 멸하지 아니하리니 이는 내가 사람이 아니요 하나님이라 나는 네 가운데 거하는 거룩한 자니 진노함으로 네게 임하지 아니하리라" 하셨습니다.

이렇게 음란하고 부정한 이스라엘을 부르시는 이유는 "내가 사람이 아니요 하나님이라"(호11:9)는데 있습니다. 우리의 사랑은 일곱 번까지의 용서이지만 하나님 사랑은 일흔 번씩 일곱 번까지 용서하는 큰 용서의 사랑입니다. 하나님은 사랑이시기 때문에 인간이 용납하지 못하는 부분까지도 용서하시고 용납하시는 분이십니다.

베드로는 예수님을 세 번이나 모른다고 부인하였습니다. 그래도 예수님은 그에게 세 번이나 '나를 사랑하느냐'고 물으셨습니다(요21: 15~17). 예수님은 베드로를 사랑하기 때문에 그를 버릴 수 없었습니다. 그러므로 베드로를 끝없이 용서하셨습니다. 사랑은 용서입니다.

　스탠리 존스(E. Stanley Jones, 1884~1973) 박사의 유명한 예화가 있습니다. 집나간 탕자가 오랜 고생 끝에 뉘우치고 자기 부모님께 편지를 썼습니다. "며칠 날 기차를 타고 고향에 계신 부모님께로 돌아가겠습니다. 저를 용서하시고 받아주신다면 우리 집 앞에 있는 대추나무에 흰 수건 하나만 매달아 주십시오. 제가 기차를 타고 가다가 우리 집 앞에 있는 대추나무에 흰 수건이 걸린 것을 보면 제가 집으로 가겠습니다"라고 글을 써서 보냈습니다. 약속한 날짜에 기차를 타고 산모퉁이를 지나 고향 동리를 지나갈 때 집 앞을 쳐다보며 하나의 수건이 걸렸는지 찾아보았습니다. 아들은 소스라치게 놀랐습니다. 대추나무에 흰 천이 만국기처럼 매달려서 바람에 펄럭이고 있는 것이 아니겠습니까. 집 나갔던 아들은 고향 역에서 내렸습니다. 노부모와 가족 형제들이 집에서 기다리는 것이 아니라 모두 역전에서 기다리고 있었습니다. 이 예화는 아들이 생각하는 아버지의 사랑은 대추나무에 걸린 한 장의 흰색 수건이었으나 아버지의 진정한 사랑은 만국기 같이 나부끼는 수건과 흰 천의 큰 사랑이란 말입니다. 돌아오라 하시는 하나님께 돌아가십시다. 아버지 집으로 돌아가는 것이 축복입니다.

뒤집지 않은 전병

호세아 7장 8~16절

"에브라임이 열방에 혼잡되니 저는 곧 뒤집지 않은 전병이로다 저는 이방인에게 그 힘이 삼키웠으나 알지 못하고 백발이 얼룩얼룩할지라도 깨닫지 못하는도다 이스라엘의 교만은 그 얼굴에 증거가 되나니 저희가 이 모든 일을 당하여도 그 하나님 여호와께로 돌아오지 아니하며 구하지 아니하도다 에브라임은 어리석은 비둘기같이 지혜가 없어서 애굽을 향하여 부르짖으며 앗수르로 가는도다 저희가 갈 때에 내가 나의 그물을 그 위에 쳐서 공중의 새처럼 떨어뜨리고 전에 그 공회에 들려준 대로 저희를 징계하리라 화 있을진저 저희가 나를 떠나 그릇 갔음이니라 패망할진저 저희가 내게 범죄하였음이니라 내가 저희를 구속하려 하나 저희가 나를 거스려 거짓을 말하고 성심으로 나를 부르지 아니하였으며 오직 침상에서 슬피 부르짖으며 곡식과 새 포도주를 인하여 모이며 나를 거역하는도다 내가 저희 팔을 연습시켜 강건케 하였으나 저희는 내게 대하여 악을 꾀하는도다 저희가 돌아오나 높으신 자에게로 돌아오지 아니하니 속이는 활과 같으며 그 방백들은 그 혀의 거친 말로 인하여 칼에 엎드러지리니 이것이 애굽 땅에서 조롱거리가 되리라"

호세아 선지자는 이스라엘의 죄는 뒤집지 아니한 전병(호7:8) 같고 어리석은 비둘기(호7:11) 같아서 애굽을 향하여 부르짖으며 앗수르로 향하여 달려간다고 탄식하였습니다.

1. 뒤집지 않은 전병(호7:8)

호세아 7:8 "에브라임이 열방에 혼잡되니 저는 곧 뒤집지 않은 전병이로다"

레위기 2장에는 화덕에 구운 것으로 소제의 예물을 드릴 때는 고운가루에 기름을 섞어 만든 무교전병이나 기름을 바른 무교전병을 드릴 것이며 번철에 부친 것으로 소제의 예물을 드릴 때는 고운가루에 기름을 섞어서 드리라고 하였습니다. 하나님께서 받으시는 예물은 뒤집어 구운 전병으로 드려야 했습니다.

이스라엘을 지칭하는 에브라임은 이방에 혼잡 되어 세속화되므로 뒤집지 아니한 전병 같아서 아무 쓸모없이 버림받게 될 것이라고 하였습니다. 이 세상을 본받거나(롬12:1) 세속화되면 버림받을 수밖에 없다는 사실을 말씀하고 있습니다.

하나님께 소제물을 드릴 때 전병은 뒤집어서 구워야 합니다. 전병을 뒤집어서 굽지 아니하고 한쪽만 구우면 한쪽은 너무타고 한쪽은 익지 아니하여 하나님께 드릴수도 없고 사람이 먹을 수도 없습니다. 우리는 하나의 전병과 같습니다. 하나님께 쓰임받기에 합당한 사람이 되려면 우리의 심령이 물과 성령으로 거듭나서 뒤집어져야 합니다. 귀히 쓰임 받은 사람들은 모두 뒤집어진 사람입니다. 웨슬리도 1738년 5월 24일 밤 8시 45분 런던 올더스게잇 거리에 있는 작은 교회에서 말씀을 듣는 중에 뒤집어졌습니다. 그 때 웨슬리는 '마음이 뜨거워지는' 체험을 갖게 되었습니다. 루터와 무디와 그 외 수많은 성도들은 뜨거운 성령의 불에 뒤집어져 전병처럼 구워졌습니다. 교회에 나오는 수많은 성도들은 너, 나 할 것 없이 누구나 한번은 꼭 뒤집어져야 합니다. 그래서 울며불며 눈물 콧물을 흘리면서 자복하고 회개하며 거듭나는 역사가 있어야 합니다. 불을 통과하지 아니하고는 좋은 그릇이 만들어지지 아니함같이 물과 성령으로 거듭나는 체험이 절대적으로 필요한 것입니다. 웨슬리는 뒤집지 아니한 전병 같은 사람을 프로 크리스천이라고 하였습니다. 비슷한 기독교인이지만 온전한 그리스도인이 아닌 것입니다. 바라기는 우리교회 성도 전부가 뒤집어지는 역사가 있어지기를 축원합니다.

2. 일부만 드리는 신앙(호7:8)

호세아 7:8 "에브라임이 열방에 혼잡되니 저는 곧 뒤집지 않은 전병이로다"

뒤집지 아니한 전병은 반만 구운 전병 같아서 일부만 드리는 성도의 모습입니다. 신명기 6장 5절에 "너는 마음을 다하고 성품을 다하고 힘을 다하여 네 하나님 여호와를 사랑하라"고 하셨습니다. 우리의 몸과 마음을 다하여 하나님을 섬기라는 말씀입니다. 아니니아와 삽비라가 반은 감추어 두고 반만 드리다가 하나님의 진노로 목숨을 잃었습니다(행5:1~11). 하나님은 반을 요구하시지 않고 전부를 요구하십니다.

하나님은 아브라함에게 이삭을 바치라 하심으로 그의 전부를 요구하셨습니다. 하나님은 하나밖에 없는 독생자를 보내주심으로 우리에게 전부 주셨습니다. 그러므로 우리 또한 우리의 전부를 하나님께 드려야 할 것입니다. 그러나 에브라임은 전부 드리지 않고 일부만 하나님께 드리는 자들이었습니다. 형식만 드리고 진심은 드리지 않았고 예배는 드리지만 이방 우상을 여전히 섬기고 있어서 혼합종교를 섬기고 있었습니다. 그래서 예수님은 바리새인들을 향하여 "화 있을진저"를 연발하시면서 회칠한 무덤이라고 책망하셨습니다(마23:27). 바리새인과 사두개인들은 뒤집지 아니한 전병 같아서 반만 드리는 자들이었습니다.

이상의 말씀을 통하여 신앙의 원리를 깨닫게 됩니다. 나는 뒤집지 아니한 전병 같이 일부만 드리는 신앙은 아닌지 ……. 우리의 예배가 신령과 진정은 상실한 채 입으로만 주여, 주여 하고 있지는 아니한지 내 자신을 되돌아보아야 하겠습니다. 하나님은 가인의 제물은 받지 않으시고 아벨의 제물은 받으셨습니다(창4:4~5). 아벨은 전부 바친 사람입니다. 우리가 드리는 매일의 예배가 하나님께서 기뻐 받으신 아벨의 제사가 되어지기를 축원합니다.

바람을 먹은 자들

호세아 12장 1~6절

"에브라임은 바람을 먹으며 동풍을 따라 가서 날마다 거짓과 포학을 더하며 앗수르와 계약을 맺고 기름을 애굽에 보내도다 여호와께서 유다와 쟁변하시고 야곱의 소행대로 벌 주시며 그 소위대로 보응하시리라 야곱은 태에서 그 형의 발뒤꿈치를 잡았고 또 장년에 하나님과 힘을 겨루되 천사와 힘을 겨루어 이기고 울며 그에게 간구하였으며 하나님은 벧엘에서 저를 만나셨고 거기서 우리에게 말씀하셨나니 저는 만군의 하나님 여호와시라 여호와는 그의 기념 칭호니라 그런즉 너의 하나님께로 돌아와서 인애와 공의를 지키며 항상 너의 하나님을 바라볼지니라"

이사야 선지자(사58:1)와 에스겔 선지자(겔33:3)는 유다를 위하여 세우심 받은 선지자이며 호세아는 멸망 직전의 북이스라엘에게 최후 경고의 사명자로 세움 받았습니다. 당시 이스라엘 백성은 선민이기에 재앙에서 제외되리라는 착각에 빠져있었고 "우리는 아브라함의 자손이라"고 생각하고 있었습니다. 그러므로 세례 요한은 "속으로 아브라함이 우리 조상이라고 생각지 말라"(마3:9)고 하였습니다. 예수님은 외식하는 바리새인들에게 심판 날에 "내가 너희를 알지 못하니 불법을 행하는 자들아 다 내게서 떠나가라 하리라"(마7:23) 하였습니다.

1. 바람을 먹으며 동풍을 따라가는 자(호12:1)

호세아 12:1 "에브라임은 바람을 먹으며 동풍을 따라 가서 날마다 거짓과 포학을 더하며 앗수르와 계약을 맺고 기름을 애굽에 보내도다"

　호세아 8장 7절에는 "바람을 심고 광풍을 거둘 것이라" 하였는데 이는 이스라엘이 손으로 만든 우상을 숭배함으로 헛된 수고를 하며 공허한 결과를 초래한다는 의미로 사용되었습니다. 우상숭배의 결과는 "죄의 삯은 사망이요"(롬6:23) 하심과 동일하며 "자기의 육체를 위하여 심는 자는 육체로부터 썩어진 것을 거두고"(갈6:8)라는 말씀과 같습니다.

　호세아 12장 1절에 "바람을 먹으며 …" 하였는데 바람은 속이 비어 있고 공허한 것과 헛된 것을 상징합니다. '무'와 '사람'은 바람 먹으면 아무데도 쓸모없어 내다 버립니다. 에브라임이 바람을 먹는다는 것은 이스라엘이 하나님을 의지하지 않고 강대국인 앗수르와 애굽을 의지하는 것이 지극히 헛된 것임을 나타내고 있습니다.

　"에브라임은 바람을 먹으며 …"라는 말은 여러 가지를 의미하고 있습니다. 허영심을 품고 헛되고 무익한 것을 추구하며, 하나님의 뜻과 하나님의 방법을 버리고 무익한 길을 택할 때 "바람을 먹는다"고 말합니다. 이사야 55장 2절에 "배부르게 못할 것을 위하여 수고하느냐" 하였습니다. 레위기에 보면 하나님의 백성은 먹을 것이 있고 먹지 못할 음식을 구분하여 주셨습니다(레위기 11장). 그리고 광야에서 만나를 먹었습니다. 성도의 양식은 하나님의 말씀인 두루마리를 먹어 배에 채우고 창자에 채우라 하였습니다(계10:8~10, 겔3:1~3). 칭찬과 명예를 먹고 사는 사람들은 바람을 먹고 사는 사람들입니다.

　동풍은 아라비아 사막에서 불어오는 뜨거운 열기를 동반한 바람을 가리키는데 이 바람은 2~6월 사이에 불며 약 50일 동안 불어옵니다. 그래서 이 바람은 50일을 의미하는 "캄신"(kamsin)이라고 불리며 식물을 말라 죽게 하는 파괴적인 힘을 동반하는 바람입니다.

"동풍을 따라 간다"는 말은 하나님 대신 헛된 우상을 숭배하고 앗수르와 애굽과 같은 이방나라를 의지하는 행위로 동풍에 초목이 말라 죽는 것과 같이 파멸에 이를 것이라는 경고입니다. 바람을 먹고 사는 사람은 위에 계신 하나님을 모르고 두려워할 줄 모르는 방종의 사람이 되어서 바람이 폭풍우를 동반하듯이 바람을 먹어 마음이 허영심으로 부풀어 있는 사람들은 자기 주위에 폭풍우를 일으키는 사람들입니다. 호세아 선지자는 타락한 북이스라엘 사람들을 가리켜 바람 먹은 자들이며 동풍을 따라가는 파멸의 길로 달려가는 바람에 불과한 자들이라고 책망하였습니다.

2. 야곱처럼 하나님을 붙잡고 바라보라(호12:3~4)

> 호세아 12:3~4 "야곱은 태에서 그 형의 발뒤꿈치를 잡았고 또 장년에 하나님과 힘을 겨루되 천사와 힘을 겨루어 이기고 울며 그에게 간구하였으며 하나님은 벧엘에서 저를 만나셨고 거기서 우리에게 말씀하셨나니"

호세아 선지자는 바람을 심고, 바람을 먹고, 동풍을 따라가는 이스라엘을 향하여 야곱을 소개하면서 하나님을 바라보아 구원을 얻으라고 권고하였습니다.

야곱은 갈망하는 사람이었습니다. 그는 "태에서 그 형의 발뒤꿈치를 잡았고 또 장년이 되어서는 천사와 힘을 겨루어 이기고 울며 그에게 간구하였습니다"(호12:3~4). 한마디로 말해서 야곱은 복중에서부터 갈망하는 사람이었습니다. 얍복 나루에서 천사를 붙들고 울며 그를 놓지 아니하였습니다. 천사가 야곱의 환도뼈를 쳐서 위골되었어도 놓지 아니하였습니다. 야곱이 하나님께 대한 갈망하는 마음은 참으로 놀라운 것이었습니다. 하나님을 붙들고 매달리는 야곱의 사모하는 갈망은 결국 하나님도 이기게 하였습니다. 그리하여 야곱은 축복을 받아내어 새 이름을 받게 되었습니다. 얍복 나루터에서 인간 야곱은 무너지고 새로운 이스라엘로서 변화되었습니다. "그가 브니엘을 지날 때에 해가 돋았고 그 환도뼈로 인하여 절었더라"(창32:31) 하였습니다.

야곱은 하나님만 붙잡고 바라보았습니다. 바람을 심고, 바람을 먹고 동풍을 따라가는 이스라엘을 향하여 이제부터 야곱과 같이 하나님만 붙잡고 하나님만 바라보아서 구원받는 백성이 되라고 외치고 있습니다.

3. 하나님의 사자들이 야곱을 지켜주었습니다(창32:1~2)

> 창세기 32:1~2 "야곱이 그 길을 진행하더니 하나님의 사자들이 그를 만난지라 야곱이 그들을 볼 때에 이르기를 이는 하나님의 군대라 하고 그 땅 이름을 마하나임이라 하였더라"

야곱이 고향을 떠나 루스에 다다랐을 때 돌 베개를 베고 잠이 들었습니다. 꿈에 하나님의 보좌와 땅에서부터 하늘에 연결된 사다리를 보았고 사다리 위로 오르내리는 천군천사의 무리를 보게 되었습니다(창28:11~12). 길르앗 산까지 쫓아온 외삼촌 라반을 막아 야곱을 가해하지 못하게 하신 하나님은 길르앗 산을 떠나 요단 강으로 진행할 때 하나님의 사자를 만나게 되었습니다. 꿈에서 보았던 천사들을 직접 생시에 만나게 되었습니다(창32:1~2). 고향 브엘세바를 떠나 하란으로 향하여 갈 때에도 나타났던(창28:12) 천사가 가나안 귀향길에 나타난 것은 하나님께서 변함없이 지켜주시며 에서의 손에서도 보호하여 주실 것을 확신시켜 주시기 위함이었습니다. 에서의 발꿈치를 붙잡고, 천사를 붙잡고 놓지 아니하고 울며 기도한 야곱은 하나님께로부터 축복받았고 새 이름을 받았으며 라반의 학대와 에서의 손에서 구원받았습니다.

　본문에서 호세아가 야곱을 얘기하는 것은 이스라엘이 바람을 먹고 동풍을 따라가서 앗수르와 애굽을 의지하는 어리석음을 버리고 야곱처럼 하나님을 갈망하여 그를 붙들고 울며 간구하여 하나님만 바라보라는 것입니다. 그리하면 구원을 얻을 것이라는 말씀입니다. 호세아의 권고는 북이스라엘의 멸망을 목전에 둔 시점에서 애절하게 외치는 선지자의 외침입니다. 오늘도 호세아 선지자를 통하여 우리에게 주시는 하나님의 말씀에 귀 기울이는 우리 모두가 되어져야 하겠습니다.

만민에게 부어주시는 성령

요엘 2장 28~32절

"그 후에 내가 내 영을 만민에게 부어 주리니 너희 자녀들이 장래 일을 말할 것이며 너희 늙은이는 꿈을 꾸며 너희 젊은이는 이상을 볼 것이며 그 때에 내가 또 내 영을 남종과 여종에게 부어 줄 것이며 내가 이적을 하늘과 땅에 베풀리니 곧 피와 불과 연기 기둥이라 여호와의 크고 두려운 날이 이르기 전에 해가 어두워지고 달이 핏빛 같이 변하려니와 누구든지 여호와의 이름을 부르는 자는 구원을 얻으리니 이는 나 여호와의 말대로 시온 산과 예루살렘에서 피할 자가 있을 것임이요 남은 자 중에 나 여호와의 부름을 받은 자가 있을 것임이니라"

요엘 선지자는 소선지자 중 한 사람으로 남왕국 유다 제8대왕 요아스의 재위기간인 B.C 835~796년경, 또는 B.C 432년경에 활동하였을 것으로 추측합니다. '요엘'이란 말은 '여호와는 하나님이시다'라는 뜻입니다. 이런 점에서 요엘은 경건한 가문 출신일 것으로 추측되며 어떤 전승에 따르면 그는 그의 부친이 제사장이었다고 전하였습니다. 요엘서에는 메시아에 대한 예언은 나타나지 않고 있으나 성령을 부어 주실 것을 예언하였습니다.

1. 새로운 시대(욜2:28)

요엘 2:28 "그 후에 내가 내 영을 만민에게 부어 주리니 너희 자녀들이 장래 일을 말할 것이며 너희 늙은이는 꿈을 꾸며 너희 젊은이는 이상을 볼 것이며"

이사야 선지자는 메시아 시대와 평화의 시대를(이사야 11장) 예언하였고 에스겔은 거룩한 성전이 회복되면 하나님의 영광이 임하는 새 시대를 예언하였습니다. 요엘 선지자는 성령을 만민에게 부어주시는 새 시대가 도래할 것을 예언하였습니다. 민수기 11장 24~29절에 보면 모세가 장로 칠십 명을 둘러 세웠습니다. 이 때 여호와께서 구름 가운데 강림하사 모세에게 말씀하시고 모세에게 임한 신을 칠십 장로에게 임하게 하시니 그들이 예언하였습니다. 칠십인 장로 중 '엘닷'이라는 자와 '메닷'이라는 두 사람이 칠십 인 장로들이 모인 장막에 나오지 못하고 진에 머물고 있었으나 그들에게도 신이 임하여 진에서 예언하고 있었습니다. 이러한 사실은 한 소년이 달려와 모세에게 보고하였습니다. 이 때 여호수아가 내 주 모세여 금하소서 하니 "모세가 그에게 이르되 네가 나를 위하여 시기하느냐 여호와께서 그 신을 그 모든 백성에게 주사 다 선지자 되게 하시기를 원하노라"(민 11:29) 하였습니다. 모세도 앞으로 모든 백성에게 성령을 주셔서 다 선지자 되게 하실 시대를 예견하고 있었습니다. 모세가 염원하던 그런 시대가 도래할 것에 대하여 요엘 선지자는 더욱 분명하게 새로운 성령을 부으시는 시대가 돌아올 것을 예언하였습니다. 요엘 선지자가 예언한 그 시대는 그의 사후 400여년 후에 다가왔습니다. 요엘 2장. 28절에 "… 내가 내 신을 만민에게 부어 주리니 …" 하신 요엘 선지의 예언은 당시 사람으로서는 도저히 이해할 수 없는 말이었습니다. 당시에 성령은 선지자와 나실인에게, 다윗 같은 특별한 사람에게만 부어주셨습니다. 그런데 만민에게, 빈부귀천을 떠나 남녀노소를 불문하고 유대인과 그 외 이방인까지 성령을 부어주신다는 예언은 당시에 듣는 이로 하여금 감당하기 힘든 예언이었습니다. 요엘 선지자는 앞으로 다가올 성령의 새 시대를 바라보며 외쳤습니다. '성령을 물 붓듯 부어주시는 새 시대가 열릴 것이다 그 날이 올 것이다.'

그 후 400여년 지나서 예루살렘에 성령이 임하셨습니다.

2. 새 시대에 주어질 축복(욜2:28)

요엘 2:28 "그 후에 내가 내 영을 만민에게 부어 주리니 너희 자녀들이 장래 일을 말할 것이며 너희 늙은이는 꿈을 꾸며 너희 젊은이는 이상을 볼 것이며"

새 시대에 주어질 축복은 물질적인 풍요나 환경의 평안보다 더 높은 축복을 의미하고 있습니다. 예수님은 "너희가 악할지라도 좋은 것을 자식에게 줄줄 알거든 하물며 너희 천부께서 구하는 자에게 성령을 주시지 않겠느냐"(눅11:13) 하셨습니다.

사도행전 2장 14~42절은 유대인들에게 성령 부으심에 대한 말씀입니다. 베드로의 오순절 설교는 요엘 선지자의 예언을 중심으로 한 설교인데 예수 그리스도가 메시아이시며 그가 십자가에서 죽으셨으나 하나님께서 삼일 만에 다시 살아나게 하셨으며 예수께서 약속하신 성령을 아버지께 받아서 너희에게 부어주셨다는(욜2:28) 사실을 증거하였습니다. 베드로의 설교를 들은 예루살렘 사람들은 이날 삼천 명이나 세례 받고 성령을 받았습니다.

사도행전 10장에는 이방인에게 성령 부어주심을 증거하고 있습니다. 가이사랴에 고넬료라는 백부장이 기도하는 중에 천사가 나타나 베드로를 청하라는 지시를 받았습니다. 그는 베드로를 청하여 일가와 가까운 친구들과 함께 말씀을 듣는 중에 성령이 내리셨다고 증거하고 있습니다(행10:1~48). 새 시대에 주실 가장 큰 축복은 성령을 부어주시는 은혜입니다. 요엘 2장 28절에 "그 후에 내가 내 신을 만민에게 부어 주리니 너희 자녀들이 장래 일을 말할 것이며 너희 늙은이는 꿈을 꾸며 젊은이는 이상을 볼 것이라"고 하셨습니다. 요엘 2장 18~27절은 육적인 축복을 말씀하였고, 요엘 2장 28~32절은 영적인 축복을 말씀하고 있습니다. 자녀들에게도, 늙은이와 젊은이에게도 성령을 부어주신다고 말씀하고 있습니다. 야곱에게 꿈을 주셨고, 요셉에게도 꿈을 주셨으며 다니엘에게는 이상을 보여주셨고, 장래 일을 알게 하여 주셨습니다.

육신을 쫓는 사람은 "육체의 일은 현저하니 곧 음행과 더러운 것과 호색과 우상숭배와 술수와 원수 맺는 것과 분쟁과 시기와 분냄과 당 짓는 것과 분리함과 이단과 투기와 술 취함과 방탕함과 또 그와 같은 것들이라 … 이런 일을 하는 자들은 하나님 나라를 유업으로 받지 못할 것이요" 하였고(갈5:19-21), 영을 쫓는 사람은 자녀들이 장래 일을 예언할 것이며, 늙은이는 꿈을 꾸고 젊은이는 이상을 보게 될 것이라 하였습니다(욜2:28). 또한 성령을 받으면 성령의 열매를 맺게 되어 "사랑과 희락과 화평과 오래 참음과 자비와 양선과 충성과 온유와 절제"(갈5:22~23)의 아홉 가지 열매를 맺게 될 것이며 성령의 감화 감동과 성령의 은사(고전12:1~11) 아홉 가지를 받게 되고 성령의 권능을(행1:8) 받아 능력의 사람이 될 것이며 복음의 증인이 될 것이라 하셨습니다. 뿐만 아니라 예수님은 성령으로 거듭나는 중생의 축복(요3:1~15)을 말씀하셨습니다. 거듭남으로 하나님을 아바 아버지라 부를 수 있게 해주셨습니다.

베드로가 오순절 설교에서 인용한 말씀인 요엘 2장 28절에서 말씀하고 있는 예언, 꿈, 환상은 하나님을 믿는 자들에게 주시는 가장 큰 영적 축복입니다. 요엘 선지자의 예언과 같이 그리고 베드로 사도가 예루살렘에서 삼천 명을 회개시킨 오순절 설교에서 증거한 말씀대로 하나님께서 성령을 우리에게 주시면 자녀들은 예언하고 젊은이들은 환상을 보고 늙은이들은 꿈을 갖게 될 것입니다. 오늘도 성령이 우리에게 임하시면 이러한 사실들이 있어지게 됩니다.

하나님은 중학교 2학년 때 나에게 성령을 부어주셨습니다. 요엘 선지자의 예언의 말씀이 그대로 나에게도 일어났습니다. 학교에 가려고 가방을 들고 집을 나서면 내 앞에 환상의 세계가 이상 가운데 떠올랐습니다. 넓은 백사장에 수많은 사람이 앉아 있고, 어떤 날은 푸른 초장에 수많은 사람들이 앉아있었습니다. 나는 그들에게 세례 요한과 같이 "회개하라 천국이 가까웠느니라 … 독사의 자식들아 누가 너희를 가리켜 임박한 진노를 피하라 하더냐 그러므로 회개에 합당한 열매를 맺고 속으로 아브라함이 우리 조상이라고 생각지 말라 내가 너희에게 이르노니 하나님이 능히 이 돌들로도 아브라함의 자손이 되게 하시리라"(마3:1~9)고 마음 속으로 외치면서 학교를 향하여 좁은 길을 걸어갔습니다. 하학시간이 되면 집으로 오는 길에 같은 환상이 나타났으며 언제나 같은 말씀을 외치면서 집으로 돌아왔습니다. 몇 달 동안인지 일 년 동안인지 기억이 분명하진 않지만 중학교 2~3학년 때 이러한 일이 일어났습니다. 이는 나의 앞날에 대한 장래 일을 보여주신 환상이었습니다. 나를 목사로, 부흥사로, 예수의 증인으로 사용하시겠다는 성령께서 주시는 예언이며 환상이며 꿈이었습니다. 내게 주신 이상대로 나를 인도하시고 보호하시며 축복하셔서 하나님의 양무리를 치게 하시고 오늘 이 시간까지 이르게 하셨습니다. 내가 믿는바 성경은 어려운 책이 아닙니다. 성경말씀 그대로 우리에게 이루어지기 때문에 받은 자만이 알 수 있는 책이 성경책입니다. 하나님은 나와 나의 자손들, 우리와 우리 자손들에게 가장 좋은 성령을 부어주실줄 믿습니다. 성령 부으심이 가장 큰 축복입니다. 요엘 선지자의 예언과 베드로의 오순절 설교가 우리 모두에게 이루어지는 축복이 있어지기를 축원합니다.

판결 골짜기

요엘 3장 14~17절

"사람이 많음이여, 판결 골짜기에 사람이 많음이여, 판결 골짜기에 여호와의 날이 가까움이로다 해와 달이 캄캄하며 별들이 그 빛을 거두도다 나 여호와가 시온에서 부르짖고 예루살렘에서 목소리를 발하리니 하늘과 땅이 진동되리로다 그러나 나 여호와는 내 백성의 피난처, 이스라엘 자손의 산성이 되리로다 그런즉 너희가 나는 내 성산(聖山) 시온에 거하는 너희 하나님 여호와인 줄 알 것이라 예루살렘이 거룩하리니 다시는 이방 사람이 그 가운데로 통행하지 못하리로다"

요엘 선지자는 새로운 시대를 예견하면서 만민에게 성령을 부어주시는 은혜 시대가 도래할 것을(욜2:28~32) 예언하였으며 더욱 놀라운 것은 이 땅에 있어질 마지막 심판에 대하여(욜3:14~17) 예언하였습니다. 요엘 선지자가 예언한 마지막 전쟁과 심판은 요한 사도와 예수께서도 말씀하신 내용과 일치하고 있습니다.

1. 판결 골짜기(욜3:1~15)

요엘 3:14 "사람이 많음이여, 판결 골짜기에 사람이 많음이여, 판결 골짜기에 여호와의 날이 가까움이로다"

하나님은 '여호사밧 골짜기'에서 열국을 심판하실 것이라(욜3:12) 하셨는데 '여호사밧'은 '여호와께서 심판하시다'라는 의미를 가지고 있습니다. 그 골짜기에 열국이 다 모이고 천군천사가 다 모이는 목적은 주께서 모든 나라를 심판하시기 위함입니다. "열국은 동하여 여호사밧 골짜기로 올라올지어다 내가 거기 앉아서 사면의 열국을 다 심판하리로다 너희는 낫을 쓰라 곡식이 익었도다 와서 밟을지어다 포도주 틀이 가득히 차고 포도주 독이 넘치니 그들의 악이 큼이로다"(욜3:12~13) 하였습니다. 이는 심판의 추수 때가 다다랐다는 말씀입니다. 요엘 선지는 "여호와의 크고 두려운 날"이(욜2:31) 이르기 전에 여러 가지 징조가 있을 것이라고 하였습니다. 요엘 3장 14절에 "사람이 많음이여, 판결 골짜기에 사람이 많음이여, 판결 골짜기에 여호와의 날이 가까움이로다" 하였는데 히브리어 원문에는 사람이 많음이여, 사람이 많음이여(하모님, 하모님, הֲמוֹנִים הֲמוֹנִים)라고 반복되어 있습니다. 심판 받을 사람이 많다는 놀라움을 표현하는 말입니다. 개역개정 성경에는 판결 골짜기를 심판의 골짜기라고 번역하였습니다. 요한계시록 16장 13~16절에 보면 더러운 영, 귀신의 영이 용의 입과 짐승의 입과 거짓 선지자의 입에서 나와서 마지막 전쟁을 위하여 아마겟돈이라는 곳으로 왕들을 모으더라고 하였습니다. 이곳이 곧 판결 골짜기입니다. 요한계시록 16장에 보면 일곱 천사가 하나님의 진노의 일곱 대접을 땅에 쏟을 때

 첫째 천사가 대접을 땅에 쏟으매 짐승의 표를 받은 자와 우상 숭배자에게 악하고 독한 헌데가 발생하였고, 둘째 천사가 대접을 바다에 쏟으매 바다가 죽은 자의 피같이 되어 모든 생물이 죽더라고 하였습니다. 셋째 천사가 대접을 강과 물 근원에 쏟으매 물이 피가 되었으며, 넷째 천사가 대접을 해에 쏟으매 해가 뜨거운 불로 사람들을 태워 죽게 하였습니다. 다섯째 천사가 대접을 짐승의 보좌에 쏟으니 그 나라가 어두워지게 되었으며, 여섯째 천사가 유브라데 강에 대접을 쏟으니 강물이 말라(계16:12~16) 왕들이 아마겟돈으로 전쟁하기 위하여 모였다고 하였습니다. 일곱째 천사가 마지막 대접을 공기 가운

데 쏟으매 큰 음성이 성전에서 보좌로부터 나서 가로되 되었다 하니 번개와 음성들과 뇌성과 지진이 있어 큰 성이 세 갈래로 갈라지고 만국의 성들도 무너지고 각 성도 없어지고 산악도 간데없더라고 하였습니다(계16:17~21). 비콘 주석에서는 요엘 선지의 판결 골짜기 예언은 계시록의 아마겟돈 전쟁 예언과 일치되는 예언이라고 하였습니다(Beacon Bible Commentary p.120).

수많은 사람이(사람이 많음이여, 사람이 많음이여, 하모님, 하모님, הָמוֹנִים הָמוֹנִים) 심판을 받게 되는 것은 이스라엘 백성은 율법을 지키지 않은 죄와 우상을 숭배한 죄이며 이방 나라가 심판 받는 것은 하나님의 택한 백성인 이스라엘 백성을 무시하고 학대한 죄때문입니다. 로마의 정복자들은 이스라엘 사람들을 애굽의 광산으로 보내거나 노예로 팔아버렸습니다. 로마가 유대를 완전히 함락시켰을 때 두로 상인들이 약 18만 가량의 유대인 노예를 매매하였다고 합니다(The Grand Bible Commentary vol XI, p.443). 두로 인들과 솔로몬 왕은 상대국의 백성들을 노예로 팔지 않기로(왕상5:1~12) 조약을 맺은바 있는데 그 후손들은 이를 무시하고 이스라엘 백성을 헬라 족속에게 팔아넘기었습니다. "제비 뽑아 내 백성을 취하고"(욜3:3)라는 말은 노예로 팔 때 이왕이면 가족들이 비슷한 곳으로 갈 수 있도록 팔아도 되는데 일부러 고통을 주기 위해 제비 뽑아서 아버지는 아버지대로 어머니는 어머니대로 아이들은 아이대로 전부 다른 곳으로 팔아버렸다는 것입니다. 형제들끼리, 자매들끼리 같이 가게해 주는 정도라도 배려해주면 좋으련만 그 정도의 인정도 베풀지 아니하였습니다. 긍휼을 베풀지 아니하였기 때문에 긍휼 없는 심판을 받게 되었습니다. 그리고 한잔 술값으로 유대 소년을 주고 기생과 자는 값으로 유대 소녀를 내어주었습니다(욜3:3~6).

유다 백성들을 학대하고 인간 이하로 대우하고 세계 각 나라로 가족을 흩어지게 팔아버린 일로 인해 하나님의 준엄한 심판을 받게 되었습니다. 예수님도 모든 사람이 양과 염소를 가르듯 하나님의 뜻대로 산사람을 오른 편에 세우고 자기 마음대로 불의하게 산 사람들은 왼편에 세워 각각 영생과 영벌에 처하게 될 것이라고 말씀하셨습니다(마25:31~46).

오늘 우리 모두는 하나님 앞에서 교만한 마음, 허황된 생각, 허영심을 모두 내려놓고 주의 보혈로 씻어 정결케 해 주시기를 기도하여야 하겠습니다. 이사야 선지자가 예언한 것 같이 남은 자 되어 구원받는 성도되시기를 축원합니다.

2. 선민 이스라엘의 승리와 영원한 축복에 대한 예언(욜3:16~21)

> 요엘 3:18 "그 날에 산들이 단 포도주를 떨어뜨릴 것이며 작은 산들이 젖을 흘릴 것이며 유다 모든 시내가 물을 흘릴 것이며 여호와의 전에서 샘이 흘러 나와서 싯딤 골짜기에 대리라"

에스겔서의 마지막 말씀은 하나님이 예루살렘에 영원히 계시다는 '여호와 삼마'로 되어 있습니다(겔48:36). 믿음으로 세상을 이긴 성도에게는 첫째로, "여호와는 내 백성의 피난처 이스라엘의 산성이 되리라"(욜3:16)는 영원한 보호의 축복을 예언하였습니다. 둘째는, 거룩함이 회복되는 축복(욜3:17)의 예언이며, 셋째는, 물질적인 풍요와 영적 축복(욜3:18)을 예언하였고, 넷째는, 애굽과 에돔은 황무지가 되겠고 유다와 예루살렘은 영원히 존속될 것이라(욜3:20) 하였습니다.

우리에게 진정한 축복은 하나님께서 우리의 피난처와 산성이 되어 주시며(욜3:16) 거룩함이 회복되는 것입니다. "그런즉 너희가 나는 내 성산(聖山) 시온에 거하는 너희 하나님 여호와인 줄 알 것이라 예루살렘이 거룩하리니 다시는 이방 사람이 그 가운데로 통행하지 못하리라"(욜3:17)고 말씀하셨습니다.

제 2차 세계 대전 당시 영국의 유명한 설교자 로이드 존스 목사가 설교하던 웨스트민스터 교회가 폭격의 위험에 노출되어 있었습니다. 교회 바로 근처에 버킹검 궁이 있었기 때문입니다. 로이드 존스 목사는 자주 지방에 가서 설교했는데, 하루는 설교한 교회의 목사님이 버킹검 궁 주변이 심한 폭격을 받았다는 소식을 듣고 저녁 설교까지 하고 가라고 권했습니다. 그러나 로이드 존스는 자신의 교회에서 저녁 설교를 할 수 있을 것이라고 확신 있게 말한 다음 택시를 타고 런던으로 향했습니다. 그런데 런던에 도착하자 택시 기사는 웨스트민스터 교회까지는 갈 수 없다고 했습니다. 그는 버킹검 궁 주변이 폭격으로 전부 폐허가 된 것으로 볼 때 교회도 무너졌을 것이 분명하니 가지 말자고 말했습니다. 그러자 로이드 존스 목사는 이렇게 말했습니다. "그렇지 않을 겁니다. 바른 말씀이 선포되고 있는 우리 교회를 하나님께서 지켜주실 것입니다." 그의 믿음대로 웨스트민스터 교회는 안전했고 그는 그날 저녁 설교를 그 교회에서 할 수 있었습니다(김서택, 『부흥을 기다리는 사람들』, p.154).

하나님이 축복해 주시면 물질적, 영적 축복이 넘쳐흐르게 됩니다. "그 날에 산들이 단 포도주를 떨어뜨릴 것이며 작은 산들이 젖을 흘릴 것이며 유다 모든 시내가 물을 흘릴 것이며 여호와의 전에서 샘이 흘러 나와서 싯딤 골짜기에 대리라"(욜3:18)고 하였습니다. 다윗도 그의 시편에서 내게 부족함이 없으리로다 하였고, 내 잔이 넘치나이다(시23:1~6) 하였습니다.

산들이 단 포도주를, 작은 산들이 젖을 흘릴 것이며, 모든 시내가 물을 흘릴 것이며 여호와의 전에서 샘이 흘러나와 싯딤 골짜기에 대리라 하셨으니 흘러넘치는 축복을 이렇게 표현한 것입니다. 스위스에 가보면 높은 산 옆구리에서 수많은 폭포들이 뿜어 나오는 것을 보게 됩니다. 그 물이 모여 호수를 이루고 호수에는 수많은 고기 떼가 살고 있으며 유람선들이 왕래하는 것을 보게 됩니다. 하나님이 우리와 함께 계셔서 우리를 지켜주시고 넘치는 기쁨과 평안을 얻게 되는 것이 믿는 자가 받을 영원한 축복입니다.

너희는 나를 찾으라
그리하면 살리라

아모스 5장 4~6절

"여호와께서 이스라엘 족속에게 이르시기를 너희는 나를 찾으라 그리하면 살리라 벧엘을 찾지 말며 길갈로 들어가지 말며 브엘세바로도 나아가지 말라 길갈은 정녕 사로잡히겠고 벧엘은 허무하게 될 것임이라 하셨나니 너희는 여호와를 찾으라 그리하면 살리라 염려컨대 저가 불같이 요셉의 집에 내리사 멸하시리니 벧엘에서 그 불들을 끌 자가 없을까 하노라"

아모스 선지자의 이름은 "짐을 지는 사람"이라는 뜻을 지니고 있습니다. 아모스 선지자의 고향은 예루살렘에서 남쪽으로 16km지점에 위치한 드고아입니다. 드고아는 해발 840m 고지대 마을로 목축과 뽕나무 재배 지역입니다. 아모스는 하나님의 소명으로 선지자가 되었으며, 남왕국 출신이면서도 북왕국 이스라엘을 향하여 예언하였습니다. 그의 활동 기간은 B.C 760~755년경으로 추정하고 있습니다. 아모스서에는 아모스의 세편의 설교와(암3:1~6:14) 다섯 가지 환상(암7:1~9:10)과 이스라엘의 회복에 대한 다섯 가지 약속이(암9:11~15) 기록되어 있습니다. 본서의 핵심 단어는 '공의'이며 핵심구절은 아모스 5장 24절의 "오직 공법을 물같이, 정의를 하수같이 흘릴지로다"입니다.

1. 너희는 나를 찾으라 그리하면 살리라(암5:4)

아모스 5:4 "여호와께서 이스라엘 족속에게 이르시기를 너희는 나를 찾으라 그리하면 살리라"

이스라엘 백성들은 벧엘과 길갈을 찾아가고 브엘세바를 찾아갔습니다. 이상의 지역은 이스라엘 민족의 종교적 성소가 되었었습니다. 그러나 아모스 활동 당시에는 바알 우상과 하나님을 함께 섬기는 혼합종교의 중심지가 되었고 우상 숭배자들의 순례지가 되어있었습니다(암8:14). 아모스 5장 5절에 "벧엘을 찾지 말며 길갈로 들어가지 말며 브엘세바로도 나아가지 말라 길갈은 정녕 사로잡히겠고 벧엘은 허무하게 될 것임이라" 하였습니다. 우상 숭배의 길은 허무하게 될 것이라는 말씀입니다. 그러므로 아모스 5장 4절에서 "너희는 나를 찾으라 그리하면 살리라"고 말씀하였습니다. 이 말씀에 대하여 칼빈은 "이스라엘 백성이 진심으로 하나님을 찾고 화해하려고 한다면 하나님은 그들에게 생명을 부여하실 것이라는 소망의 메시지를 제시한다"고 하였습니다(The Chokmah Commentary vol ⅩⅩ, p.263).

2. 묘성(昴星)과 삼성을 만드시며(암5:8)

아모스 5:8 "묘성과 삼성을 만드시며 사망의 그늘로 아침이 되게 하시며 백주로 어두운 밤이 되게 하시며 바닷물을 불러 지면에 쏟으시는 자를 찾으라 그 이름이 여호와시니라"

이 말씀은 벧엘의 송아지 숭배와 같은 낮고 비천한 사이비 종교에서 벗어나, 모든 물질적인 것들 위에 계시면서도 기어다니는 어린아이의 종알거리는 소리에까지 귀를 기울일 만큼 자신을 기꺼이 낮추시는 사랑의 하나님을 향하도록 권고하는 말씀입니다. 다윗과 욥같이 아모스는 별들에 대하여 잘 알고 있었습니다. 아모스의 생각은 하나님으로 가득차 있었습니다.

묘성과 삼성을 만드신 하나님을 찾으라고 권고하는 것은 창조주 하나님을 찾아야 구원받을 수 있다는 말입니다. 히브리서 기자는 "주여 태초에 주께서 땅의 기초를 두셨으며 하늘도 주의 손으로 지으신 바라 그것들은 멸망할 것이나 오직 주는 영존할 것이요 그것들은 다 옷과 같이 낡아지리니 의복처럼 갈아입을 것이요 그것들이 옷과 같이 변할 것이나 주는 여전하여 연대가 다함이 없으리라"(히1:10~12) 하였고, 시편 기자는 "인생은 그 날이 풀과 같으며 그 영화가 들의 꽃과 같도다 그것은 바람이 지나면 없어지나니 그 곳이 다시 알지 못하거니와"(시103:15~16)라고 인생의 연약함을 고백하고 있습니다. 그러므로 아모스는 묘성과 삼성을 만드신 하나님을 찾으라고 권고하였습니다.

3. 전지전능하신 하나님을 찾으라(암5:8)

> 아모스 5:8 "묘성과 삼성을 만드시며 사망의 그늘로 아침이 되게 하시며 백주로 어두운 밤이 되게 하시며 바닷물을 불러 지면에 쏟으시는 자를 찾으라 그 이름이 여호와시니라"

묘성과 삼성을 창조하신 하나님은 전지전능하신 분입니다. 묘성과 삼성은 망원경으로 보면 일곱 개의 별들이 하나마다 열네 개의 태양과도 같은 거대한 별무리들이 군집해 있다고 합니다. 태양을 중심으로 한 천체들을 우주라고 말하는데 이러한 우주가 수 없이 많다는 것이 과학자들의 견해입니다. 우리가 밤에 하늘을 쳐다볼 때 작은 별이 나타나는데 그 별빛이 우리에게 오기까지는 200광년도 더 되는 먼 곳에 위치하고 있다고 합니다. 수많은 행성의 무리들은 놀라운 속도로 달리고 있으나 그 별 무리의 운행하는 궤도가 너무 길어서 다 측량할 수 없으나 짧은 경우라 하여도 발광체의 둘레를 한 바퀴 도는데 천팔백만 년 이상이 걸린다고 합니다. 우리 눈에는 반딧불 같이 희미하게 보이는 별들일지라도 실상은 너무나 멀리 떨어져 있어서 희미한 광채에 지나지 않게 보일 뿐입니다. 이 광대한 우주를 창조하신 하나님은 전지전능하신 하나님이십니다.

4. 사망의 그늘로 아침이 되게 하시며(암5:8)

> 아모스 5:8 "묘성과 삼성을 만드시며 사망의 그늘로 아침이 되게 하시며 백주로 어두운 밤이 되게 하시며 바닷물을 불러 지면에 쏟으시는 자를 찾으라 그 이름이 여호와시니라"

하나님은 백주를 어둔 밤이 되게 하시고 사망의 그늘로 아침이 되게도 하십니다. 인생이란 기쁨이나 고통을 위하여 존재하는 것이 아니라 영혼을 완전케 하기 위하여 존재하는 것임을 상기시켜주는 말씀입니다.

아모스는 밤의 아름다움을 노래하고 있습니다. "사망의 그늘로 아침이 되게 하시며 …" 밤은 얼마나 아름다운지 세상의 부끄러운 것, 수많은 결점, 약점과 부끄러운 것들을 어두운 밤이 가리어주고 감싸주며 더러운 세상을 감싸주니 밤의 아름다움은 얼마나 부드럽고 감미로운지요. 그것은 인간의 마음에 더없는 평화의 사신과 같다 할 수 있을 것입니다. 밤이 오면 새는 둥지 속에 날개를 접고, 양들은 우리 속에 모여들며, 어린 아이는 침대 위에서 고이 잠들고, 노동자는 지친 몸을 누이고 내일 아침을 위해 편안히 두 발을 뻗게 됩니다. 어두운 밤이 지나고 새날 아침은 풀잎에 보석 같은 이슬이 햇빛에 빛날 때 사망의 그늘로 아침이 되게 하신다는 말씀을 이해하게 될 것입니다. 욥은 "나의 가는 길을 오직 그가 아시나니 그가 나를 단련하신 후에는 내가 정금같이 나오리라"(욥23:10) 하였습니다.

연극 무대에 불이 꺼지면 무대 장치도, 사람도 사라지고 어두움 속에서 새로운 옷을 입은 배우가 새롭게 꾸며진 아름다운 무대가 다시 환한 불빛에 나타나듯이 … 그리스도에게 사망의 그늘이 삼 일간 그를 덮었을 때 삼일 되는 새벽에 새로운 부활의 아침을 만들어 주셨습니다. 성프랜시스의 태양의 노래 중에 죽음을 자매라고 노래한 것 같이 죽음은 불행이 아니라 축복일 뿐입니다.

중세 아일랜드에 생명과 죽음이라 불리는 두 섬에 대한 전설이 있었습니다. 생명이라는 섬에 살고 있는 사람들은 결코 죽을 수가 없었습니다. 그러나 그들의 삶에 있어서도 모든 고통과 질병이 어김없이 찾아들었고 그 섬의 "죽지 않는 속성"은 삶의 기쁨과 사랑을 송두리째 삼켜버리는 하나의 저주가 되었습니다. 그래서 그 섬사람들은 반대편에 있는 죽음의 섬을 안식처로 여기게 되었습니다. 그들은 있는 힘을 다해 배를 띄워 죽음의 섬에 당도하였으며 그 해안에 뛰어내려 휴식을 찾았습니다. 지구에서의 삶은 생명의 작은 부분에 불과한 것입니다. 낮은 것에서 높은 것으로 나아가는 성장의 법칙입니다. 죽음은 영혼을 육신의 장애로부터 자유롭게 하여 주고 모든 능력을 마음껏 펼칠 수 있는 세계로 보내줍니다. 죽음은 현재의 능력을 내려놓고 다른 능력을 갖는 것입니다. 우리의 삶을 남용하는 사람만이 죽음을 두려워합니다. 우리가 지금 어떤 존재인가 하는 것이 내세에서 우리의 존재를 결정짓는다는 것을 잊지 말아야 할 것입니다(The Bible Illustrator, Exell vol ⅩⅩⅣ, p.589, George Bainton).

5. 바닷물을 불러 지면에 쏟으시는 자를 찾으라(암5:8)

아모스 5:8 "묘성과 삼성을 만드시며 사망의 그늘로 아침이 되게 하시며 백주로 어두운 밤이 되게 하시며 바닷물을 불러 지면에 쏟으시는 자를 찾으라 그 이름이 여호와시니라"

"내가 부르면 천지가 일제히 서느니라"(사48:13) 하심같이 아모스는 바닷물을 불러 지면에 쏟으시는 하나님을 찾으라고 하였습니다. 하나님은 자비하신 분이십니다. 바닷물이 수증기가 되게 하여 비구름을 이루게 하시고 비구름은 비가 되어 대지 위에 쏟아지게 하여 산

찬초목에 생명을 회복시켜 주십니다. 이른 비와 늦은 비를 내려주시며 까마귀 새끼 한 마리가 먹을 것이 없이 이리저리 날며 울부짖을 때 먹을 것을 예비하시는 분이십니다(욥38:41). 그러므로 공중의 나는 새를 보라 들의 피는 백합화를 보라 너희 천부께서 입히시고 먹이시지 아니하느냐(마6:26)고 말씀하셨으며 참새 한 마리도 하나님의 허락 없이는 땅에 떨어지지 않는다고 하셨습니다. 자비하신 하나님은 바닷물을 불러 지면에 쏟으시는 분이시므로 그 하나님을 찾으라고 하셨습니다.

6. 그 이름 여호와시니라(암5:8)

아모스 5:8 "… 그 이름이 여호와시니라"

'여호와'라는 말은 '주님'이란 의미입니다. 하나님의 이름이 여러 가지로 불렸습니다.

'여호와 이레'(יְהוָה יִרְאֶה) - 주께서 예비하시리라.
'여호와 닛시'(יְהוָה נִסִּי) - 여호와는 나의 깃발이시다.
'여호와 샬롬'(יְהוָה שָׁלוֹם) - 주님은 나의 평화이시다.
'여호와 삼마'(יְהוָה שָׁמָּה) - 여호와께서 거기 계신다.
'여호와 로이'(יְהוָה רֹעִי) - 여호와는 나의 목자이시다.

여호와는 두려움과 놀라움에 사로잡힌 기드온에게 "너는 안심하라 두려워 말라"(삿6:23)고 말씀하셨습니다. 여호와 삼마, 여호와 로이가 되십니다. 하나님의 이름이 '여호와' 즉 '주님'이신 것을 상기하며 하나님을 찾는 자에게 주님이 되시어 '여호와 이레'로 모든 것을 준비하여 주시며, '여호와 닛시'로 승리의 깃발이 되어주실 것입니다. '여호와 샬롬'으로 평강이 되어주시고 '여호와 삼마', '여호와 로이'가 되어주실 것입니다.

다림줄

아모스 7장 1~9절

"주 여호와께서 내게 보이신 것이 이러하니라 왕이 풀을 벤 후 풀이 다시 움돋기 시작할 때에 주께서 황충을 지으시매 황충이 땅의 풀을 다 먹은지라 내가 가로되 주 여호와여 청컨대 사하소서 야곱이 미약하오니 어떻게 서리이까 하매 여호와께서 이에 대하여 뜻을 돌이켜 가라사대 이것이 이루지 아니하리라 하시니라 주 여호와께서 또 내게 보이신 것이 이러하니라 주 여호와께서 명하여 불로 징벌하게 하시니 불이 큰 바다를 삼키고 육지까지 먹으려 하는지라 이에 내가 가로되 주 여호와여 청컨대 그치소서 야곱이 미약하오니 어떻게 서리이까 하매 주 여호와께서 이에 대하여 뜻을 돌이켜 가라사대 이것도 이루지 아니하리라 하시니라 또 내게 보이신 것이 이러하니라 다림줄을 띄우고 쌓은 담 곁에 주께서 손에 다림줄을 잡고 서셨더니 내게 이르시되 아모스야 네가 무엇을 보느냐 내가 대답하되 다림줄이니이다 주께서 가라사대 내가 다림줄을 내 백성 이스라엘 가운데 베풀고 다시는 용서치 아니하리니 이삭의 산당들이 황폐되며 이스라엘의 성소들이 훼파될 것이라 내가 일어나 칼로 여로보암의 집을 치리라 하시니라"

B.C 922년 솔로몬 왕이 죽고 열 지파의 백성이 솔로몬의 아들 르호보암을 배반하고 애굽에서 돌아온 여로보암을 왕으로 추대하여 북왕국 이스라엘을 세웠으며 유다와 베냐민 지파는 르호보암을 추종하여 남왕국 유다국을 이루게 되었습니다. 아모스는 북왕국 여로보암 II세 때(B.C 760년경) 이스라엘이 부패와 불신앙으로 인하여 하나님의 심판이 도래할 것을 예언하였습니다.

1. 아모스가 받은 환상(암7:1~9)

> 아모스 7:6~7 "주 여호와께서 이에 대하여 뜻을 돌이켜 가라사대 이것도 이루지 아니하리라 하시니라 또 내게 보이신 것이 이러하니라 다림줄을 띄우고 쌓은 담 곁에 주께서 손에 다림줄을 잡고 서셨더니"

아모스는 이스라엘에 대한 심판을 선포하는 사명을 부여받고 여덟 가지 예언(암1:1~2:16)을 선포하였습니다. 아모스는 심판을 선포할 때마다 '서너 가지 죄'(암1:3, 1:6, 1:9, 1:11, 1:13, 2:1, 2:4, 2:6) 때문이라고 하였습니다. 여러 가지 죄 때문이 아니라 서너 가지 죄 때문에 심판을 받는다는 말입니다. 그러므로 아가서 2장 15절에서도 "포도원을 허는 작은 여우를 잡으라"고 하였습니다. 아모스 선지자는 다섯 가지 환상을 받았습니다(암7:1~9:10). 아모스 7장에서 '황충의 재난'과 (7:1~3) 불이 바다와 육지를 삼키는 환상을 보았습니다. 이 때 아모스는 "주 여호와여 청컨대 사하소서 야곱이 미약하오니 어떻게 서리이까"(암7:2, 5)라고 중보기도를 드렸습니다. 세 번째 보여주신 환상은 다림줄을 띄우고 쌓은 담 곁에 주께서 손에 다림줄을 잡고 서신 것을 보았습니다(암7:7). 그리고 "내가 다림줄을 내 백성 이스라엘 가운데 베풀고 다시는 용서치 아니하리라"(암7:8)고 말씀하셨습니다.

2. 심판의 이유(암7:9)

> 아모스 7:9 "이삭의 산당들이 황폐되며 이스라엘의 성소들이 훼파될 것이라 내가 일어나 칼로 여로보암의 집을 치리라 하시니라"

하나님은 이스라엘 심판의 이유를 분명히 말씀하여 주셨습니다.

첫째, "이삭의 산당이 훼파되며"(암7:9)

이 말에 대하여 70인역(LXX)은 이삭의 이름이 '웃음'이라는 의미를 가지고 있는 것에 초점을 맞추어 '웃음의 산당'(βωμοι γελωτος, 보모이 겔로토스)이라고 번역하였습니다. 아마도 웃음거리가 된 산당이라는 뜻을 강조하기 위해 이 같은 표현을 의도적으로 사용한듯 합니다. 즉 여호와만 섬겨야 하는 경건한 성소에서 이방의 우상을 섬기는 일로 이방에게 웃음거리가 되어버린 어리석음을 비난하는 말입니다(The Chokmah Commentary vol ⅩⅩ, p.287).

호세아는 북이스라엘의 산당들을 가리켜 '아웬의 산당'(호10:8) 즉, '죄악의 산당'이라고 하였습니다. 북왕국 이스라엘 백성들은 하나님을 만홀히 여겨 웃음거리로 만들고 우상숭배에 빠졌음으로 심판을 자초하고 말았습니다.

둘째, "이스라엘의 성소들이 훼파될 것이라"(암7:9)

단, 벧엘, 길갈 등에 세워진 이스라엘 성소에 우상의 신상이 세워져서 거룩한 성소가 우상숭배 타락의 본거지가 되었으므로 하나님께서 이들을 심판하신다고 말씀하셨습니다. 예수께서도 성전에서 비둘기를 팔고 돈 바꾸는 자들을 내어 쫓으시며 '내 집은 만민의 기도하는 집이라고 일컬음을 받으리라 하였으나 너희가 강도의 굴혈을 만들었다'고(마21:13, 막11:17, 눅19:46) 하셨습니다. 성전과 성소도 더러워지면 준엄한 심판의 대상이 된다는 사실을 보여주고 있습니다.

셋째, "칼로 여로보암의 집을 치리라"(암7:9)

솔로몬이 죽고(B.C 922년) 솔로몬의 아들 르호보암이 왕이 되었을 때 유다 지파와 베냐민 지파가 르호보암을 왕으로 세우고 예루살렘을 수도로 삼고 남왕국 유다국이 되었습니다. 이 때 택한 용사가 18만 명이었습니다(열왕기상 12장). 솔로몬 왕을 섬기던 신복 느밧의 아들 여로보암이 솔로몬 왕을 대적하므로 솔로몬이 그를 죽이려 하여 여로보암이 애굽으로 도망가 숨어 지내다가 솔로몬이 40년을 다스린 후 죽게 되자 여로보암이 애굽에서 돌아와 열 지파와 함께 북왕국 왕이 되었습니다. 여로보암이 에브라임 산지에 산당을 건축하고 금송아지를 만들고 이는 너희를 애굽 땅에서 인도하여 올린 너희 신이라 하고 하나는 벧엘에 하나는 단에 두고 섬기게 하였습니다. 열왕기상 13장 33절에 "여로보암이 이 일 후에도 그 악한 길에서 떠나 돌이키지 아니하고 다시 보통 백성으로 산당의 제사장을 삼되 누구든지 자원하면 그 사람으로 산당의 제사장을 삼았으므로 이 일이 여로보암 집에 죄가 되어 그 집이 지면에서 끊어져 멸망케 되니라" 하였습니다.

아모스의 예언이 있은 후 여로보암 II세의 아들 스가랴가 즉위한 지 6개월 만에 살룸에게 살해되어(왕하15:10) 여로보암의 가문이 끊어지게 되었습니다.

3. 다림줄 환상(암7:7)

아모스 7:7 "또 내게 보이신 것이 이러하니라 다림줄을 띄우고 쌓은 담 곁에 주께서 손에 다림줄을 잡고 서셨더니"

하나님은 이스라엘 나라를 세우실 때 거룩한 제사장 나라를 세워 만백성을 구원하시고자 하는 계획을 세우셨습니다. 창세기 18장 18~19절에 "아브라함은 강대한 나라가 되고 천하 만민은 그를 인하여 복을 받게 될 것이 아니냐 내가 그로 그 자식과 권속에게 명하여 여호와의 도를 지켜 의와 공도를 행하게 하려고 그를 택하였나니 이는 나 여호와가 아브라함에게 대하여 말한 일을 이루려 함이니라" 하였습니다. 그러나 이스라엘 백성은 왕으로부터 백성들이 하나님의 뜻을 어기고 우상을 섬기며 하나님의 의도하신 길에서 이탈하여 삐뚤어진 집을 건축하고 있었습니다. 하나님은 다림줄을 잡고 쌓고 있는 담 곁에 서계셨습니다. 사방으로 쌓아올린 건물을 다림줄로 재어

보고 계셨습니다. 모두 잘못 쌓은 담이었습니다. 모두 헐어버리고 다시 쌓기 시작해야겠다는 결연한 의지를 보여주시고 있었습니다.

하나님은 바벨론을 멸하실 때 "메네 메네 데겔 우바르신"(תְּקֵל וּפַרְסִין מְנֵא מְנֵא)하시면서 저울로 벨사살 왕을 달아보시고 그날 밤 바벨론은 파사 왕 고레스에게 멸망당했습니다(단5:22~31). 또한 이스라엘을 다림줄로 재어보시고 이 나라를 헐어버리시고 다시 쌓으려 하셨습니다. 그러므로 이스라엘은 앗수르에 망하고 남유다는 바벨론에 멸망하게 되었습니다. 하나님은 바벨론 포로 된 백성을 70년간 연단하시고 그들을 돌아오게 하여 새 나라를 다시 시작하셨습니다.

지난 일 년 한 장씩 쌓은 365개의 벽돌이 제대로 똑바르게 쌓여있는지 주께서 다림줄로 재어 보실 것입니다. 잘못 쌓았다면 아깝다고 미련두지 말고 우리 스스로 이 밤에 모두 헐어버립시다. 양심에 비추어, 하나님의 법에 비추어 하나님의 말씀의 다림줄에 비추어 재어보면서 과감히 담을 헐어버립시다. 그렇게 하지 아니하면 하나님께서 직접 헐어 버리실 것입니다. 새해 첫 시간부터 반석되신 예수 그리스도의 기초석 위에 벽돌 하나하나씩 정성껏 쌓기 시작합시다. 하나님께서 의도하신대로 거룩하고 복된 주의 성전을 다시 쌓기 시작하십시다. 그러면 네가 내 집을 세우려느냐 내가 영원히 무너지지 않는 네 집을 세워 주리라(삼하7:11~13)고 말씀하실 것입니다.

야곱이 미약하오니
어떻게 서리이까

아모스 7장 1~6절

"주 여호와께서 내게 보이신 것이 이러하니라 왕이 풀을 벤 후 풀이 다시 움돋기 시작할 때에 주께서 황충을 지으시매 황충이 땅의 풀을 다 먹은지라 내가 가로되 주 여호와여 청컨대 사하소서 야곱이 미약하오니 어떻게 서리이까 하매 여호와께서 이에 대하여 뜻을 돌이켜 가라사대 이것이 이루지 아니하리라 하시니라 주 여호와께서 또 내게 보이신 것이 이러하니라 주 여호와께서 명하여 불로 징벌하게 하시니 불이 큰 바다를 삼키고 육지까지 먹으려 하는지라 이에 내가 가로되 주 여호와여 청컨대 그치소서 야곱이 미약하오니 어떻게 서리이까 하매 주 여호와께서 이에 대하여 뜻을 돌이켜 가라사대 이것도 이루지 아니하리라 하시니라"

아모스 7장 1절부터 9장 10절까지에는 황충의 환상(7:1~3), 불의 환상(7:4~6), 다림줄 환상(7:7~9), 여름실과 환상(8:1~3), 파괴되는 성전 환상(9:1~6)등 하나님께서 아모스에게 보이신 다섯 가지 환상이 기록되어 있습니다. 이 시간에는 첫째와 둘째 환상에 관한 부분을 살펴보면서 은혜 받도록 하겠습니다.

1. 황충의 환상과 불의 환상(암7:1~6)

아모스 7:1~2 "주 여호와께서 내게 보이신 것이 이러하니라 왕이 풀을 벤 후 풀이 다시 움돋기 시작할 때에 주께서 황충을 지으시매 황충이 땅의 풀을 다 먹은지라 내가 가로되 주 여호와여 청컨대 사하소서 야곱이 미약하오니 어떻게 서리이까 하매"

B.C 760년경 아모스 선지자에게 환상을 보여주셨습니다. 첫 번째 환상은 황충의 환상이며, 두 번째 환상은 불의 환상입니다.

첫 번째 황충의 환상(암7:1~3)은 왕의 가축을 위해 풀을 벤 후 다시 새순이 돋기 시작할 무렵 황충이 나타나 백성들의 가축이 먹을 풀을 모두 먹어버렸습니다. 이 환상이 의미하는 바는 왕의 풀을 벨 때쯤되어 대적들이 침공하여 북이스라엘을 정복할 것이라는 것입니다.

둘째 환상은(암7:4~6) 여호와께서 불을 보내어 징벌하시니 불이 큰 바다를 삼키고 육지까지 먹으려 하였습니다. 두 번째 환상은 첫 번째 황충의 재난보다 더 무서운 재난이 닥쳐올 것에 대한 경고를 담고 있는 예언적 환상입니다. 불에 대한 환상은 앗수르 왕 디글랏 빌레셀 III세의 2차 침입(왕하15:29, B.C 733년)과 관계된 환상으로 해석하기도 합니다(The Grand Bible Commentary vol XI, p.58). 이러한 환상을 바라보면서 황충이 초목을 먹어치울 때와 불이 바다를 삼키고 육지를 다 태워 삼켜 버릴 듯이 닥쳐오는 불길을 보며 아모스는 이스라엘을 위하여 중보기도를 드리게 되었습니다. 아모스의 중보기도는 하나님의 심판계획을 중지하시게 하였습니다. 소돔과 고모라 성을 멸하려 하실 때 아브라함은 그 성의 구원을 위하여 중보기도를 드렸으며(창세기 18장), 열두 지파에서 뽑은 정탐꾼들이 가나안 땅을 정탐하고 돌아와 보고할 때 여호수아와 갈렙을 제외한 열 지파의 정탐꾼들이 그 땅을 악평하며 하나님을 불신한 일로 인하여 하나님은 이들을 일시에 멸절시키고 새로운 민족을 세우시려고 하셨습니다. 모세의 중보기도로 하나님의 심판 계획을 거두어 주셨습니다. 그리고 황충의 재난과 불의 심판이 닥쳐올 심판의 환상을 보고 이스라엘 백성을 위하여 드린 아모스선지의 중보기도는 하나님의 계획하신 뜻을 돌이키게 하였습니다. 야고보서 5장 16절에 "이러므로 너희 죄를 서로 고하며 병 낫기를 위하여 서로 기도하라 의인의 간구는 역사하는 힘이 많으니라" 하셨습니다.

2. 야곱이 미약하오니 어떻게 서리이까(암7:2, 5)

아모스 7:2 "황충이 땅의 풀을 다 먹은지라 내가 가로되 주 여호와여 청컨대 사하소서 야곱이 미약하오니 어떻게 서리이까 하매"

첫 번째 환상을 보면서 "왕이 풀을 벤 후 풀이 다시 돋기 시작할 때에 주께서 황충을 지으시매 …", 이에 아모스 선지자는 "주 여호와여 청컨대 사하소서 야곱이 미약하오니 어떻게 서리이까"라고 기도 드렸습니다. 황충의 환상을 볼 때 아모스는 "사하소서"라고 기도드렸습니다. 이스라엘이 당하는 황충의 재난은 범죄한 까닭이므로 주여 우리 죄를 사하소서라고 부르짖게 된 것입니다. 시편 25편 6절에 "여호와여 주의 긍휼하심과 인자하심이 영원부터 있었사오니 주여 이것을 기억하옵소서" 하였고, 시편 40편 11~13절에는 "여호와여 주의 긍휼을 내게 그치지 마시고 주의 인자와 진리로 나를 항상 보호하소서 무수한 재앙이 나를 둘러싸고 나의 죄악이 내게 미치므로 우러러 볼 수도 없으며 죄가 나의 머리털보다 많으므로 내 마음이 사라졌음이니이다 여호와여 은총을 베푸사 나를 구원하소서 여호와여 속히 나를 도우소서" 하였습니다. 예레미야 애가 3장 22절에 "여호와의 자비와 긍휼이 무궁하시므로 우리가 진멸되지 아니함이니이다" 하였습니다.

우리의 죄를 죄대로 갚으시면 하나님 앞에 설 사람이 어디 있겠습니까. 시편 기자는 "여호와여 주께서 죄악을 감찰하실진대 주여 누가 서리이까 그러나 사유하심이 주께 있음은 주를 경외케 하심이니이다"(시130:3~4) 하였습니다. 아모스 선지자는 "주 여호와여 청컨대 사하소서 야곱이 미약하오니 어떻게 서리이까"라고 기도드렸습니다.

두 번째 불의 환상을 보면서 아모스는 여호와여 청컨대 그치소서 라고 급한 마음으로 기도드렸습니다. 더 이상 지체하지 않으시고 재앙을 내리시면 이스라엘이 진멸되고 말 것이 분명하니 "그치소서"라고 외치게 되었습니다. 아모스의 "그치소서"라는 외마디 기도는 절박한 상황에서 부르짖는 기도이며 "진노 중에도 긍휼을 잊지 마옵소서"(합3:2)라고 부르짖은 하박국 선지자의 기도와 같습니다. 모세가 금송아지를 숭배한 죄로 멸망에 이르게 된 이스라엘 백성들을 위해 중보기도를 드렸던 것 같이(출32:7~14, 30~35), 아모스의 중보기도로 "여호와여 청컨대 사하소서"(암7:2), "여호와여 청컨대 그치소서"(암7:5)라고 외칠 때 "여호와께서 이에 대하여 뜻을 돌이켜 가라사대 이것이 이루지 아니하니라"(암7:3, 6) 하였습니다.

"야곱이 미약하오니 사하소서, 그치소서 …"(암7:2, 5)라는 말씀에서 야곱으로 표현된 이스라엘 백성은 참으로 미약하였습니다. 특별히 택하신 야곱을 벧엘에서 만나주시고 제사장 나라를 세우시려고 인도하시고 보호하시고 축복하여 주셨으나 아주 연약하여 미약한 자들이었습니다. 야곱은 에서 앞에 미약하였고, 애굽의 바로 앞에 미약한 존재였으며 홍해 바다 앞에 아주 무력하고 미약하였습니다. 육십만 대군을 이룬 야곱의 후손들은 광야 앞에 너무나 미약하였습니다. 저들은 가나안 칠족속의 이방 종교의 세상 유혹 앞에서도 미약하였습니다. 질병으로 죽음 앞에 울며 기도하던 히스기야 왕도 죽음 앞에는 미약하였습니다. 하늘에서 불을 끌어 내리던 엘리야도 이세벨의 말 한마디에 로뎀나무 밑에서 죽기를 구하며 미약한 모습을 그대로 보여주었습니다. 은 30개에 예수님을 팔아버린 가룟 유다도 돈 앞에 미약한 인간의 모습을 보여주고 있습니다.

"야곱이 미약하오니 사하소서"라는 기도는 우리에게 있어서 가장 적절한 기도입니다. 누군가 아모스처럼 우리를 위하여 중보기도 해 주시는 분이 필요합니다. 어머니의 중보기도, 아버지의 중보기도가 절대로 요청됩니다. 저들이 약하기 때문입니다. 우리를 위해 중보기도 하시는 주님이 계시니 참으로 천만다행입니다. 예수님은 베드로에게 "시몬아, 시몬아, 보라 사단이 밀 까부르듯 하려고 너희를 청구하였으나 그러나 내가 너를 위하여 네 믿음이 떨어지지 않기를 기도하였노라 …"(눅22:31~32)고 말씀하셨습니다. 베드로가 떨어지지 아니한 것은 그의 믿음이나 강한 의지력 때문이 아니라 우리 주님께서 그를 위하여 중보기도 하여 주셨기 때문입니다. 우리는 아모스의 기도처럼 우리 자신과 우리 자녀와 우리 주변에 있는 성도들과 교회를 위하여 계속적인 중보기도가 절대 필요합니다.

"여호와여 청컨대 사하소서 야곱이 미약하오니 어떻게 서리이까 …"(암7:2).

오바댜
요나
미가
나훔

오바댜
네 형제를 돌아보라

요나
풍랑 만난 요나

미가
성전에 임하시는 여호와
행복이 없는 세상
길을 여는 자

나훔
네가 어찌 노아몬보다 낫겠느냐

네 형제를 돌아보라

오바댜 1장 1~9절

"오바댜의 묵시라 주 여호와께서 에돔에 대하여 이같이 말씀하시니라 우리가 여호와께로 말미암아 소식을 들었나니 곧 사자가 열국 중에 보내심을 받고 이르기를 너희는 일어날지어다 우리가 일어나서 그로 더불어 싸우자 하는 것이니라 여호와께서 가라사대 내가 너를 열국 중에 미약하게 하였으므로 네가 크게 멸시를 받느니라 바위 틈에 거하며 높은 곳에 사는 자여 네가 중심에 이르기를 누가 능히 나를 땅에 끌어내리겠느냐 하니 너의 중심의 교만이 너를 속였도다 네가 독수리처럼 높이 오르며 별 사이에 깃들일지라도 내가 거기서 너를 끌어내리리라 나 여호와가 말하였느니라 혹시 도적이 네게 이르렀으며 강도가 밤중에 네게 이르렀을지라도 그 마음에 만족하게 취하면 그치지 아니하였겠느냐 혹시 포도를 따는 자가 네게 이르렀을지라도 그것을 얼마쯤 남기지 아니하였겠느냐 네가 어찌 그리 망하였는고 에서가 어찌 그리 수탐되었으며 그 감춘 보물이 어찌 그리 수탐되었는고 너와 약조한 자들이 다 너를 쫓아 변경에 이르게 하며 너와 화목하던 자들이 너를 속이고 이기며 네 식물을 먹는 자들이 네 아래 함정을 베푸니 네 마음에 지각이 없음이로다 나 여호와가 말하노라 그 날에 내가 에돔에서 지혜 있는 자를 멸하며 에서의 산에서 지각 있는 자를 멸하지 아니하겠느냐 드만아 네 용사들이 놀랄 것이라 이로 인하여 에서의 산의 거민이 살륙을 당하여 다 멸절되리라"

오바댜서는 구약성서 중에 가장 짧은 분량으로 이루어진 책입니다 (오바댜서 21절, 요한이서 13절, 요한삼서 15절, 유다서 25절). 오바댜서는 에서의 후손인 에돔이 바벨론을 도와 유다 왕국을 멸망케 하는 일에 동조하였고 이스라엘 백성의 가는 길을 가로막고 힘들게 한 일로 인하여 심판 받게 되고 이스라엘 백성들은 하나님의 은총으로 회복될 것이라는 사실을 예언한 책입니다.

1. 에돔 족속의 내력(옵1:1~9)

오바댜 1:3 "바위 틈에 거하며 높은 곳에 사는 자여 네가 중심에 이르기를 누가 능히 나를 땅에 끌어내리겠느냐 하니 너의 중심의 교만이 너를 속였도다"

에돔 족속의 내력에 대하여 먼저 살펴보는 것은 본문을 이해하는데 큰 도움이 될 것입니다. 이삭의 아들 에서는 20년 만에 야곱을 만나 화해하고 에서는 세일 산 일대에 세운 자신의 거처로 돌아갔습니다(창36:8). 에서는 네 명의 이방여인을 아내로 거느리며 자녀를 낳았고 이들이 에돔 족속으로 형성되었습니다. 에서가 사는 세일 산 주변의 세일 땅은 원주민 호리 족속이 이미 이곳에 살고 있었으며, 호리 족속(The Horite)은 7명의 족장과 21명의 족장 후예들이 살고 있었습니다(창36:22~28). '호리'라는 말은 '구멍' 또는 '동굴'을 뜻하는 것으로 호리 족속은 세일산지의 여러 동굴에서 살았던 혈거인(穴居人)으로 추정됩니다. 에서의 후손들인 에돔 족속과 호리 족속이 통혼하므로 에서의 자손들은 언약백성이 아닌 이방 민족으로 전락되었음을 보여주고 있습니다.

이스라엘 민족과 에돔 족속의 갈등은 그들 각자의 조상인 야곱과 에서가 모태(리브가)에서부터 다투는 것에서 시작된 오랜 역사를 가지고 있었습니다(창25:22~23). 하나님은 에돔 족속을 이스라엘 민족의 형제의 나라로 인정하셨습니다. 그러므로 출애굽 여정에서 에돔과 싸우는 것을 금지하셨습니다(신2:1~7). 신명기 2장 5절에 하나님께서 "그들과 다투지 말라 그들의 땅은 한 발자국도 너희에게 주지 아니하리니 이는 내가 세일 산을 에서에게 기업으로 주었음이로라"

고 하셨습니다. 하나님께서 율법을 제정하실 때도 이스라엘로 귀화한 에돔 사람의 삼대 후손은 여호와의 총회에 참여할 수 있도록 하셔서 선민이 될 수 있는 길을 열어주셨습니다(신23:7~8).

2. 형제의 앞길을 가로막은 에돔(옵1:10)

오바댜 1:10 "네가 네 형제 야곱에게 행한 포학을 인하여 수욕을 입고 영원히 멸절되리라"

이스라엘 백성이 출애굽하여 가나안으로 진행하는 여정에 왕의 대로로 진입하기 위하여(B.C 1,430년경) 모세는 에돔 왕에게 "청컨대 우리로 당신의 땅을 통과하게 하소서 우리가 … 대로로만 통과하리이다"(민20:14~21) 하였습니다. 그러나 에돔 왕은 많은 백성을 거느리고 나와서 이스라엘 백성의 가는 길을 가로막고 저지하므로 하는 수없이 이스라엘 백성은 광야 길로 들어서게 되었습니다(B.C 1,430년경). 형제된 이스라엘 백성을 돌아보지 아니하고 오히려 힘들게 한 에돔 족속은 B.C 581년 바벨론의 느부갓네살에게 에돔의 수도 셀라가 정복되었고 그 후 B.C 321년 알렉산더 대제의 부하 안티고누스에 의해 에돔 국가 전체가 완전 몰락되었습니다. 에돔 족속 중 자신들의 나라를 떠나 유대 땅 남방으로 옮겨와서 세웠던 이두메는 B.C 2세기경 유대 왕 힐카누스(John Hyrcanus, B.C 134~106년)에 의해 할례를 받고 유대화 되었고 B.C 37년 이두메 출신 헤롯 왕이 이두메인을 완전 병합시켰고, A.D 1세기 이후부터는 그 존재가 미미해 지다가 A.D 70년 로마 제국에 의해 완전히 멸망하므로 역사에서 사라져 버리고 말았습니다. 이렇게 하여 에서의 후예 에돔 족속은 이 지구상에서 자취가 사라지고 말았습니다.

에돔 족속이 이스라엘 백성의 가는 길에 길을 가로막았을 뿐 아니라(민20:14~21) 아말렉 족속도 이스라엘 백성의 가는 길을 가로막고 방해하였습니다. 모세는 아론과 훌을 데리고 산에 올라가 두 손을 들고 기도하면 이스라엘이 이기고 손을 내리면 아말렉이 전쟁에서 이겼습니다. 그리하여 모세를 돌 위에 앉게 하고 하루 종일 아론과 훌이 모세의 양손을 붙들어주므로 이스라엘이 대승을 거둔 후 '여호와 닛시'라고 하였습니다(출17:8, B.C 1450년경). 그 후 B.C 1030년경 사무엘은 사울 왕에게 "만군의 여호와께서 이같이 말씀하시기를 아말렉이 이스라엘에게 행한 일 곧 애굽에서 나올 때에 길에서 대적한 일을 내가 추억하노니 지금 가서 아말렉을 쳐서 그들의 모든 소유를 남기지 말고 진멸하되 남녀와 소아와 젖 먹는 아이와 우양과 약대와 나귀를 죽이라 하셨나이다"(삼상15:2~3) 하니 사울이 보병 이십만과 유다 사람 일만을 이끌고 아말렉 성에 이르렀고 출애굽 당시 선대한 겐 사람은 그 성에서 떠나게 하고 아말렉 사람들을 진멸하였으나 하나님의 명대로 전부 진멸하지 아니한 일로 하나님께서 사울을 왕 삼으신 것을 후회하셨다고 하였습니다(삼상15:5~11). 출애굽 당시 이스라엘 백성의 가는 길을 방해한 아말렉 족속은 420년 지나서 진멸당하고 말았습니다.

　요엘서 3장에는 열방이 심판받는 이유에 대하여 기록되었는데 열방의 나라들은 이스라엘 백성을 가족 수대로 제비뽑아 아버지는 애굽으로 팔고 어머니는 희랍으로 팔고 자녀들은 바벨론으로, 앗수르로 팔아버리는 잔인한 방법을 취하였고 기생의 화대 값으로 유대 소년을 내어주고 소녀를 술값으로 내어주는 등 가진 학대를 행하였으므로 고난당하는 포로된 민족 유대인에게 긍휼을 베풀어 자비를 베풀 수 있는 기회를 놓쳐버리고 유대인을 더욱 슬프게 하였으므로 열국이 심판을 받게 된다고 말씀하고 있습니다(욜3:1~6). 오바댜 1장

10절에 "네가 네 형제 야곱에게 행한 포학을 인하여 수욕을 입고 영원히 멸절되리라"는 예언이 그대로 이루어졌습니다. 에돔 족속은 바벨론이 이스라엘을 침략할 때 형제국인 이스라엘을 돕기는커녕 오히려 적을 도와 이스라엘을 그 대적에게 붙였습니다(옵1:1~14). 뿐만 아니라 이스라엘 백성을 도망가지 못하게 사로잡아 상대방에게 넘겨 주었습니다. 이스라엘 백성이 힘든 광야 길을 갈 때, 외세에 침공을 당할 때 이스라엘의 형제인 에돔이 이스라엘을 돕지 않고 오히려 가는 길을 가로막고, 포로 된 유대 백성을 학대한 일로 에돔 족속이 이 지구상에서 그 모습을 찾아볼 수 없게 되었다는 사실을 오바댜서에서 증거하고 있습니다.

3. 겐 사람이 받은 복(삼상15:6)

사무엘상 15:6 "사울이 겐 사람에게 이르되 아말렉 사람 중에서 떠나 내려가라 그들과 함께 너희를 멸하게 될까 하노라 이스라엘 모든 자손이 애굽에서 올라올 때에 너희가 그들을 선대하였느니라 이에 겐 사람이 아말렉 사람 중에서 떠나니라"

사사기 1장 16절에 보면 "모세의 장인은 겐 사람이라 그 자손이 유다자손과 함께 종려나무 성읍에서 올라가서 아랏 남방의 유다 황무지에 이르러 그 백성 중에 거하니라" 하였습니다. 겐 사람은 가인의 자손으로 보여지는 경우가 있는데(민24:21~22), 유목민 미디안 사람과의 관련이 있는 것으로 생각되고 있으며, 이것을 동일시하는 설도 있습니다. 모세의 아내 십보라의 아버지 이드로는 미디안의 제사장으로 불리우고(출3:1, 18:1) 동시에 겐 사람으로 불리우고 있습니다(삿1:16). 겐 사람이라는 부족을 포함한 보다 넓은 족속을 미디안이라고 보는 학자의 견해도 있습니다. 발람은 그들의 천막을 모압 산에서 바라볼 수가 있었습니다(민24:21). 겐 사람의 일부는 이스라엘 민족과 행동을 함께 하고, 가나안 남부에 거주했는데(삼상15:6) 기타의 지역에도 이주했습니다(삿4:11, 17). 시스라를 살해한 야엘은 겐 사람 헤벨의 아내였습니다(삿4:17). 그들은 후에는 아말렉 사람과 결합하였는데 사울이 아말렉 사람을 토벌할 때, 그는 겐 사람에 대해 아말렉 사람을 떠나가도록 경고했고, 겐 사람은 그대로 하였습니다(삼상15:6). 역대상 2장 55절에 레갑 사람을 겐 사람으로도 불렀으며 후에 겐 사람은 이스라엘 사람과도 동화(同化)했습니다(성경대사전, p.66). 겐 사람이 이스라엘 백성을 도와주었던 것을 하나님께서 보셨습니다. 소자 한 사람에게 찬물 한 그릇을 대접할지라도 상급을 잃지 아니하리라(마10:42) 하신 말씀은 참으로 영원한 축복의 말씀입니다. 성경말씀은 하나님을 사랑하는 자에게는 천대까지 은혜를 베풀어 주신다고 약속하셨습니다(출20:6). 하나님께서 사랑하는 백성, 하나님의 자녀 된 성도된 형제를 돌아보는 자는 그에게 그 날의 은혜를 잊지 아니하시고 자신의 당대와 후손에게까지 축복하실 것을 약속하셨습니다.

풍랑 만난 요나

요나 1장 1~6절

"여호와의 말씀이 아밋대의 아들 요나에게 임하니라 이르시되 너는 일어나 저 큰 성읍 니느웨로 가서 그것을 쳐서 외치라 그 악독이 내 앞에 상달하였음이니라 하시니라 그러나 요나가 여호와의 낯을 피하려고 일어나 다시스로 도망하려 하여 욥바로 내려갔더니 마침 다시스로 가는 배를 만난지라 여호와의 낯을 피하여 함께 다시스로 가려고 선가를 주고 배에 올랐더라 여호와께서 대풍을 대작하여 배가 거의 깨어지게 된지라 사공이 두려워하여 각각 자기의 신을 부르고 또 배를 가볍게 하려고 그 가운데 물건을 바다에 던지니라 그러나 요나는 배 밑층에 내려가서 누워 깊이 잠이 든지라 선장이 나아가서 그에게 이르되 자는 자여 어찜이뇨 일어나서 네 하나님께 구하라 혹시 하나님이 우리를 생각하사 망하지 않게 하시리라 하니라"

요나서는 요나 선지자가 선포한 심판 예언으로 인하여 니느웨 성읍 백성들이 구원 받은 사건을 기록한 책입니다. 하나님의 구원계획에는 이스라엘 백성뿐만 아니라 전 인류가 포함됨을 보여주고 있습니다.

1. 풍랑 만난 요나(욘1:1~6)

요나 1:4 "여호와께서 대풍을 대작하여 배가 거의 깨어지게 된지라"

주전 750년경 북이스라엘 여로보암 Ⅱ세(B.C 793~753년) 때 활동했던 선지자 '요나'는 그 이름의 뜻이 '비둘기'입니다. 그는 스불론 지파 아밋대의 아들이며 나사렛 북동쪽 약 5km 지점에 위치한 '가드헤벨' 사람입니다(왕하14:25). 어느 날 요나에게 앗수르의 수도인 니느웨로 가서 하나님의 심판 선언을 외치라는 말씀이 임하였습니다. 당시 앗수르의 수도 니느웨는 티그리스 강 상류 동쪽 연안에 위치해 있었고 이 성은 니므롯에 의해 창건되었고 요나 당시 인구는 60만 명으로 추산되고 있습니다(The Grand Bible Commentary vol XI, p.610).

요나는 니느웨로 가서 하나님의 말씀을 선포하기를 기뻐하지 아니하여 예루살렘 북서쪽 약 50km에 위치한 욥바라는 항구도시로 가서 스페인 서남부 지브랄탈 해안에 위치한 지중해 무역의 중심지인 다시스(Tarshish)로 가려고 배에 승선하였습니다. "배에 올랐더라"(욘 1:3)에 해당하는 히브리어는 '야라드'(ירד)인데 한글성경과 정반대로 '내려갔다'는 것을 뜻하는 말입니다. 하나님의 명령을 거절한 요나의 행로는 욥바로(3절) → 배로(3절) → 배 밑층으로(5절) → 바다 속으로(5절) → 물고기 뱃속까지(17절) 계속해서 내려가는 양상을 보이는데 이는 하나님의 뜻을 거절하고 떠나가는 자는 깊은 음부까지 내려가는 길임을 보여주고 있습니다(욘2:2).

요나는 하나님의 명을 어기고 정반대 방향인 다시스로 향하여 배를 타고 출항하였습니다. 처음에는 순항하였으나 얼마 가지 아니하여 큰 풍랑이 일기 시작하였습니다. 고요한 바다가 풍랑이는 험악한 바다로 급변하였습니다. 시편 139편 7~10절에 "내가 주의 신을 떠나 어디로 가며 주의 앞에서 어디로 피하리이까 내가 하늘에 올라갈지라도 거기 계시며 음부에 내 자리를 펼지라도 거기 계시니이다 내가 새벽 날개를 치며 바다 끝에 가서 거할지라도 곧 거기서도 주의 손이 나를 인도하시며 주의 오른손이 나를 붙드시리이다" 하였습니다. 요나가 탄 배가 큰 풍랑을 만난 것같이 사람이 이 세상을 살아가는 동안 큰 풍랑을 만나게 됩니다. 어제 TV 뉴스에 수학능력평가시험을 치룬 학생이 성적이 기대에 미치지 못하였다고 20층 아파트에서 뛰어내려 죽었다는 소식이 방영되었습니다. 자식을 잃은 부모와 그 가정에 밀어닥친 풍랑은 요나가 탄 배에 풍랑이 일어난 성난 바다와 같이 많은 사람을 슬프게 하였습니다. 대학이 뭔데 세 번씩이나 도전하였다가 자살로 생을 마감한단 말입니까. 대학에 가지 못하면 그냥 살지 ……. 한 번 밖에 없는 생을 그렇게 포기하는지 너무나 가슴 아픈 일입니다. 바울 사도는 돌에 맞아 성 밖에 내버렸을 때 다시 일어난 후 이고니온과 안디옥에 이르러 "우리가 하나님 나라에 들어가려면 많은 환난을 겪어야 할 것이라"(행14:22) 하였습니다. 요나처럼 하나님의 뜻을 떠나 반대 방향으로 가던지 그렇지 아니한 사람이라 하여도 이 세상을 살아가는 사람들은 풍랑을 당하게 됩니다. 이 세상에는 기막힌 고통 속에 처한 사람들이 많이 있습니다. 우스 땅에 욥이라는 사람은 재산과 자녀 십남매를 하루 만에 모두 잃어버렸습니다. 욥은 탄식하였습니다. "하나님에게 둘러싸여 길이 아득한 사람에게 어찌하여 빛을 주셨는고 나는 먹기 전에 탄식이 나며 나의 앓는 소리는 물이 쏟아지는 것 같구나 나의 두려워하는 그것이 내게 임하고 나의 무서워하는 그것이 내 몸에 미쳤구나 평강도 없고 안온도 없고 안식도 없고 고난만 임하였구나"(욥3:23～26)라고 탄식하였습니다. 신명기 28장 67절에도 "네 마음의 두려움과 눈의 보는 것으로 인하여 아침에는 이르기를 아하 저녁이 되었으면 좋겠다 할 것이요 저녁에는 이르기를 아하 아침이 되었으면 좋겠다 하리라" 하였습니다.

찬송가 373장에 보면 다음과 같이 되어있습니다.
1. "고요한 바다로 저 천국 향할 때
　　주 내게 순풍주시니 참 감사합니다
2. 큰 물결 일어나 나 쉬지 못하나
　　이 풍랑으로 인하여 더 빨리 갑니다
3. 내 걱정 근심을 쉬 없게 하시고

내 주여 어둔 영혼을 곧 밝게 하소서
4. 이 세상 고락간 주 뜻을 본받고
　　　내 몸이 의지 없을 때 큰 믿음 주소서."

이 찬송은 슬픈 찬송입니다. 환난과 슬픔을 당한 자가 부르는 마음 아픈 찬송입니다. 이 세상 사람들이 사망의 음침한 골짜기를 지날 때(시23:4) 부르는 애달픈 노래입니다.

2. 심연(深淵)에서의 기도(욘2:1~9)

요나 2:1 "요나가 물고기 뱃속에서 그 하나님 여호와께 기도하여"

환난 날에 슬픈 노래를 부르기도 하지만 사람들은 시련의 깊은 연못에서 신을 찾아 기도하게 됩니다. 요나는 바다에 던짐 받아 바다 밑으로 빠져 들어갔고 큰 고기에게 삼킨바 되어 깊은 심연에 이르러 캄캄한데 처하게 되었습니다. 요나는 물고기 뱃속에서 하나님 여호와께 기도하였습니다. 요나의 기도는 다음과 같습니다. "내가 고난을 인하여 여호와께 불러 아뢰었삽더니"(욘2:2), "내 영혼이 내 속에서 피곤할 때에 내가 여호와를 생각하였삽더니 …"(욘2:7). "내가 말하기를 내가 주의 목전에서 쫓겨났을지라도 다시 주의 성전을 바라보겠다 하였나이다"(욘2:4) 하였습니다. 마이어 박사는 "자신이 영원토록 하나님 눈앞에서 쫓겨난 것으로 생각되는 때 만약 하나님의 거룩하신 성전을 다시 바라본다면 하나님께서 사랑으로 그 구덩이에서 구출하여 주심을 알게 될 것이다"(F. B. Meyer, Through the Bible day by day A Devotional Commentary vol Ⅳ, p.259)라고 했습니다. 그리고 요나 선지자는 서원의 기도를 드렸습니다. "나는 감사하는 목소리로 주께 제사를 드리며 나의 서원을 주께 갚겠나이다"(욘2:9) 하였습니다. 야곱도 하나님께 드린 서원기도를 20년 후에 바로 갚지 못하고 세겜 성에서 10여년 살다가 환난을 당한 뒤에 서원한지 30년 만에 비로소 서원을 갚게 되었습니다.

우리는 요나같이 심연에서 기도할 수 있는지 다시 돌이켜 보아야 하겠습니다. 그러한 상황에서 기도할 수 있다면 하나님은 요나에게 응답하신 것 같이 우리에게도 응답하실 것입니다.

3. 죽음과 부활의 체험(욘3:1~10)

요나 3:10 "하나님이 그들의 행한 것 곧 그 악한 길에서 돌이켜 떠난 것을 감찰하시고 뜻을 돌이키사 그들에게 내리리라 말씀하신 재앙을 내리지 아니하시니라"

요나는 환난풍파를 체험하였으며 그보다 더 감당키 어려운 죽음을 체험하였습니다. 죽음은 두려운 것이며 어느 누구도 죽음 앞에 당당할 수 없습니다. 히스기야 왕도 죽는다는 사실 앞에서 벽을 향하여 울었으며 엘리야도 이세벨의 위협하는 말 한마디에 광야로 도망가 로뎀나무 밑에 누워서 죽기를 구하였습니다. 죽음 앞에서 하나님을 바라보며 기도한 요나는 부활의 은총을 체험하게 되었습니다. 그는 스올의 뱃속에서 바닷가에 토함 받아 살아나게 되었습니다. 죽음을 체험하고 부활을 체험한 요나는 앗수르의 수도 니느웨로 돌아가 하나님의 말씀을 선포하였습니다. 죽음과 부활을 체험한 요나가 외치는 말은 능력이 있어 니느웨 왕을 비롯하여 성중 모든 사람들이 회개하여 구원받게 하였습니다. 예수님을 부인하여 영적 죽음을 체험한 베드로가 다시 살아나신 주님을 만난(요21:15~22)후 예루살렘에서 복음을 전할 때 삼천명이 구원받는 생명의 역사가 일어났습니다. 죽음과 부활을 체험한 바울 사도가 구원 역사를 일으킨 것같이 죽었다 살아난 사람은 기적적인 역사를 일으킵니다. 예수님도 요나의 사건을 주님 자신의 죽음과 부활 사건으로 말씀하셨습니다(마12:39, 마16:4, 눅11:29).

성전에 임하시는 여호와

미가 1장 1~7절

"유다 열왕 요담과 아하스와 히스기야 시대에 모레셋 사람 미가에게 임한 여호와의 말씀 곧 사마리아와 예루살렘에 관한 묵시라 백성들아 너희는 다 들을지어다 땅과 거기 있는 모든 것들아 자세히 들을지어다 주 여호와께서 너희에게 대하여 증거하시되 곧 주께서 성전에서 그리하실 것이니라 여호와께서 그 처소에서 나오시고 강림하사 땅의 높은 곳을 밟으실 것이라 그 아래서 산들이 녹고 골짜기들이 갈라지기를 불 앞의 밀 같고 비탈로 쏟아지는 물 같을 것이니 이는 다 야곱의 허물을 인함이요 이스라엘 족속의 죄를 인함이라 야곱의 허물이 무엇이뇨 사마리아가 아니뇨 유다의 산당이 무엇이뇨 예루살렘이 아니뇨 이러므로 내가 사마리아로 들의 무더기 같게 하고 포도심을 동산 같게 하며 또 그 돌들을 골짜기에 쏟아 내리고 그 지대를 드러내며 그 새긴 우상을 다 파쇄하고 그 음행의 값을 다 불사르며 그 목상을 다 훼파하리니 그가 기생의 값으로 모았은즉 그것이 기생의 값으로 돌아가리라"

미가 선지자는 이사야 선지자와 같은 시대에 활동했던 선지자입니다. 그는 요담, 아하스 히스기야 시대에 약 60년 동안 예언 활동한 선지자입니다. 미가 선지자는 성전파괴를 예언한 것으로 유명합니다. 성전은 하나님의 이름과 영광이 머물러 계신 곳이기 때문에 감히 성전에 대하여 거론하는 것조차도 두렵게 생각하였습니다. 성경에서 성전파괴를 예언한 선지자는 세 명입니다. 첫 번째가 미가이며, 두 번째는 예레미야이고, 세 번째는 예수님이십니다. 예레미야가 성전이 파괴될 것이라고 예언했을 때 유대인들은 그가 성전을 모독했다는 이유로 그를 죽이려고 진흙구덩이에 던졌습니다. 이 때 몇몇 사람들이 미가 선지자의 예를 들어 예레미야를 변호하여 주므로 죽음을 면할 수 있었습니다(렘26:16~19).

1. 백성들아 들을지어다 너희는 다 들을지어다(미1:2~7)

> 미가 1:2 "백성들아 너희는 다 들을지어다 땅과 거기 있는 모든 것들아 자세히 들을지어다 주 여호와께서 너희에게 대하여 증거하시되 곧 주께서 성전에서 그리하실 것이니라"

미가서는 "들을지어다"로 시작되는 세편의 설교로 이루어져 있습니다. 첫째 설교는 "백성들아 너희는 다 들을지어다"(미1:2~2:13), 둘째 설교는 "야곱의 두령과 이스라엘 족속의 치리자들아 들으라"(미3:1~5:15), 셋째 설교는 "너희는 여호와의 말씀을 들을지어다 … 너희 산들과 땅의 견고한 지대들아 들으라"(미6:1~7:20)는 내용으로 되어있습니다.

미가서 1장 2절에 "백성들아 너희는 다 들을지어다 땅과 거기 있는 모든 것들아 자세히 들을지어다" 하였습니다. 신명기 6장 4절에도 "이스라엘아 들으라" 하였고, 이사야 1장 2절에는 "하늘이여 들으라 땅이여 귀를 기울이라"하였습니다. 하나님의 말씀은 하늘도 들어야 하고 땅도 들어야 하는 말씀입니다. 요한복음 5장 25절에 예수님은 "내 말을 듣는 자는 살아나리라"고 말씀하셨습니다. 하나님의 말씀을 듣고 순종의 삶을 살았더라면 에덴을 잃어버리지 아니하였을 것이고 탕자가 아버지의 말씀을 청종하였더라면 방황의 삶을 살지 아니하였을 것입니다.

"백성들아 너희는 다 들을지어다 땅과 거기 있는 모든 것들아 자세히 들을지어다"(미1:2)라는 말씀은 여러 민족과 이스라엘 민족을 가리키는 말이며 지구상에 존재하는 피조물 전체가 들어야 할 말씀이라는 것입니다.

2. 성전에 임하시는 여호와(미1:2)

미가 1:2 "… 주 여호와께서 너희에게 대하여 증거하시되 곧 주께서 성전에서 그리 하실 것이니라"

이사야는 하나님이 임재하실 때 성전에 하나님의 옷자락이 가득한 광경을 목도하였으나(사6:1), 미가 선지자는 여호와께서 성전에 임하셔서 "땅의 높은 곳을 밟으실 것이라" 하셨습니다(미1:3). 이는 심판주로 임하심을 나타내는 말씀입니다.

"높은 곳을 밟으실 것이라"(미1:3)는 말의 뜻에서 '높은 곳'(בָּמֳתֵי, 바모트)은 '군사 요충지'(신33:29, 겔36:2), '산의 정상', '이방 신전'(렘7:31, 겔20:29)을 의미하고 있습니다. 높은 곳은 이방 신, 우상을 섬기는 산당을 가리키며 교만한 인간의 상태를 가리키는 말입니다. 여호와께서 높은 곳을 밟으실 때 그 아래서 산들이 녹고 골짜기들이 갈라지기를 불 앞의 밀 같고 비탈로 쏟아지는 물 같을 것이라고 하였습니다(미1:3~4). 예루살렘이 전쟁으로 폐허가 되는 광경을 이렇게 표현한 것입니다. 미가 선지자는 예루살렘이 전쟁으로 성전이 훼파되고 성곽이 골짜기 아래로 무너져 내리는 모습을 보며 심판하기 위해 임하시는 하나님을 보고 있는 것입니다. 하나님은 두려운 분입니다. 요한계시록에 보면 하나님 보좌 앞에 번개와 뇌성과, 음성과, 우박과 지진이 있다고(계4:5) 하였습니다.

성전은 복이 되기도 하지만 저주가 될 수도 있습니다. 에스겔 47장에 보면 하나님의 성전에서 흘러나오는 물이 흘러가는 곳마다 땅이 살고, 강이 살고, 바다가 살고 초목이 살아나는 축복의 원천이 되었습니다. 그러나 성전에 가증한 우상이 세워지고, 성전 제사장들이 담무스 신을 섬기고, 태양신을 섬길 때 성전에 머물던 하나님의 영광이 떠나가고(에스겔 11장) 이스라엘 백성들은 바벨론 포로가 되어 고난의 풀무에 던짐 받았습니다.

하나님의 법궤를 가드 사람 오벧에돔의 집에 석 달을 정성껏 모셨으므로 여호와께서 오벧에돔과 그 온 집에 복을 주셨습니다(삼하 6:11). 그러나 블레셋 사람들은 이스라엘에서 법궤를 빼앗아와서 법궤가 가는 곳마다 재앙이 일어났습니다(삼상5:1~12). 엘리 제사장과 그의 아들 홉니와 비느하스는 성전에서 하나님을 만홀히 여김으로 가문이 멸망을 자초하였습니다(레10:1~2). 오늘날도 마찬가지입니다. 교회에서 복을 받는 사람도 있고 교회에서 하나님의 진노를 당하는 사람이 있습니다. 우리 모두가 이 교회에서 복을 받는 성도되시기를 축원합니다.

하나님께서 성전을 세우시고 이스라엘 백성을 하나님 백성이 되게 하셔서 세계를 향한 제사장 나라를 삼으시고 성전을 통하여 만민이 사죄함을 받고 구원을 받으며 복을 받게 하셨습니다. 그러므로 저들은 하나님께 신령과 진정으로 예배만 정성껏 드려도 하나님은 이스라엘과 동행하시고 그들을 통하여 세상이 복을 받게 하셨습니다.

3. 심판의 이유(미1:5)

> 미가 1:5 "이는 다 야곱의 허물을 인함이요 이스라엘 족속의 죄를 인함이라 야곱의 허물이 무엇이뇨 사마리아가 아니뇨 유다의 산당이 무엇이뇨 예루살렘이 아니뇨"

미가서 1장 5절의 말씀은 북왕국 이스라엘의 수도 사마리아는 이방신을 섬기는 산당을 만들고 우상을 숭배하였고 예루살렘도 우상

숭배하는 산당으로 전락되었음을 지적하는 말씀입니다. 이스라엘 전체가 심판받는 이유는 그들이 우상숭배의 죄 때문이라고 지적하고 있습니다. "이러므로 내가 사마리아로 들의 무더기 같게 하고 포도 심을 동산 같게 하며 또 그 돌들을 골짜기에 쏟아 내리고 그 지대를 드러내며 그 새긴 우상을 다 파쇄하고 그 음행의 값을 다 불사르며 그 목상을 다 훼파하리니 그가 기생의 값으로 모았은즉 그것이 기생의 값으로 돌아가리라"(미1:6~7) 하였습니다.

미가 선지자는 예루살렘의 멸망을 예언하였습니다. 그 이유는 바르지 못한 신앙 때문이라고 하였습니다. 사마리아가 누리는 번영은 하나님의 선물이 아니라 기생의 값이었습니다. 남편이 정당하게 벌어다 준 재산이 아니라 기생 노릇을 해서 모은 더러운 재산이었습니다.

어떤 가난한 청년이 약혼녀에게 가느다란 금반지 하나를 해주었다면 그것은 사랑하는 사람이 준 귀중한 선물입니다. 그러므로 그 반지는 돈으로 환산할 수 없는 사랑이 담긴 값진 것입니다. 그런데 그 여자가 가격이 싼 것을 약혼 선물로 받았다고 해서 이 남자 저 남자에게 가까이 하여 값 비싼 다이아몬드 반지를 끼고 나타났다면 그것은 음행의 값이요 기생의 값이라고 할 수 있습니다. 하나님께서 주시지 않은 것은 모두 음행의 값이며, 기생의 값입니다. 하나님은 하나님께서 주지 않으신 것을 성도가 가지고 있는 것을 기뻐 아니하십니다. 나에게 허락해주신 아내가 조금 부족한 면이 있다 하여도 하나님께서 주신 아내는 소중한 축복입니다. 그런데 하나님께서 주시지 않은 다른 사람을 또 취하면 이는 음행의 값이며 기생의 값입니다. 하나님께서 나를 가난하게 만드셨으면 가난한대로 살아야 합니다. 하나님 백성에게 가장 중요한 문제는 잘사느냐 못사느냐가 아닙니다. 하나님께서 주신 것만 가지고 사느냐 내 욕심대로 많이 가지고 사느냐 하는 것입니다. 하나님께서 임하실 때 하나님께서 주시지 않은 것을 가지고 있으면 하나님께서 압수하시며 책망하실 것입니다. 그것은 음행의 값이고 기생의 값이기 때문입니다. 하나님께서 가난하게 하셨으면 빈한한데 처하여 살고 병약하게 하셨으면 약한 대로 살고 못 배우게 하셨으면 그대로 못배운대로 살아도 조금도 거리낄 것 없습니다. 우리는 우리의 처지와 형편대로 얼마든지 당당하고 아름답게 살 수 있습니다. 죄짓지 않고 경건하게 사는 그 자체가 이 세상에서 살아가는 사람들에게 축복이 되는 것입니다(김서택, 「전쟁 없는 나라」, p.30). 예수님은 옷 한 벌과 지팡이 하나만 가지고도 청빈한 가운데서 행복하게 사셨습니다.

    우리가 잘 못살아 부정하여 더러워지면 땅이 토하여 내어 이 땅에서 살 수 없습니다. 우리 교회는 신령과 진정으로 예배하는 교회가 되고 성도들은 거룩한 예배의 삶이 이루어져서 하나님께서 축복하시기 위해 임하시기를 기도합니다.

행복이 없는 이 세상

미가 2장 6~10절

"그들이 말하기를 너희는 예언하지 말라 이것은 예언할 것이 아니어늘 욕하는 말을 그치지 아니한다 하는도다 너희 야곱의 족속아 어찌 이르기를 여호와의 신이 편급하시다 하겠느냐 그의 행위가 이러하시다 하겠느냐 나의 말이 행위 정직한 자에게 유익되지 아니하냐 근래에 내 백성이 대적같이 일어나서 전쟁을 피하여 평안히 지나가는 자들의 의복 중 겉옷을 벗기며 내 백성의 부녀들을 너희가 그 즐거운 집에서 쫓아내고 그 어린 자녀에게서 나의 영광을 영영히 빼앗는도다 이것이 너희의 쉴 곳이 아니니 일어나 떠날지어다 이는 그것이 이미 더러워졌음이라 그런즉 반드시 멸하리니 그 멸망이 크리라"

미가 선지자는 이스라엘과 유다를 대상으로 예언을 선포하였으며 요담(B.C 739~735년), 아하스(B.C 735~725년), 히스기야(B.C 725~697년) 등 세 왕이 통치하던 기간에 약 54년간 활동한 선지자입니다. 본문 말씀은 아하스의 통치 말기 9년 동안 있었던 이스라엘의 악행에 관하여 선포된 예언입니다.

1. 행복이 없는 이 세상(미2:8~10)

미가 2:10 "이것이 너희의 쉴 곳이 아니니 일어나 떠날지어다 이는 그것이 이미 더러워졌음이라"

본문 말씀은 당시 유다 백성들이 전쟁을 피하여 피난 가는 자들의 겉옷을 빼앗고 부녀들을 집에서 내어 쫓고 어린 자들을 돌보지 아니하고 오히려 착취하고 사지로 내몰았습니다. 이는 출애굽기 22장 22절에 과부나 고아를 해롭게 하지 말고 잘 돌봐주라는 하나님의 말씀에 정면으로 위배되는 행위였습니다. 그러므로 미가 선지자는 그들을 향하여 하나님의 심판이 도래할 것임으로 "이것이 너희의 쉴 곳이 아니니 일어나 떠날지어다"(미2:10)라고 하였습니다. 원래 가나안 땅은 하나님께서 언약백성에게 안식을 주시려고 허락하신 축복의 땅이었습니다. 그러나 저들은 계속 악한 일들을 자행하므로 그 땅을 더럽히고 있었습니다. 그러므로 하나님은 이스라엘 백성을 축복의 땅에서 추방하기로 결정하셨습니다.

이 세상은 우리가 쉴 곳이 못됩니다. 이는 땅이 더러워졌기 때문입니다. 히브리서 13장 14절의 "여기는 영구한 도성이 없고"라는 말씀과 같이 이 세상은 우리가 쉴만한 곳이 전혀 없습니다. 미가서 2장 10절에 "이것이 너희의 쉴 곳이 아니니 … 이는 그것이 이미 더러워졌음이라" 하였습니다. 이 세상은 우리의 쉴만한 곳이 아니며, 이 세상은 우리의 목적지가 아닙니다. 이 세상은 안식도, 만족도 주지 못합니다. 이 세상은 인류의 안식처로 예정되지 않았습니다. 이 세계는 후일 하늘도 진동하며(히12:26), 하늘이 종이 축이 말리는 것 같이 떠나가고 각 산과 섬이 제자리에서 옮기 우며(계6:14), 일곱째 천사가 진노의 대접을 공기 가운데 쏟을 때 번개와 음성과 뇌성이 나고 지진이 일어나 큰 성이 세 갈래로 갈라지고 만국의 성들이 무너지고 각 섬과 산악도 간데없어질 것이라(계16:17~21)고 하였습니다. 하나님의 진노의 심판으로 이 세계가 멸망당할 날이 올 것이라고 예언하고 있습니다. 이 세상은 다만 순례자가 지나쳐 가는 곳일 뿐입니다. 그러므로 성서는 이 세상에서 쉼을 얻으려는 시도는 죄악이라고 하였습니다. 야고보 사도는 "세상과 벗된 것이 하나님과 원수됨을 알지 못하느냐 그런즉 누구든지 세상과 벗이 되고자 하는 자는 스스로 하나님과 원수되는 것이니라"(약4:4) 하였습니다(Homiletic Magagine, The Biblical Illustrator vol ⅩⅩⅤ, p.132).

왜 안식처가 될 수 없는지는 이 땅이 "이미 더러워졌음이라"(미2:10)고 그 이유를 설명해주고 있습니다. 죄악이 행복과 병존할 수 없다는 사실은 영원히 불변하는 하나님나라의 진리입니다. 어느 시인은 이렇게 시를 읊었습니다.

"이와 같은 곳에서
나의 행복을 구하거나
나의 소망을 세우는 것은
내게 합당한 일이 아니다
나는 사람의 손으로
세워지지 않은 도성을 바라며
죄로 더럽혀지지 않은 나라를 갈망한다"

(Baker Commentary vol ⅩⅩⅩⅣ, p.179).

2. 일어나 떠날지어다(미2:10)

미가 2:10 "이것이 너희의 쉴 곳이 아니니 일어나 떠날지어다 이는 그것이 이미 더러워졌음이라"

미가 선지자를 통하여 유다 백성들에게 주시는 하나님의 간곡한 권고는 "일어나 떠날지어다"(미2:10)라는 말씀입니다. 이 말씀은 이 세상이 우리에게 행복을 줄 수 있다는 잘못된 생각을 버리라는 것입니다. 이스라엘 백성이 애굽을 탈출한 것과, 롯이 소돔과 고모라에서 떠났던 것 같이 영혼의 출애굽을 권고하는 말씀입니다. 많은 사람들은 이 세상이 행복을 줄 것으로 착각에 빠져있습니다. 미식(美食)과 탐색, 호색의 세계에서 또는 치부하므로 권세를 얻고 지식을 추구하고 예술, 문학, 음악 등 감각적인 세계를 통하여 만족을 얻으려고 하거나 쉼을 찾으려고 합니다. 그러나 이 세상에서 행복을 찾으려는 노력은 모두 헛될 뿐입니다. 그래서 솔로몬은 이러한 모든 것을 다 누려 보았지만 "헛되고 헛되며 헛되고 헛되니 모든 것이 헛되도다"(전1:2)라고 탄식하였습니다.

미가 선지자는 우리에게 "떠날지어다 이는 그것이 이미 더러워졌음이니라"(미2:10) 하였습니다. 죄악으로 더러워진 이 땅에는 안식과 행복이 없습니다. 레위기 18장 24~28절에 "너희는 이 모든 일로 스스로 더럽히지 말라 … 너희도 더럽히면 그 땅이 너희 있기 전 거민을 토함같이 너희를 토할까 하노라" 하였습니다.

피 헨리(P. Henry)는 "가나안에 들어가고자 하는 자는 아스돗 언어를 말하지 않아야 한다"고 했습니다(Baker Commentary vol XXXIV, p.179). 그러므로 이제 "위엣 것을 생각하고 땅엣 것을 생각지 말라"(골3:2)는 말씀을 마음에 새겨야 할 것입니다. 우리에게 더러워진 이 땅을 떠나라는 말씀은 스스로 목숨을 포기하거나 모든 삶을 포기하라는 의미가 아닙니다. 우리가 진토 같은 이 땅에 살고 있으나 내 영혼이 진토에 붙어서는 안 된다는 말씀이며 우리의 마음을 하늘에 두고 살아야 됨을 말씀하고 있습니다. 시편 기자는 "내 영혼이 진토에 붙었사오니 주의 말씀대로 나를 소성케 하소서"(시119:25)라고 간구하였습니다.

이스라엘 백성이 가나안 땅에 들어갔을 때 땅을 분배하면서 부지중에 범죄하여 살인한 자들을 위하여 요단 강 동서 양안에 여섯 성을 지정하여 도피성을 만들어 주어 생명을 보존하게 하였습니다. 죽을 죄인이라도 도피성에 들어가면 아무도 그를 상해할 수 없었으며 죄인은 그곳에서 안전하게 안식을 누리며 살 수 있었습니다. 요단 강

동쪽에 베셀, 라못, 골란, 요단 강 서쪽에 헤브론, 세겜, 게데스 등 여섯 성입니다. 하나님께서 이스라엘 백성을 위하여 도피성을 주셨음 같이 죄악의 심연에 빠지고, 진토에 붙은 영혼을 건지시기 위하여 한 도피성을 마련하여 주셨습니다. 이는 곧 생명과 구원의 주가 되시는 예수 그리스도이십니다. 도피성 되신 예수 그리스도를 향하여 달려 갈 때 쉼과 구원과 행복을 얻을 수 있습니다. 예수님은 "수고하고 무거운 짐진 자들아 다 내게로 오라 내가 너희를 쉬게 하리라"(마 11:28)고 말씀하셨습니다. 어거스틴은 "외부의 사물에서 행복을 찾으려고 하는 자들은 빨리 허전해지고 보이는 것들과 무상한 것들에 의해 자신을 쏟아버리게 됩니다. 그들의 마음은 정말 굶주려 있으므로 자기들의 그림자까지 핥아 먹으려고 합니다"(St. Augustine's Confessions p.279)하였고, "참다운 행복이란 당신 안에서, 당신을 향하여, 그리고 당신 때문에 기뻐하는 것이옵니다. 참 행복이란 이것뿐 그 외는 없습니다. 참 행복은 진리 안에서 기뻐하는 것입니다. 그것은 진리이신 당신 안에서 기뻐하는 것입니다"(St. Augustine's Confessions p.341)라고 하였습니다.

미가 선지자는 이 땅이 더러워졌으므로 이 세상에는 행복이 없다는 사실을 우리에게 깨우쳐주고 있습니다. 육신적이고 물질적이며 시간적인 이 세상에서 행복을 구하는 것은 죄악임을 말씀하고 있습니다. 하나님 안에서 진리 되시며 도피성 되신 예수 그리스도 안에서만 참 행복을 찾을 수 있음을 가르쳐 주시고 있습니다. 시편 기자는 이렇게 노해하고 있습니다. "내 영혼아 네가 어찌하여 낙망하며 어찌하여 내 속에서 불안하여 하는고 너는 하나님을 바라라 나는 내 얼굴을 도우시는 내 하나님을 오히려 찬송하리로다"(시42:11).

길을 여는 자

미가 2장 12~13절

"야곱아 내가 정녕히 너희 무리를 다 모으며 내가 정녕히 이스라엘의 남은 자를 모으고 그들을 한 처소에 두기를 보스라 양 떼 같게 하며 초장의 양 떼 같게 하리니 그들의 인수가 많으므로 소리가 크게 들릴 것이며 길을 여는 자가 그들의 앞서 올라가고 그들은 달려서 성문에 이르러서는 그리로 좇아 나갈 것이며 그들의 왕이 앞서 행하며 여호와께서 선두로 행하시리라"

미가서 2장 12~13절에서 이스라엘의 참 목자 되신 메시아는 남은 자를 모압 지역의 푸른 초장인 보스라의 양 떼 같이 모으시고 참된 평안과 풍성한 은혜로 돌보시며 길을 여는 자가 되어 앞서가시리라 하였습니다.

1. 메시아 탄생과 남은 자 예언(미2:12, 5:2)

미가 5:2 "베들레헴 에브라다야 너는 유다 족속 중에 작을지라도 이스라엘을 다스릴 자가 네게서 내게로 나올 것이라 그의 근본은 상고에 태초에니라"

미가 선지자는 메시아 탄생 예언 중 탄생하실 장소를 예언할 때 베들레헴 에브라다야 … 라고 분명한 장소를 지목하였습니다. 메시아는 미가 선지자가 예언한 후 700여 년 지나서 베들레헴 말구유에서 탄생하셨습니다(눅2:1~7). 베들레헴에 사는 사람들은 메시아의 탄생 예언을 알고 있었으나 진심으로 기다리지 아니하였고 방 한 칸 준비하지 아니하였습니다. 말구유에서 탄생하셨다는 말은 아주 겸손한 자의 낮은 자리에서 탄생하셨음을 의미하고 있습니다. 이 세상 어느 누구보다도 비천하고 낮은 자리에 탄생하셨습니다. 세상에 유명한 분들의 생가를 찾아 가보아도 베들레헴의 말구유같이 은혜롭고 감격한 자리를 찾아볼 수 없습니다. 미가 2장 12절에 "… 남은 자를 모으고 … 보스라 양 떼 같게 하며 …" 하였습니다. 미가 선지자는 이 땅에 나타날 목자 되신 메시아가 남은 자를 한 곳에 모으시며 보스라의 양 떼 같게 하실 것이라 하였습니다(왕하3:4, 렘48:24).

보스라는 모압 지방의 유명한 목양지인 초원으로 수많은 양떼들이 풀을 뜯는 양들의 낙원입니다. 열왕기하 3장 4절에 "모압 왕 메사는 양을 치는 자라 새끼 양 십만의 털과 수양 십만의 털을 이스라엘 왕에게 바치더니"라는 말씀을 보아도 보스라가 광대한 초원인 것을 알 수 있습니다. 미가서에서 양 떼로 비유된 '남은 자'에 대한 말은 모두 다섯 번 언급하고 있는데(미4:7, 5:7~8, 7:18) 4장에 언급된 남은 자는 저는 자, 쫓겨났던 자, 환난을 당한 자들입니다. 하나님은 그들을 모아서 영원한 나라를 세우실 것을 약속하고 있습니다(미4:7, 5:7). 남은 자에 해당되는 사람들은 이미 하나님의 심판을 받은 자들이며 환난을 당하고 하나님의 용서를 받은 자들입니다(미7:18~20). 그들은 마치 비옥하고 아름답게 조성된 보스라의 푸른 초장에 모인 양 떼같이 하나님의 인도하심과 사랑으로 돌보심을 받게 될 것이라고 하였습니다(The Chokmah Commentary vol ⅩⅩ, p.405).

2. 길을 여는 자가 그들의 앞서 올라가고(미2:13)

> 미가 2:13 "길을 여는 자가 그들의 앞서 올라가고 그들은 달려서 성문에 이르러서는 그리로 좇아 나갈 것이며 그들의 왕이 앞서 행하며 여호와께서 선두로 행하시리라"

이스라엘 백성이 출애굽하여 가나안 땅에 입성하기까지 41곳의 숙영지가 있습니다. 언제나 하나님은 그들 앞에서 인도하시고 구름기둥과 불기둥으로 함께 하셨습니다. 신명기 1장 33절에 "그는 너희 앞서 행하시며 장막 칠 곳을 찾으시고 밤에는 불로, 낮에는 구름으로 너희의 행할 길을 지시하신 자니라" 하였습니다. 세례 요한은 이 땅에 와서 예수님의 길을 평탄케 하였으며 예수님은 우리 앞서 행하시며 길을 열어주셨습니다.

미가서 2장 13절의 '길을 여는 자'는 문자적으로 '원수의 포위 벽을 뚫고 나오는 자'란 뜻입니다. 이는 포로 같이 갇힌 자들을 그 갇힌 곳에서 나오게 하시고 성도들을 메시아 왕국에 들어가게 할 메시아를 상징하는 표현으로 볼 수 있습니다.

구약에서 말하고 있는 '길'은

첫째로 하나님의 계획과 구상을 의미합니다.

이사야 55장 8~9절에 "여호와의 말씀에 내 생각은 너희 생각과 다르며 내 길은 너희 길과 달라서 하늘이 땅보다 높음같이 내 길은 너희 길보다 높으며 내 생각은 너희 생각보다 높으니라" 하였고,

둘째로 인생길을 의미합니다.

욥기 31장 4절에 "그가 내 길을 감찰하지 아니하시느냐 내 걸음을 다 세지 아니하시느냐" 하였으며,

셋째로 인간의 삶의 방식과 생활 태도를 의미하고 있습니다.

하나님께서 아브라함을 선택하신 것은 창세기 18장 19절에 "내가 그로 그 자식과 권속에게 명하여 여호와의 도를 지켜 의와 공도를 행하게 하려고 그를 택하였나니 이는 나 여호와가 아브라함에게 대하여 말한 일을 이루려 함이니라" 하였습니다. 이사야 2장 3절에 "오라 우

리가 여호와의 산에 오르며 야곱의 하나님의 전에 이르자 그가 그 도로 우리에게 가르치실 것이라 우리가 그 길로 행하리라" 하였습니다.

미가 선지자는 이 땅에 오실 메시아는 '길을 여는 자'라고 예언했고 요한복음 14장 6절에서 예수님은 "나는 길이요 …"라고 말씀하셨습니다. 예수님은 자기 자신에 대한 증거에서 '나는 … 이다' 즉 '에고 에이미'(ἐγω εἰμι)의 말씀이 요한복음에 일곱 번이나 사용되었습니다. "내가 곧 생명의 떡이다"(요6:35), "나는 세상의 빛이다"(8:12), "나는 양의 문이다"(10:7), "나는 선한 목자다"(10:11), "나는 부활과 생명이다"(11:25), "내가 길이요 진리요 생명이다"(14:6), "나는 참 포도나무다"(15:1).

요한복음 14장 6절의 내가 길이요 진리요 생명이란 말씀에 대하여 성서학자들은 대개 세 가지로 해석하고 있습니다. 첫째는 나는 생명에 이르는 진정한 길이라는 의미로 해석하고, 둘째는 나는 진리와 생명으로 인도하는 길이라는 의미로 해석하며, 셋째는 예수는 진리요 생명이기 때문에 길이 되신다는 해석입니다.

예수께서 세상에 계실 때 인생길이 굳게 닫혀 있는 자들이 예수 앞에 나와서 그들의 길이 모두 열렸습니다. 문둥병자, 눈 먼자, 38년 된 병자와 죄인들이 예수 앞에 나왔을 때 예수님은 그들의 앞길을 가로막고 있는 문제의 장벽을 허물어 버리고 길을 활짝 열어주셨습니다. 길이 막혀있는 자들이 예수 앞으로 나아가시면 주께서 길을 열어주시고 우리 앞에서 달려가실 것입니다.

구약시대는 모세를 통하여 홍해를 가르고 하나님께서 예비하신 바다 밑 반석의 길로 택한 백성을 인도하셨으며 신약시대는 예수 그리스도를 통하여 하늘 길을 열어 구원의 길을 열어주셨습니다. 로마서 5장 10절에 "곧 우리가 원수 되었을 때에 그 아들의 죽으심으로 말미암아 하나님으로 더불어 화목 되었은즉 …" 하였고, 히브리서 10장 20절에 "그 길은 우리를 위하여 휘장 가운데로 열어 놓으신 새롭고 산 길이요 휘장은 곧 저의 육체니라" 하였습니다. 예수께서 십자가상에서 자신의 육체를 찢으사 운명하실 때 예루살렘 성전의 성소 휘장이 찢어졌습니다(눅23:44~45). 그러므로 하나님께 나아가는 비밀의 문이 열린 것입니다. 모든 길은 로마로 통한다는 말이 있습니다. 로마에 가면 최초의 넓은 도로 "아피아"가도는 B.C 312년에 건설되었고, B.C 2,600년경에 만들어진 크레타 섬의 고대 도로는 폭 3.5m~4m의 넓은 도로가 1,400m나 발견 되었습니다. 남미 잉카문명의 수도 쿠스코(Cusco)에 가보면 옛날 왕궁이 있었던 도로에는 은으로 길 바닥을 만들고 그 도로 위에 물이 흐르게 하였으며 은빛 찬란한 길을 왕이 거닐었다고 합니다. 그러나 그러한 길들은 생명의 길이 아닙니다. 예수 그리스도만이 길이 되십니다. 예수님은 길을 여는 자로 자신의 몸을 찢어 하늘 길을 열어놓으셨습니다. 에베소서 2장 14~16절에 "그는 우리의 화평이신지라 둘로 하나를 만드사 중간에 막힌 담을 허시고 원수 된 것 곧 의문에 속한 계명의 율법을 자기 육체로 폐하셨으니 이는 이 둘로 자기 안에서 한 새 사람을 지어 화평하게 하시고 또 십자가로 이 둘을 한 몸으로 하나님과 화목하게 하려 하심이라 원수 된 것을 십자가로 소멸하시고"라고 하였습니다.

  선한 목자 되신 예수 그리스도는 이 세상을 살아가는 동안 우리 생애의 길을 열어주시며 하나님 나라에 이르는 하늘 길을 열어주시는 분입니다.

네가 어찌 노아몬보다 낫겠느냐

나훔 3장 8~10절

"네가 어찌 노아몬보다 낫겠느냐 그는 강들 사이에 있으므로 물이 둘렸으니 바다가 성루가 되었고 바다가 성벽이 되었으며 구스와 애굽이 그 힘이 되어 한이 없었고 붓과 루빔이 그의 돕는 자가 되었으나 그가 포로가 되어 사로잡혀 갔고 그 어린 아이들은 길 모퉁이 모퉁이에 메어침을 당하여 부숴졌으며 그 존귀한 자들은 제비 뽑혀 나뉘었고 그 모든 대인은 사슬에 결박되었나니"

앗수르는 디글랏 빌레셀 3세(Tiglath-Pilesel Ⅲ, B.C 745~727년)와 그의 아들 살만에셀 5세(Shalmanesel Ⅴ, B.C 727~722년) 때에 주변국을 정복하여 영토를 확장하고 강대국으로 부상하였습니다. 강성했던 앗수르가 하나님의 심판을 받게 된 직접적인 원인은 그들의 죄악 때문이었습니다. 앗수르의 수도 니느웨가 물질적으로 풍요로운 상황에 처하게 되었으나 그것이 죄악으로 이루어진 것이므로 모래 위에 세운 집처럼 심판으로 무너지게 된다는 사실을 선언하였습니다. 성도는 과거의 역사적 사실을 교훈삼아 하나님을 의지하며 하나님의 뜻에 합당하게 살아야 할 것을 밝히 보여주고 있습니다.

1. 타고난 조건이 아무리 좋아도 소용없습니다(나3:8)

나훔 3:8 "네가 어찌 노아몬보다 낫겠느냐 그는 강들 사이에 있으므로 물이 둘렸으니 바다가 성루가 되었고 바다가 성벽이 되었으며"

본문 말씀은 앗수르의 수도 니느웨 성의 멸망을 선포하면서 애굽의 수도였던 노아몬이 멸망당하였던 사실을 상기시켜 주면서 네가 노아몬보다 낫겠느냐고 반문하고 있습니다. '노아몬'은 아몬의 성읍이라는 뜻으로 애굽에 위치하고 있던 유명한 테베(Thebes)를 가리킵니다. 테베는 나일 강 입구에서 남쪽으로 720km 떨어져 있었고 B.C 2100년경 대도시로 형성된 당시 최고의 도시로 남북이 4Km, 동서 8Km, 주위가 35Km나 되었습니다. 헬라 호머(Homer)의 기록에 의하면 이 도시는 2만 병거와 100개의 성문이 있었다고 합니다(The Grand Bible Commentary vol XI, p.773). 이 도시는 애굽의 18대 왕조인 힉소스 왕조 이후 수도로 지정되면서 약140년간 세계를 지배하였습니다. 그러나 B.C 663년에 앗수르 제국의 앗술바니팔(Ashurbanipal)에게 멸망당하였습니다.

본문에서 니느웨가 노아몬보다 낫겠느냐는 말은 노아몬이 니느웨보다 입지적 조건이나 방어시설과 병력이 막강하였음에도 멸망하였는데 그보다 못한 니느웨가 멸망당하지 않을 수 있겠느냐는 말입니다. 이집트의 선물이라는 노아몬이 타고난 천연적인 조건에도 앗수르의 공격에는 아무 소용도 없었으며 결국 멸망당하고 말았습니다. 어떤 사람은 남들보다 좋은 조건을 가지고 태어나기도 하며 남보다 뛰어난 지능을 가지고 태어나거나, 훌륭한 가문이나, 부유한 집안에 태어나기도 합니다. 그러나 아무리 뛰어난 조건을 가지고 있다 할지라도 하나님의 심판 앞에서는 아무 소용이 없었습니다. 하나님은 사람과 같이 외모를 보지 않으시고 중심을 보시기 때문입니다(삼상 16:7). 노아몬 같이 삶의 여건이 뛰어나서 미모나, 가문이나, 재산이 풍부하다 하여도 심판 날에는 아무 소용이 없다는 사실을 말씀하고 있습니다.

2. 자신의 능력이 뛰어나도 소용없습니다(나3:16)

나훔 3:16 "네가 네 상고를 하늘의 별보다 많게 하였으나 황충이 날개를 펴서 날아 감과 같고"

노아몬은 애굽의 수도로 140여 년 동안 찬란한 문화를 누린 도시였고 막강한 군사력과 피라미드를 건축할 수 있는 건축 기술과 과학과 천문학 등 모든 면에 세계 최고를 자랑하는 문명을 소유하고 있었습니다. 그러나 앗수르의 침공에 그대로 무너지고 말았습니다. 하나님 앞에서는 어느 누구라도 자랑할 수 없습니다. 잘난 척하지 말아야 합니다. 세계적으로 유명해져도 소용없습니다. 인간의 지혜가 아무리 뛰어나도 하나님의 미련함만 못하다고(고전1:25) 하였습니다. 사울 왕이 3,000명의 군사를 거느리고 십 황무지와 엔게디 광야에 숨어 있는 다윗을 잡으려고 하였으나 오히려 길보아 산에서 그의 생애가 끝나게 되고 말았습니다. 하만은 자기 집 뜰에 오십 규빗의 장대를 세워 모르드개를 매달려고 하였으나 자기가 만든 형틀에 자신이 매달리고 말았습니다(에7:9~10).

3. 사람들의 도움도 소용없습니다(나3:9~10)

나훔 3:9~10 "구스와 애굽이 그 힘이 되어 한이 없었고 붓과 루빔이 그의 돕는 자가 되었으나 그가 포로가 되어 사로잡혀 갔고 …"

노아몬은 당시 세계 최대의 애굽의 수도였으므로 에디오피아와 국경이 필요 없을 정도로 굳게 연합되어 있었고(렘46:9), 함의 후손들이 세운 '붓'(Put)과 '두넴'(오늘날 리비아)이 노아몬을 원조하고 있었습니다. 주변국들이 노아문을 후원하고 협력하고 있었습니다. 그러나 아무리 많은 사람들이 돕는다 할지라도 B.C 633년 앗수르의 앗술바니팔(Ashurbanipal)에게 점령당하고 말았습니다. 하나님의 심판 앞에는 타고난 조건이 아무리 좋아도 소용없으며 자신의 능력이 뛰어나도 소용없고 주변에 많은 사람이 돕는다 할지라도 소용이 없었습니다. 요나 선지자의 외침을 듣고 왕과 백성이 금식하며 회개함으로 심판을 거두시었습니다(욘3:4~10). 그 후 100여년 지나 니느웨 성은 다시 교만하고 죄악에 깊이 빠져 썩어가는 과일처럼 부패하여 결국 하나님의 심판으로 멸망당하게 되었습니다. 예레미야 17장 5~6절에 보면 "나 여호와가 이같이 말하노라 무릇 사람을 믿으며 혈육으로 그 권력을 삼고 마음이 여호와에게서 떠난 그 사람은 저주를 받을 것이라 그는 사막의 떨기나무 같아서 좋은 일의 오는 것을 보지 못하고 광야 건조한 곳, 건건한 땅, 사람이 거하지 않는 땅에 거하리라" 하였습니다. 예레미야 17장 9~14절에 "만물보다 거짓되고 심히 부패한 것은 마음이라 누가 능히 이를 알리요마는 나 여호와는 심장을 살피며 폐부를 시험하고 각각 그 행위와 그 행실대로 보응하나니 불의로 치부하는 자는 자고새가 낳지 아니한 알을 품음 같아서 그 중년에 그것이 떠나겠고 필경은 어리석은 자가 되리라 영화로우신 보좌여 원시부터 높이 계시며 우리의 성소이시며 이스라엘의 소망이신 여호와여 무릇 주를 버리는 자는 다 수치를 당할 것이라 무릇 여호와를 떠나는 자는 흙에 기록이 되오리니 이는 생수의 근원이신 여호와를 버림이니이다 여호와여 주는 나의 찬송이시오니 나를 고치소서 그리하시면 내가 낫겠나이다 나를 구원하소서 그리하시면 내가 구원을 얻으리이다" 하였습니다.

　오늘 우리에게 주시는 나훔 선지자의 외치는 말씀은 바로 이런 말씀입니다. 노아몬을 생각하라. 타고난 조건이 아무리 좋아도, 자신의 능력이 뛰어나도, 다른 사람의 도움을 받고 세계적으로 유명할지라도 부패하면 심판을 면할 수 없고 파멸을 막을 수 없느니라. 잠언 6

장 27~28절에 "사람이 불을 품에 품고야 어찌 그 옷이 타지 아니하겠으며 사람이 숯불을 밟고야 어찌 그 발이 데지 아니하겠느냐" 하였습니다.

"자기의 죄를 숨기는 자는 형통치 못하나 죄를 자복하고 버리는 자는 불쌍히 여김을 받으리라"(잠28:13) 하였습니다. 이사야 선지자는 "여호와께서 말씀하시되 오라 우리가 서로 변론하자 너희 죄가 주홍 같을지라도 눈과 같이 희어질 것이요 진홍같이 붉을지라도 양털 같이 되리라 너희가 즐겨 순종하면 땅의 아름다운 소산을 먹을 것이요 너희가 거절하여 배반하면 칼에 삼키우리라 여호와의 입의 말씀이니라"(사1:18~20) 하였습니다. 죄인이 하나님 앞에서 할 수 있는 최선의 길은 오직 회개하고 겸비하여 주의 긍휼의 은총을 구하는 길밖에 없습니다.

하박국
스바냐
학개
스가랴
말라기

하박국
하박국 선지자의 감사

스바냐
너로 인하여 기뻐하리라

학개
오늘부터 복을 주리라

스가랴
불에서 꺼낸 그슬린 나무

말라기
내가 너를 사랑하였노라

하박국 선지자의 감사

하박국 3장 16~19절
"내가 들었으므로 내 창자가 흔들렸고 그 목소리로 인하여 내 입술이 떨렸도다 무리가 우리를 치러 올라오는 환난 날을 내가 기다리므로 내 뼈에 썩이는 것이 들어왔으며 내 몸은 내 처소에서 떨리는도다 비록 무화과나무가 무성치 못하며 포도나무에 열매가 없으며 감람나무에 소출이 없으며 밭에 식물이 없으며 우리에 양이 없으며 외양간에 소가 없을지라도 나는 여호와를 인하여 즐거워하며 나의 구원의 하나님을 인하여 기뻐하리로다 주 여호와는 나의 힘이시라 나의 발을 사슴과 같게 하사 나로 나의 높은 곳에 다니게 하시리로다 이 노래는 영장을 위하여 내 수금에 맞춘 것이니라"

오바댜서는 에돔에 대한 예언이며 요나서와 나훔은 앗수르의 수도 니느웨에 대해서, 하박국은 바벨론에 대하여 예언하는 내용입니다. 하박국 선지자의 예언 가운데 "의인은 그 믿음으로 말미암아 살리라"(합2:4), "진노 중에라도 긍휼을 잊지 마옵소서"(합3:2), "무화과나무가 무성치 못하며 … 외양간에 소가 없찌라도 나는 여호와로 인하여 즐거워하며 … 하나님을 인하여 기뻐하리로다"(합3:17~18)라는 말씀은 널리 알려진 심오한 말씀입니다.

1. 하박국 선지자의 감사(합3:17~18)

하박국 3:17~18 "비록 무화과나무가 무성치 못하며 포도나무에 열매가 없으며 감람나무에 소출이 없으며 밭에 식물이 없으며 우리에 양이 없으며 외양간에 소가 없을지라도 나는 여호와를 인하여 즐거워하며 나의 구원의 하나님을 인하여 기뻐하리로다"

하박국 선지자의 감사는 하나님으로 즐거워하며, 하나님으로 기뻐하는 가운데서 감사하는 것입니다. 바로 조건 없는 감사입니다. 어거스틴은 그의 고백록에서 진정한 행복에 대하여 "당신 안에서, 당신을 향하여, 그리고 당신 때문에 기뻐하는 것이며 이 행복은 진리이신 하나님 안에서 기뻐하는 것이라고 하였습니다(St. Augustine's Confessions, p.328). 그러므로 하나님 때문에 기뻐하는 삶에서 진정한 감사가 있어짐을 시사하고 있습니다.

성서의 대 주제는 감사하라는 말씀입니다. 시편 100편 4절에 "감사함으로 그 문에 들어가며 찬송함으로 그 궁정에 들어가서 그에게 감사하며 그 이름을 송축할지어다" 하였습니다. 바울 사도는 데살로니가 성도들에게 "항상 기뻐하라, 쉬지 말고 기도하라, 범사에 감사하라"(살전5:16~18)고 하였습니다. 참으로 이 말씀은 어려운 말씀입니다. 어떻게 항상 기뻐할 수 있으며 모든 일에 감사할 수 있습니까. 어느 누구도 자신의 힘만으로는 불가능한 일입니다. 범사에 감사할 수 있는 사람은 "우리가 알거니와 하나님을 사랑하는 자 곧 그 뜻대로 부르심을 입은 자들에게는 모든 것이 합력하여 선을 이루느니라"(롬8:28)는 믿음의 사람만이 가능한 일입니다.

바울 사도는 "내가 비천에 처할 줄도 알고 풍부에 처할 줄도 알아 모든 일에 배부르며 배고픔과 풍부와 궁핍에도 일체의 비결을 배웠노라 내게 능력 주시는 자 안에서 내가 모든 것을 할 수 있느니라"(빌4:12~13) 하였습니다. 그러므로 그는 빌립보 감옥에서도 찬송하며 감사할 수 있었습니다(행16:25). 조건을 뛰어 넘어 범사에 감사할 수 있는 것은 선하신 하나님의 신성을 믿는 믿음과 성도를 향하신 하나님의 계획과 섭리를 깨닫게 될 때 범사에 감사할 수 있습니다.

눈물의 선지자 예레미야는 나라와 민족의 멸망을 바라보며 통곡하였습니다. 하나님은 예레미야에게 두 광주리의 환상을 보여주셨습니다. 한 광주리에는 나빠서 먹을 수 없는 극히 나쁜 무화과가 담겨 있었고 한 광주리에는 처음 익은 듯한 극히 좋은 무화과가 있었습니다. 하나님은 예레미야에게 바벨론에 포로가 되어 잡혀간 유다 포로를 좋은 무화과 같이 하나님께서 잘 돌아보아 좋게 하여 다시 이 땅으로 돌아오게 할 것이라고 가르쳐 주셨습니다(렘24:3~7). 예레미야는 유대국 멸망과 민족의 불행 앞에서 하나님의 섭리를 깨닫고 감사할 수 있었습니다. 오늘의 불행이 좋게 하시려는 하나님의 섭리의 한 부분임을 깨닫게 될 때 감사의 사람이 될 수 있었습니다. 이러한 감사는 선취적 신앙 안에서 나오는 진정한 감사인 것입니다. 그러므로 "소망 중에 즐거워하며 환난 중에 참으며 기도에 항상 힘쓰며"(롬12:12) 살아가게 되는 것입니다. 하박국 선지자는 "비록 무화과나무가 무성치 못하며 포도나무에 열매가 없으며 감람나무에 소출이 없으며 밭에 식물이 없으며 우리에 양이 없으며 외양간에 소가 없을지라도 나는 여호와를 인하여 즐거워하며 나의 구원의 하나님을 인하여 기뻐하리로다"(합3:17~18) 하였습니다. 그는 민족의 멸망이 다가와도 하나님이 이루시는 선한 섭리를 내다보면서 감사드렸습니다. 하박국 선지자가 드린 감사는 그의 신앙 인격이 훌륭해서 드린 감사가 아니라 선취적 신앙으로 드린 감사입니다. 우리가 감사할 수 있는 이유는 하나님께서 우리에게 주시는 믿음을 소유할 때 가능한 것입니다.

2. 거룩한 성도들이 드린 감사(욥1:20~22)

욥기 1:21~22 "가로되 내가 모태에서 적신이 나왔사온즉 또한 적신이 그리로 돌아가올지라 주신 자도 여호와시요 취하신 자도 여호와시오니 여호와의 이름이 찬송을 받으실지니이다 하고 이 모든 일에 욥이 범죄하지 아니하고 하나님을 향하여 어리석게 원망하지 아니하니라"

우스 땅에 욥이라는 사람이 있었는데 그는 순전하고 정직하여 하나님을 경외하며 악에서 떠난 자라고 하였습니다. 그는 자녀 십남매와 수많은 우양과 노비를 거느린 부호 중 한 사람이었습니다. 어느 날 그에게 환난이 닥쳐왔습니다. 자녀 십남매와 양과 나귀와 소와 약대를 모두 잃어버리게 되었으며 자신은 병까지 들었습니다. 땅에 있는 모든 소망을 하나 없이 모두 잃어버렸습니다. 이에 욥이 겉옷을 찢고 머리털을 밀고 땅에 엎드려 하나님께 경배하며 "내가 모태에서 적신(赤身)이 나왔사온즉 또한 적신이 그리로 돌아가올지라 주신 자도 여호와시요 취하신 자도 여호와시오니 여호와의 이름이 찬송을 받으실지니이다 하고 이 모든 일에 욥이 범죄하지 아니하고 하나님을 향하여 어리석게 원망하지 아니하니라"(욥1:20~22) 하였습니다.

욥은 주권자가 하나님이심을 인정하는 신앙의 사람이었습니다. 하나님은 창조자시며 인간은 그의 피조물에 불과한 사실을 믿었으므로 환난 날에 모든 것을 잃어버렸을지라도 불평하거나 원망하지 아니하고 하나님께 경배하며 감사할 수 있었습니다. 마태복음 4장 1절 이하에는 예수께서 성령에게 이끌리어 마귀에게 시험을 받으려고 광야로 가셔서 사십일을 밤낮으로 금식하며 기도하셨습니다. 마귀는 예수님께 네 자신을 위하여 능력을 행사하고 부귀영화를 위해 내게 절하라고 하였습니다. 마귀는 너 자신을 위하여 살도록 하라고 미혹하였습니다. 그러나 예수님은 하나님을 위하여 살아야 하고 하나님께만 경배하는 삶을 살아야 한다고 사탄을 물리쳤습니다(마4:1~10). 우리가 분명히 알아야 할 것은 모든 주권이 하나님께 있으며 우리에게는 아무런 소유권이 없다는 사실입니다. 내 소유 없습니다, 내 생명 없습니다, 내 것은 아무것도 없습니다. 모두가 하나님 아버지의 소유입니다. 내가 가지고 있는 모든 것은 하나님께서 관리하라고 잠시 맡겨주신 것뿐입니다. 이러한 신앙을 가질 때 욥처럼 모든 소유를 잃었을 때도 원망하거나 불평하여 범죄치 않게 될 것입니다. 물질이나 혈육이나 지위나 명예, 세상권세 등 모든 것이 내 것이 아닙니다. 이러한 것 때문에 감사하는 조건부 감사는 진정한 감사가 될 수 없습니다. 욥이 모든 것을 잃었어도 감사할 수 있었던 것은 하나님의 주권을 믿고 있었기 때문입니다. 예레미야가 유다 민족의 멸망과 불행 앞에서도 감사할 수 있었던 것은 포로로 잡혀가는 백성들을 바벨론에서 좋게 하여 다시 돌아오게 하실 것을 깨달은 후에 감사할 수 있게 된 것입니다. 그러므로 바울 사도는 "우리가 환난 중에도 즐거워하나니 이는 환난은 인내를, 인내는 연단을, 연단은 소망을 이루는 줄 앎이로다"(롬5:3~4)라고 말씀하였습니다.

성 프랜시스는 어느 날 햇빛 주심에 대하여 감사드렸습니다. 석양에 태양이 사라진 후 달이 떠올랐습니다. 그는 달빛 주심에 감사드렸습니다. 달빛이 사라진 후 하늘을 쳐다보니 수많은 별빛이 반짝이고 있었습니다. 그는 별빛 주심에 감사드렸습니다. 이는 감사의 조건이 점점 사라져가도 여전히 감사하는 그의 숭고한 신앙을 소개하는 장면입니다. 좋은 여건만 축복이 아니라 좋지 않은 여건도 축복이 됩니다. 왜냐하면 하나님은 우리를 사랑하시며 축복하시는 분이시기 때문입니다. 프랜시스는 삶도 축복이며 죽음도 축복이기 때문에 그는 "태양의 노래"에서 죽음도 사랑하는 자매라고 부르며 감사하며 노래하였습니다.

지난 금요일 우리 가정에 슬픈 일을 당하였습니다. 이 세상에 한 달 정도 살다 떠나간 외손자 때문에 사돈되시는 목사님 가정과 우리 가정은 모두 슬픔에 잠겨있었습니다. 아픈 가슴을 어찌할 수 없었습니다. 그러나 마음을 추슬러 기도하였습니다. 이 세상 어떤 것으로, 물질이나, 혈연에 의해서 기뻐하고 감사하지 않게 하시고 하박국 선지자같이 하나님으로 즐거워하며, 하나님 때문에 기뻐하며, 하나님 안에서 감사하는 자가 되게 하소서 슬픔 뒤편에 예비하신 하나님의 영원하신 축복을 바라보는 선취적 신앙 안에서 감사하게 하옵소서 오늘의 슬픔과 아픔이 좋게 하시려는 하나님의 섭리 앞에 감사하게 하옵소서. 앞으로 이러한 슬픔이 자녀들에게 없게 하옵소서. 애통하는 자 복이 있나니 저들이 위로를 받으리라 하셨으니 하늘의 위로를 강물같이 부어주소서. "나의 가는 길을 오직 그가 아시나니 그가 나를 단련하신 후에는 내가 정금같이 나오리라"(욥23:10) 하심같이 정금같이 순결한 영혼을 만드소서 ……. 영원히 주께 감사하오리다. 아멘.

너로 인하여 기뻐하리라

스바냐 3장 14~17절

"시온의 딸아 노래할찌어다 이스라엘아 기쁘게 부를찌어다 예루살렘 딸아 전심으로 기뻐하며 즐거워할지어다 여호와가 너의 형벌을 제하였고 너의 원수를 쫓아내었으며 이스라엘 왕 여호와가 너의 중에 있으니 네가 다시는 화를 당할까 두려워하지 아니할 것이라 그 날에 사람이 예루살렘에게 이르기를 두려워하지 말라 시온아 네 손을 늘어뜨리지 말라 너의 하나님 여호와가 너의 가운데 계시니 그는 구원을 베푸실 전능자시라 그가 너로 인하여 기쁨을 이기지 못하여 하시며 너를 잠잠히 사랑하시며 너로 인하여 즐거이 부르며 기뻐하시리라 하리라"

오늘 봉독한 구약성서 스바냐서는 12명의 소선지자 중의 한 사람인 스바냐가 기록한 글입니다. 스바냐 선지자는(B.C 640~630년에 활동 기간으로 추정하고 있음) 유다 18대 왕으로 부패한 이스라엘 종교를 개혁한 요시야 왕(B.C 640~609년)때 활동한 선지자입니다.

스바냐란 이름은 "여호와께서 숨겨 주신 자"란 뜻을 가지고 있습니다. 스바냐서의 중심 내용은 아모스와 요엘서와 함께 여호와의 날에 대하여 경고하고 있습니다. 스바냐서의 내용은 크게 1부와 2부로 나눌 수 있는데, 1부는 1장 1절~3장 8절까지로 여호와의 날에 임할 심판을 경고하면서 회개를 촉구하고 있으며, 2부는 3장 9절~20절까지로 여호와의 날에 임할 구원을 선포하고 있습니다. 첫째는 이방인의 얼마가 회심하고 하나님께 돌아온 것에 대하여 선포하며(3:9),

둘째는 이스라엘의 남은 자가 구원의 약속을 유업으로 받을 것에 대하여 선포하고(3:10~13), 셋째는 흩어진 이스라엘 백성이 다시 하나님의 성산에 돌아올 것과 그 때의 기쁨을 예언하고 있습니다(습3:14~20).

오늘 본문 말씀은 여호와의 날에 임할 구원에 관한 말씀이며(3:9~20), 구원받은 백성들에 대한 기쁨을 묘사하는 내용입니다(3:14~20). 스바냐서의 핵심 말씀은 3장 17절로 "너의 하나님 여호와가 너의 가운데 계시니 그는 구원을 베푸실 전능자시라 그가 너로 인하여 기쁨을 이기지 못하여 하시며 너를 잠잠히 사랑하시며 너로 인하여 즐거이 부르며 기뻐하시리라"는 말씀입니다. 그러므로 스바냐서는 예수 그리스도로 말미암은 구원의 기쁨에 초대하는 초청장이라고 볼 수 있습니다.

지난 주간에 있었던 부흥회는 "구원의 즐거움을 회복하소서" 라는 주제로 기쁨에 동참하자는 기쁨에 대한 초대의 소식을 나눈 집회였습니다. 그래서 농부의 기쁨이 있는 교회, 기쁨과 복이 넘치는 가정, 군인의 기쁨이 넘치는 교회, 충성하여 승리의 기쁨에 참여하자는 말씀으로 은혜를 나누었습니다. 요한계시록 1장 9절에 보면 "나 요한은 너희 형제요 예수의 환난과 나라와 참음에 동참하는 자라 하나님의 말씀과 예수의 증거를 인하여 밧모라 하는 섬에 있었더니" 했습니다. 부자(父子)와 형제는 고난과 기쁨에 동참하는 자입니다.

여러분은 하나님의 자녀입니까. 예수 그리스도의 제자입니까. 그렇다면 하나님의 슬픔과 기쁨에 동참하는 자요, 그리스도의 고난과 기쁨에 동참하는 자일 것입니다. 마땅히 하나님의 자녀는 슬픔과 기쁨, 고난과 즐거움에 동참하는 자입니다. 그러면, 슬픔의 길은 어떤 길입니까. 예루살렘에 가면 비아 돌로로사(Via Dolorosa)라는 길이 있습니다. 인생들의 죄짐을 지고 대속의 죽음을 죽기 위해 십자가를 지고 예수님이 걸어가신 슬픔의 길입니다. 하늘도 슬퍼서 햇빛을 잃고 검은 구름이 빛을 가리웠습니다. 땅도 슬퍼서 지진이 나고 가슴이 찢어지듯 땅이 갈라졌습니다. 예수님은 예루살렘을 내려다보시고 멸망 받을 백성의 죄를 바라보고 슬퍼하였습니다. 에스겔 선지자는 "인침 받을 자는 예루살렘 성읍 중에서 행하는 가증한 일로 인하여 탄식하며 우는 자의 이마에 인치라"(겔9:4) 했습니다. 이곳에서 말씀하는 '우는 자'는 하나님의 슬픔에 동참하는 하나님의 백성을 말합니다. 예레미야 선지자는 눈물이 많아서 '눈물의 예언자'란 별명이 있습니다. 회개하지 않으면 장차 멸망하여 바벨론 포로가 될 것을 바라보고 슬퍼하며 울었습니다. 예레미야애가 1장 2절에 "밤새도록 애곡하니 눈물이 뺨에 흐름이여…" 했고, 예레미야애가 1장 16절에 "이를 인하여 내가 우니 내 눈에 눈물이 물 같이 흐름이여 …", 계속해서 2장 11절에 "내 눈이 눈물에 상하며" 라는 표현들은 그 사실을 잘 말해 주고 있습니다. 시편 119편 136절에 "주의 법을 지키지 아니하므로 내 눈물이 시냇물같이 흐르나이다"라고 했습니다.

　기쁨의 길은 어떤 길입니까. 슬픔의 길로 주님은 십자가를 지고 올라가셨습니다. 하늘도 울고 땅도 울고 하나님도 우시고 예루살렘 여인들도 울면서 주님의 뒤를 따라 올라갔습니다. 그러나 삼일 후 무덤을 깨치시고 사망 권세를 이기시고 부활하셨습니다. 해골이라는 골고다 언덕길을 걸어 내려오실 때 삼일 전에는 슬픔의 길이었지만 이제는 기쁨의 길이 되었습니다. 주님의 부활은 천군 천사의 기쁨이었으며 하늘 영계의 기쁨이고 인간의 죄로 인하여 탄식하던 피조물의 기쁨이며, 하나님의 기쁨이셨습니다. 이제 그리스도로 말미암아 이루어 놓으신 구원의 기쁨에 모든 인간을 초대하시며 구원의 기쁜 잔치에 동참하라고 요청하고 계십니다. 하나님의 기쁨은 어떤 기쁨이십니까.

첫째는 목자 같은 기쁨입니다.

100마리 양 가운데 한 마리를 잃었을 때, 99마리를 그냥 두고 한 마리를 찾았을 때 잃었다가 찾은 양 하나로 인하여 기뻐하는 목자의 기쁨입니다.

둘째는 잃은 아들을 찾은 아버지의 기쁨입니다.

누가복음 15장의 아버지는 탕자로 인하여 근심하였으나 그 아들이 돌아올 때 너무 기뻐서 동리 사람을 초청하여 잔치를 베풀었습니다. 그러나 큰 아들은 아버지의 기쁨에 동참하지 아니하였습니다. 아버지의 기뻐하시는 기쁨에 같이 기뻐해 드림이 자식의 도리이건만 큰 아들은 그렇게 못하였습니다. 이 아들은 아버지의 슬픔에도 동참하지 못하였고 기쁨에도 동참하지 못하였습니다. 우리가 무엇으로 하나님을 기쁘게 해 드릴 수 있겠습니까. 탕자처럼 아버지께로 돌아가면 이로 인하여 아버지는 기쁨을 이기지 못하여 하실 것입니다.

셋째는 잃은 돈을 도로 찾은 여인의 기쁨이며 농부 같은 기쁨입니다.

아가서의 사랑같이 비둘기 같은 신부가 한 번 보는 것과 자줏빛 머리카락에 매일 때 너무 기뻐 기쁨을 이기지 못하여 하십니다. 그래서 아가서 2장 10~12절에 보면 "나의 사랑하는 자가 내게 말하여 이르기를 나의 사랑 나의 어여쁜 자야 일어나서 함께 가자 겨울도 지나고 비도 그쳤고 지면에는 꽃이 피고 새의 노래할 때가 이르렀는데 반구의 소리가 우리 땅에 들리는구나" 하며 사랑의 기쁨을 같이 하자고 하십니다.

넷째는 승리한 군대의 기쁨과 같은 기쁨입니다.

험한 세상에서 마귀의 유혹을 이기고 세상을 이기고 자신을 이기고 승리하였을 때 얼마나 기뻐하시겠습니까.

마지막으로, 운동 경기에서 승리한 아들로 인한 기쁨입니다.

선한 싸움 다 싸우고 믿음을 지켰을 때 얼마나 기뻐하시겠습니까.

부흥회 때 부흥강사님으로 오신 윤남옥 목사님의 설교를 들으며 저도 눈시울이 뜨거워지고 가슴이 아팠습니다. 윤목사님은 지난 날, 그의 부친 되시는 윤성범 교수님께 아버지는 위선자라고 고발장을 써서 편지를 보냈다는 고백을 들었습니다. 아버지는 너무 슬퍼서 아무 말도 못하고 멍하니 앉아 계셨다는 말을 들었습니다. 오늘 변화된 그의 모습을 보셨더라면 얼마나 기뻐하실까요 …, 그의 이야기를 들으면서 "똑똑한 것들이 부모의 마음을 아프게 하는구나 …" 저는 혼자 속으로 말했습니다. 저는 그 이야기를 들으면서 미국에 가 있는 제 딸을 생각했습니다. 똑똑해서 아버지 어머니의 말을 듣지 않고 공부한다고 미국에 가 있습니다. 저는 미국에 있는 딸에게 이렇게 썼습니다.

"사랑하는 딸에게

나는 저 바다 건너 미국 땅에 네가 있다는 그 사실 하나만으로도 기뻐하며 행복하다. 네가 있으므로 행복을 느끼며 살아가고 있단다. 부디 건강하여라. 그리고 네가 바라는 목적을 달성하여라. 너를 인하여 기쁨을 이기지 못하여 하는 날이 속히 돌아오기를 기다린다. - 아빠로부터 -"

하나님의 기쁨은 어떤 기쁨입니까. 우리가 이 세상에서 거듭난 생명으로 살아 있는 이것 하나만으로도 기뻐하십니다. 믿음으로 속사람이 강건하여 죽은 자 가운데서 일어나 신앙을 포기하지 않고 산 자 가운데 거하여 있을 때 우리가 살아 있는 그것으로 기뻐하실 것입니다. 과연 우리는 하나님이 원하시는 기쁨에 동참하고 있습니까, 또 하나님을 기쁘시게 해 드리는 자 입니까, 기쁨의 자식입니까 슬픔의 자식입니까 ……. 하나님께 기쁨을 드리는 하나님의 자녀가 되어야 할 것입니다.

우리가 이 세상에서 남은 자 되어 구원받을 백성 가운데 있게 될 때 그 때 … 하나님은 우리로 인하여 기뻐하시기를 스바냐 3장 17절 말씀같이 하실 것입니다. 제가 스바냐 3장 17절을 읽어 드리면서 오늘 말씀을 마치겠습니다. "너의 하나님 여호와가 너의 가운데 계시니 그는 구원을 베푸실 전능자시라 그가 너로 인하여 기쁨을 이기지 못하여 하시며 너를 잠잠히 사랑하시며 너로 인하여 즐거이 부르며 기뻐하시리라 하리라."

나 때문에, 내 자식 때문에, 우리 가정 때문에, 우리 교회 때문에 하나님께서 기쁨을 이기지 못하여 하시도록 기쁨을 드리는 우리 모두가 되기를 기원합니다.

오늘부터 복을 주리라

학개 2장 15~19절

"이제 청컨대 너희는 오늘부터 이 전 곧 여호와의 전에 돌이 돌위에 첩놓이지 않았던 때를 추억하라 그때에는 이십 석 곡식 더미에 이른즉 십 석 뿐이었고 포도즙 틀에 오십 그릇을 길으려 이른즉 이십 그릇뿐이었었느니라 나 만군의 여호와가 말하노라 내가 너희 손으로 지은 모든 일에 폭풍과 곰팡과 우박으로 쳤으나 너희가 내게로 돌이키지 아니하였었느니라 너희는 오늘부터 이전(以前)을 추억하여 보라 구 월 이십사 일 곧 여호와의 전 지대(殿 地臺)를 쌓던 날부터 추억하여 보라 곡식 종자가 오히려 창고에 있느냐 포도나무, 무화과나무, 석류나무, 감람나무에 열매가 맺지 못하였느니라 그러나 오늘부터는 내가 너희에게 복을 주리라"

유다의 멸망을 외치던 예레미야 선지자는 예레미야 24장에서 두 광주리에 담긴 무화과 열매의 환상을 소개하면서 잘 익은 무화과는 바벨론에 잡혀 가게 될 유다 백성으로 장차 좋게 되어 돌아오게 될 것이라는 사실을 설명하여 주었습니다.

1. 돌아오는 백성(스1:1~11)

에스라 1:2~3 "바사 왕 고레스는 말하노니 하늘의 신 여호와께서 세상 만국으로 내게 주셨고 나를 명하사 유다 예루살렘에 전을 건축하라 하셨나니 이스라엘의 하나님은 참 신이시라 너희 중에 무릇 그 백성 된 자는 다 유다 예루살렘으로 올라가서 거기 있는 여호와의 전을 건축하라 너희 하나님이 함께 하시기를 원하노라"

바벨론 왕 느부갓네살에 의하여 4차에 걸쳐 포로로 붙잡혀간 백성은(1차 B.C 605, 2차 B.C 597, 3차 B.C 586, 4차 B.C 582) 파사 왕 고레스에 의하여 바벨론이 멸망당하고 유다 백성은 고국으로 돌아가라는 해방의 기쁜 소식을 듣고 꿈에도 그리던 고국으로 돌아오기 시작하였습니다. 그러나 70년간 살던 바벨론을 버리고 돌아오기가 생각하던 것 보다 쉽지 않았습니다. 그리하여 세 번에 걸쳐 돌아오게 되었습니다(1차 B.C 538년 스룹바벨, 2차 B.C 458년 에스라, 3차 B.C 444 느헤미야). 유다 총독 스룹바벨과 함께 1차 귀환(B.C 537)시에 돌아온 백성은 49,897명 이었습니다. 고국에 돌아와보니 예루살렘은 거의 폐허의 땅이 되어 성벽과 성전과 모든 건물이 무너져 버렸고 쓰레기더미와 같았습니다. 돌아온 백성은 수송아지 열둘과 수양 아흔 여섯과 어린양 일흔 일곱을 잡아 번제를 드리고 열두 마리의 수염소를 드려 속죄제를 여호와 하나님께 드렸습니다(스8:35).

2. 성전을 재건하는 유다 백성(스3:1~9, 학1:7~8)

에스라 3:9 "이에 예수아와 그 아들들과 그 형제들과 갓미엘과 그 아들들과 유다 자손과 헤나닷 자손과 그 형제 레위 사람들이 일제히 일어나 하나님의 전 공장을 감독하니라"

학개 1:8 "너희는 산에 올라가서 나무를 가져다가 전을 건축하라 그리하면 내가 그로 인하여 기뻐하고 또 영광을 얻으리라 나 여호와가 말하였느니라"

고국에 돌아온 유다 백성은 B.C 538년 스룹바벨과 예수아와 그 형제 제사장들이 성전 터에 단을 세우고 조석으로 번제를 드리고 초막절을 지키며 예배를 회복시켰습니다. 예루살렘에 돌아온 지 2년 2월에 스룹바벨과 예수아와 다른 제사장들과 레위 사람들을 세워 성전 건축공사를 시작하였습니다(스3:9).

사마리아 사람들이 성전 건축이 시작되었다는 소식을 듣고 성전 공사에 같이 참여하게 하여 달라고 요청하였습니다. 그러나 유다 사람들은 이 제의를 거절하였습니다(스4:2). 이 일이 있은 후부터 사마리아 사람들이 성전 건축 공사를 방해하기 시작하였습니다. 파사 왕 고레스가 죽자 사마리아 사람들이 유프라테스 강 서쪽 파사 총독 닷드내와 스달보스내의 이름으로 아닥사스다 왕에게 귀환한 유대인들이 성전을 건축하고 성곽을 축성하여 페르시아를 배반하려 한다(스4:1~16)는 모함하는 글을 써서 상소하였습니다. 이런 일로 다리오 왕 2년까지 15년 동안 성전 재건 공사가 중단되게 되었습니다(스4:23~24).

파사 왕 아닥사스다 왕으로부터 성전 공사 중지명령이 내려진 후 유다 백성들은 성전 재건에 대한 때가 이르지 아니하였다 하며 자신의 집을 세우는 일에 집착하게 되었습니다(학1:2~5). 학개 선지자는 "이 전이 황무하였거늘 너희가 이때에 판벽한 집에 거하는 것이 가하냐"(학1:4)고 질책하며 "너희는 자기의 소위를 살펴볼지니라"(학1:5) 하였습니다. 개역개정 성경에는 "너희는 너희 행위를 살필지니라"고 번역하였습니다. 학개 선지자의 질책하는 하나님의 말씀을 듣고 총독 스룹바벨과 대제사장 여호수아의 마음이 감동되어 그동안 방치하였던 성전 재건의 공사가 다시 시작되었습니다.

3. 쉽게 임하지 아니한 축복(학1:6)

> 학개 1:6 "너희가 많이 뿌릴지라도 수입이 적으며 먹을지라도 배부르지 못하며 마실지라도 흡족하지 못하며 입어도 따뜻하지 못하며 일군이 삯을 받아도 그것을 구멍 뚫어진 전대에 넣음이 되느니라"

하나님의 축복은 쉽게 임하지 아니하였습니다. 하나님께서 유다 백성들이 바벨론에서 돌아왔으나 곧바로 축복하지 아니하셨고 그들이 성전을 짓기 시작하였을 때도 축복하지 아니하셨으며 성전 공사가 중단되었던 15년 동안도 축복하지 아니하셨습니다. 학개의 질책하는 하나님의 말씀을 듣고 공사를 재개했을 때도 축복하지 아니하셨습니다. "많이 뿌릴지라도 수입이 적으며 먹을지라도 배부르지 못하며 마실지라도 흡족하지 못하며 입어도 따뜻하지 못하며 일군이 삯을 받아도 그것을 구멍 뚫어진 전대에 넣음같이" 되었습니다(학1:6). 그리고 유다 백성들은 이십 석 곡식을 거두러 나가보면 십 석 밖에 거두지 못했고 포도즙 틀에 오십 그릇을 길으려 나갔으나 이십 그릇 뿐이었고 포도나무, 무화과나무, 석류나무, 감람나무에 열매가 없고 곡식 종자까지 다 먹어 버리는 상황에 이르게 되었습니다(학2:19).

4. 축복받는 백성(학2:18~19)

> 학개 2:19 "곡식 종자가 오히려 창고에 있느냐 포도나무, 무화과나무, 석류나무, 감람나무에 열매가 맺지 못하였었느니라 그러나 오늘부터는 내가 너희에게 복을 주리라"

하나님께서 축복하시기 시작한 때는 다리오 왕 2년 9월 24일 성전 지대 위에 기초석을 놓는 날 "오늘부터 내가 너희에게 복을 주리라"(학2:19) 하셨습니다. 에스라 3장 8~12절에 보면 건축자가 여호와의 전 지대를 놓을 때 제사장들은 예복을 입고 나팔을 들고 레위 사람들은 여호와를 찬송하며 "주는 지선하시므로 그 인자하심이 이스라엘에게 영원하시도다 하니 모든 백성이 여호와의 전 지대가 놓임을 보고 여호와를 찬송하며 큰 소리로 즐거이 부르며 제사장들과 레위 사람들과 족장들 중에 여러 노인은 첫 성전을 보았던 고로 이제 이 전 지대 놓임을 보고 대성통곡하며 여러 사람은 기뻐하여 즐거이 부르니"라 하였습니다. 스가랴 4장 7절에 보면 "그가 머릿돌을 내어 놓을 때에 무리가 외치기를 은총, 은총이 그에게 있을지어다" 하였습니다.

　다윗이 복 받은 날이 언제인지 아십니까. 나는 백향목으로 지은 화려한 궁궐에 있고 여호와의 궤는 초라하게 휘장 가운데 있지 아니하냐 내가 여호와의 거하실 성전을 지어드려야겠다라고 생각한 어느 날 밤입니다. 하나님을 위하여 전을 세워야하겠다는 그 날 밤이 하나님의 축복을 받은 날입니다(삼하7:1~29). 그 날 밤 하나님은 나단을 통하여 다윗에게 말씀하셨습니다. 네가 내 집을 세우겠느냐 내가 네 집을 그것도 영원한 집을 세워주리라(삼하7:5~16)고 축복하셨습니다.

　바울 사도는 우리는 하나님의 성령이 거하시는 성전이라(고전6:19)고 하였습니다. 하나님은 내 마음에 성전 삼고 거하시기를 원하십니다. 우리 마음에 하나님을 위하여 전을 세워 드려야지 ……. 살아도 주를 위하여, 죽어도 주를 위하여 하겠다는 성전 기초석이 마음에 놓이게 되는 날 그 날 하나님은 "내가 오늘부터 너를 축복하리라"고 말씀하실 것입니다. 나를 위한 내 인생이 아닌 하나님을 위한 하나님의 성전을 내 마음의 중심 위에 기초석이 놓이게 될 때 그 날부터 하나님은 우리를 축복하실 것입니다. 그 날이 바로 다리오 왕 2년 9월 24일과 동일한 날이 될 것입니다.

　여러분에게 그날이 언제입니까. 오늘이 바로 그 날, 축복받는 날이 되시기 바랍니다. 모세는 "마음을 다하고 성품을 다하고 힘을 다하여 네 하나님 여호와를 사랑하라"(신6:5) 하였고, 예수님은 "너희는 먼저 그의 나라와 그의 의를 구하라 그리하면 이 모든 것을 너희에게 더하시리라"(마6:33) 하셨습니다. 모세와 다윗과 예수님처럼 하나님을 향하는 마음이 우리 마음 중심에 성전 기초석으로 놓이게 될 때 하나님은 "오늘부터 내가 네게 복을 주리라"는 큰 복(창22:16~17)을 부어주실 것입니다.

불에서 꺼낸 그슬린 나무

스가랴 3장 1~5절

"대제사장 여호수아는 여호와의 사자 앞에 섰고 사단은 그의 우편에 서서 그를 대적하는 것을 여호와께서 내게 보이시니라 여호와께서 사단에게 이르시되 사단아 여호와가 너를 책망하노라 예루살렘을 택한 여호와가 너를 책망하노라 이는 불에서 꺼낸 그슬린 나무가 아니냐 하실 때에 여호수아가 더러운 옷을 입고 천사 앞에 섰는지라 여호와께서 자기 앞에 선 자들에게 명하사 그 더러운 옷을 벗기라 하시고 또 여호수아에게 이르시되 내가 네 죄과를 제하여 버렸으니 네게 아름다운 옷을 입히리라 하시기로 내가 말하되 정한 관을 그 머리에 씌우소서 하매 곧 정한 관을 그 머리에 씌우며 옷을 입히고 여호와의 사자는 곁에 섰더라"

본문 말씀은 스가랴가 본 여덟 가지 환상 중에 네 번째 환상에 대한 내용으로 하나님의 사자와 사단 사이에 서있는 대제사장 여호수아가 사단의 공격을 받고 있을 때 하나님께서 여호수아를 깨끗케 하여 주셔서 거룩한 직무를 능히 감당할 수 있게 하여 주시는 광경을 보여주고 있습니다.

1. 여호와의 사자와 사단 사이에 서있는 여호수아(슥3:1~2)

스가랴 3:1 "대제사장 여호수아는 여호와의 사자 앞에 섰고 사단은 그의 우편에 서서 그를 대적하는 것을 여호와께서 내게 보이시니라"

스가랴 선지자는 여덟 가지 환상을 보게 되었는데 본문 말씀은 그가 본 네 번째 환상에 관한 내용입니다. 스가랴는 하나님의 사자 앞에 대제사장 여호수아가 서있고 그 우편에는 사단이 서서 여호수아를 대적하며 그의 임무수행을 방해하여 대적하는 모습을 보게 되었습니다. 이러한 천상계의 광경은 스가랴 선지자뿐만 아니라 욥기 1장 6절에 소개되는 내용과도 일치하고 있습니다. 하루는 하나님의 아들들이 와서 여호와 앞에 섰고 사단도 그들 가운데 참석하였습니다. 여호와께서 사단에게 "네가 내 종 욥을 유의하여 보았느냐 그와 같이 순전하고 정직하여 하나님을 경외하며 악에서 떠난 자가 세상에 없느니라"(욥1:8) 하시며 욥을 자랑하였습니다. 이에 사단은 욥이 어찌 까닭없이 하나님을 경외하겠습니까 욥의 소유물을 지켜주시고 그의 모든 일을 형통케 하시기 때문이 아니겠느냐고 하면서 욥의 신앙은 참신앙이 아니라고 참소하였습니다. 사단은 모든 성도들을 대적하고(벧전5:8) 참소하는 일을(계12:10) 계속하고 있습니다.

사단(שָׂטָן)은 대적자를 의미하며 신약에서도 같은 의미로 '안티디코스'(αντιδικος) 즉 '반대자'라고 표현하고 있습니다. 마태복음 4장에는 예수께서 광야에 나가 사십일 동안 금식하시며 기도하실 때 마귀가 나타나서 예수님을 시험하며 메시아의 사역을 방해하였습니다. 우리가 한 가지 분명히 깨달아야 할 중요한 사실은 누구나 하나님의 일을 행하고자 할 때 사단의 방해와 시험이 있다는 것입니다. 대제사장 여호수아도 바벨론에서 돌아와 무너진 여호와의 성전을 다시 세우려 하였을 때 사마리아 사람과 파사국의 관리들 배후에서 역사하는 사단이 충동하여 여호수아를 대적하며 그의 직무를 수행하지 못하도록 시험하였습니다.

2. 불에서 꺼낸 그슬린 나무(슥3:2)

스가랴 3:2 "여호와께서 사단에게 이르시되 사단아 여호와가 너를 책망하노라 예루살렘을 택한 여호와가 너를 책망하노라 이는 불에서 꺼낸 그슬린 나무가 아니냐 하실 때에"

요한 웨슬리는 어렸을 때 그의 부친께서 목회하던 엡윗(Epworth) 교회 사택에서 불이 나서 간신히 구출되었습니다(1709년 2월 9일). 후일 웨슬리는 자신을 불에서 꺼낸 그슬린 나무라고 술회하였습니다(『웨슬리와 감리교신학』 p.8). 하나님은 여호수아를 가리켜 "불에서 꺼낸 그슬린 나무가 아니냐"(슥3:2)라고 말씀하셨습니다. 이사야 7장 4절에는 아람 왕 르신을 "연기 나는 부지깽이"라고 하였고 돌아오지 않는 이스라엘 백성을 가리켜 "너희가 불 붙는 가운데서 빼낸 나무 조각같이 되었으나 너희가 내게로 돌아오지 아니하였느니라"(암4:11)고 탄식하신 말씀도 있습니다. 여호수아와 이스라엘 백성은 죄로 인하여 바벨론에서 뜨거운 불 가운데서 완전히 불태워 버리지 않고 건져내어 주셨기에 불에서 그슬린 나무라고 하셨습니다.

여호수아의 모습은 "불에서 꺼낸 그슬린 나무"(슥3:2)로 묘사되고 있습니다. 그러한 나무는 탄 흔적이 있습니다. 바울 사도가 내 몸에 예수의 흔적을 가지고 있다(갈6:17)고 말한 것처럼 과거에 바벨론의 불길 속에서 불타던 흔적을 가지고 있었습니다. 하나님은 그를 불에서 급하게 꺼내셨습니다. 나무는 죄의 불에 잘 타기 쉬운 인간의 죄의 본성을 가리킵니다. 불속에 활활 타고 있는 나무를 보십시오. 바로 인간의 초상화가 아닙니까. 불순종하고 거역하는 기질, 사소한 거짓말 등 작은 죄악들이 서서히 불을 붙이기 시작하였습니다. 그 이후부터 불길은 신나게 타기 시작했습니다. 육체의 정욕, 안목의 정욕, 이생의 자랑, 교만, 끝없는 쾌락의 불길은 활활 타오르는 불길이 되어 우리 자신을 태우고 있습니다. 사드락과 메삭과 아벳느고를 뜨거운 불길 속에서 우리 주께서 그들을 건져내신 것처럼 정욕과 온갖 죄악의 불길 속에서 타고 있는 우리를 주께서 급하게 건져내신 것입니다. 그래서 여호수아를 가리켜 비방하는 사단을 책망하실 때 이는 내가 불속에서 건져낸 그슬린 나무가 아니냐 … 라고 말씀하셨습니다. 주께서 건져주시지 않으면 이 후에 지옥 불에서 영원히 불타게 될 것입니다.

찬송가 522장 3절에 "웬 일인가 내 형제여 재물만 취하다 세상 물질 불탈 때에 너도 타겠구나" 하였습니다. 하나님은 정죄하고 참소하려는 사단 앞에서 사단을 책망하노라 책망하노라 두 번이나 말씀하시고 "이는 내가 불에서 꺼낸 그슬린 나무가 아니냐" 하셨습니다. 부족함이 많고 더러워 냄새나고 불에서 그슬렸을지라도 내버리지 않고 훌륭한 새인물(단3:20)로 만들어 성전공사에 필요한 거룩한 여호수아로 세워주셨습니다.

3. 네게 아름다운 옷을 입히리라(슥3:3~5)

> 스가랴 3:4 "여호와께서 자기 앞에 선 자들에게 명하사 그 더러운 옷을 벗기라 하시고 또 여호수아에게 이르시되 내가 네 죄과를 제하여 버렸으니 네게 아름다운 옷을 입히리라 하시기로"

대제사장 여호수아가 더러운 옷을 입고 천사 앞에 서있었습니다. 대제사장 여호수아는 B.C 605년 바벨론의 제 1차 침공시 포로가 되어 바벨론으로 끌려간 대제사장 여호사닥(대상6:15)의 아들로서 B.C 537년에 스룹바벨과 함께 귀환한 대제사장 예수아를 가리킵니다(스2:2, 3:2). 그는 정치 지도자 유다 총독 스룹바벨과 함께 예루살렘 성전 재건에 크게 기여한 사람입니다(스5:2).

대제사장 여호수아는 여호와의 사자 곧 그리스도 앞에 심판받기 위해 서 있었습니다. 그가 입고 있는 옷은 더러운 옷이었습니다. 여호수아는 제상이면서도 자기 아들이 이방 여인과 결혼하는 것을 막지 아니한 죄도 있습니다(스10:18). 여호와께서 그 더러운 옷을 벗기라 하시고 여호수아에게 "내가 네 죄과를 제하여 버렸으니 네게 아름다운 옷을 입히리라"(슥3:4) 하셨습니다. 이 광경을 바라보던 스가랴 선지자는 "정한 관을 그 머리에 씌우소서"(슥3:5) 하니 정한 관을 대제사장 여호수아에게 씌워주셨습니다. 그 관은 정금으로 패를 만들어 "여호와께 성결"이라고 관 전면 이마 위에 있게 하였습니다(출28:36). 여호와의 사자로 표현된 주님께서 여호수아에게 "네가 만일 내 도를 준행하며 내 율례를 지키면 네가 내 집을 다스릴 것이요 내 뜰을 지킬 것이며 내가 또 너로 여기 섰는 자들 중에 왕래케 하리라"(슥3:7) 하셨습니다. 어느 때든지, 어떤 환경에서든지 왕 앞에 나아갈 수 있는 권리를 갖는다는 것은 가장 높은 귀족들에게 주어진 특권입니다. 주님 앞에 나아가 주님 얼굴을 뵈옵는 것은 우리가 누릴 믿는 자의 최고 영광이며 최고 특권입니다.

내가 너를 사랑하였노라

말라기 1장 2~5절

"여호와께서 가라사대 내가 너희를 사랑하였노라 하나 너희는 이르기를 주께서 어떻게 우리를 사랑하셨나이까 하는도다 나 여호와가 말하노라 에서는 야곱의 형이 아니냐 그러나 내가 야곱을 사랑하였고 에서는 미워하였으며 그의 산들을 황무케 하였고 그의 산업을 광야의 시랑에게 붙였느니라 에돔은 말하기를 우리가 무너뜨림을 당하였으나 황폐된 곳을 다시 쌓으리라 하거니와 나 만군의 여호와는 이르노라 그들은 쌓을찌라도 나는 헐리라 사람들이 그들을 일컬어 악한 지경이라 할 것이요 여호와의 영원한 진노를 받은 백성이라 할 것이며 너희는 목도하고 이르기를 여호와께서는 이스라엘 지경 밖에서 크시다 하리라"

12권의 소선지서 가운데 마지막 책인 동시에 또한 구약의 마지막 책인 본서의 표제명은 말라기입니다. 히브리어 '말라키'(מַלְאָכִי)는 '나의 사자'라는 뜻인데 여호와의 사자를 의미하는 '말라키야'(מַלְאָכִיָּה)의 줄인 말로 '언약의 사자'의 오심을 언급하는 본서 주제에 부합되는 제목이라 할 수 있습니다.

1. 내가 너를 사랑하였노라(말1:1~5)

말라기 1:2 "여호와께서 가라사대 내가 너희를 사랑하였노라 …"

구약성서 마지막 책 말라기서의 마지막 말씀은 "내가 너희를 사랑하였노라"는 하나님의 말씀이며 "주께서 어떻게 우리를 사랑하셨나이까"라는 반문과 "내가 야곱은 사랑하고 에서는 미워하였다"는 응답으로 이루어져 있습니다(말1:2~3).

이스라엘 백성에게 한 모세의 고별설교에서 모세는 하나님께서 이스라엘을 사랑하셨음에 대하여 여러 번 상기시켜 주었습니다. 신명기 4장 37절에 "여호와께서 네 열조를 사랑하신고로 그 후손 너를 택하시고 큰 권능으로 친히 인도하여 애굽에서 나오게 하시며", "여호와께서 다만 너희를 사랑하심을 인하여 …"(신7:8), "곧 너를 사랑하시고 복을 주사 너로 번성케 하시되" …(신7:13), "여호와께서 오직 네 열조를 기뻐하시고 그들을 사랑하사 그 후손 너희를 만민 중에서 택하셨음이 오늘날과 같음이니라"(신10:15) 하셨고, "네 하나님 여호와께서 너를 사랑하시므로 발람의 말을 듣지 아니하시고 그 저주를 변하여 복이 되게 하셨나니"(신23:5), "여호와께서 백성을 사랑하시나니 모든 성도가 그 수중에 있으며 주의 발아래 앉아서 주의 말씀을 받는도다"(신33:3) 하였습니다.

모세는 이스라엘 백성에게 이스라엘 백성을 선택하신 일과 애굽에서 나오게 하신 일, 복을 주어 번성케 하신 일과 맹세하신 땅에 이르게 하신 일, 주의 발아래에 앉아서 주의 말씀을 듣는 것은 하나님의 사랑 때문이라고 하였습니다. 그리고 말라기 선지자는 하나님께서 에서는 미워하고 야곱은 사랑하였다고 하셨습니다. 그러나 이스라엘 백성이 바벨론 포로에서 벗어나 고국에 돌아왔으나 여전히 어려운 상황에 직면하여 하나님의 사랑에 회의를 갖게 되었습니다. 그러므로 "주께서 우리를 사랑하셨다 하시나 어떻게 우리를 사랑하셨나이까"라고 반문하기에 이르렀습니다. 그 이유는 현재의 상황이 너무 열악한 환경 속에 처하여 있는 것도 문제가 되지만 지난날을 회고하여 볼 때 하나님의 사랑을 믿을 수가 없었습니다. 지난날 이스라엘 백성이 바벨론에게 침공당할 때 에서의 후예인 에돔 족속은 적의 편에 서서 방관하였고 오히려 기뻐하며 조롱하였으며 예루살렘이 점령당할 때에 적들과 함께 노획물을 나누어 가졌습니다. 그리고 남은 백성을 색출하여 대적에게 넘겨주었고 사거리에서 도망하는 유다 백성의 길을 가로막고 잡혀가도록 하였습니다(옵1:1~14). 그러므로 유다 백성들은 바벨론 포로가 되어 그발 강가에 앉아 "여호와여 예루살렘이 해 받던 날을 기억하시고 에돔 자손을 치소서 저희 말이 훼파하라 훼파하라 하였나이다"(시137:7)라고 한 맺힌 기도를 드리게 되었습니다. 하나님이 유다 백성을 사랑하신다면 왜 그런 환난의 날에 구원하지 않으시고 수모를 당하게 하셨나이까 … 라는 것입니다. 우리를 사랑하신다면 이런 일을 막아주지 아니하셨느냐는 것이었습니다.

　성경이 주시는 교훈은 택한 백성이 죄를 범하면 하나님께서 사람 막대기와 인생 채찍으로 징계하시지만(삼하7:14) 아주 버리지 아니하시고 채찍을 들어 때리시며 더 좋게 하여 주신다는 것입니다. 그러나 에서의 후손 에돔 족속은 유다 나라가 멸망당할 때 바벨론 편에 서서 형제국의 아픔과 슬픔을 방관하고 오히려 기뻐하였습니다. 출애굽 때도 가는 길을 가로막고 힘들게 하였습니다. B.C 1,430년경 출애굽당시 이스라엘 백성이 왕의 대로로 통과하려고 할 때 에돔 족속은 길을 가로막고 이스라엘 백성을 힘들게 하였습니다(민20:14~21). 이런 일이 있은 후 에돔 족속은 B.C 581년 바벨론 느부갓네살에게 에돔의 수도 셀라가 정복당했고 그 후 B.C 321년 알렉산더 대제의 부하 안티고누스에게 에돔 국가 전체가 멸망당하였고 에돔 족속 중 일부가 자신의 나라를 떠나 유대 남방으로 옮겨와서 세웠던 이두메라는 국가는 B.C 2세기경 유대 왕 힐카누스(Jhon Hyrcanus B.C 134~106년)에 의해 할례 받고 유대로 귀화시켰으며 B.C 37년 이두메 출신 헤롯 왕이 이두메인을 완전 합병시켰고 A.D 70년 로마제국에 의해 완전히 멸망되어 에돔 족속은 역사에서 사라지게 되었습니다.

2. 이름을 기념책에 기록하리라(말3:16)

말라기 3:16 "… 여호와 앞에 있는 기념책에 기록하셨느니라"

말라기 3장 16절에 보면 "여호와를 경외하는 자와 그 이름을 존중히 생각하는 자를 위하여 여호와 앞에 있는 기념책에 기록하셨느니라" 하였습니다. 이 기념책은 먼저 하나님 나라에 들어간 자들과 앞으로 하나님 나라에 들어갈 성도의 명단을 기록한 생명책을 말하는 것입니다. 다니엘 12장 1절에 "그 때에 네 민족을 호위하는 대군 미가엘이 일어날 것이요 또 환난이 있으리니 이는 개국 이래로 그때까지 없던 환난일 것이며 그 때에 네 백성 중 무릇 책에 기록된 모든 자가 구원을 얻을 것이라" 하였습니다. 요한계시록 20장 12절에 보면 "죽은 자들이 무론 대소하고 그 보좌 앞에 섰는데 책들이 펴있고 또 다른 책이 펴졌으니 곧 생명책이라" 하였고, 20장 15절에는 "누구든지 생명책에 기록되지 못한 자는 불못에 던지우더라" 하였습니다. 누가복음 10장 20절에 보면 예수께서 "그러나 귀신들이 너희에게 항복하는 것으로 기뻐하지 말고 너희 이름이 하늘에 기록된 것으로 기뻐하라" 하셨습니다.

2차 대전 당시에 있었던 일을 영화로 만든 "쉰들러 리스트"에서도 쉰들러 리스트에 이름이 기록된 자는 죽음에서 건짐 받아 살아날 수 있었습니다. 하나님은 사랑하는 자의 이름을 생명록에 기록하여 주실 것을 약속하여 주셨습니다.

3. 의로운 해가 떠올라서 치료하는 광선을 비취리라(말4:2)

말라기 4:2 "의로운 해가 떠올라서 치료하는 광선을 발하리니 너희가 나가서 외양간에서 나온 송아지 같이 뛰리라"

하나님은 사랑하는 자들을 생명책에 기록하시며(말라기 3장), 사랑하시는 자들을 위하여 세례 요한을 보내어 주시고(말3:1), 의로운 태양이신 예수 그리스도를 보내어 주실 것을 약속하여 주셨습니다(말4:2). 가이사랴 빌립보에 경건한 고넬료를 위하여 베드로를 보내어 주셨습니다. 베드로는 하나님의 보내심을 받아 고넬료의 집에 가서 복음을 전하였고 말씀을 들을 때 고넬료 가족이 전부 성령을 받았습니다(사도행전 10장). 요한 사도는 "하나님이 세상을 이처럼 사랑하사 독생자를 주셨으니 이는 저를 믿는자마다 멸망치 않고 영생을 얻게 하려 하심이라"(요3:16) 하였습니다. '의로운 해'는 빛 되신 예수 그리스도 자신을 지칭하는 말이며 시므온이 아기 예수를 안고 하나님을 찬송하며 "이는 이방을 비추는 빛이요 주의 백성 이스라엘의 영광이니이다"(눅2:32) 하였습니다. 예수님은 요한복음 8장 12절에서 "나는 세상의 빛이니 나를 따르는 자는 생명의 빛을 얻으리라" 하셨습니다. '치료하는 광선'을 '발한다고 하심은 '치료하는 광선'(בִּכְנָפֶיהָ וּמַרְפֵּא, 미르페 베르나페하)이라는 말로 원어상 '그의 날개 안에서 치료하다'(with healing in its wingo)라는 뜻을 가지고 있습니다. 의로운 태양 되신 예수 그리스도는 치료의 광선을 비추어 주실 것이며 치료하는 광선을 받은 자들은 외양간에서 나온 송아지같이 뛰며 기뻐하게 될 것이라 하셨습니다(말4:2).

잠근 동산

저자·김 기 웅

2008년 5월 15일 1판 1쇄 인쇄
2008년 5월 25일 1판 1쇄 발행

발행인·권 명 달
발행처·보이스사

출판등록·1966년 2월 23일·제 2-160호
우편번호 157-016
서울특별시 강서구 화곡6동 1120-13 한소빌딩
전화 (02)2697-1122 · 팩스 (02)2605-2433

값 12,000원

ISBN 978-89-504-0403-1

ⓒ 판권 저자 소유

※ 이 책은 일부분이라도 저자의 허락없이는
무단복제할 수 없습니다.
Printed in Korea